LLM 서비스 설계와 최적화

Large Language Model-Based Solutions

LLM 서비스 설계와 최적화
비용은 낮추고 성능은 극대화하는 AI 서비스 구축과 운영 가이드

초판 1쇄 발행 2025년 4월 10일

지은이 슈레야스 수브라마니암 / **옮긴이** 김현준, 박은주 / **펴낸이** 전태호
펴낸곳 한빛미디어(주) / **주소** 서울시 서대문구 연희로2길 62 한빛미디어(주) IT출판2부
전화 02-325-5544 / **팩스** 02-336-7124
등록 1999년 6월 24일 제25100-2017-000058호 / **ISBN** 979-11-6921-364-6 93000

책임편집 박지영 / **기획·편집** 이민혁
디자인 박정우 / **전산편집** 김민정
영업마케팅 송경석, 김형진, 장경환, 조유미, 한종진, 이행은, 김선아, 고광일, 성화정, 김한솔 / **제작** 박성우, 김정우

이 책에 대한 의견이나 오탈자 및 잘못된 내용은 출판사 홈페이지나 아래 이메일로 알려주십시오.
파본은 구매처에서 교환하실 수 있습니다. 책값은 뒤표지에 표시되어 있습니다.

한빛미디어 홈페이지 www.hanbit.co.kr / **이메일** ask@hanbit.co.kr

©2025 Hanbit Media, Inc.

Authorized Korean translation of the English edition of Large Language Model-Based Solutions:
How to Deliver Value with Cost-Effective Generative AI Applications by Shreyas Subramanian
ISBN 9781394240722 © 2024 John Wiley & Sons, Inc.
All Rights Reserved. This translation published under license with the original publisher John
Wiley & Sons, Inc.

이 책의 저작권은 와일리와 한빛미디어(주)에 있습니다.
저작권법에 의해 보호를 받는 저작물이므로 무단 복제 및 무단 전재를 금합니다.

지금 하지 않으면 할 수 없는 일이 있습니다.

책으로 펴내고 싶은 아이디어나 원고를 메일(**writer@hanbit.co.kr**)로 보내주세요.
한빛미디어(주)는 여러분의 소중한 경험과 지식을 기다리고 있습니다.

LLM 서비스 설계와 최적화

Large Language
Model-Based Solutions

슈레야스 수브라마니암 지음
김현준, 박은주 옮김

WILEY 한빛미디어

지은이 · 옮긴이 소개

지은이 슈레야스 수브라마니암 Shreyas Subramanian

AWS의 수석 데이터 과학자입니다. 아마존 내부 팀과 대기업 고객을 대상으로 생성형 AI 애플리케이션의 대규모 구축, 튜닝 및 배포의 컨설팅을 맡고 있습니다. 기초 모델을 위한 고급 훈련, 튜닝 및 배포 기술의 최첨단 연구 개발을 담당하며, 머신러닝 중심의 비용 최적화 워크숍을 운영하여 클라우드에서 인공지능 애플리케이션의 비용을 절감하는 법을 컨설팅합니다.

옮긴이 김현준 hyunjune@chromium.org

네이버에서 웨일 브라우저를 개발하는 엔지니어로 웹 기술에 큰 관심을 가지고 있습니다. 크로미움 Chromium 오픈 소스에서 커미터로 활동했으며, 최근에는 AI 기술의 놀라운 발전 흐름을 따라 가기 위해 힘쓰고 있습니다. 특히 AI 안전에 큰 관심을 두고 머신 언러닝 machine unlearning과 같은 기술을 탐구합니다.

옮긴이 박은주

현재 딥러닝 분야에서 개인정보보호와 관련한 다양한 주제를 연구하고 있습니다. 챗GPT가 등장한 이후로 AI 연구의 새로운 변화가 일어남을 감지해 LLM에 대한 깊은 호기심을 품고 이 분야의 탐구를 시작하게 되었습니다.

● 옮긴이의 말

머신러닝 기술의 눈부신 발전과 함께 우리의 일상도 빠르게 변화하고 있습니다. 예전에는 궁금증이 생기면 검색 엔진에 질문을 던지는 것이 일반적이었지만, 이제는 챗GPT 같은 AI 모델에 물어보는 시대가 되었습니다. 이러한 변화를 이끄는 큰 원동력 중 하나는 점점 커지는 모델 자체의 '규모'입니다.

그러나 모델의 규모가 커질수록 학습과 추론 과정에서 발생하는 환경적, 경제적 비용이 급격히 늘어날 수 있습니다. 이 책은 바로 이 점에 착안하여, AI 서비스를 운영하는 과정에서 비용을 효율적으로 절감하면서도 원하는 성능과 결과를 얻기 위한 다양한 레시피를 제시합니다. 파인튜닝부터 추론 단계까지 폭넓은 활용 방안을 다루며, LLM 모델 선택부터 실제 배포 전략에 이르기까지 구체적인 노하우를 담았습니다. AI 서비스를 준비하고 구축하는 독자 여러분에게 이 책이 많은 도움을 주면 좋겠습니다.

이 자리를 빌어 AI에 대한 개인적인 소견도 나누고자 합니다. LLM, VLM, 스테이블 디퓨전 같은 생성형 AI 모델의 발전 덕분에 우리의 삶과 생산성은 전에 없던 수준으로 높아졌습니다. 그러나 이러한 편리함 뒤에는 분명 우려도 존재합니다. 생성형 AI 모델은 인류가 만들어 낸 방대한 데이터를 기반으로 성장하는데, 이 데이터 안에는 우리 사회가 가지고 있던 편견이나 잘못된 정보 역시 포함되어 있기 때문입니다. 또한 최근 심각한 사회적 이슈로 떠오른 딥페이크 역시 대책이 필요합니다.

AI 기술이 높은 성능과 저비용 같은 경제적 이점만을 추구하는 데 그치지 않고, 동시에 인류를 잠재적 위협으로부터 보호할 수 있도록 연구, 개발하는 일에도 집중해야 합니다. 이 같은 노력이 뒷받침된다면, AI의 이점을 최대한 누리면서도 그 부작용을 최소화하는 균형 있는 발전을 기대할 수 있을 것입니다.

이 책을 번역하면서 많은 분의 도움과 격려가 있었습니다. 먼저, 번역 과정 전반에서 아낌없는 지원을 주신 한빛미디어의 이민혁 님께 깊은 감사를 드립니다. 대학원 시절 AI 연구를 힘껏 응원해 주신 네이버 웨일 팀의 김종덕 리더님께도 감사의 마음을 전합니다.

옮긴이의 말

또한, 함께 번역 작업을 하며 고생 아닌 고생을 기꺼이 감내해 주신 박은주 님, 그리고 논문 작업을 함께하면서 힘든 과정을 같이 견뎌주신 이상용 님께도 감사 인사를 전합니다. 더불어 AI 분야에 첫발을 내디딜 수 있도록 인도해 주신 성균관대학교의 우사이먼성일Simon S. Woo 지도교수님께도 진심으로 감사드립니다.

마지막으로, 이 책의 번역을 준비하는 동안 충분히 보살피지 못했음에도 변함없는 사랑과 응원을 보내준 사랑스러운 딸 김하루, 소중한 동반자 송지윤 님, 그리고 낳아 주시고 키워 주신 어머니 전재덕 님께 깊은 감사와 사랑을 전합니다. 여러분 덕분에 이 책이 번역되어 세상에 나올 수 있었습니다. 감사합니다.

김현준

이 책에 대하여

거대 언어 모델large language model(LLM)은 텍스트 콘텐츠 생성에 엄청난 영향을 미쳤습니다. LLM은 다양한 애플리케이션에서 일관되고 맥락에 맞는 적절한 텍스트를 생성해 오늘날의 디지털 환경에서 매우 귀중한 자산이 되어가고 있습니다. 한 예로 오픈AI의 GPT-4가 미국 변호사 시험uniform bar examination에서 상위 10%의 응시자와 비슷한 성적을 기록한 일이 있습니다. LLM의 뛰어난 언어 이해력 및 생성 능력을 증명한 사건입니다.

생성형 AI 애플리케이션 및 거대 언어 모델

생성형 AIgenerative AI는 LLM이 아닌 다른 대규모 모델(예: 비전 모델, 추론 모델)로도 사용할 수 있습니다. 이런 모델은 최근 애플리케이션(예: 챗GPTChatGPT)에 핵심 요소로 활용됩니다. 새로운 모델의 등장은 상당한 비용을 절감하는 결과를 가져왔습니다. 기존에는 해당 애플리케이션에 맞춤형 모델을 구축해야 해서 많은 인적 자원을 투입해야 하는 상황이었으나 다양한 모델이 이런 문제를 해결합니다. 이제 AI는 사람과 비슷한 수준으로 텍스트를 이해하고, 해석하며, 생성합니다. 이렇게 AI는 활용 범위를 넓히며 다양한 분야에서 새로운 혁신의 길을 열고 있습니다.

생성형 AI와 LLM 모두 콘텐츠 생성에 초점을 맞추지만 접근 방식에 차이가 있습니다. 생성형 AI는 독창적인 콘텐츠의 생성을 목표로 하는 AI 기술을 광범위하게 포괄합니다. LLM은 텍스트 처리 및 생성에 뛰어나지만 생성형 AI는 다양한 매체로의 창의성과 콘텐츠 생성에 중점을 둡니다. 자동화된 고객 서비스와 콘텐츠 생성부터 코드 생성과 디버깅 같은 더 복잡한 작업에 이르기까지, 다양한 애플리케이션에서 AI의 이점을 충분히 활용하려면 이 두 영역의 차이점과 잠재적인 시너지를 이해하는 것이 매우 중요합니다. AI 분야는 빠르게 발전했고, 여러 기업이 다양한 영역에서 AI를 활용해 작업을 자동화해 AI 개발의 혁신을 앞당겼습니다. 한편, LLM은 생성형 AI의 한 부분으로 텍스트 처리 및 생성에 특화되어 있습니다. LLM은 자연어 처리 작업과 여러 분야에서 놀라운 능력을 보여주었으며, 상당한 연구로 성공을 이끌고 있습니다.

● 이 책에 대하여

비용 최적화의 중요성

생성형 AI 애플리케이션과 LLM의 개발 및 운영에서 비용 최적화의 중요성은 간과하면 안 됩니다. 비용은 기업이 생성형 AI를 도입하는 과정의 성공 여부를 좌우합니다. 생성형 AI와 LLM은 자원을 많이 사용하고 복잡한 작업을 수행하기에 상당한 컴퓨팅 자원이 필요합니다. 오픈AI의 GPT-3 같은 성능을 가진 LLM을 훈련하려면 수 주 또는 수개월 동안 고성능 컴퓨팅 자원을 사용해야 합니다. 이렇게 방대한 컴퓨팅 자원 수요를 해결하려면 클라우드 인프라를 활용해야 하고 이는 모델을 운영하는 조직에 비용 부담으로 이어집니다.

생성형 AI 모델을 개발하는 데 드는 비용은 상당합니다. 최근 논문에 따르면, 최첨단 AI 모델 훈련 비용이 2016년 이후 매년 2.4배씩 증가하고 있습니다. 현재 가장 비용이 많이 든 공개 모델은 오픈AI의 GPT-4(약 4천만 달러)와 구글의 Gemini Ultra(약 3천만 달러)입니다. 하지만 연구원 인건비까지 포함한 실제 개발 비용은 이보다 훨씬 높아, GPT-4의 경우 총 9천만 달러에 달합니다. 이 추세가 계속된다면 2027년에는 훈련 비용이 10억 달러를 넘어서게 됩니다. 챗GPT와 같은 거대 언어 모델을 하루 운영하는 비용도 상당합니다. 오픈AI는 모델 서비스를 유지하는 데 하루에 70만 달러를 사용한다고 알려져 있습니다.

생성형 AI 모델은 그래픽 처리 장치graphics processing unit(GPU)와 텐서 처리 장치tensor processing unit(TPU) 같은 특수 하드웨어를 사용해 모델 훈련과 추론을 가속합니다. 이러한 특수 **컴퓨팅 자원**은 클라우드 인프라에서 서비스 비용이 많이 들어 비용 증가에 일조합니다. 클라우드 제공 업체를 이용하지 않고 자체적으로 모델을 구축하려는 기업은 초기에 상당한 자본을 투자해야 합니다.

생성형 AI 모델을 훈련하고 파인튜닝하는 데에는 대규모 고성능 **데이터 저장소**data storage가 필수입니다. AI 모델이 발전하며 방대한 데이터셋(예: 인터넷)을 학습함에 따라 이를 저장하고 관리하는 데에는 많은 클라우드 비용이 듭니다. 이러한 이유로 비용 최적화에서 규모의 확장성scalability은 중요한 과제입니다. 생성형 AI 애플리케이션의 많은 자원 요구를 수용하려 급히 규모를 확장한다면 효과적인 관리가 필요합니다. 확장이 과하면 자원을 사용하지 않아 불필요한 지출로 이어지며, 확장이 부족하면 모델 성능과 생산성이 떨어집니다.

대규모 조직이 생성형 AI를 확장하는 과정에서 비용을 최적화하려면, 모든 팀에 먼저 **교육**을 진행하고, **혁신**을 위한 환경을 조성하고, 가능한 한 빠른 혁신을 이룰 내부 프로세스를 검토해 적용해야 합니다.

사전 학습pre-training은 AI 시스템의 기반으로 LLM이 일반적인 작업을 수행하게 만듭니다. 원하면 적은 비용으로 특정 작업을 완료하도록 LLM을 파인튜닝할 수 있습니다. 이 접근법은 모델이 특정 작업을 수행해야 하는 상황에서 비용을 최적화하는 데 좋습니다.

생성형 AI 개발을 원하는 조직은 잠재적 영향, 비용 및 복잡성을 기반으로 철저한 비용-가치 평가를 수행해야 더 나은 투자 수익률(ROI)을 얻을 수 있습니다. 현재는 모델 운영 비용을 지출한 '모델 제공 업체'가 초기에 투자하지 않은 '모델 소비 업체'에서 생성형 AI 모델 API로 비용을 회수하는 경우가 많습니다.

도전 과제와 기회

LLM을 활용한 생성형 AI 애플리케이션의 비용 최적화에는 많은 과제가 있습니다. 모델의 고유한 복잡성과 빠르게 발전하는 AI 기술 환경은 애플리케이션 개발에 있어 많은 도전 과제를 낳았습니다.

- **컴퓨팅 자원**: GPT나 BERT 같은 LLM은 훈련과 추론에 상당한 컴퓨팅 자원을 요구합니다. 높은 컴퓨팅 사용량은 운영 비용과 에너지 소비량 증가로 이어져 자원이 제한된 중소기업에 큰 걸림돌이 됩니다. LLM 운영 비용을 절감하도록 효율적인 알고리즘, 하드웨어 가속기, 클라우드 기반 솔루션을 개발해야 합니다.
- **모델 복잡성**: LLM의 구조와 훈련 데이터의 복잡성은 비용 최적화를 달성하는 데 과제를 제시합니다. 모델 크기는 일반적으로 성능과 비용에 비례합니다. 모델이 클수록 결과는 좋지만, 비용 역시 많이 듭니다. 작은 모델의 성능을 유지하거나 높이도록 모델 프루닝, 양자화, 지식 증류 같은 기술이 연구 중입니다.
- **데이터 프라이버시 및 보안**: 민감한 데이터는 안전하게 처리해야 합니다. 특히 의료 및 금융과 같은 분야

◉ 이 책에 대하여

에서 중요합니다. LLM을 훈련하고 배포하는 동안 데이터 프라이버시와 보안을 보장하는 비용은 상당합니다. 강력한 데이터 프라이버시와 보안을 위해 연합 학습, 차등 프라이버시 암호화 계산과 같은 프라이버시 보호 기술이 연구 중입니다.

- **확장성**: 증가하는 데이터양과 사용자의 다양한 요구를 수용하기 위해 생성형 AI 애플리케이션을 확장할 때, 지출 수준을 유지하기도 쉽지 않습니다. 이를 위해 마이크로서비스, 컨테이너 오케스트레이션, 서버리스 컴퓨팅과 같이 효율적인 확장을 가능하게 하는 아키텍처 기술이 중요합니다.
- **모델 일반화 및 도메인 적응**: 도메인별 작업에 높은 성능을 달성하려면 추가 데이터를 사용해 LLM을 파인튜닝해야 합니다. 이를 위해 다양한 도메인별 애플리케이션에 LLM을 비용을 적게 들이고 맞춤화하도록 효율적인 도메인 적응 및 전이 학습 같은 프레임워크 개발을 위한 틈새시장이 생겼습니다.
- **규제 환경**: AI와 데이터 사용을 둘러싼 규제는 계속 생겨나므로, 규제 환경에 적응하는 비용이 발생할 겁니다. 역동적인 규제를 준수해 관련된 위험과 비용을 완화할 적응 가능한 AI 시스템과 규제 준수 모니터링 도구가 연구 중입니다.

이렇게 생성형 AI 애플리케이션 개발에는 해결해야 할 문제가 많지만, 이 문제를 해결하는 과정에서 최적화에 크게 기여하는 혁신이 시작됩니다. 이러한 도전 과제의 융합은 생성형 AI 분야를 앞으로 나아가게 하는 중요한 요소로, 비용 효율적이며 견고한 생성형 AI 패키지, 소프트웨어 및 솔루션 개발을 촉진합니다. 실제로 LLM 서비스를 운영하는 세 기업을 살펴보며 어떤 노력과 투자가 필요한지 알아보겠습니다.

오픈AI: AI 기술의 혁신

오픈AI^{OpenAI}는 인류 전체에 이득을 주는 인공 일반 지능$^{artificial\ general\ intelligence}$(AGI)의 개발이라는 목표 아래 설립됐습니다. 초기에는 비영리 단체로 다른 기관 및 연구자들과 자유롭게 협력하고 특허와 연구 결과를 공개하겠다고 약속했습니다. 실제로 몇 년 동안 오픈AI는 강화 학습 연구와 다양한 작업에서 AI의 일반 지능$^{general\ intelligence}$ 수준을 측정하는 플랫폼인 짐^{Gym}과 유니버스^{Universe}를 출시했습니다.

AI 기술이 발전하며 오픈AI는 2018년에 GPT-1을 출시했습니다. 1억 1700만 개의 파라미터를 가진 GPT-1은 프롬프트로 일관성 있는 언어를 생성하는 가능성을 보여주었지만, 반복적인 텍스트를 생성하는 등의 한계가 있었습니다. 오픈AI는 2019년에 15억 개의 파라미터를 가진 GPT-2를 공개해 이러한 문제를 해결했습니다. 2020년에는 1750억 개의 파라미터를 가진 GPT-3를 출시해 자연어 처리$^{natural\ language\ processing}$(NLP) 분야에 새로운 기준을 세웠습니다. GPT-3는 다양한 작업에서 정교한 응답을 생성하고 컴퓨터 코드와 예술과 같은 새로운 콘텐츠를 생성하는 능력을 보여주며 AI 기술의 상당한 도약을 이끌었습니다.

2022년 11월, 오픈AI는 GPT-3.5와 챗GPT를 공개했고 2023년 3월에는 시스템 내 멀티모달 기능을 지원하는 GPT-4와 구독형 비즈니스 모델인 챗GPT 플러스를 도입해 많은 사용자를 모았습니다. 오픈AI는 계속해서 새로운 모델을 공개하고 있습니다. 2024년 5월에는 GPT-4를 최적화한 GPT-4o를 공개했고, 9월에는 복잡한 작업을 논리적으로 추론하는 모델인 o1을 공개했습니다. 이어 12월에는 o1의 후속 모델인 o3를 공개했습니다.

오픈AI는 요청당 비용과 월간 사용량 중심 가격 모델을 운영해 사용자에게 명확하고 유연한 가격 구조를 제공합니다. 가격은 모델 유형에 따라 다르며, Ada와 Babbage 같은 특정 모델은 사용 방식에 따라 다르게 가격이 책정됩니다.

현재 챗GPT는 플러스(월 20 달러), 프로(월 200 달러) 두 가지 요금제를 운영하고 있습니다. 챗GPT는 출시 이후 두 달 만에 월간 사용자 수가 1억 명을 돌파하며 빠른 성장을 이뤘고, 더 많은 기능과 좋은 성능을 원하는 사용자가 유료 요금제를 구독하고 있습니다. 많은 사용자, 특히 여러 대기업의 오픈AI의 플랫폼 및 서비스 이용은 매출에 큰 영향을 미쳤습니다.

오픈AI는 기술 발전, 수익성, 사용자 중심 운영 같은 명확한 비즈니스 모델을 가졌습니다. 최첨단 AI 모델에 대한 지속적인 투자, 사용자 증가, 전략적 재정 지원은 오픈AI의 AI 분야에서의 상당한 영향력과 추가적인 수익 창출 및 기술 혁신을 시사합니다.

● 이 책에 대하여

허깅페이스: 오픈 소스 커뮤니티 구축

2016년에 설립된 허깅페이스Hugging Face는 사전 훈련 모델 공유를 기반으로 NLP를 위한 오픈형 생태계open ecosystem를 개척했습니다. 2022년까지 다양한 AI 기능을 하루에 10만 명 이상의 사용자에게 제공했습니다. 그러나 수십억 개의 파라미터를 가진 LLM의 출현은 사용자에게 다양한 AI 기능을 지원하던 허깅페이스를 위협했습니다. 이번에는 허깅페이스가 플랫폼 아키텍처와 운영 방식을 개선하며 폭발적으로 증가한 비용을 억제한 방법을 이야기하겠습니다.

최근 몇 년 동안 AI 모델의 크기는 기하급수적으로 커졌습니다. 2020년에 공개된 GPT-3는 파라미터 수가 1750억 개였습니다. 2021년과 2022년에 이르러 모델은 수조 개의 파라미터에 도달하며 이러한 추세는 가속화됐습니다. 현실적으로 점점 더 큰 모델로의 수직적 확장이 어렵다는 것을 확인하게 됐고, 따라서 여러 회사가 (매우 큰 모델 하나 대신) 거대 모델 여러 개를 제공하는 방향을 고려했습니다. LLM은 새로운 자연어 처리 능력을 보여주지만, 훈련과 추론을 위해 막대한 컴퓨팅 자원이 필요합니다. LLM의 등장은 허깅페이스에게 딜레마를 안겼습니다. 사용자는 GPT 같은 최첨단 모델을 기대했고 이 기대에 충족하려면 많은 컴퓨팅 자원이 필요했습니다. 소규모 스타트업인 허깅페이스에 이러한 비용은 부담으로 다가왔고, 사용자 수가 10만 명에 도달하자 그 부담은 더욱 커졌습니다. 기존 인프라에서 LLM을 제공하면 사용자의 접근을 제한하거나, 비용을 사용자에게 전가하거나 손실을 감수해야 했습니다. 예산 내에서 사용자가 바라는 거대 모델을 유지하려면 새로운 접근 방식이 필요했습니다. 허깅페이스는 먼저 모델 호스팅 아키텍처를 최적화했습니다. 허깅페이스의 기존 아키텍처는 하나의 깃허브 저장소에 모델과 코드를 함께 저장했습니다. 이 방식은 효과가 있었지만 저장과 추론 작업에 사용하는 연산을 분리하기 어렵게 만들어 확장성이나 리소스 관리에 비효율적이었습니다. 허깅페이스는 아키텍처를 마이크로서비스로 재설계해 저장과 추론 작업을 분리했습니다. 모델은 S3와 같은 확장 가능한 클라우드 객체 저장소로 옮겨졌으며, 추론 연산은 격리된 컨테이너에서 이루어졌습니다. 이를 통해 거대 모델을 저렴하게 저장하고, 컴퓨팅은 사용량에 따라 탄력적으로 확장할 수 있게 됐습니다.

다음으로 허깅페이스는 추론 자체를 최적화했습니다. 기본 파이토치(PyTorch)와 텐서플로(TensorFlow)는 유연하지만 느렸습니다. 그래서 오버헤드를 줄인 최적화된 모델 서버를 만들어 사용자 요청을 일괄 처리해 여러 가지 추론에 대한 비용을 분산시켰습니다. 또한, 불필요한 프레임워크 코드를 제거해 실행을 간소화시켰습니다. 이러한 최적화는 컴퓨팅 요구 사항을 최대 3배까지 줄였습니다. 추가적인 비용 절감은 인스턴스를 철저히 최적화해 이루어졌습니다. 또한 사용 패턴과 모델을 분석해 이상적인 CPU/GPU 구성을 선택했습니다. 결과적으로, 기존 솔루션에 비해 거의 80%의 추론 비용을 절감했습니다.

캐싱(caching)으로 접근을 최적화해도, 컴퓨팅 비용은 여전히 높았습니다. 허깅페이스는 비용을 더욱 줄이기 위해 공격적인 캐싱을 도입했습니다. 모델이 주어진 입력에 대해 출력을 생성하면 결과를 캐싱했습니다. 이후 같은 요청은 추론을 다시 실행하는 대신 캐시된 출력을 재사용했습니다. 사용자들의 관심을 끄는 모델은 캐시 히트율이 90%에 달했고 덕분에 컴퓨팅 비용을 크게 줄였습니다. 그에 따라 소수의 사용자만 사용할 수 있던 고급 기능을 더 많은 사용자도 사용할 수 있게 되었습니다. 허깅페이스는 캐시 레이어(cache layer)에 사용성을 올릴 모니터링 기능도 추가했습니다.

사용량이 더욱 증가함에 따라 허깅페이스는 추가적인 확장이 필요했습니다. 마지막 전략은 연합 컴퓨팅 네트워크(federated compute network)를 통해 사용자의 리소스를 사용하는 것이었습니다. 허깅페이스는 요청의 부하, 지리적 상황, 비용을 기준으로 자발적으로 사용자의 자원에 동적으로 라우팅했고, 사용자는 여유 컴퓨팅 파워를 플랫폼 크레딧과 교환했습니다. 이 연합 아키텍처(federated architecture)는 사용자의 여유 컴퓨팅 자원을 활용해 거의 무제한으로 확장(scale)하며 비용 절감을 이뤄냈습니다. 자원 제공자는 플랫폼 사용을 위한 크레딧을 획득했습니다. 해당 연합 네트워크는 안전한 분산 조정을 위한 블록체인 기반 조정 레이어(coordination layer)으로 통합됐습니다. 허깅페이스의 아키텍처 최적화와 연합 모델 덕분에 하루에 10만 명 이상의 사용자가 요청당 0.001달러라는 비용으로 서비스를 사용하게 됐습니다. 덕분에 LLM의 기하급수적인 성장에도 불구하고, 효율성 향상을 통해 비용을 절감할 수 있게 됐습니다.

● 이 책에 대하여

이렇게 확장성을 가진 오픈 소스 지향 접근 방식은 AI 커뮤니티의 접근을 쉽게 만들었습니다. 집단 역량을 혁신적으로 결합해 허깅페이스는 한때 대기업만 쓰던 기능을 모든 사람이 이용하도록 했습니다. 모델 크기와 복잡성의 끊임없는 성장과 함께 AI를 지속 가능하게 확장하는 좋은 예입니다.

블룸버그GPT: 글로벌 금융 정보 회사의 LLM

전 세계적으로 금융 데이터와 분석으로 유명한 블룸버그^{Bloomberg}는 블룸버그GPT라는 LLM을 개발했습니다. 이는 의사결정 및 고객 상호작용에 도움이 되는 더 나은 NLP 기능에 대한 필요성이 증가함에 따라 추진됐습니다.

블룸버그의 LLM 분야로의 진출은 금융 분석 및 서비스에서 AI의 잠재력을 활용하려는 선구적인 시도였습니다. 블룸버그는 금융 부문의 세밀한 요구에 맞춰, 인간과 같이 텍스트를 이해하고 생성하는 모델을 개발한다는 야심 찬 계획을 세웠습니다. 이 프로젝트는 기술적인 노력의 산물일 뿐만 아니라 경쟁이 치열한 금융 정보 서비스 분야에서 앞서 나가기 위한 전략적 움직임이기도 했습니다.

500억 개의 파라미터를 자랑하는 이 모델은 블룸버그의 혁신에 대한 헌신을 보여줍니다. 이 거대한 모델 크기는 상당한 컴퓨팅 자원 투자가 필요했습니다. 훈련 단계에서는 130만 시간 분량의 GPU 연산이 소요됐으며, 이는 LLM이 요구하는 강도 높은 컴퓨팅 연산을 보여줍니다. 그러나 금융 용어와 개념에 대한 깊은 이해를 하는 모델을 개발하는 데 필수적인 작업이었습니다.

블룸버그의 접근 방식은 인간 피드백을 통한 강화 학습$^{\text{reinforcement learning from human feedback}}$(RLHF)이었습니다. 인간 피드백을 여러 번 반복해 성능을 크게 높여 모델이 금융 텍스트를 더 잘 이해하고 생성하도록 유도하는 방식입니다. 이런 자체 개발은 금융 분석 및 보고를 원하는 블룸버그의 구체적인 요구 사항을 달성했습니다.

블룸버그는 모델 말고도 높은 컴퓨팅 요구 사항을 지원할 견고한 인프라와 AI 시스템을 개발하고 유지하는 데 필요한 인적 자원까지 투자 대상으로 보고 있습니다. 정확한 수치는 공개되지 않았지만, 업계 추정치는 이러한 모델 개발에 수천만에서 수억 달러에 이를 것으로 분석합니다. 이는 블룸버그가 AI를 전략적 투자 대상으로 여긴다는 의미입니다.

통찰력 있는 금융 분석을 제공하고 사람처럼 텍스트를 생성하는 능력은 빠르게 변화하는 금융 서비스 분야에서 경쟁 우위를 보장하는 귀중한 자산입니다. 블룸버그가 모델을 발표한 후 같은 규모의 기업이 경쟁 모델을 공개하지 않았습니다. 블룸버그GPT는 전문 분야에서 LLM이 지닌 잠재력과 가치를 보여줍니다.

블룸버그는 이 기술을 자사의 기존 금융 분석 도구 모음에 통합해 상업화할 계획입니다. 이 모델은 새로운 기능을 지원해 블룸버그의 고객에게 더 심층적인 통찰력과 분석을 제공할 것입니다. 또한, 이 모델은 향후 내부 및 외부 AI 프로젝트의 토대가 되어 블룸버그가 AI를 활용해 더 나은 금융 분석 및 의사결정에 필요한 정보를 제공할 예정입니다.

블룸버그GPT 프로젝트는 전문화된 LLM을 개발하는 데 상당한 자본 및 컴퓨팅 투자가 필요하다는 것을 강조합니다. 또한, AI가 금융 부문에서 더 나은 분석 도구로 이용될 뿐만 아니라 시기적절하고 정확한 정보가 전문적인 지식이 필요한 시장에서 경쟁력을 제공하는 전략적 중요성을 보여줍니다.

대상 독자

이 책은 생성형 AI의 가능성에 매력을 느꼈거나 이를 탐구하고 응용하는 데 적극적인 독자를 위한 책입니다. 초심자, 데이터 과학자, 숙련된 연구자, 뛰어난 엔지니어, 비전 있는 의사 결정자 등 누구든 상관없이, 비용 효율적인 생성형 AI 애플리케이션을 만드는 길을 밝힐 비전을 제공할 것입니다.

이 책에 대하여

- **AI 실무자**: AI 모델을 구축, 튜닝, 배포하는 작업에 몰두하는 분들을 위해 이 책은 작업의 가치와 역량을 극대화하는 비용 최적화에 대한 다양한 전략과 기술을 제공합니다.
- **연구자**: 생성형 AI 및 LLM의 최전선에서 연구하는 학자와 연구자는 연구 결과의 경제적 측면에 대한 체계적인 논의를 발견할 수 있습니다. 이 책은 학문적 연구와 현실 세계 응용 사이의 격차를 메우고, 비용 효율성의 중요성을 강조합니다.
- **엔지니어**: 소프트웨어, 하드웨어, AI의 교차점에 서 있는 엔지니어는 LLM의 잠재력을 활용하면서 비용 효율적 시스템을 설계, 구현, 최적화하는 방법에 대한 풍부한 지식을 발견할 수 있습니다.
- **교육자와 학생**: 이 책은 생성형 AI에 대한 다양한 시각을 가르치기에 좋은 자료입니다. 해당 분야를 공부하는 학생이라면 생성형 AI에서 실용적인 비용 최적화에 대한 내용을 이해할 수 있습니다.
- **기술 애호가**: AI의 기술 발전과 함께 더 나은 미래를 만들 가능성에 매료된 분이라면 이 책을 통해 미래를 현실로 만드는 데 필요한 비용 최적화를 이해할 수 있습니다.
- **정책 결정자**: AI 및 데이터 활용 정책 프레임워크를 형성하는 데 관여하는 입장에서 지속 가능하고 포괄적인 AI 생태계를 조성하는 데 필수적인 비용 요구 사항에 대한 통찰력을 발견할 수 있습니다.
- **의사결정자**: 조직의 전략적 방향을 이끄는 의사결정자는 이 책을 통해 생성형 AI 애플리케이션의 경제적 여건을 명확히 이해할 수 있습니다. 이는 비용 발생, 위험 및 기회에 대한 설명을 제공해 비즈니스적 이점에 맞는 생성형 AI를 활용하는 과정에 도움을 줄 것입니다.

다양한 독자에게 생성형 AI 및 LLM 분야에서 비용 최적화에 대한 깊이 있는 이해를 제공하는 것이 목표입니다. 기술적 설명, 실제 사례 연구 및 전략적 통찰을 조합해 비용 효율적인 책임감 있는 AI 서비스 배포에 관한 관심을 높이고자 합니다.

CONTENTS

지은이·옮긴이 소개 ··· 4
옮긴이의 말 ··· 5
이 책에 대하여 ··· 7

CHAPTER 1 LLM 기초

1.1 생성형 AI 애플리케이션과 LLM ··· 24
    1.1.1 급부상하는 LLM ·· 24
    1.1.2 신경망과 트랜스포머, 그리고 그 너머 ···································· 25
    1.1.3 생성형 AI와 LLM의 차이 ·· 29
    1.1.4 생성형 AI 애플리케이션 3계층 ··· 31
1.2 생성형 AI 애플리케이션의 상용화를 위한 길 ······························· 35
    1.2.1 LLM 기반 채팅 애플리케이션 예시 ·· 37
1.3 비용 최적화의 중요성 ·· 38
    1.3.1 모델 추론 ··· 39
    1.3.2 벡터 데이터베이스 ··· 47
    1.3.3 LLM ·· 55
1.4 요약 ··· 60

CHAPTER 2 비용 최적화를 위한 튜닝 기법

2.1 파인튜닝 및 커스터마이징 ··· 62
    2.1.1 알아야 할 기본적인 스케일링 법칙 ·· 62
2.2 파라미터 효율적 파인튜닝(PEFT) ·· 67
    2.2.1 어댑터의 내부 작동 원리 ··· 68
2.3 PEFT의 비용 및 성능에 대한 영향 ··· 85
2.4 요약 ··· 88

CONTENTS

CHAPTER 3 비용 최적화를 위한 추론 테크닉

- 3.1 추론 테크닉 소개 ········· 90
- 3.2 프롬프트 엔지니어링 ········· 90
  - 3.2.1 프롬프트 엔지니어링이 비용에 미치는 영향 ········· 91
  - 3.2.2 명확하고 직관적인 프롬프트 ········· 95
  - 3.2.3 컨텍스트 제공 ········· 106
  - 3.2.4 원하는 형식 표시하기 ········· 112
- 3.3 벡터 스토어를 이용한 캐싱 ········· 116
  - 3.3.1 벡터 스토어란 무엇인가? ········· 117
  - 3.3.2 캐싱을 위한 벡터 스토어 구현 방법 ········· 117
  - 3.3.3 결론 ········· 120
- 3.4 긴 문서를 관리하는 체인 ········· 121
  - 3.4.1 체이닝이란 무엇인가? ········· 121
  - 3.4.2 체인 구현 ········· 122
  - 3.4.3 결론 ········· 133
- 3.5 텍스트 요약 ········· 133
  - 3.5.1 비용 및 성능 관점에서의 요약 ········· 133
  - 3.5.2 결론 ········· 135
- 3.6 효율적인 추론을 위한 배칭 프롬프트 ········· 135
  - 3.6.1 배칭 추론 ········· 135
  - 3.6.2 배칭 프롬프트 ········· 141
- 3.7 모델 최적화 방법 ········· 143
  - 3.7.1 양자화 ········· 144
  - 3.7.2 코드 예시 ········· 145
  - 3.7.3 GPTQ ········· 146
- 3.8 파라미터 효율적 파인튜닝(PEFT) ········· 146
  - 3.8.1 PEFT 요점 정리 ········· 147

3.8.2 코드 예시 ··· 148
3.9 비용 및 성능 영향 ··· 150
3.10 요약 ··· 151

CHAPTER 4 모델 선택과 대안

4.1 모델 선택의 중요성 ··· 154
    4.1.1 소형 언어 모델(SLM)과 거대 언어 모델(LLM) ··· 154
4.2 효율적인 소형 모델 ··· 156
4.3 성공적인 소형 모델 사례 ··· 157
    4.3.1 강력한 소형 모델을 위한 양자화 ··· 157
    4.3.2 Mistral: 텍스트 생성 모델 ··· 159
    4.3.3 Zephyr: 지식 증류 ··· 161
    4.3.4 CogVLM: 언어–비전 멀티모달리티 ··· 163
    4.3.5 Prometheus: 텍스트 평가 모델 ··· 165
    4.3.6 Orca: 소형 모델의 추론 능력 ··· 167
    4.3.7 Phi와 Gemini: 새로운 스케일링 법칙 ··· 169
4.4 도메인 특화 모델 ··· 174
    4.4.1 1단계: 자체 토크나이저 학습 ··· 176
    4.4.2 2단계: 자체 도메인 특화 모델 학습 ··· 179
4.5 범용 모델을 활용한 프롬프트의 성능 ··· 195
4.6 요약 ··· 198

CHAPTER 5 인프라 및 배포 튜닝 전략

5.1 튜닝 전략 ··· 200
5.2 하드웨어 활용 및 배치 튜닝 ··· 200

CONTENTS

　　　　5.2.1 메모리 점유율 · 203

　　　　5.2.2 더 큰 모델을 가용 메모리에 맞추기 위한 전략 · 206

　　　　5.2.3 KV 캐싱 · 208

　　　　5.2.4 PagedAttention · 210

　　　　5.2.5 AlphaServe · 213

　　　　5.2.6 추측을 활용한 시퀀스 스케줄링(S3) · 216

　　　　5.2.7 어텐션 싱크를 활용한 StreamingLLM · 219

　　　　5.2.8 배치 사이즈 튜닝 · 225

　　　　5.2.9 자동으로 최적의 추론 구성 찾기 · 235

　　5.3 추론 가속화 도구 · 248

　　　　5.3.1 TensorRT 및 GPU 가속 도구 · 249

　　　　5.3.2 CPU 가속 도구 · 250

　　5.4 모니터링과 옵저버빌리티 · 251

　　　　5.4.1 LLMOps와 모니터링 · 252

　　5.5 요약 · 257

CHAPTER 6　성공적인 생성형 AI 도입의 열쇠

　　6.1 성능과 비용의 균형 · 260

　　　　6.1.1 트레이드오프 분석 · 261

　　　　6.1.2 환경적 영향 · 263

　　　　6.1.3 생성형 AI 팀 구축의 중요성 · 264

　　　　6.1.4 이상적인 생성형 AI 팀 구조 · 266

　　　　6.1.5 생성형 AI 팀 유지 비용 고려 사항 · 268

　　　　6.1.6 생성형 AI 팀 구성 · 270

　　6.2 생성형 AI 애플리케이션의 미래 트렌드 · 271

　　　　6.2.1 트렌드 1: 전문가 혼합 모델 · 271

　　　　6.2.2 트렌드 2: 멀티모달 모델 ··· **274**
　　　　6.2.3 트렌드 3: 에이전트 ·· **279**
　6.3　요약 ··· **286**

　　찾아보기 ··· **287**

CHAPTER 1

LLM 기초

현대 인공지능의 핵심 축을 이루는 거대 언어 모델(LLM)은 지난 수십 년간 비약적인 발전을 이루며 우리의 일상과 산업 전반에 걸쳐 혁신을 주도했습니다. 본 장에서는 LLM의 기초부터 시작하여, 생성형 AI 애플리케이션에서의 역할과 그 급부상 배경을 심도 있게 탐구합니다. 초기의 룰 기반 시스템에서 시작해 딥러닝과 트랜스포머 아키텍처의 도입을 거쳐, 오늘날 수천억 개의 파라미터를 자랑하는 최신 모델에 이르기까지 LLM의 진화 과정을 조명합니다. 또한, 이러한 모델이 자연어 처리의 한계를 극복하고 인간과 유사한 텍스트 생성 능력을 발휘하게 된 기술적 요인과 함께, 그들이 직면한 도전 과제와 윤리적 고려 사항에 대해서도 논의합니다.

1.1 생성형 AI 애플리케이션과 LLM

거대 언어 모델large language model (LLM)은 인공지능 AI 연구와 응용의 초석이 되어, 기술과 인간의 상호작용 방식을 변화시키고 자연어 처리(NLP)에 획기적인 성과를 이룩했습니다. LLM의 기원은 1950년대와 1960년대로 거슬러 올라갑니다. 당시 IBM과 조지타운 대학교의 연구원들은 러시아어 문구 모음을 영어로 자동 번역하는 시스템을 개발했습니다. 초기 개척자들은 이 초기 모델이 인간 수준의 지능에 곧 도달할 것이라고 낙관했습니다. 그러나 인간의 사고방식과 유사한 사고 기계를 만드는 것은 예상보다 어려운 과제였습니다. 초기 몇십 년 동안 AI 연구는 기호주의symbolic 추론과 룰 기반 시스템에 중점을 두었지만, 이러한 초기 AI 시스템은 매우 취약하고 능력이 제한되어 상식적인 지식과 현실 세계에서의 추론에 어려움을 겪었습니다.

1980년대에 이르러 AI 연구자들은 룰 기반 프로그래밍만으로는 인간 지능의 다양성과 견고함을 재현할 수 없음을 깨달았습니다. 이러한 한계는 알고리즘이 대량의 데이터를 학습하고 통계적 패턴을 인식하는 기계 학습 기법의 출현으로 이어졌습니다. 복잡한 규칙을 하드코딩하는 대신, 시스템이 경험으로부터 자동으로 학습하고 성능을 높이는 것을 목표로 삼았습니다. 기계 학습은 컴퓨터 비전과 음성 인식과 같은 특수 분야에서는 어느 정도 진전을 이뤘습니다. 그러나 인공 일반 지능(AGI)을 달성하겠다는 종합적인 목표는 여전히 멀기만 했습니다.

1.1.1 급부상하는 LLM

초기 접근 방식의 한계는 AI를 새로운 관점에서 바라보도록 했습니다. 명시적인 프로그래밍 대신 딥러닝 신경망deep learning neural network이 해답이라 생각하게 됐습니다. 신경망neural network은 인간 뇌의 생물학적 신경망에서 영감을 받은 컴퓨팅 시스템으로 여러 계층의 입력과 출력을 연결하는 노드node로 구성됩니다. 신경망은 방대한 양의 데이터를 학습해, 이러한 다층 네트워크는 인간이 규칙을 사용해 하드코딩하기에는 너무 복잡한 표현과 패턴을 학습할 수 있습니다.

> **NOTE** 언어는 문법 규칙으로 이루어진 인간의 복잡하고 정교한 시스템입니다. 따라서 언어를 이해하고 파악할 능력을 가진 AI 알고리즘을 개발하는 것은 큰 도전 과제로 제시됐습니다. 언어 모델링은 기계가 언어를 이해하는 지능을 갖게 하는 주요 접근 방식 중 하나입니다. 일반적으로 언어 모델링은 단어 시퀀스의 생성 확률을 모델링해 미래의 (또는 누락된) 토큰의 확률을 예측하는 것이 목표입니다. 언어 모델링 연구는 통계적 언어 모델, 신경 언어 모델, 사전 훈련된 언어 모델, 거대 언어 모델의 네 가지 주요 발전 단계로 나눌 수 있습니다.

2010년대에 딥러닝은 마침내 돌파구를 찾게 됩니다. 충분한 데이터와 컴퓨팅 파워를 갖춘 심층 신경망은 이미지 분류와 음성 인식과 같은 인식 작업에서 놀라운 정확도를 달성했습니다. 이러한 시스템은 특정 도메인에서 패턴 인식에 집중했으나 문제 해결 능력의 범위가 좁았습니다. 또 다른 도전 과제는 지도 학습supervised training을 위해 대규모로 레이블이 지정된 데이터셋이 필요하다는 점이었습니다. 복잡한 인지 작업을 위한 풍부한 레이블을 대규모로 얻는 것은 현실적으로 어려웠습니다.

이러한 상황에서 자가 지도 생성 모델링self-supervised generative modeling이 새로운 가능성을 열어주었습니다. 레이블이 없는 데이터 자체로부터 표현을 생성하도록 거대한 신경망 모델을 훈련해, 시스템은 강력한 특징을 학습하게 됐습니다. 자가 지도 학습self-supervised learning은 인터넷의 풍부한 디지털 데이터를 활용해 더 쉽게 학습할 수 있었습니다. 언어 모델링은 유망한 접근 방식으로 부상했으며, 여기서 신경망은 텍스트 시퀀스에서 다음 단어를 예측하도록 훈련됩니다.

1.1.2 신경망과 트랜스포머, 그리고 그 너머

언어 모델링은 수십 년 동안 엔그램n-gram 모델과 같은 통계적 방법으로 연구했습니다. 그러나 신경망 아키텍처가 훨씬 더 효과적임이 밝혀지면서 신경 언어 모델링neural language modeling 분야가 발전하게 됐습니다. 언어 모델링을 통해 훈련된 단어 벡터는 다양한 신경망 기반의 자연어 처리 작업에 활용할 수 있습니다.

2013년에는 word2vec이라는 비지도 학습 접근 방식이 주목받았습니다. 이는 레이블이 없는 텍스트 데이터에서 단어 임베딩word embedding을 생성하도록 얕은 신경망shallow neural network을 효율적으로 훈련하는 방식입니다. word2vec 임베딩 벡터는 입력 특징feature으로 사용될 때 다운스트림downstream NLP 작업에 유용했습니다. 이는 대규모 텍스트 데이터에 대한 단어 표현의 사전 학습pre-training의 강력함을 보여주었습니다.

2018년 앨런 연구소가 제안한 ELMo는 또 한 번 분야를 바꿨습니다. ELMo는 사전 훈련된 LSTM을 사용해 심층적으로 문맥화된 단어 표현을 이용했습니다. 문장에 대한 양방향 LSTM(BiLSTM) 모델 내의 상태를 강력한 문맥 기반 단어 임베딩으로 사용했습니다. ELMo 임베딩은 질문 응답 및 기타 언어 이해 작업에서 큰 성능 향상을 가져왔습니다.

2018년 후반에 구글 AI는 혁신적인 모델 BERTBidirectional Encoders from Transformers를 제안했습니다.

BERT는 새로운 셀프 어텐션self-attention 아키텍처를 제시했습니다. BERT는 레이블이 없는 텍스트에 대한 마스킹 언어 모델링masked language modeling이라는 새로운 사전 학습 방식을 도입했습니다. 사전 학습된 BERT 모델은 작업 데이터셋에서 단순히 파인튜닝만으로도 다양한 NLP 작업에서 큰 성능 향상을 달성했습니다.

BERT의 엄청난 성공은 NLP에서 '사전 학습 후 파인튜닝'이란 패러다임을 확립했습니다. BERT 이후에는 XLNet, RoBERTa, T5 등과 같은 많은 트랜스포머 기반 사전 학습 언어 모델이 제안됐습니다. 모델 크기를 확장하고 비지도 사전 학습 전략을 사용해 다운스트림 작업에서 더 나은 전이 학습transfer learning 성능을 얻었습니다.

하지만 여전히 모델의 파라미터 크기는 최대 수억 개 수준이었습니다. 2020년에 오픈AI는 모델 파라미터를 전례 없는 1750억 개로 확장한 GPT-3를 제안했습니다. GPT-3는 기존 모델에서 보기 어려웠던 제로샷 및 퓨샷 학습 능력을 보여주어 AI 커뮤니티를 놀래켰습니다. GPT-3는 별도의 파라미터 업데이트나 파인튜닝 없이도 간단한 작업 설명과 몇 가지 예시만으로 다양한 NLP 작업(예: 번역, 요약, 질의응답 등)을 수행했습니다. 이처럼 GPT-3는 언어 모델에서 크기의 중요성을 강조했습니다. 그 놀라운 효과는 더 큰 모델을 훈련하려는 강렬한 연구 열망을 불러일으켰습니다. 이는 모델 파라미터가 조 단위에 이르는 LLM의 연구로 이어졌습니다. 앤트로픽Anthropic과 같은 스타트업의 등장과 PaLM, Gopher, LLaMA와 같은 기술의 공개는 이 분야에 대한 상당한 투자를 동반해 모델의 크기를 급격히 키웠습니다. 여러 기술 회사와 스타트업은 이제 수천억 개 또는 그 이상의 파라미터를 가진 LLM을 사용(또는 자체적으로 훈련)합니다. PaLM, Flan, LaMDA, LLaMA와 같은 모델은 트랜스포머transformer 아키텍처를 사용해 언어 모델링 목표 중 하나인 확장성을 입증했습니다.

지금 언급한 모든 모델의 연관성을 표현하면 생명의 나무tree of life와 매우 흡사합니다. 언어 모델에서 발견되는 구조적 유사성(그림 1-1)은 계통수phylogenetic tree에서의 해부학적 유사성(그림 1-2)과 비슷합니다. [그림 1-1]의 LLM의 진화 나무에서 같은 가지에 속한 모델은 연관성이 높습니다. 이 진화 나무의 원본 이미지와 더 자세한 내용은 [그림 1-1]이 실린 논문[1]을 확인하세요.

---

[1] Yang et al. (2023b). Harnessing the power of LLMs in Practice: A survey on ChatGPT and Beyond. arXiv.org. https://arxiv.org/abs/2304.13712

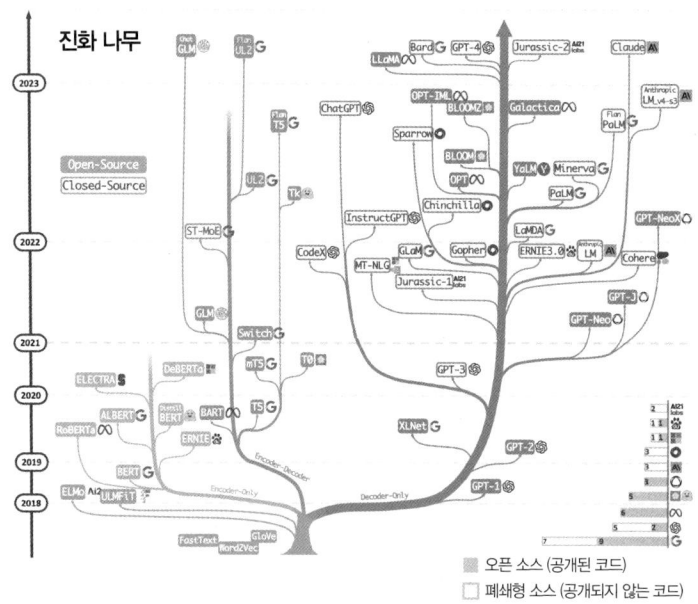

그림 1-1 언어 모델의 진화 나무

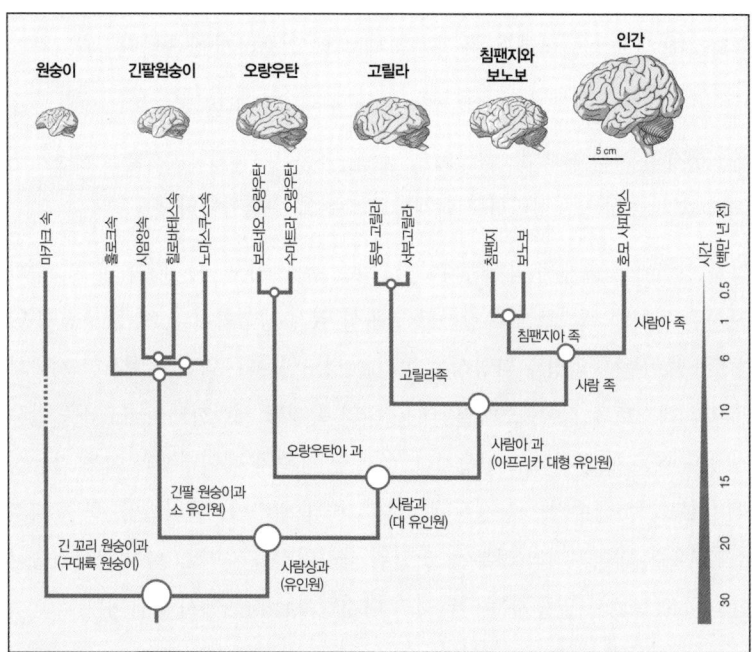

그림 1-2 인간 뇌 구조의 진화 나무[2]

---

2 Sousa et al. (2017b). Evolution of the human nervous system function, structure, and development. Cell, 170(2), 226-247. https://doi.org/10.1016/j.cell.2017.06.036

모델 크기, 컴퓨팅 능력, 데이터가 증가할수록 LLM은 새로운 능력을 갖추는 것으로 보이며, 간단한 프롬프트 기법만으로도 질문 응답, 추론, 텍스트 생성에서 인상적인 성능을 보여줍니다. AlphaCode와 Codex 같은 모델처럼 코드를 생성하도록 훈련하면 능숙한 코딩 생성 능력을 보여줍니다. LLM은 대화, 번역, 요약, 심지어 수학적 증명까지 작성합니다.

PLM에서 LLM으로 넘어가며 엄청난 질적 변화가 찾아왔습니다. LLM은 기존에 소형 모델에서는 하지 못했던 퓨샷 학습, 사고 연결, 지시 사항 따르기와 같은 놀라운 능력을 선보였습니다. 이러한 능력은 모델 크기가 일정 임곗값을 넘으면 갑자기 나타나는 현상으로, 점진적인 확장에 따르는 개선 결과가 아닙니다.

LLM은 작은 문제를 해결하는 특화된 시스템에서 다재다능한 범용 모델로 AI 패러다임을 전환합니다. 최근 LLM이 인간 수준의 인공지능에 가까워진다는 징후를 보였습니다. 통계적 방법에서 신경망에 이르기까지 언어 모델링의 기하급수적인 규모 확장은 인간에 가까운 지능으로 빠르게 발전하는 중요한 연결고리가 됐습니다. GPT-3의 놀라운 능력은 언어 모델에서 규모의 힘을 보였습니다. 이는 모델의 파라미터가 조 단위에 이르는 더 큰 LLM을 개발하려는 강렬한 연구 열망을 불러일으켰습니다. 많은 연구가 언어를 지원하는 AI는 많은 컴퓨팅 자원과 데이터와 함께 모델 크기를 확장해 새로운 능력과 높은 성능을 내는 데 집중하게 됐습니다.

LLM은 아무런 파인튜닝 없이도 여러 도메인에서 인간 수준의 질의응답 및 추론을 수행하는 능력을 보여주었습니다. '생각의 사슬$^{\text{chain of thought}}$(CoT)' 같은 적절한 프롬프트 기술을 사용하면 복잡한 기호, 숫자, 개념을 지능적으로 정리하고 단계별로 추론을 수행합니다.

물론 LLM은 언어 생성 영역에서 크게 도약했습니다. LLM은 뉴스 기사, 시, 대화, 코드, 수학적 증명 등 인간이 작성한 것처럼 텍스트를 유창하고 일관성 있게 생성합니다. 특정 조건이 있든 없든 텍스트 생성에서 보이는 창의성과 다양성은 놀라울 정도입니다. 약간의 예시만 제공하는 퓨샷 프롬프트로 결과 텍스트의 길이, 스타일, 내용 등의 속도도 제한합니다. LLM을 활용한 텍스트-이미지 생성도 빠르게 발전하고 있습니다. 컴퓨팅 파워와 데이터셋의 이용 가능성이 커지며 모델 파라미터도 기하급수적으로 성장했습니다. 근래에 GPU 클러스터, 모델 병렬화 기술, 최적화된 소프트웨어 라이브러리 덕분에 조 단위 파라미터를 가진 LLM이 탄생했습니다. 사전 학습을 위한 대규모 텍스트 말뭉치는 인터넷과 디지털화된 자원에서 얻습니다.

이 모든 것이 AI의 미래에 대한 엄청난 열광을 일으켰습니다. LLM은 올바른 데이터가 주어지면 많은 문제를 자동으로 해결하는 알고리즘적 및 통계적 지능의 형태를 보여줍니다. LLM은 기계가 개념을 학습하고, 추론의 연쇄 과정을 유추하며, 인간처럼 알고리즘을 구성해 문제를 해결하는 중요한 열쇠가 될 수 있습니다.

그러나 LLM에는 여전히 여러 한계가 있습니다. 비용이 많이 들고, 상품에 적용하기 어려우며, 할루시네이션hallucination에 빠지기 쉽고, 보편적 상식이 부족하며, 복잡한 기호적 추론에 어려움을 겪습니다. 모델의 성능 또한 훈련 데이터의 분포와 같은 요소에 의존적이어서 제한이 많습니다. LLM은 유해한 출력을 생성하거나 위험한 답변을 하도록 조작할 수 있습니다. AI 윤리, 사회적 합의, 위험에 대한 우려가 증가하며, 이는 신중한 고려가 필요합니다. 인간의 가치에 부합하는 책임 있는 AI 개발이 필요합니다. GPT-3, PaLM, Claude와 같은 모델을 기반으로 하는 생성형 AI 애플리케이션은 이전에 기계가 할 수 없다고 생각했던 놀라운 능력을 보여주고 있습니다.

1.1.3 생성형 AI와 LLM의 차이

생성형 AI와 LLM은 모두 콘텐츠를 생성하지만, 그 범위와 응용 분야는 다릅니다. 생성형 AI는 텍스트, 이미지, 비디오 및 기타 미디어와 같은 다양한 유형의 콘텐츠를 생성하는 AI 시스템을 포괄하는 더 넓은 개념입니다. 반면, LLM은 자연어 데이터를 처리하고 이해하도록 설계된 특정 범주의 딥러닝 모델입니다. 그렇기에 LLM은 인간과 같은 텍스트를 생성하는 생성형 AI 애플리케이션의 핵심 구성 요소로 사용됩니다. 반면, 생성형 AI 애플리케이션은 이러한 능력을 활용해 사용자에게 더 포괄적이고 상호작용하는 경험을 제공합니다.

생성형 AI 애플리케이션은 LLM을 핵심으로 하는 종합 애플리케이션full end-to-end application입니다. 챗GPT는 GPT-3.5로 시작한 GPT 모델을 핵심으로 운영하는 생성형 AI 애플리케이션입니다. 이는 LLM이 인간과 같은 텍스트를 이해하고 생성하는 역할을 담당하는 동안, 생성형 AI 애플리케이션은 이러한 능력을 활용해 사용자에게 더 포괄적이고 상호작용이라는 경험을 제공함을 의미합니다. LLM을 생성형 AI 애플리케이션에 적용하려면 LLM을 인간의 가치와 선호에 맞추는 것, 거대한 모델 크기로 LLM을 잘 훈련하는 것, 특정 다운스트림 작업에 맞게 LLM을 조정하는 것, 그리고 LLM의 능력을 평가하는 것 등의 여러 과제를 해결해야 합니다. 이러한 여러 과제에도 불구하고 LLM은 AI 알고리즘을 개발하고 활용 방식을 혁신할 잠재력이 있으며, AI 커뮤니티와 사회 전체에 큰 영향을 줄 것입니다.

LLM은 최근 몇 년 동안 생성형 AI 애플리케이션에서 놀라운 발전을 보여주었습니다. 방대한 양의 텍스트 데이터를 학습한 GPT-3와 PaLM과 같은 모델은 매우 유창하고 일관된 텍스트를 생성합니다. 이러한 능력은 이전에는 불가능했던 일을 가능하게 만들었습니다. 몇 가지 생성형 AI 애플리케이션에 대해 논의해 보겠습니다.

- **대화형 에이전트 및 챗봇**: LLM을 가장 많이 활용하는 애플리케이션의 사례는 대화형 에이전트 및 챗봇입니다. 앤트로픽의 Claude와 구글의 Gemini와 같은 시스템은 LLM의 언어 생성 기술을 활용해 자연스러운 대화를 진행합니다. 질문에 답하고, 조언하며, 멀티턴^{multiturn} 대화를 통해 다양한 주제에 답합니다. 이러한 에이전트의 대화 능력은 사전 훈련에서 방대한 대화 말뭉치^{corpus}를 파인튜닝한 결과입니다.
- **코드 완성과 프로그래밍 어시스턴트**: LLM은 코드 생성 및 완성에 뛰어난 능력을 보여줍니다. GitHub Copilot과 TabNine과 같은 도구는 주석과 기존 코드를 기반으로 코드를 자동 완성합니다. 이는 반복 코드를 줄이고 개발 속도를 높여 프로그래머의 생산성을 높입니다. LLM은 자세한 설명이 주어지면 전체 코드나 함수를 생성하는 능력도 있습니다.
- **언어 번역**: LLM 덕분에 기계 번역은 크게 성능이 향상됐습니다. 구글의 Translation LM과 같은 모델은 방대한 텍스트 말뭉치에서 표현을 학습해 최고의 성능을 달성했습니다. 구문 기반의 번역 시스템보다 더 높은 문맥적 정확도로 번역합니다. LLM은 언어학, 문법 및 의미에 대한 지식을 보유해 높은 품질의 번역 결과를 낼 수 있습니다.
- **텍스트 요약 및 생성**: LLM은 긴 텍스트를 간결한 내용으로 요약하는 데 탁월합니다. 핵심 내용을 추출하면서 내용의 일관성을 유지합니다. LLM을 사용해 개발된 애플리케이션은 이메일, 기사, 법률 문서 등 다양한 문서를 요약합니다. 또한 조건을 제시해 텍스트를 길이, 스타일 또는 관점에 맞춰 요약하게 지시할 수도 있습니다.

이러한 광범위하고 고도의 발달된 능력과 활발한 연구에도 오늘날 전 세계의 기업들은 생성형 AI 기반 애플리케이션의 상용화에 우려를 표합니다.

- 고성능 LLM 활용은 제약이 존재하고 비용이 많이 들어 간단하지 않습니다. 상업용 모델은 유료화된 블랙박스 모델이며, 오픈 소스 모델은 대부분 학술 및 연구 용도로만 라이선스가 부여되고 상업적 응용에는 사용하기 쉽지 않습니다.
- 기존 데이터베이스 및 분석 애플리케이션과 LLM을 통합한 고급 애플리케이션 구축은 쉽지 않습니다.
- API를 통해 기본 모델을 사용하거나 파인튜닝할 때 내부 고객 데이터의 개인 정보와 기밀을 보장하는 투명한 아키텍처가 없습니다. 저작권, 신뢰, 안전성에 대한 문제는 중요하지만, 완전히 해결되지 않았습니다.

이러한 개념은 1.2절에서 더 깊이 다룹니다. 그전에 오늘날의 일반적인 생성형 AI 애플리케이션을 구축하는 프레임워크framework에 대해 알아보겠습니다.

1.1.4 생성형 AI 애플리케이션 3계층

GPT, Claude, PaLM과 같은 LLM의 급속한 발전은 고품질의 텍스트, 코드, 이미지 등을 생성하는 새로운 생성형 AI 애플리케이션의 개발로 이어졌습니다. 그러나 이러한 생성형 AI 애플리케이션을 개발하고 배포하려면 다양한 구성 요소가 통합된 기술 스택을 결합해야 합니다. 우리는 생성형 AI 애플리케이션 스택의 세 가지 주요 계층인 인프라 계층, 모델 계층, 애플리케이션 계층에 대해 논의하고 각 계층의 세부 사항을 자세히 살펴보겠습니다.

인프라 계층

인프라 계층은 LLM을 개발, 훈련, 제공하는 데 필요한 기본 데이터, 컴퓨팅 및 도구 자원을 포함합니다.

- **데이터 저장 및 관리**: LLM은 모델을 훈련하는 데 방대한 레이블 된 데이터셋(페타바이트petabytes 단위)을 사용합니다. 커먼 크롤Common Crawl과 위키백과와 같은 많은 공공 데이터셋은 광범위한 커버리지를 제공해 모델 사전 학습의 기초를 다지는 데 유용합니다. 특정 도메인이나 애플리케이션에 맞춘 맞춤형 데이터셋도 파인튜닝을 위해 선별됩니다. 이러한 훈련 데이터는 저장, 관리, 접근이 효율적이어야 합니다. 아마존의 S3, 애저의 블롭 스토리지, 구글의 클라우드 스토리지 같은 분산 파일 시스템이 이에 적합합니다. 클라우드 저장소에 구축된 데이터 레이크data lake는 다양한 소스에서 수집된 이질적인 데이터를 중앙집중적으로 저장, 정리 및 처리하는 저장소 역할을 합니다. 아마존 글루, 애저 Purview, 구글 데이터 카탈로그 같은 메타데이터 카탈로그metadata catalog는 스키마schema를 유지하고 데이터 계보를 추적하며 데이터를 검색합니다. 버전 관리 기능versioning은 시간에 따른 데이터 변화를 추적합니다. 데이터 품질 도구 data quality tool는 데이터셋을 모니터링하고 프로파일링합니다. 전반적으로 LLM이 고품질의 잘 조직된 훈련 데이터로부터 나오는 혜택을 받기 위해서는 견고한 데이터 관리 플랫폼이 필수적입니다.

- **벡터 데이터베이스**: LLM은 단어와 문서를 의미 있는 숫자들로 구성된 벡터로 표현합니다. 파인콘, 위비에이트, 밀버스와 같은 벡터 데이터베이스는 효율적인 유사성 검색을 지원해 수십억 개의 벡터를 저장하고 색인화하는 데 특화되어 있습니다. 이러한 데이터베이스는 거대한 텍스트 말뭉치를 벡터 공간에 임베딩해 코사인 유사도와 같은 지표metric를 통해 의미론적 관계를 포착합니다. 이는 키워드 매칭을 넘어서 의미를 검색하는 것과 같은 기능을 지원합니다. 벡터 데이터베이스를 사용하면 임베딩을 모델 훈련 및

추론과 분리해 애플리케이션 전반에 걸쳐 지식 표현을 공유할 수 있습니다.
- **컴퓨팅 인프라**: LLM을 훈련하고 실행하려면 광범위한 GPU/TPU 자원에 접근해야 합니다. GPT-3를 훈련하는 데는 10,000개 이상의 GPU에서 3640petaflop/s-days[3]이 소요됐습니다.

AWS, 애저, GCP와 같은 클라우드 인프라 제공 업체는 GPU/TPU 최적화된 가상 머신 인스턴스를 제공합니다. 예를 들어, AWS는 기계 학습 작업을 위한 최대 8개의 GPU가 있는 P4d 인스턴스를 제공합니다. GCP의 Cloud TPU VM은 머신러닝에 특화된 TPU 칩을 제공합니다.

자동 확장 그룹autoscaling group은 훈련 및 추론 수요의 변동에 따라 GPU와 같은 자원을 동적으로 조정합니다. 쿠버네티스와 같은 오케스트레이터orchestrator는 분산된 LLM을 규모에 맞게 배포하게 합니다. 컴퓨팅 패브릭compute fabric은 GPU 클러스터 전반에 걸쳐 모델의 병렬 훈련을 감당할 높은 처리량, 저지연 네트워킹을 제공해야 합니다.

모델 계층

모델 계층은 생성형 AI 애플리케이션 스택의 핵심으로, LLM의 선택과 조정이 중요합니다. 이 계층은 생성형 AI 애플리케이션의 기능, 효율성 및 효과를 결정하는 데 중요한 역할을 합니다.

- **올바른 LLM 선택**: 애플리케이션의 기초로 사용할 LLM을 선택할 때 여러 요소를 고려해야 합니다.
  - **모델 기능**: 우선 모델의 고유 기능을 고려해야 합니다. LLM은 다양한 작업에서 뛰어난 성능을 보입니다. 구글의 BERT 같은 모델은 문맥 정보를 이해하는 데 뛰어나며, 오픈AI의 GPT 시리즈와 같은 자동 회귀 모델은 일관된 텍스트 생성에 탁월합니다.
  - **계산 효율성**: 선택한 LLM을 훈련하고 배포하는 데 필요한 계산 자원이 얼마나 되는지 판단해야 합니다. 일부 모델은 다른 모델보다 더 많은 계산량이 필요하며, 이는 애플리케이션의 확장성과 비용에 영향을 끼칩니다.
  - **상업적 이용 가능성**: 모델의 사용 가능 여부도 중요합니다. 많은 기술 회사가 LLM을 자유롭게 사용하도록 오픈 소스로 공개합니다. 일부 모델은 클라우드 제공 업체가 API를 통해 LLM을 제공하지만 비용이 발생합니다.
  - **문제의 적합성**: 애플리케이션이 풀고자 하는 문제 및 도메인이 적합한지 판단해야 합니다. 텍스트 요약에 적합한 모델(T5 등)이 있는가 하면, 창의적인 텍스트 생성에 뛰어난 성능을 보이는 모델

---

[3] 옮긴이_ 시스템이 1일 동안 초당 3,640 페타플롭에 해당하는 연산을 수행한 총량

(GPT 등)도 있습니다.

- **LLM 파인튜닝**: LLM을 선택한 후에는 애플리케이션의 요구 사항에 맞게 조정하는 것이 필수적입니다. 전이 학습을 기반으로 한 파인튜닝 기술은 이를 달성하는 데 사용됩니다. 특정 도메인에 타겟target 데이터셋을 사용합니다.
  - **타겟 데이터셋**targeted dataset: 파인튜닝은 일반적으로 LLM을 더 작은 특화된 작업을 위한 데이터셋으로 훈련합니다. 이를 통해 모델은 일반적인 지능을 유지하면서도 특화된 작업에서 더 능숙해집니다.
  - **성능 향상**: 파인튜닝은 대화 시스템, 추론 또는 지식 검색과 같은 특정 영역에서 LLM의 성능을 높입니다. 앤트로픽의 Claude는 파인튜닝을 거쳐 전반적인 지능을 유지하면서도 대화 능력을 높였습니다.
  - **치명적 망각 방지**: 파인튜닝 중에 모델이 이전에 학습한 지식을 잃는 '치명적 망각catastrophic forgetting'에 주의가 필요합니다. 이를 완화하는 데 그래디언트 클리핑gradient clipping 및 특정 레이어의 선택적 파인튜닝selective fine-tuning과 같은 기술이 사용됩니다.

- **LLM 통합**: 선택하고 파인튜닝된 LLM을 애플리케이션에 통합하는 단계는 중요합니다.
  - **데이터 변환**: 애플리케이션 코드는 텍스트나 다른 유형의 입력 데이터를 LLM에 적합한 토큰 임베딩으로 변환해야 합니다. 이 변환은 모델이 데이터를 효과적으로 처리하는 데 필수적입니다.
  - **모델 아키텍처**: LLM의 아키텍처는 입력 데이터를 처리하는 방식에 중요한 역할을 합니다. 예를 들어, 입력 토큰에 대한 셀프 어텐션self-attention이 어떻게 적용되는지와 같은 요소는 모델이 데이터에서 넓은 범위의 의존성을 포착하는 능력을 결정합니다.
  - **확장 혁신**: 최근의 발전으로 LLM은 효율적으로 확장했습니다. 희소 게이트 전문가 혼합 모델sparsely gated mixture-of-experts(SGMoE) 같은 기술은 모델 계층을 여러 전문가 그룹으로 분할해 확장성을 키웁니다. 입력된 데이터의 실제 내용을 기반으로 신경망의 일부분만 조건부로 훈련합니다.[4]

또한, BigBird와 Reformer와 같은 효율적인 어텐션 메커니즘은 셀프 어텐션self-attention의 복잡성을 줄여 긴 시퀀스를 효율적으로 처리합니다.

> **NOTE** 전문가 혼합(MoE) 계층은 여러 전문가 신경망과 학습 가능한 게이팅 네트워크로 구성됩니다. 각 전문가 신경망은 일반적으로 단순한 피드포워드 네트워크이며, 게이팅 네트워크는 각 전문가 신경망 중 일부를 선택해 각 입력 예제를 처리합니다. 이를 통해 전체 계층은 많은 수의 파라미터를 가지더라도, 예시에 따라 일부 파라미터만 활성화해 계산 비용을 대폭 줄입니다. 구체적으로, 노이즈가 추가된 top-k 게이팅은 가우시안 노이즈를 추가한 후 게이트 값에 따

---

4 Shazeer et al. (2017b). Outrageously large neural networks: the Sparsely-Gated Mixture-of-Experts layer. arXiv.org. https://arxiv.org/abs/1701.06538

라 top-k 전문가 네트워크만 선택합니다. 전문가 네트워크는 다양한 입력 의미와 구문에 따라 특화됩니다. 수천 개의 전문가 네트워크와 일부만 활성화하는 희소성으로 MoE는 1000억 개 이상의 파라미터를 가진 모델을 합리적이고 효율성 있는 연산량을 유지하게 합니다. RNN 계층 사이에서 MoE를 사용하면 시퀀스마다 다른 전문가 모델을 선택하는 효과가 생깁니다. 전반적으로, MoE 계층은 모델 크기를 대폭 증가시켜 이전 시대의 모델에 비해 언어 모델링 및 번역에서 크게 향상된 결과를 제공합니다. 아울러 극한의 모델 병렬 처리를 통해 모델 크기와 데이터 증가의 이점을 계속해서 얻을 것입니다.

애플리케이션 계층

애플리케이션 계층은 통합된 LLM을 활용해 생성형 AI 애플리케이션의 개발 및 배포를 간소화하는 데 중점을 둡니다.

- **애플리케이션 개발 프레임워크**: 생성형 AI 개발 프레임워크는 Claude, Cohere, GPT-3, Genie, LangChain과 같은 LLM API를 중심으로 구축되어 애플리케이션 구축을 간소화합니다. 이러한 프레임워크는 세부적인 모델 배포에 신경 쓰지 않고 추론에만 집중하도록 개발자 친화적인 API와 SDK를 제공합니다. 이 서비스들은 인프라 설정, 자동 확장autoscaling, 가용성, 네트워킹 및 기타 복잡성을 캡슐화합니다. 개발자는 단순히 프레임워크의 API를 통합해 애플리케이션 코드에서 LLM 기능을 호출하기만 하면 됩니다. 프레임워크는 요청 볼륨이 증가함에 따라 애플리케이션 로직을 변경할 필요 없이 원활하게 확장합니다. Genie는 개인화, 버전 관리 및 결과 캐싱에 중점을 두어 LLM 사용을 최적화합니다. Claude는 간소화된 모델 배포 외에도 데이터 버전 관리, 모니터링 및 안전 도구를 제공합니다.
- **애플리케이션 구축**: 개발자는 프레임워크의 인터페이스를 사용해 애플리케이션에 LLM 기능을 통합합니다. 비즈니스 로직은 사용자 입력을 프레임워크의 API로 전송하고 추론 결과를 처리합니다. 애플리케이션은 LLM 적용 외에도 신원 관리, 보안, 프라이버시, 개인화 및 모니터링과 같은 기능을 관리합니다.

대화형 애플리케이션의 경우, 대화 흐름dialogue flow은 사용자 입력을 LLM API로 보내고 응답을 화면에 표시하는 역할을 합니다. 모니터링 도구는 지연 시간, 오류 및 자원 소비와 같은 지표를 추적합니다. 사용자와의 상호작용은 LLM 입력으로 변환되며, 출력은 응답 반환 전에 후처리를 거치기도 합니다.

이 절에서 논의한 계층별 스택은 영향력 있는 생성형 AI 애플리케이션에 필요한 다양한 구성 요소입니다. LLM이 빠른 속도로 계속 발전함에 따라 각 계층을 독립적으로 끊임없이 개선하는 능력이 점점 더 중요해질 것입니다. 최적화된 생성형 AI 스택에 투자하고 이를 수용하는 기업은 LLM을 활용해 실제 문제를 해결하는 데 귀중한 이점을 얻게 될 것입니다.

1.2 생성형 AI 애플리케이션의 상용화를 위한 길

LLM에 대한 기초 연구가 활발히 진행되고 관심이 증가함에도 불구하고, 생성형 AI 애플리케이션은 널리 보급되지 않았습니다. 이러한 애플리케이션은 규모가 크고 운영 비용이 많이 들어 상용화하기 어려운 면이 있습니다. 그러나 여러 스타트업과 대기업이 LLM을 활용한 애플리케이션과 인터페이스를 적극적으로 개발하고 있습니다. 생성형 AI 애플리케이션의 전체 아키텍처는 다른 클라우드 기반의 엔터프라이즈 서비스와 유사하지만, 우리는 생성형 AI 애플리케이션을 특별하게 만드는 핵심 구성 요소에 더 집중해야 합니다. 이 책 전반에 걸쳐 LLM, LLM API 및 벡터 데이터베이스와 같은 중요한 구성 요소에 대해 살펴보겠습니다.

하지만 먼저 이러한 애플리케이션을 개발하는 주요 방법을 더 깊이 살펴보겠습니다. 이전 절에서는 몇 가지 생성형 AI 애플리케이션 예시를 소개했습니다. 이러한 애플리케이션의 실제 LLM 또는 LLM API의 내부는 어떻게 생겼을까요? 이러한 API를 정확히 어떻게 사용하나요? LLM과 상호작용하는 데 사용되는 방법에 대해 표준이 있나요? 이러한 질문에 대한 여러 자료가 있지만, 우선 답을 살펴보겠습니다.

- **제로샷 LLM 예측**: 사전 학습된 LLM은 예측 작업을 위해 API 레이어 뒤에서 사용됩니다. 간단한 분류 작업(예: 감정 분석 또는 주제 모델링)과 제로샷 CoT 추론을 할 수 있습니다. LLM에 '훌륭한 폰케이스입니다. 가성비가 좋습니다' 같은 아마존 리뷰와 후보 레이블(긍정적, 부정적)을 전달하면, 감정 분석 작업에 특별히 훈련되지 않았더라도 예측을 제공합니다.
- **퓨샷 인컨텍스트 러닝**: 입력에 몇 가지 예시를 제공하면 LLM은 여러 작업에서 나은 성능을 발휘합니다. 자연어 문장과 이에 상응하는 SQL 쿼리 쌍을 모델에 컨텍스트로 제공하고 새로운 자연어 문장을 제공하면 연관된 올바른 SQL 쿼리를 출력합니다. 여기서 입력 분포, 출력 분포, 정확성 및 입출력 관계가 큰 영향을 미칩니다.
- **프롬프트 엔지니어링 및 프롬프트 템플릿**: 생성형 AI 애플리케이션 개발자는 프롬프트를 사용해 LLM과 상호작용하고, 안전성을 향상하며, 도메인별 지식으로 LLM을 개선합니다. 프롬프트 템플릿은 구조와 형식을 제공하여 LLM이 다운스트림 애플리케이션에서 적절한 응답을 생성하도록 합니다. 특별히 설계된 프롬프트로 LLM의 결과를 구조화합니다. 프롬프트 템플릿은 제로샷, 퓨샷, CoT, ReAct$^{reason+act}$, 명령어 합성 프레임워크에 유용합니다. 제로샷 프롬프트 템플릿은 다음과 같이 구성합니다.

> 아래 컨텍스트(Context)를 기반으로 질문(Question)에 답하세요. 답(Answer)은 간단명료하게 작성하세요. 답(Answer)이 확실하지 않으면 '잘 모르겠습니다'라고 응답하세요.
>
> Context: 〈 ... 〉
>
> Question: 〈 ... 〉
>
> Answer:

- **멀티턴 대화 에이전트**: 단발성one-and-done style 예측은 복잡한 작업에 적합하지 않습니다. 대화형으로 주제를 더 깊이 파고들어야 할 때, LLM 기반 챗봇이 매우 유용합니다. 이러한 아키텍처를 사용하는 실제 애플리케이션으로 챗GPT, BingChat, Gemini, LAION의 OpenAssistant, 앤트로픽의 Claude, 바이두의 Ernie Bot 등이 있습니다. 챗봇 스타일 애플리케이션을 생성하는 훈련 방식은 오픈AI의 InstructGPT 논문[5]에서 제시됐습니다.
    - 레이블러labeler로부터 지시와 이행에 대한 고품질 예시를 수집하고 LLM을 파인튜닝합니다.
    - 단일 프롬프트에서 여러 출력을 기반으로 새로운 데이터셋을 생성해 인간 레이블러가 제공한 평가를 기반으로 한 지도 보상 모델supervised reward model을 훈련합니다.
    - 인간 피드백을 통한 강화 학습(RLHF)을 사용해 이전 두 항목을 기반으로 모델은 더 나은 답변을 하는 정책을 만들게 됩니다.

이 모든 단계는 세이지메이커SageMaker의 훈련 및 강화 학습 기능과 같은 도구를 사용해 모듈화하여 구축하고 관리합니다. 또한, 기존의 LLM 기반 챗봇 애플리케이션을 단일 도커 환경에서 배포하는 방법도 있습니다.

- **LangChain**: LangChain은 LLM을 기반으로 애플리케이션을 개발하는 라이브러리이자 플랫폼입니다(https://www.langchain.com). LangChain은 여러 유용한 구성 요소를 연결해 최종 사용자에게 더 유용한 출력을 얻게 합니다. 표준 프롬프트 템플릿, 검색을 위한 인덱스, 이전 내용을 저장할 메모리, 외부 시스템이나 데이터와 연결할 커넥터, 이러한 구성 요소에 접근해 맞춤형 체인을 만들 SDK를 지원합니다. 가장 간단한 체인은 입력을 프롬프트 템플릿에 맞춰 생성, 이 생성된 입력을 LLM에 전달, 출력을 분석하고 처리해 화면에 표시하는 방식으로 세 단계로 구성합니다. 더 복잡한 체인은 구글 검색 API, 계산기 또는 데이터베이스 접근과 같은 도구에 접근하는 구성 요소도 이용합니다.

- **LLM 기반 자율 에이전트**: LangChain 및 관련 개념을 사용하면 사용자는 여러 단계를 연결해 특정 문

---

[5] Ouyang et al. (2022b). Training language models to follow instructions with human feedback. arXiv (Cornell University). https://doi.org/10.48550/arxiv.2203.02155

제를 해결하는 체인을 구성할 수 있습니다. 때에 따라 사용자가 요청한 작업을 완료하는 데 필요한 다양한 단계와 구성 요소를 미리 결정하기 어렵습니다. 에이전트는 외부 세계의 정보와 상호작용하는 데 다양한 도구를 사용합니다. 인기 있는 도구로는 계산기, 파일 시스템, 파이썬 터미널, 구글 검색, 울프럼 알파, 위키백과 API 등이 있습니다. AutoGPT, babyAGI, AgentGPT 등과 같은 자율 에이전트는 자동으로 구성 요소를 결합하고 단계별로 추론하여 해결책을 도출합니다. 자율 에이전트는 중간 작업을 추가하고 완료해 최종 목표를 달성합니다. 달성하려는 목표는 자연어로 표현하기에, 단순할 때도 있고 매우 추상적일 때도 있습니다. 결과적으로 자율 에이전트는 인터넷 검색, 작업 생성 및 실행을 수행하며, 필요할 경우 스스로 개선해 최종 목표가 달성될 때까지 중간 작업을 추가합니다.

이제 세 개의 계층으로 구성된 생성형 AI 애플리케이션 유형을 알아봤으니, 구성 요소와 논의된 기술을 조합해 생성형 AI 기반의 엔터프라이즈 채팅 애플리케이션을 구축하는 가상의 사례를 살펴보겠습니다.

1.2.1 LLM 기반 채팅 애플리케이션 예시

앞서 언급했듯이 챗GPT와 같은 채팅 애플리케이션은 굉장히 대중적인 생성형 AI 애플리케이션입니다. 다른 생성형 AI 스택과 마찬가지로 인프라 계층에서 거대한 LLM을 지원하는 데이터, 컴퓨팅 자원, 도구 등을 제공합니다. 벡터 데이터베이스는 효율적인 검색을 위해 지식을 벡터 공간에 임베딩하는 기능을 제공합니다. 분산된 GPU/TPU 자원은 LLM의 훈련과 추론을 위한 컴퓨팅 파워를 제공하며, 이는 종종 LLM 제공자가 제공하는 관리형 API 뒤에 추상화되어 있어 사용자가 이러한 모델을 호스팅하고 유지 관리할 필요가 없도록 합니다. 모델 계층은 적절한 LLM을 선택하고, 파인튜닝하고, 애플리케이션에 최적의 통합을 하는 데 중점을 둡니다. 마지막으로 애플리케이션 계층은 프레임워크를 적용해 배포된 모델에 대한 접근을 간소화합니다. [그림 1-3]은 LLM 기반 채팅 애플리케이션을 만드는 데 사용할 구성 요소를 정리한 시퀀스 다이어그램입니다.

[그림 1-3]은 LLM 기반 챗봇 애플리케이션에서 요청 흐름(request flow)을 정리한 다이어그램입니다. 사용자가 챗봇에 요청을 보내면, 챗봇은 이 요청을 애플리케이션 API로 전달합니다. API는 요청에 대해 전처리를 수행한 후 모델 추론과 후처리를 진행합니다. 처리된 응답은 API로 반환되어 다시 챗봇으로 전송됩니다. 마지막으로 챗봇이 응답을 사용자에게 전달합니다.

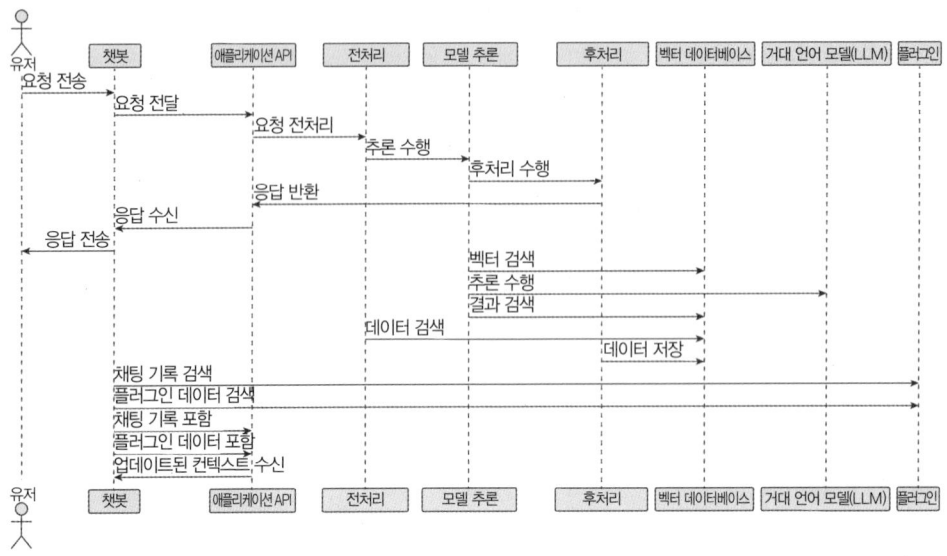

그림 1-3 생성형 AI 챗봇 애플리케이션의 요청 흐름 시퀀스 다이어그램

모델 추론 단계는 벡터 데이터베이스와 상호 작용해 벡터를 검색retrieve하고 LLM에 실제 추론을 요청합니다. 또한, 전처리 및 후처리 단계에서 벡터 데이터베이스와 상호 작용해 데이터를 검색하거나 저장합니다.

챗봇은 플러그인과 상호 작용해 채팅 기록이나 플러그인 데이터를 검색합니다. 챗봇은 애플리케이션 API를 통해 채팅 기록이나 플러그인 데이터 정보를 전달하면, 업데이트한 컨텍스트는 이후 사용자의 다음 요청에 활용됩니다.

1.3 비용 최적화의 중요성

챗봇(생성형 AI) 애플리케이션의 시퀀스 다이어그램에서 비용이 많이 드는 구성 요소를 점선 표시해 강조하겠습니다(그림 1-4).

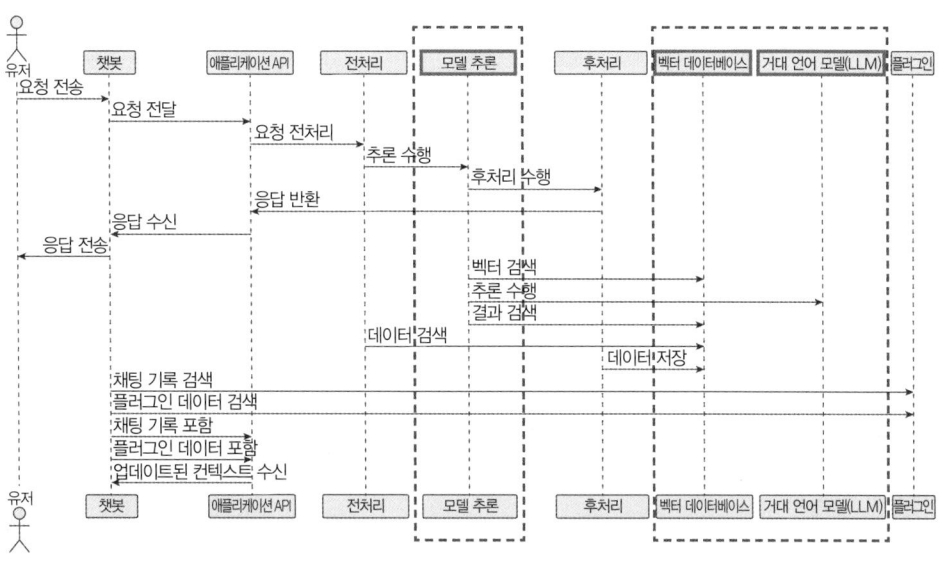

그림 1-4 비용이 많이 드는 세 가지 구성 요소를 강조한 생성형 AI 챗봇 애플리케이션의 요청 흐름 시퀀스 다이어그램

세 가지 구성 요소(모델 추론, 벡터 데이터베이스, LLM)를 깊이 살펴보고 왜 비용이 많이 드는지 알아보겠습니다.

1.3.1 모델 추론

모델 추론은 모든 생성형 AI 채팅 애플리케이션의 중심에 있는 핵심 요소입니다. 이 요소는 다음과 같은 작업을 수행합니다.

1. 추론 수행 요청을 받습니다.
2. 요청을 분석하고 추론을 계속 진행할지 결정합니다. 파라미터 검증, 안전성, 악의적인 사용 방지를 위한 분석입니다.
3. 벡터 데이터베이스에서 벡터를 직접 검색하거나 유사도 검사를 진행하는 API가 있다면 데이터베이스에서 유사한 정보를 찾습니다.
4. LLM에서 사용할 예측을 위한 프롬프트를 구성합니다.
5. LLM으로부터 응답을 받습니다.
6. LLM에서 받은 응답을 후처리합니다.
7. 응답 성공 시 응답을 클라이언트 애플리케이션에 반환하고, 그렇지 않은 경우 오류 코드를 반환합니다.

> **NOTE** 대부분의 경우, 모델 추론 과정에 전처리와 후처리 작업을 진행합니다. 때에 따라 모델 추론 컨테이너가 전체 LLM을 호스팅하기도 합니다. 실제로 오픈AI, 앤트로픽, AWS 같은 여러 LLM API 제공 업체는 경쟁력 있는 가격과 매우 사용하기 쉬운 API를 제공해 모델 추론 구성에서 직접 LLM을 구축하고 호스팅할 필요를 없앱니다.

모델 추론의 비용은 호스팅 방식과 추론 방식에 따라 다릅니다. AWS는 모델 추론을 구축하는 서비스를 제공합니다.

- **람다**: 서버를 관리하지 않고 코드를 실행합니다(https://aws.amazon.com/pm/lambda).
- **파게이트**: 컨테이너 기반 애플리케이션을 오케스트레이션orchestration하는 서버리스serverless 컴퓨팅 엔진입니다(https://aws.amazon.com/fargate).
- **세이지메이커**: LLM 호스팅을 포함한 기계 학습을 위한 엔드투엔드 관리 서비스입니다(https://aws.amazon.com/sagemaker).
- **EC2**: LLM 호스팅을 포함한 모든 워크로드workload에 대한 보안 및 스케일링 컴퓨팅을 제공합니다(https://aws.amazon.com/ec2).

또한 마이크로소프트 애저Azure나 구글 GCP 같은 클라우드 제공 업체도 유사한 서버리스serverless 및 서버 기반 서비스를 제공합니다. 현재 선택지를 기반으로 비용을 산출해 보겠습니다.

주어진 시간에 약 100명의 동시 사용자가 어시스턴트와 자연스러운 대화를 진행한다면 시간당 약 100회의 요청이 발생합니다. 이는 특정 사용자에 대해 요청당 평균 36초가 소요된다는 의미입니다. 이는 사용자가 채팅 세션에서 다음 질문을 입력하는 데 시간이 필요하기 때문에 합리적입니다.

호스팅된 LLM 또는 LLM API의 추론 속도에 따라 아키텍처가 달라지므로 추론 성능을 벤치마크해야 합니다. 이를 계산하는 지표는 초당 생성되는 토큰 수, 즉 초당 토큰tokens per second (TPS)입니다. 토큰은 일반적으로 단어를 형성하는 데 사용되는 시퀀스 또는 문자 그룹입니다. 때로는 단어 전체가 토큰일 때도 있습니다.

> As a customer support executive, you are assisting a customer who claims that their previous bill is still showing as due despite making the payment last week.
> Write a reply by reviewing the cusstomer's bill payment history and resolving the issue.

이 프롬프트의 토큰은 [그림 1-5]와 같습니다(https://platform.openai.com/tokenizer).

[그림 1-6]은 해당 토큰의 토큰 ID로, 토크나이저tokenizer 기준의 인덱스 포인터입니다.

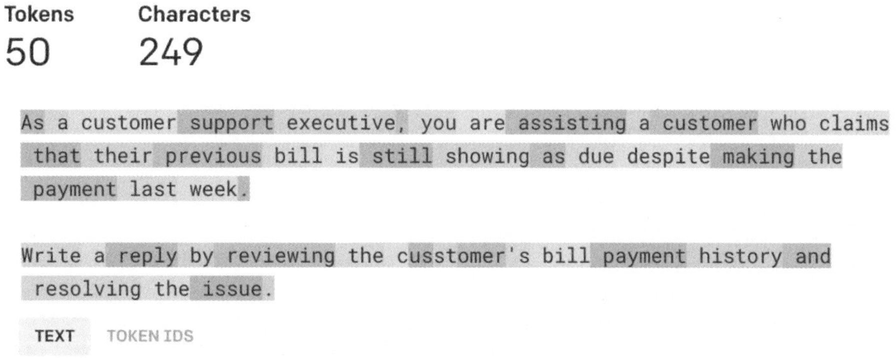

Tokens 50   **Characters** 249

As a customer support executive, you are assisting a customer who claims that their previous bill is still showing as due despite making the payment last week.

Write a reply by reviewing the cusstomer's bill payment history and resolving the issue.

TEXT   TOKEN IDS

그림 1-5 텍스트 프롬프트에 대해 생성된 토큰. 철자가 틀린 단어 'cusstomer'와 그 뒤의 아포스트로피가 서로 다른 토큰으로 분리

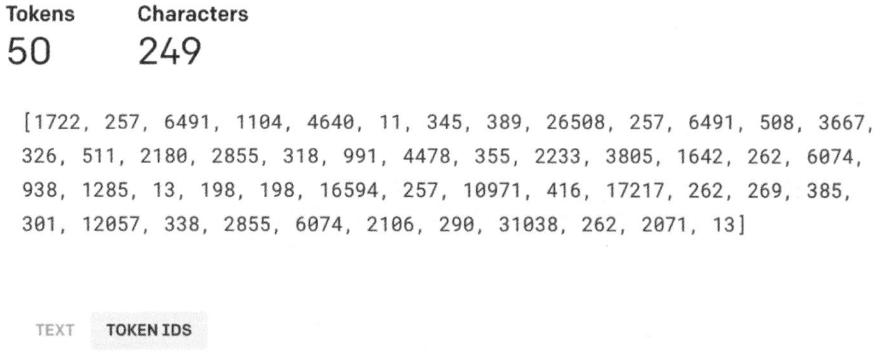

Tokens 50   **Characters** 249

[1722, 257, 6491, 1104, 4640, 11, 345, 389, 26508, 257, 6491, 508, 3667, 326, 511, 2180, 2855, 318, 991, 4478, 355, 2233, 3805, 1642, 262, 6074, 938, 1285, 13, 198, 198, 16594, 257, 10971, 416, 17217, 262, 269, 385, 301, 12057, 338, 2855, 6074, 2106, 290, 31038, 262, 2071, 13]

TEXT   **TOKEN IDS**

그림 1-6 [그림 1-5]의 원본 텍스트 프롬프트에서 생성된 토큰 ID

> **NOTE** 챗GPT 및 GPT 모델에서 사용되는 토크나이저에 대한 정보를 원한다면 https://github.com/openai/tiktoken에서 확인하세요.

호스팅 중인 LLM과 LLM API의 TPS를 벤치마크할 테스트용 프롬프트를 선택하세요. API 호출에서 적절한 최대 토큰 수를 조절하는 하이퍼파라미터를 사용하거나 적절한 프롬프트를 사용해 생성된 토큰 수를 제어하는 것이 중요합니다. 서양 문학의 고전이자 기초적인 문학 작품으로 여겨지는 『돈키호테』의 긴 문장을 사용하겠습니다.

> About this time, when some rain began to fall, Sancho proposed that they should shelter themselves in the fulling-mill, but Don Quixote had conceived such abhorrence for it, on account of what was past, that he would no means set foot within its wall; wherefore, turning to the right-hand, they chanced to fall in with a road different from that in which they had traveled the day before; they had not gone far, when the knight discovered a man riding with something on his head, that glittered like polished gold, and scarce had he descried this phenomenon, when turning to Sancho, 'I find,' said he, 'that every proverb is strictly true; indeed, all of them are apophthegms dictated by experience herself; more especially, that which says, 'shut one door, and another will soon open': this I mention, because, if last night, fortune shut against us the door we fought to enter, by deceiving us with the fulling-hammers; today another stands wide open, in proffering to use us, another greater and more certain adventure, by which, if I fail to enter, it shall be my own fault, and not imputed to my ignorance of fulling-mills, or the darkness of the night.

『돈키호테』에서 발췌한 단일 문장 단락은 1,158자의 문자와 269개의 토큰으로 구성되어 있습니다(그림 1-7). 꼭 이런 긴 문장을 사용할 필요는 없으며, 벤치마크를 수행할 때는 독자의 비즈니스와 관련된 예시를 사용하셔도 됩니다.

Tokens **Characters**
269   **1158**

About this time, when some rain began to fall, Sancho proposed that they should shelter themselves in the fulling-mill, but Don Quixote had conceived such abhorrence for it, on account of what was past, that he would no means set foot within its wall; wherefore, turning to the right-hand, they chanced to fall in with a road different from that in which they had traveled the day before; they had not gone far, when the knight discovered a man riding with something on his head, that glittered like polished gold, and scarce had he descried this phenomenon, when turning to Sancho, 'I find,' said he, 'that every proverb is strictly true; indeed, all of them are apophthegms dictated by experience herself; more especially, that which says, 'shut one door, and another will soon open': this I mention, because, if last night, fortune shut against us the door we fought to enter, by deceiving us with the fulling-hammers; today another stands wide open, in proffering to use us, another greater and more certain adventure, by which, if I fail to enter, it shall be my own fault, and not imputed to my ignorance of fulling-mills, or the darkness of the night.

그림 1-7 『돈키호테』에서 일부 발췌한 문장에 대해 생성된 토큰

LLM API나 콘솔을 통해 이 문장을 반복 생성하는 데 걸리는 총 시간을 계산하겠습니다. 벤치마크로 선택된 문장 앞에 '다음 문장을 정확히 한 번 반복하세요' 같은 지시를 추가합니다. 많

은 모델이 고정된 수의 토큰을 반복 생성하기 때문에, 동일한 질문을 여러 모델에 입력하면 각 모델에서 생성되는 토큰 수와 답변이 다를 수 있습니다. 또한 지시문을 '다음 문장을 정확히 두 번 반복하세요' 또는 세 번, 네 번 등으로도 수정합니다. 이러한 토큰을 생성하는 과정은 선형적으로 성능이 변화되지 않기에 여러 번에 걸쳐 토큰 생성을 테스트하는 것이 중요합니다. 각 실험을 최소한 다섯 번 반복하고 각 실험의 최고 및 최저 TPS를 보고하는 것도 좋은 실험 방법입니다.

[표 1-1]은 GPT-3.5를 사용해 『돈키호테』의 구절을 사용한 벤치마크 결과입니다. 실험은 챗GPT 애플리케이션의 무료 연구 버전을 사용해 측정됐으며 실제 벤치마크를 대표하지는 않습니다. 실제 실험이 설계 중인 모델 추론 단계에서 수행됐거나 API 호출을 통해 이루어졌더라도, 여기서는 결과를 해석하는 법을 설명하는 데 사용하니 넘어가겠습니다.

표 1-1 GPT-3.5 TPS 벤치마크 테스트 결과

시도	모델	지시문	TPS(최대/최소)
1	GPT-3.5	다음 문장을 정확히 한 번 반복하세요	45/13
2	GPT-3.5	다음 문장을 정확히 두 번 반복하세요	48/26
3	GPT-3.5	다음 문장을 정확히 세 번 반복하세요	50/10
4	GPT-3.5	다음 문장을 정확히 네 번 반복하세요	46/40

[표 1-1]의 내용을 정리하면 다음과 같습니다.

- 최대 TPS는 약 48입니다.
- 최소 TPS는 10에서 40까지 큰 범위를 보입니다.
- 평균 TPS는 약 35였습니다. 대부분이 평균 TPS에 맞춰 애플리케이션을 설계합니다.
- 다른 모델을 사용한 추가 실험은 의사결정에 도움이 되어, 특히 호스팅 인프라에 대한 통제력이 거의 없고 주로 API 기반 또는 인터페이스 기반의 LLM을 사용하는 경우에 유용합니다. API 기반의 LLM은 한계가 존재하며 일관된 좋은 성능을 제공하려고 노력하지만, 벤치마크를 수행하는 책임은 여전히 애플리케이션 개발 팀에 있습니다.

평균 TPS가 35이므로, 사용자가 입력하는 텍스트 프롬프트당 평균 토큰 크기를 가정해야 합니다. 이전 테스트에서 모델의 최대 응답 크기인 약 250개의 토큰이 응답으로 반환됐습니다. 따라서 한 턴^{turn}당 응답 시간은 250/35로 약 7초가 걸립니다. 가장 오래걸리더라도 응답 시간은 250/10로 25초가 걸립니다. 한 명의 사용자가 보낸 요청은 대기열에 쌓여 순차적으로 처리

되므로 문제가 되지 않습니다. 물론 100명의 동시 사용자가 한 시간당 각 100개의 요청을 보내다는 요구 사항도 존재합니다. LLM 사용을 위한 API 제공자는 TPS, 초당 요청(RPS), 동시 처리 성능 등 세 가지 요소에서 요청에 대한 응답 제한을 강제합니다. 이러한 제한 요소 중 하나라도 초과되면 애플리케이션 내 요청이 제한됩니다.

> **NOTE** LLM API의 응답 제한은 특정 시간 동안에 사용자의 요청 빈도에 대한 규칙을 설정합니다. 이러한 제한은 여러 목적에서 설정합니다. 첫째, 시스템을 과부하에서 보호해 악의적인 행위자가 시스템을 과도하게 사용하지 못하도록 방지합니다. 둘째, 특정 사용자가 리소스를 독점해 다른 사용자의 API 응답속도를 저하하는 상황을 막습니다. 마지막으로, 높은 사용량이 발생하는 시간에 서버의 과부하를 방지해 API를 사용하는 모든 사용자가 원활한 서비스를 제공받게 합니다. 모든 사용자가 동일한 기본 모델에 접근하지만, LLM API 제공자는 수십만 명의 동시 사용자를 감당하므로 부하를 분산해야 합니다.

벤치마크 결과에 따르면 초당 요청(RPS)이 1일 경우 약 10명의 사용자만 1분 내에 응답을 받으므로, 초당 10개의 요청(10 RPS)으로 100개의 세션을 서비스해야 합니다. 그러나 이는 완전히 정확하지 않습니다.

LLM API의 제한이 600 TPS, 10 RPS, 동시 작업 1이라고 가정하겠습니다. 매우 가혹해 보이지만, 주요 LLM API 제공 업체의 한도와 비슷합니다. 앞에서 수행한 벤치마크를 통해 테스트한 결과, 모델이 약 35 TPS로 토큰을 생성할 것입니다. 100명의 사용자가 시간당 100개의 요청을 할 때 필요한 총 RPS는 $100 \times 100/(60 \times 60)$로 평균 2.7 RPS입니다. 요청은 매초마다 일관되게 발생하지 않습니다. 하지만 장기간에 걸쳐 수행하면 평균 RPS에 수렴됩니다. 하지만 앞서 말했듯 1분에 약 10개의 요청만 처리할 수 있으므로, 100개의 사용자 세션이 실행 중이고 LLM API 제공자의 제한을 생각하면 모델 추론 애플리케이션은 API 호출이 TPS 제한보다 낮더라도 빠르게 성능에 제한을 받습니다.

모델 추론에는 큐^{queue}를 자체적으로 구현하거나 외부 서비스의 큐를 사용하는 방법이 있으며, 더 간단하게는 라이브러리를 통해 지수 백오프^{exponential backoff}를 사용하는 방법도 있습니다.

```
import backoff
import LLMapi

@backoff.on_exception(backoff.expo, LLMapi.ThrottleError)
def predict_with_backoff(**kwargs):
    return LLMapi.predict(**kwargs)

predict_with_backoff(prompt="...")
```

『돈키호테』 예시에서 TPS 한도에 도달하지 않았기 때문에 여러 요청을 배치로 추론하겠습니다. 일반적으로 LLM API 백엔드는 순차 실행보다 배칭 추론이 응답을 훨씬 더 빠르게 처리합니다. 배칭 추론 API 호출은 다음과 같습니다.

```
predict_with_backoff(prompt=["...","...","...","...","...","..."] )
```

이는 앞서 언급한 여러 제한 사항을 고려해 RPS를 효과적으로 증가시켜 더 많은 사용자에게 서비스를 제공합니다. 모델 추론은 배칭 추론이든 그렇지 않든 특정 요청을 완료하는 데 걸리는 시간 동안 중단되지 않아야 합니다. 이런 사항을 고려하여 다양한 선택지(서버리스, 관리형 서버) 중에서 어떤 것을 사용할지 결정해야 합니다. 여러 사용자를 서비스하는 복잡한 모델 추론 서버의 경우에는 장시간 실행되는 컨테이너나 가상머신(VM) 같은 항상 켜져 있는 시스템을 고려하는 것이 좋습니다. 서버리스^{serverless}는 일반적으로 콜드 스타트$^{cold\ start}$로 인해 지연이 발생하지만 비용 효율적입니다. 1초의 콜드 스타트는 실제로 추론이 1초 동안 시작되지 않음을 의미합니다. 그렇기에 컨테이너 기반의 서버리스 솔루션은 시작하는 데 시간이 더 오래 걸립니다. 그럼에도 불구하고 AWS 람다와 같은 서버리스 솔루션에서 모델 추론을 사용하는 데 적합한 사례가 많습니다. AWS 람다를 사용할 때 비용을 계산하는 방법을 살펴보겠습니다. 100명의 동시 사용자가 시간당 100개의 요청을 하며, 평균적으로 LLM API에서 35 TPS를 받는 시나리오를 생각하겠습니다.

```
월별 컴퓨팅 요금:
요청당 총컴퓨팅 시간(초) = 269토큰 / 35토큰/초 = 7.6857초 (반올림해 7.69초)
사용자당 시간당 총컴퓨팅 시간(초) = 100 요청/시간 * 7.69초/요청 = 769초
사용자당 월별 총컴퓨팅 시간(초) = 769초 * 30일/월 = 23,070초
모든 사용자에 대한 월별 총컴퓨팅 시간(초) = 100 사용자 * 23,070초 = 2,307,000초
총컴퓨팅(GB-s) = 2,307,000초 * 4096 MB / 1024 MB = 9,228,000 GB-s
총컴퓨팅 - AWS 무료 사용량 = 월별 청구 대상 컴퓨팅
9,228,000 GB-s - 400,000 GB-s(무료 사용량) = 8,828,000 GB-s
월별 컴퓨팅 요금 = 8,828,000 * $0.0000166667 = $147.13

월별 요청 요금:
사용자당 시간별 총요청 수 = 100 요청/시간
사용자당 월별 총요청 수 = 100 요청/시간 * 24시간/일 * 30일/월 = 72,000 요청
모든 사용자에 대한 월별 총요청 수 = 100 사용자 * 72,000 요청 = 7,200,000 요청
월별 요청 요금 = 7,200,000 / 1,000,000 * $0.20 = $1.44

총 월별 요금:
총 요금 = 컴퓨팅 요금 + 요청 요금 = $147.13 + $1.44 = $148.57/월
```

100명의 동시 사용자가 시간당 100개의 요청을 하고, 요청마다 약 269개의 토큰이 생성되며 백엔드에서 초당 평균 35개의 토큰이 생성된다면 월간 총비용은 약 $148.57입니다.

하지만 가상의 생성형 AI 애플리케이션은 AWS 람다 함수의 콜드 스타트를 무시할 수 없습니다. 요청의 전처리 및 후처리를 수행하는 복잡한 모델 추론에서는 콜드 스타트 상황에서 추가적인 지연이 상당합니다. 또한, AWS 람다에서 프로비저닝된 용량provisioned capacity (미리 할당된 자원)이 없으면 요청 수가 증가함에 따라 처리 시간이 증가합니다. 예를 들어, 각 요청이 약 7.69초 걸리는 경우를 가정하겠습니다. ab(http://bit.ly/40fVv8w)나 locust(https://locust.io)와 같은 부하 테스트 도구를 사용해 벤치마크를 수행하며, 프로비저닝 용량을 설정하지 않고 이 엔드포인트로 수백 개의 요청을 전송하겠습니다. 벤치마크를 수행하는 동안 LLM 제공자에게 API 사용 비용을 지불하지 않기 위해 요청을 모방해 벤치마크 도구에서 들어오는 요청마다 평균 7.69초 동안 대기하도록 하는 것이 좋습니다. 프로비저닝된 용량이 없다고 가정하고 완료된 예측에 대한 결과는 [표 1-2]에 나와 있습니다.

표 1-2 특정 시간(초) 내에 처리된 요청의 비율

요청 비율	허용 최대 시간
50%	7.69초
66%	7.85초
75%	8.35초
80%	8.62초
90%	9.46초
95%	29.85초
98%	35.61초
99%	36.69초
100%	42.29초

수백 개의 요청이 들어오는데 미리 할당된 리소스가 없는 경우, 모든 요청을 처리하는 데 원래 가정한 7.69초보다 몇 배 더 오래 걸립니다. AWS 람다의 프로비저닝된 용량은 서버리스 함수가 준비 상태로 활성화되거나 초기화된 상태로 요청을 기다리게 해 시작 지연을 최소화하는 기능입니다. 이를 통해 람다 함수는 수십 밀리초 내에 응답할 준비를 마칩니다. 그러나 앞에서 계산해 본 비용 대비 성능이라는 주제로 돌아가면, 프로비저닝된 용량을 사용해 더 많은 비용이 든다는 것을 의미합니다. 하지만 얼마나 더 많은 비용이 들까요? 프로비저닝된 용량을 사용해 동일한 비용 계산을 수행해 보겠습니다. 람다 함수가 100명의 사용자로부터 100번의 요청을 받

는다고 가정해 보겠습니다. 각 요청은 약 7.69초가 걸립니다. 또한 프로비저닝된 용량을 한 달 내내, 하루에 16시간 동안 활성화한다고 가정하겠습니다. 함수는 x86 기반 프로세서에서 4,096MB의 메모리로 구성하고, 프로비저닝 사용을 동시에 지원할 값을 100으로 설정합니다.

```
월별 프로비저닝 사용 요금:
프로비저닝 사용 가격은 GB-s당 $0.0000041667입니다.
프로비저닝 사용이 활성화된 총시간(초) = 30일 * 16시간 * 3,600초 = 1,728,000초.
설정된 총메모리(GB) = 100 * 4096 MB / 1024 MB = 400 GB.
총프로비저닝 사용 양(GB-s) = 400 GB * 1,728,000초 = 691,200,000 GB-s.
프로비저닝 사용 요금 = 691,200,000 GB-s * $0.0000041667 = $2,880.00.
프로비저닝 사용이 활성화된 동안의 월별 컴퓨팅 요금: GB-s당 $0.0000097222

총컴퓨팅 시간(초) = 100 사용자 * 100 요청 * 요청당 7.69 = 시간당 76,900초.
월별 총컴퓨팅 시간 = 76,900초/시간 * 16시간/일 * 30일 = 36,993,600초/월.
총컴퓨팅 (GB-s) = 36,993,600초 * 4096 MB / 1024 MB = 147,974,400 GB-s.
총컴퓨팅 요금 = 147,974,400 GB-s * $0.0000097222 = $1,440.88.

월별 요청 요금:
월별 요청 가격 = 1백만 건당 $0.20
월별 요청 요금 = (100 사용자 * 시간당 100 요청 * 16시간 * 30일) / 1,000,000 *
$0.20 = $768.00.

총월별 요금:
총요금 = 프로비저닝 사용 요금 + 프로비저닝 컴퓨팅 요금 + 요청 요금
= $2,880.00 + $1,440.88 + $768.00 = $4,088.88.
```

비용이 $150에서 $4,000로 크게 증가했습니다. 아키텍처에서 각 비용을 평가하고 대표적인 벤치마크를 수행해 비용 대비 성능을 균형 있게 맞추는 것이 중요한 이유를 이해하기를 바랍니다. 이제 아키텍처 내의 중요한 구성 요소인 벡터 데이터베이스에 대해 논의하겠습니다.

1.3.2 벡터 데이터베이스

벡터 데이터베이스는 추천 시스템, 자연어 처리, 컴퓨터 비전, 검색 증강 생성retrieval augmented generation(RAG) 애플리케이션 분야에서 복잡한 문제를 해결하는 중요한 기술로 떠올랐습니다. 벡터 데이터베이스가 고차원 벡터의 대규모 데이터셋에서 빠른 속도로 유사성 검색을 수행해 혁신적인 작업을 돕습니다. 그러나 오픈 소스에서 클라우드 서비스에 이르기까지 다양한 벡터

데이터베이스 솔루션이 제공되므로 사용 사례에 맞는 적절한 솔루션을 선택하는 일 또한 쉽지 않습니다. 중요한 성능 요소에 대해 다양한 선택지를 고려할 때 벤치마크의 중요성을 강조합니다. 성능을 고려하지 않은 비용 기반 벤치마크는 유용하지 않습니다.

이 절에서는 테스트해야 할 주요 구성 요소, 벤치마크 설계 시 고려 사항, 모니터링 가능한 지표, 공정한 평가를 위한 지침, 애플리케이션에 적합한 벡터 데이터베이스를 선택할 때의 모범 사례를 다룹니다. 목표는 벡터 데이터베이스를 철저히 평가하고 필요한 요구 사항에 맞는 최적의 솔루션을 선택할 지식을 쌓는 것입니다. 벡터 데이터베이스의 성능을 벤치마크하는 것은 실제 운영 환경에서 어떻게 작동할지를 이해하는 데 중요한 역할을 합니다. 벡터 데이터베이스의 성능을 결정하는 몇 가지 주요 요소가 있습니다. 철저한 벤치마크는 다음과 같은 사항을 꼼꼼하게 평가해야 합니다.

- **인덱스 빌드 시간**index building time: 벡터 데이터셋에 대한 검색 인덱스를 구축하는 데 걸리는 시간을 측정합니다. 인덱스 빌드에는 데이터 로딩, 정규화, 그래프 구조 생성 등의 단계를 진행합니다. 모든 인덱스가 이 과정을 거쳐 구축되는 것은 아니며, 인덱스는 대부분 추가 메타데이터를 포함한 벡터 데이터베이스입니다. 인덱스 빌드가 빠를수록 신속하게 운영할 수 있습니다.

- **삽입 처리량**insertion throughput: 삽입 처리량은 데이터베이스가 새로운 벡터를 얼마나 빨리 삽입하는지 나타냅니다. 이는 초기 대량의 로딩과 운영 중의 점진적 삽입 모두에 중요합니다. 여기서 모니터링해야 하는 주요 지표는 초당 삽입된 벡터 수와 대량의 벡터를 로딩하는 데 걸리는 총 시간입니다.

- **검색 지연 시간**search latency: 검색 지연 시간은 인덱스가 구축된 후 검색 쿼리를 실행하는 데 걸리는 시간을 측정합니다. 시간에 민감한 애플리케이션의 지연 시간이 짧으면 실시간으로 응답할 수 있습니다. 다양한 작업 부하에서 지연 시간을 테스트해 응답 과정의 민감도를 판단합니다. 모니터링해야 하는 주요 지표는 평균, 중앙값, 전체 응답 중 P95 및 P99 지연 시간입니다.

- **검색 처리량**search throughput: 지연 시간이 단일 쿼리에 초점을 맞춘다면, 처리량은 동시에 처리하는 검색 쿼리 수(초당)를 측정합니다. 높은 처리량은 많은 사용자가 있는 운영 환경에서 부하를 의미합니다. 여기서 모니터링해야 하는 주요 지표는 초당 쿼리 수(QPS)입니다.

- **확장성**scalability: 다양한 데이터와 작업 크기에서 이러한 지표를 테스트해 성능이 얼마나 잘 확장되는지를 확인합니다. 벤치마크는 소규모 데이터부터 대규모 데이터, 그리고 적당한 수준의 동시 작업부터 높은 수준의 동시 작업까지 모두 포괄해야 합니다.

- **정확성**accuracy: 검색 정확도는 매칭 알고리즘에 따라 달라집니다. 벤치마크는 다양한 조건에서 정밀도, 재현율 등 관련 지표로 테스트해야 합니다. 모니터링해야 하는 주요 지표는 검색 결과에 대한 재현율recall 및 F1 점수F1 score입니다.

- **자원 효율성과 비용**resource efficiency and cost : 하드웨어는 CPU 코어당 성능, RAM 사용률 등이 더 좋은 데이터베이스가 자원 효율적입니다. 선택한 컴퓨팅 환경이 더 효율적일 때 운영 비용이 낮아집니다. 여기에는 모든 벡터를 스캔하지 않고 조건에 따라 검색 결과를 필터링하는 벤치마크도 포함되며, 이는 운영 효율성에 중요합니다. 벤치마크는 다양한 필터링 비율에 대한 필터링 처리량과 지연 시간을 테스트해야 합니다. 모니터링이 필요한 지표는 서비스 종단 간 쿼리 지연 시간, 비용, 장애 후 복구 시간 및 환경에 미치는 영향입니다. 마지막으로, 하드웨어, 소프트웨어, 운영 및 유지 보수 비용과 같은 요소를 종합한 서비스 종단 간 비용 대비 성능 비율을 살펴보는 것이 중요합니다. 이는 특정 사용 사례에 대해 데이터베이스의 전체 가치를 판단하는 데 도움을 줍니다.

벤치마크의 대상이 다양하듯 벤치마크 도구도 다양합니다.

- **벡터DB벤치**VectorDBBench : 주요 벡터 데이터베이스 및 클라우드 서비스에 대한 편향되지 않은 벡터 데이터베이스 벤치마크 결과를 제공하는 오픈 소스 벡터 데이터베이스 벤치마크 도구입니다(https://bit.ly/4h2oPql).
- **Q드란트**Qdrant : 벡터 검색 엔진 및 벡터 데이터베이스에 대한 비교 벤치마크 및 벤치마크 프레임워크를 제공하는 오픈 소스 벡터 검색 엔진입니다(https://qdrant.tech/benchmarks).
- **ANN 벤치마크** : 과학 라이브러리와 벡터 데이터베이스를 평가하는 대표적인 벤치마크로 성능 비교의 출발점을 제공합니다(https://ann-benchmarks.com).

벤치마크 설정 및 결과

이제 벡터 데이터베이스에 대한 자체 벤치마크 수치를 만들겠습니다. 자체 벤치마크는 큰 과제이므로 가능한 한 많은 공개 벤치마크를 사용하고 필요한 경우에만 자체 벤치마크 아키텍처를 구성하는 것을 추천합니다. 먼저 벡터 데이터베이스 벤치마크를 진행할 때 지켜야 할 몇 가지 원칙을 이야기하겠습니다.

- **벡터 임베딩 분리** : 삽입 및 쿼리 지연 시간에 대한 지표를 테스트하려면 아키텍처 내의 다른 구성 요소와 분리해 다른 요소로 발생하는 지연 시간을 제거해야 합니다. 대표적인 요소가 벡터 임베딩입니다. LLM API 제공자는 각 입력 시퀀스에 대해 고품질의 벡터를 반환하는 API를 제공합니다. 그러나 이러한 API는 강력하게 제한되어 전체 측정 시간에 영향을 줍니다. 따라서 이 경우 최종적으로 LLM API 제공자의 임베딩 모델과 유사한 크기의 벡터를 생성하는 자체 임베딩 모델을 호스팅하는 것이 좋습니다.
- **대표 입력 데이터셋 사용** : 테스트에는 동일한 규모의 데이터가 필요합니다. 일부만 사용할 계획이더라도 전체 데이터셋에 맞게 리소스를 조정해 올바른 성능과 비용 추정치를 확보해야 합니다.
- **종단 벤치마크 계획** : 벡터 임베딩 벤치마크만을 위한 원칙이 아닙니다. 종단end-to-end간 벤치마크는 벡터

임베딩이 더 큰 시스템의 일부인 상태에서 검색 품질이나 정확도를 측정하는 경우도 해당합니다. [그림 1-8]은 벡터 데이터베이스와 관련된 두 가지 매우 중요한 핵심 지표인 삽입 시간과 쿼리 지연 시간을 측정하는 아키텍처입니다.

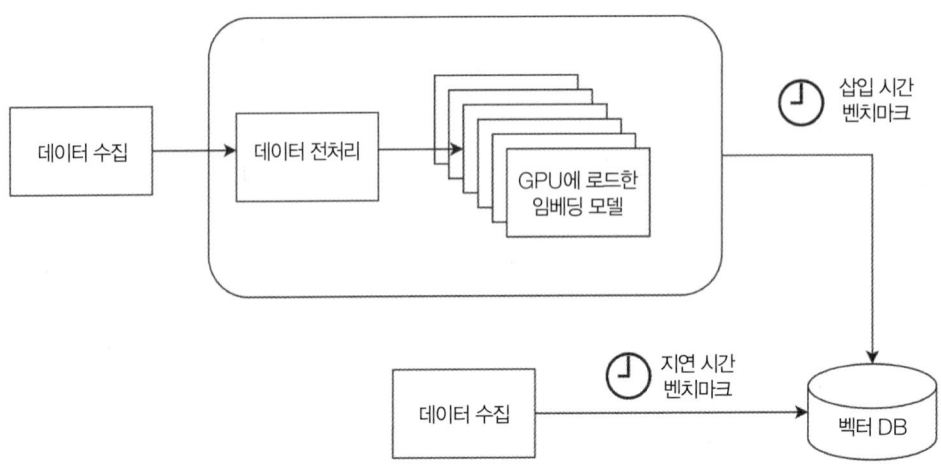

그림 1-8 벡터 데이터베이스 벤치마크 아키텍처

이 벤치마크 아키텍처를 살펴보겠습니다. [그림 1-8]의 샘플 아키텍처 다이어그램은 일반적인 벡터 데이터베이스 벤치마크 파이프라인에 관련된 핵심 구성 요소를 정리합니다. 입력된 텍스트 데이터는 임베딩 벡터로 변환되기 전에 여러 전처리 단계를 거칩니다. 전처리에는 HTML 태그 제거, 문자 인코딩 문제 수정 및 잘못된 데이터 처리 같은 정리 작업이 속합니다. 텍스트는 개별 단어, 구^{phrase} 또는 문장으로 분할해 토큰화됩니다. 모든 텍스트는 일관성을 위해 소문자로 변환되며, 의미가 거의 없는 일반적인 불용어(a, and, the 등)는 제거됩니다. 단어는 어휘 크기를 줄이기 위해 어간 추출^{stemmed} 또는 표제어 추출^{lemmatized}을 통해 원형으로 변환됩니다. 예를 들어, 'running'은 'run'으로 변환됩니다. 마지막으로 문서는 병렬로 임베딩을 처리하도록 더 작은 청크^{chunk}로 나뉩니다. 이렇게 전처리된 텍스트는 임베딩 모델에 입력으로 제공되며, 이 모델은 효율적인 계산을 위해 대규모 병렬처리를 활용하는 GPU 서버에 호스팅됩니다. 모델은 각 텍스트 청크를 해당 의미를 인코딩하는 고차원의 밀집 벡터 표현으로 변환합니다. 이러한 임베딩은 일반적으로 각 텍스트 청크당 1,000차원의 부동 소수점 벡터이지만, 사용된 임베딩 모델에 따라 다릅니다.

생성된 벡터는 벡터 데이터베이스에 로드되며, 유사성 검색과 검색^{retrieval} 지연 시간을 낮추도록 최적화되어 저장됩니다. 데이터베이스는 벡터를 사용할 API를 제공하고, 코사인 유사도와 지역성 기반 같은 알고리즘을 사용해 쿼리를 지원합니다. 벡터화된 데이터셋은 검색, 분류 및 추천과 같은 다운스트림 애플리케이션에 활용되며, 생성형 AI 챗봇 솔루션은 실제 데이터에서 유용한 컨텍스트를 제공해 LLM 결과를 보강하는 데 사용합니다.

여기서 주요 성능 지표는 총 데이터 삽입 시간과 쿼리 지연 시간입니다. 삽입 시간은 입력 데이터를 임베딩하고 벡터를 데이터베이스에 저장하는 전체 종단 소요 시간을 측정합니다.

쿼리 지연 시간은 데이터베이스가 주어진 입력에 대해 유사한 벡터를 얼마나 빠르게 검색하는지를 나타냅니다. 벡터 데이터베이스 아키텍처의 특정 구현은 다음 솔루션을 사용합니다.

- **OSCAR**(https://bit.ly/4hgoTmJ) 같은 샘플 벤치마크 데이터셋을 인덱싱에 사용
- **레이**(https://github.com/ray-project/ray) 같은 라이브러리를 사용해 GPU 클러스터에서 데이터를 처리하고 임베딩 모델을 호스팅
- **all-mpnet-base-v2**(https://bit.ly/4h0xb1P) 같은 임베딩 모델 사용

벡터 데이터베이스 외에도 다른 데이터 소스나 삽입 작업 부하를 분산하는 다양한 방법과 임베딩 모델이 있다는 점을 기억하세요. 이전 [그림 1-8] 샘플 아키텍처와 다양한 벡터 데이터베이스를 사용해 벤치마크를 실행할 때, [표 1-3]과 같은 결과를 얻습니다.

표 1-3 벡터 데이터베이스 벤치마크 결과

데이터베이스	평균 삽입 시간 (밀리초)	P99 삽입 시간 (밀리초)	평균 쿼리 지연 시간 (밀리초)	P99 쿼리 지연 시간 (밀리초)
오픈서치	2.13	35.0	11	16
아마존 RDS	1.60	7.7	83	210
파인콘	3.80	5.1	81	113

[표 1-3]은 세 가지 벡터 데이터베이스인 오픈서치^{OpenSearch}(https://aws.amazon.com/opensearch-service), 아마존 RDS(https://bit.ly/40k7nGR), 파인콘 (https://docs.pinecone.io/docs/python-client)의 성능을 비교합니다. 벤치마크 테스트는 데이터셋의 1% 샘플(전체 데이터셋은 6억 개 이상)을 사용해 수행됐습니다. 단일 레코드 삽입 시와 단일 벡터 쿼리 시에 평균 및 99번째 백분위수(P99) 지연 시간에 대한 측정 기록이 제공됩니다.

오픈서치는 단일 레코드를 삽입하는 데 평균 2.1 ms가 걸렸습니다. P99 지연 시간은 35 ms로, 삽입 작업의 99%가 35 ms 이내에 완료됐음을 의미합니다. RDS는 레코드당 평균 1.6 ms으로 더 빠른 삽입 지연 시간을 보였습니다. 그러나 P99 지연 시간은 7.7 ms로 더 높았습니다. 파인콘은 가장 높은 삽입 지연 시간을 보였으며, 레코드당 평균 3.8 ms가 걸렸습니다. 그러나 P99 지연 시간은 5.1 ms로 가장 낮았습니다.

쿼리 지연 시간의 경우, 오픈서치는 쿼리당 평균 11 ms, P99는 16 ms였습니다. RDS는 쿼리당 평균 83 ms, P99는 210 ms로 가장 높은 지연 시간을 보였습니다. 파인콘도 쿼리 지연 시간이 높았으며, 쿼리당 평균 81 ms, P99는 113 ms였습니다.

명확한 우승자는 없으며, 이는 놀랍지 않습니다. RDS의 PGVector는 레코드당 가장 낮은 평균 삽입 속도를 제공했지만, 이 작은 벤치마크에서는 쿼리 지연 시간이 더 높았습니다. 오픈서치는 가장 낮은 평균 쿼리 지연 시간을 보였지만, 레코드당 P99 삽입 시간은 가장 높았습니다 (다시 말하지만, 이 특정 벤치마크에서는 그렇습니다). 이는 벤치마크가 얼마나 주관적인지, 왜 성능 수치를 신중하게 살펴보아야 하는지를 보여줍니다.

총 삽입 시간에서 영향을 미치는 주요 요소는 데이터베이스 쓰기 처리량입니다. 사실, 다른 모든 구성 요소를 분리한다면 총 삽입 시간에 영향을 미치는 유일한 요소는 쓰기 속도입니다. 실질적으로 실제 벡터 데이터베이스를 위한 소프트웨어를 직접 구현하지 않는 한 별도로 분리하기는 어렵습니다. 따라서 벡터 데이터베이스에 데이터를 삽입하는 총 시간은 앞서 논의한 바와 같이 임베딩 모델의 복잡성, 사용 가능한 GPU 자원(모델의 여러 복사본을 더 많은 GPU 코어에 병렬로 실행하면 처리 시간이 줄어듦), 임베딩 모델 서버와 데이터베이스 간의 네트워크 전송 속도, 벡터 차원(차원이 높을수록 생성 및 삽입에 더 많은 시간이 필요함) 등의 요인에 의해서도 영향을 받습니다. 이러한 요인을 조정하면 삽입 시간을 개선할 수 있습니다. 더 단순하고 낮은 차원의 임베딩 모델을 선택하고 GPU를 추가하며 네트워크 속도를 개선하고 높은 쓰기 처리량을 자랑하는 데이터베이스를 사용하는 것이 전체 삽입 시간을 줄이는 데 도움이 될 것입니다.

반면에, 벡터 데이터베이스의 쿼리 지연 시간은 사용된 인덱싱 알고리즘에 의해 영향을 받습니다. 지역성 기반 해싱과 같은 알고리즘은 무차별적인 코사인 유사성 검사보다 더 빠른 유사성 검색을 제공합니다. 더 높은 차원의 벡터를 사용하면 검색 단계에서 더 많은 연산을 처리해야 합니다. 큐^{queue}를 사용하는 시스템을 설정할 때, 시스템 내 많은 동시 요청 부하는 큐에 길게 요청이 쌓이고 사용자 간의 지연을 초래합니다.

고려해야 할 기타 요소

큰 그림에서 중요한 두 가지 요소는 비용cost과 정확도입니다. 앞서 언급했듯이, 전체 예상 작업량을 기준으로 이러한 선택지를 잘 설정해 가격을 산정하는 것이 중요합니다. 사용한 만큼 지불하는 방식은 간단해 보이지만 벡터 데이터베이스 내 수억 개의 레코드가 있는 인덱스에서는 비용이 많이 듭니다. 반면에 계층형 가격 책정 모델을 제공하는 제공 업체는 레코드 수와 비례하지 않는 비선형 가격 구조를 가지기도 합니다. OSCAR 데이터셋 전체를 오픈서치에 저장하는 데 드는 비용은 월 $21,000, RDS의 경우 월 $17,000, 파인콘의 경우 월 $8,400입니다. 벡터 데이터베이스는 검색 시스템의 일부에 불과하지만 아마존 켄드라와 같이 다양한 기업 데이터 소스에서 보안 커넥터와 데이터 파서가 있는 종단 간 사용자 경험을 제공하는 고급 관리형 서비스는 수억 개의 레코드에 대해 훨씬 더 높은 비용이 발생합니다.

다른 요소는 비용과 성능을 어떻게 균형 있게 맞출지에 대한 생각과 배경에서 정확도를 살펴보는 것입니다. 최적의 임베딩 모델은 정확도, 속도, 컴퓨팅 자원, 비용 간의 균형에 크게 좌우됩니다. 더 단순한 모델은 CPU에서 효율적으로 임베딩되지만, 복잡한 모델은 GPU가 필요하며 더 우수한 품질을 달성합니다. BERT 및 GPT와 같은 복잡한 모델은 더 높은 품질의 임베딩 벡터를 생성합니다. 하지만 word2vec와 같은 단순한 모델에 비해 더 많은 처리시간을 필요로 합니다. 이렇듯 더 많은 파라미터를 가진 모델은 더 나은 임베딩 벡터를 생성하지만 실행 속도가 느리며, GPU에서만 실행돼 비용이 높습니다(축소되거나 양자화되지 않는 한). 도메인 특화 모델은 일반적인 목적을 지닌 임베딩에 비해 관련 텍스트에서 성능을 높이는데, 특히 해당 모델을 특정 사용 사례에 사용할 때 성능이 향상됩니다. 마지막으로, 더 큰 컨텍스트 윈도context window는 더 많은 의미적 뉘앙스를 포착하지만 더 많은 컴퓨팅 파워가 필요합니다.

허깅페이스의 Transformers와 같은 라이브러리는 여러 사전 훈련된 임베딩 모델을 제공합니다. Sentence Transformers(https://www.sbert.net)는 경량화되고 효율적인 all-MiniLM-L6(https://bit.ly/3Wqx9b3)와 같은 최적화된 문장 임베딩 모델을 제공합니다. mLUKE[6]와 같은 다국어 모델multilingual model은 다양한 언어를 처리합니다. 도메인 특화 모델도 존재합니다. 예를 들어 생체 의학 텍스트biomedical text를 위한 BioClinicalBERT[7]가 있습니

---

[6] Ri et al. (2021). MLUKE: The Power of Entity Representations in Multilingual Pretrained Language Models. arXiv.org. https://arxiv.org/abs/2110.08151

[7] Alsentzer et al. (2019). Publicly available clinical BERT embeddings. arXiv.org. https://arxiv.org/abs/1904.03323

다. 하드웨어 자원이 있다면 검색 품질을 키우기 위해 자체 임베딩 모델을 훈련하거나 파인튜닝하는 것도 좋은 생각입니다. 오픈AI의 text-embedding-ada-002는 높은 정확성을 위해 8,192토큰의 큰 컨텍스트 윈도를 사용합니다. 위 벤치마크에서 사용한 레이 대신 분산 임베딩을 계산하는 Spark도 있습니다. Spark NLP 5.0 라이브러리는 Spark 클러스터에서 실행되는 최적화된 모델(예: INSTRUCTOR)을 제공합니다(`https://bit.ly/3CbrW05`).

FAISS와 같은 라이브러리를 사용해 자체 인덱스를 구축하는 경우에는 인덱싱 및 검색 성능 측면에서 훨씬 더 유연합니다. Meta의 FAISS 패키지(`https://bit.ly/40CwzcO`)는 특정 인덱싱 알고리즘을 언제 사용할지에 대한 훌륭한 가이드를 제공합니다.

이 가이드를 요약하자면 벡터 데이터베이스에 대한 최적의 인덱스는 계획된 검색 횟수에 따라 달라집니다. 10,000회 미만의 검색에 대해서는 인덱스를 구축하는 시간이 분산 되지 않기 때문에 플랫 인덱스flat index를 사용한 직접 계산이 가장 효율적입니다. 정확한 검색 결과를 얻으려면 벡터를 압축하거나 오버헤드를 추가하지 않는 플랫 인덱스를 사용해야 합니다. 메모리가 문제인 경우, 정확한 결과가 필요하지 않다면 정밀도와 속도 간의 균형을 맞추는 인덱스를 선택해 RAM을 최적화하는 것이 중요합니다. 메모리가 충분하거나 데이터셋이 작은 경우, HNSW 인덱스는 그래프 탐색 알고리즘을 통해 빠르고 매우 정확한 검색을 제공하지만 벡터당 4개에서 64개의 링크를 사용하므로 더 많은 RAM을 사용합니다.

또는 제품 양자화product quantization를 사용한 역파일 인덱스inverted file index는 OPQ 차원 축소와 PQ 양자화를 통해 벡터를 코드로 압축해 메모리를 덜 사용합니다. 이 과정에서는 검색 정확도와 속도 간의 균형을 조정하는 두 가지 튜닝 파라미터인 'reranking k'와 'nprobe'를 사용합니다. 데이터셋 크기가 증가함에 따라, k-means 또는 HNSW 그래프 분할을 통해 벡터를 먼저 클러스터링해 IVF 버킷에 배치하면 저장 및 조회 시간이 최적화됩니다. 검색 시 nprobe 버킷이 스캔 됩니다. 데이터 볼륨이 증가함에 따라 학습 세트 크기와 클러스터 수가 증가합니다. 멀티레벨 클러스터링multilevel clustering은 1억 개 이상의 벡터를 인덱싱하는 데 더욱 효과적입니다. 마지막으로, 플랫 인덱스flat index, OPQ, IVFK는 GPU에서 작동하는 반면, HNSW는 CPU에서만 작동합니다. 이러한 요소를 사용 사례에 따라 종합적으로 고려해 최적의 인덱싱 접근 방식을 선택합니다.

현실적인 시나리오에서 삽입 및 쿼리 성능을 철저히 벤치마크하는 것이 효율적인 벡터 데이터베이스 파이프라인 구축의 핵심입니다. 성능에 있어서 임베딩 모델과 작업 도메인 선택, GPU

리소스 최적화, 네트워크 전송 최소화, 빠른 삽입 및 검색 알고리즘 활용, 적절한 데이터베이스 처리량 확보 등이 중요한 고려 사항입니다. 벤치마크는 운영 환경에서의 작동을 예측하고 최적화하는 지표입니다. 그러나 여기서 살펴본 벤치마크는 실제와 차이가 있으며, 실제 운영 환경에서의 사용 사례를 고려하면서 벡터 데이터베이스를 선택하는 데 신중을 기해야 합니다. 동일한 논의에 대한 또 다른 관점을 원한다면, 여기 언급된 일부 벡터 데이터베이스를 비교한 자료를 참조하세요(https://bit.ly/3E59bvR).

1.3.3 LLM

이제 생성형 AI 챗봇 아키텍처에서 가장 중요한 구성 요소인 LLM을 살펴보겠습니다. 오늘날 LLM에 접근하는 일반적인 세 가지 방법은 다음과 같습니다.

- 애플리케이션을 통한 접근(예: 챗GPT, Claude)
- 모델을 자체적으로 호스팅할 필요 없이 외부 채팅 모델 API를 통한 접근
- LLM 및 모든 서비스 스택을 포함하는 자체 호스팅 API를 통한 접근

세 가지 방법은 비용이 다릅니다. 챗봇, 가상 비서, 콘텐츠 생성 도구와 같은 대화형 AI 애플리케이션의 핵심은 애플리케이션의 근본이 되는 LLM입니다. AI가 디지털 생활에 점점 더 스며들면서 다양한 기능과 가격 정책을 갖춘 LLM을 출시하는 기업이 늘어나고 있습니다.

성능 요구를 충족하면서 비용 효율성이 높은 LLM을 선택하려면 어떻게 해야 할까요? 이제부터 비용을 최적화하는 방법에 초점을 맞춰 자세히 다루겠습니다. 하지만 먼저 여러 사용자 세션을 병렬로 처리하는 가상 비서를 구축하는 가상의 시나리오를 다시 살펴보며 이 질문을 탐구해 보겠습니다. 다시 말해, 특정 시점에 100명의 동시 사용자가 비서와 대화를 나누는 상황을 예상해 봅시다. 각 사용자들은 비서와의 자연스러운 대화를 통해 시간당 약 100개의 요청을 할 것으로 추정됩니다. 챗GPT와 같은 애플리케이션을 사용해 본 경험이 있다면 이 추정치가 실제 경험과 일치할 것입니다. 작업에 도움을 받기 위해 사용한다면 분당 한 번씩 상호작용할 수도 있습니다(이마저도 추정치입니다).

[표 1-4]와 [표 1-5]는 이 가상의 시나리오에서 몇 가지 변수를 변경해 애플리케이션의 시간당 비용에 미치는 영향을 탐구합니다. 세부적인 가격 및 사용 비교표는 LLM을 평가할 때 중요

한 요소입니다. 이 표는 시간당 비용, 분당 요청 수, 사용 한도, 배칭과 같은 최적화 방안 등의 지표로 GPT, Claude 같은 주요 LLM을 비교합니다. 예상되는 작업 부하workload에 대해 표에 나와 있는 변수를 분석하면 성능 요구와 비용 제약에 따라 최적의 LLM을 선택합니다.

[표 1-4]와 [표 1-5]는 인스턴스 수를 늘리고 연속 배칭continuous batching과 같은 솔루션을 적용해 비효율적 솔루션을 효율적인 솔루션으로 전환할 때 발생하는 비용과 성능을 정리했습니다. 분석에 따르면 오픈AI의 GPT-4와 같은 강력한 선택지는 100명의 동시 사용자를 지원하는 데 시간당 $180 이상의 높은 비용이 발생합니다.

요즘 모델은 각기 성능이 다르기 때문에, 비용과 성능의 균형을 맞추기 위해 다양한 모델과 서비스 제공 업체를 고려하는 것이 유리합니다. 따라서 비용 효율적인 선택지가 필요합니다. 이러한 이유로 오픈AI와 앤트로픽과 같은 기업은 성능이 괜찮으면서도 더 저렴하고 빠른 버전(Claude Instant)과 더 강력하지만 비용이 더 많이 드는 버전(Claude v2 100K) 등 여러 모델 버전을 제공합니다.

공개된 응답 제한에 따르면 Claude Instant는 사용자 전체에 대해 분당 300건(300 RPM)의 요청을 허용하며, Claude V2는 이를 분당 2,000건(2000 RPM)으로 증가시킵니다. 두 모델 모두 가상 시나리오에서 응답 한도에 도달하지 않고 사용자당 100 RPM의 추정치를 충족시키지만 Claude Instant는 시간당 $7.14로 (예상대로) 더 저렴해 좋은 선택처럼 보입니다.

하지만 더 나은 선택지가 있을까요? 물론, 여기서 '더 나은'이라는 용어는 다소 과장되어 있습니다. 특정 상황에서 '더 나은'이란 비용을 절감하면서도 적절한 성능을 의미하지만, 다른 상황에서는 반드시 더 높은 성능을 요구된다는 의미로 받아들여지기도 합니다.

이러한 비용과 성능의 트레이드오프trade-off는 자체 호스팅self-hosting 또는 공유 호스팅shared-hosting을 더 자세히 비교해야 합니다. 여기서 아마존 세이지메이커와 같은 클라우드 서비스가 좋은 선택지가 됩니다. 세이지메이커 최적화를 활용한 오픈 소스 Falcon 40B 모델을 실행하면 단일 컴퓨팅 인스턴스에서 정적 배칭static batching을 기반으로 분당 12개의 요청을 처리합니다. 100명의 사용자가 분당 100개의 요청을 하는 경우에는 g5.12xlarge 인스턴스 하나만으로는 이 제한을 초과합니다. 자체 호스팅된 LLM(또는 다른 어떤 모델이라도)을 확장하려고 할 때, 일반적으로 다음으로 고려해야 할 것은 수직적 확장입니다.

이상적인 경우 요청에 대한 성능을 충족시키기 위해 최소 14개의 인스턴스가 필요하며 이는 시간당 약 $99.26의 비용이 듭니다. 더 큰 인스턴스인 ml.g4.48xlarge는 거의 1.6배의 요청을 처리하지만, 하나의 인스턴스와 단순한 정적 배칭만으로는 여전히 요청 속도 요구를 충족하지 못하며 비용도 더 많이 듭니다. 이러한 인스턴스(ml.g4.48xlarge) 9개를 사용하는 비용은 GPT-4와 비슷하며, 성능의 정확성은 떨어지기도 합니다. 더 최적화가 가능할까요?

다른 방법으로 연속 배칭continuous batching이 있습니다. 모델에 요청을 전달하기 전에 동적으로 배칭해 한 번에 처리하는 처리량이 크게 증가합니다. 512토큰 분량의 요청을 기준으로 9.5배의 향상이 예상됩니다(https://bit.ly/3WuKMWV). 단, 사용된 모델이 Falcon 40B라는 점을 주의하세요. 이 모델은 오픈 소스 리더보드에서 꽤 높은 순위를 차지하지만, GPT-4와 같은 더 발전된 모델에 비해 성능이 뒤떨어집니다.

오픈 소스 모델과 함께 세이지메이커를 활용하면 LLM 추론 스택에서 더 높은 유연성을 가지고 더 큰 규모의 사용 사례를 대응할 수 있습니다. 이 경우, 예상 성능 수준에 따라 비용 예산을 고려해 아키텍처를 결정합니다. 두 표는 AWS의 세이지메이커를 사용한 벤치마크의 중요성을 강조하려 사용했을 뿐 다른 클라우드 제공 업체나 SaaS 회사들도 자체 호스팅에 대한 경쟁력 있는 선택지를 제공합니다.

완전한 벤치마크를 연구하라는 의미가 아닙니다. 생성형 AI 애플리케이션을 위해 LLM을 평가할 때 고려해야 할 사항이라는 말입니다. 근본적인 모델 가격 외에도 사용 한도를 고려해야 합니다. 배칭batching, 모델 압축model compression 또는 양자화quantization, 인스턴스 또는 작업자 확장 용량worker scale-out capacity과 같은 요소가 중요한 역할을 합니다. 예상되는 작업량 수치를 사용해 다양한 구성을 테스트하면 비용, 성능 및 확장에 대한 유연성 간의 균형점을 찾아 상황에 잘 맞는 구성을 찾을 수 있습니다. 여기에 설명된 기술적 지표 외에도 다른 요소가 선택에 영향을 미칠 수 있습니다. 쿠버네티스에 대한 깊은 전문 지식이 있다면 전체 스택을 쿠버네티스 위에 구축하는 것이 큰 동기부여가 될 수 있습니다. 지속적 배포continuous deployment와 배칭batching 같은 혁신적인 방법을 개발하고 현대 LLM의 기능과 한계를 이해하는 것이 비용과 성능 간 구조를 변화시켜 차세대 AI 애플리케이션을 제공하는 솔루션을 만듭니다.

표 1-4 입력 요소에 따라 다양한 모델의 시간당 비용과, 속도 제한을 초과하는 특정 상황을 보여주는 비용 계산 스냅샷 1

	GPT-4 32K	GPT-3.5 Turbo 16K	Claude V2 100K/12K	Claude Instant 100K	세이지메이커 Falcon 40B (g5.12xlarge)	세이지메이커 Falcon 40B (g5.48xlarge)	세이지메이커 Falcon 40B (g5.48xlarge N개 정적 배칭)	세이지메이커 Falcon 40B (g5.48xlarge N개 연속 배칭)
입력 (백만 토큰)	$60	3	11.02	1.63	-	-	-	-
출력 (백만 토큰)	$120	4	32.68	5.51	-	-	-	-
요청당 입력 토큰	100	100	100	100	100	100	100	100
요청당 출력 토큰	100	100	100	100	100	100	100	100
인스턴스 수	-	-	-	-	1	1	1	1
최대 요청 (1분)	3500	2000	300	300	12	20	20	20
최대 토큰 (1분)	350000	180000	150000	150000	-	-	-	-
동시 사용자 세션	100	100	100	100	100	100	100	100
세션당 요청 (1시간)	100	100	100	100	100	100	100	100
요청 제한 여부 (최대 요청 초과시)	X	X	X	X	O	O	O	X
요청 제한 여부 (최대 토큰 초과시)	X	X	X	X	제한 없음	제한 없음	제한 없음	제한 없음
사용료(1회)	$0.018000	$0.000700	$0.004370	$0.000714	$20.36	$20.36	$20.36	-
시간당 비용	$180.00	$7.00	$43.70	$7.14	$20.36	$20.36	$20.36	$20.36

표 1-5 입력 요소에 따라 다양한 모델의 시간당 비용과 수직 및 수평 확장, 동적 배칭이 요청 속도 요구를 충족하는 데 어떻게 도움이 되는지를 보여주는 비용 개선 스냅샷 2

	GPT-4 32K	GPT-3.5 Turbo 16K	Claude V2 100K/12K	Claude Instant 100K	세이지메이커 Falcon 40B (g5.12xlarge)	세이지메이커 Falcon 40B (g5.48xlarge)	세이지메이커 Falcon 40B (g5.48xlarge N개 정적 배칭)	세이지메이커 Falcon 40B (g5.48xlarge N개 연속 배칭)
입력 (백만 토큰)	$60	3	11.02	1.63	-	-	-	-
출력 (백만 토큰)	$120	4	32.68	5.51	-	-	-	-
요청당 입력 토큰	100	100	100	100	100	100	100	100
요청당 출력 토큰	100	100	100	100	100	100	100	100
인스턴스 수	-	-	-	-	14	1	9	1
최대 요청 (1분)	3500	2000	300	300	168	20	180	190
최대 토큰 (1분)	350000	180000	150000	150000	-	-	-	-
동시 사용자 세션	100	100	100	100	100	13	100	100
세션당 요청 (1시간)	100	100	100	100	100	100	100	100
요청 제한 여부 (최대 요청 초과시)	X	X	X	X	X	O	X	X
요청 제한 여부 (최대 토큰 초과시)	X	X	X	X	제한 없음	제한 없음	제한 없음	제한 없음
사용량(1회)	$0.018000	$0.000700	$0.004370	$0.000714	-	-	-	-
시간당 비용	$180.00	$7.00	$43.70	$7.14	$99.26	$20.36	$183.24	$20.36

1.4 요약

이 장에서는 언어 모델의 역사부터 시작해 생성형 AI의 세 계층 스택까지 LLM과 생성형 AI^{GenAI}의 개념을 소개했습니다. 이어서 샘플 애플리케이션(생성형 AI 챗봇)을 예로 들어 이 솔루션을 구축하는 데 필요한 다양한 구성 요소를 살펴보았습니다. 이 구성을 기반으로 성능, 비용, 정확성의 균형을 맞추면서 아키텍처 내 주요 구성 요소를 벤치마크하는 다양한 방법을 다루었습니다.

CHAPTER 2

비용 최적화를 위한 튜닝 기법

거대 언어 모델(LLM)은 높은 비용이라는 중요한 과제를 안고 있습니다. 이번 장에서는 이러한 비용 문제를 해결하기 위한 다양한 접근법과 기술을 심도 있게 탐구합니다. 먼저, 모델의 파인튜닝 및 커스터마이징 과정을 통해 어떻게 효율성을 극대화할지 논의하고, 파라미터 효율적 파인튜닝(PEFT) 같은 최신 기법이 LLM의 성능을 유지하면서도 운영 비용을 현저히 절감하는 방법을 소개합니다. 또한, 스케일링 법칙을 기반으로 한 자원 최적화 전략과 실제 사례를 통해 비용 대비 성능의 균형을 맞추는 실질적인 방법을 제시합니다.

2.1 파인튜닝 및 커스터마이징

BERT, GPT-3, PaLM과 같은 거대 언어 모델large language model (LLM)은 자연어 처리natural language processing (NLP) 작업의 다양한 범위에서 최고 수준의 성능을 달성했습니다. 그러나 이러한 거대한 모델을 훈련하고 배포하는 데 비용은 큰 부담으로 작용합니다. LLM의 파라미터는 수백억 개입니다. GPT-3의 파라미터는 1750억 개, PaLM의 파라미터는 5400억 개입니다. 이러한 거대한 규모는 사전 훈련 중에 방대한 데이터셋으로 언어의 풍부한 표현을 학습하지만 엄청난 계산 비용을 초래합니다.

특히, 모델 크기와 초당 부동소수점 연산량floating point operations per second (FLOPS)은 파라미터의 수를 선형적으로 증가시킵니다. 이는 GPU와 같은 특별한 하드웨어 없이 훈련 및 파인튜닝을 하는 것은 현실적으로 어렵습니다. 심지어 이러한 모델을 추론용으로 배포해도 막대한 비용이 듭니다. 모델 규모가 계속해서 커짐에 따라 이러한 비용은 계속 증가할 것입니다. GPT-3 훈련에 들어간 비용은 1200만 달러(대략 한화 165억 원)로 추정됩니다! 게다가, 전체 파인튜닝은 새로운 작업마다 개별 모델을 훈련해야 하므로 저장 공간을 많이 차지합니다. 이러한 계산상의 장벽은 LLM의 폭넓은 도입을 제한하고 많은 조직이 이러한 능력을 활용하는 것을 방해합니다. 따라서 LLM 사용 비용을 최적화하는 기술을 개발하는 것이 필수가 됐습니다. 우선, 처음부터 자체 모델을 사전 훈련하는 것이 항상 최선의 선택이 아닌 이유에 대해 논의해 보겠습니다.

2.1.1 알아야 할 기본적인 스케일링 법칙

훈련과 파인튜닝을 효율적으로 하는 방법에 대해 자세히 살펴보기 전에, 이러한 모델이 얼마나 많은 자원을 소모하는지 먼저 논의해 보겠습니다. 훈련과 파인튜닝(추론과 대조적으로)의 관점에서 자원 제약은 주로 GPU 메모리가 원인입니다.

여러 논문에서 LLM의 '스케일링 법칙scaling law'에 대해 논의하지만 소개해 드릴 두 논문이 특히 돋보입니다. 첫 번째로 오픈AI의 논문[1]에서는 자동 회귀 트랜스포머autoregressive transformer 언어 모델을 기반으로 모델 크기, 데이터셋 크기 그리고 계산 예산과 같은 주요 훈련 요소들 간의 관계

---

[1] Kaplan et al. (2020b). Scaling laws for neural language models. arXiv.org. https://arxiv.org/abs/2001.08361

를 규정하는 스케일링 법칙을 도출했습니다. 1억 ~ 100억 개의 파라미터를 가진 모델들에 대한 광범위한 실증적 분석을 통해 테스트 손실loss, 모델 파라미터, 학습 토큰과 FLOPS 사이의 지수 관계power law적인 의존성을 발견했습니다. 이러한 스케일링 법칙은 모델 크기와 학습 데이터를 늘려 더 나은 성능을 달성하는 정량적인 가이드를 제공합니다. 연구는 더 큰 모델이 훨씬 더 적은 샘플로 효율적인 성능sample efficient을 발휘하며 수렴까지 학습하는 일반적인 학습 관행이 비효율적임을 보여줬습니다.

딥마인드는 2022년에 논문[2]에서 고정된 계산 예산compute budget 하에서 모델 크기와 학습 데이터를 최적으로 결정하는 문제를 검토했습니다. 이 논문에서 7000만 ~ 160억 개의 파라미터를 가진 400개 이상의 트랜스포머 모델을 최대 5000억 학습 토큰을 이용해 실험을 수행한 결과, 더 많은 연산을 할수록 모델 크기와 데이터셋 크기가 동등하게 증가해야 한다고 결론을 도출했습니다. 1.4조 개의 토큰으로 Chinchilla 모델은 동일한 훈련 계산 자원을 사용하면서도 평가에서 2800억 개의 파라미터를 가진 Gopher 모델보다 더 나은 성능을 보여주었습니다. 그들의 연구는 모델 규모의 증가뿐만 아니라 고품질 데이터셋의 중요성이 커질 것임을 강조했습니다. 주요 핵심 내용은 다음과 같습니다.

- **큰 모델은 동일한 성능에 도달하는 데 더 적은 데이터 샘플이 필요합니다.** 위에 언급한 일화로 이를 간접적으로 경험했습니다. 또한 더 큰 모델은 다양한 작업에서 더 나은 성능을 발휘합니다.
- **최적의 모델 크기는 목표 손실과 계산 예산에 따라 증가합니다.** 더 많은 데이터로 훈련된 최적의 크기를 갖는 모델이 같은 손실에 도달한다는 의미입니다. 즉 파인튜닝과 추론 비용을 절감할 수 있습니다.
- **모델과 데이터셋 크기는 계산 예산에 비례해 증가해야 합니다.** 주어진 계산 예산(달러로 환산되는)으로 최적의 모델 크기와 데이터셋 크기를 도출할 수 있습니다. 앞서 언급한 딥마인드의 논문에서 '최적 크기'인 700억 개 파라미터를 가진 작은 모델이 GPT-3(파라미터 1750억 개), Gopher(파라미터 2800억 개), 메가트론급 모델(파라미터 5300억 개)보다 나은 결과를 보여주었죠!

이러한 스케일링 법칙을 실제로 어떻게 사용할까요? 팀에서 성능을 위해 400억 파라미터 모델을 자체 개발하기로 했다고 가정할 때 계산 예산을 추정해 보겠습니다.

$$N \sim C^\alpha$$

---

[2] Hoffmann et al. (2022b). Training Compute-Optimal large language models. arXiv.org. https://arxiv.org/abs/2203.15556

여기서 N은 모델 파라미터의 수이며, C는 계산 예산입니다. 상수 α는 **0.46**으로 논문에서 수행된 실험을 기반으로 경험적으로 계산됩니다.

현재 모델의 N이 40e9인 경우, C를 구하면 다음과 같습니다.

$$C_{min} \sim (40 \times 10^9)^{(1/0.46)} = 1.116 \times 10^{23} FLOPs = 1.116 \times 10^8 PetaFLOPs$$

이 추정치는 [그림 2-1]에서 보이는 것처럼 친칠라 논문에서 제공한 다른 접근법과도 일치합니다(그림에서 여러분의 모델을 찾아보세요!).

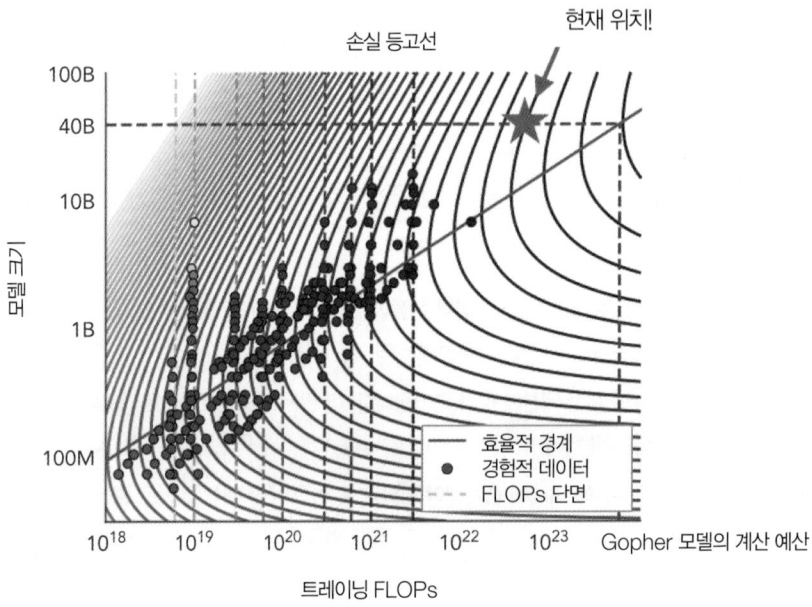

그림 2-1 친칠라 논문에서 제시된 등고선 기반의 손실 함수^{IsoLoss}. 등고선은 모델 크기 대비 훈련 **FLOPs**와 주어진 모델 크기에 따라 특정 손실을 달성하는 데 필요한 자원 예산을 나타냄

트레이닝 클러스터가 256개의 A100 GPU를 사용한다고 가정하겠습니다. 각 GPU는 약 150 TFLOPs/s의 학습 처리량을 제공합니다. 대략적인 추정치지만 고수준 계산 환경은 좋은 시작점입니다. 이를 기준으로 이상적인 계산 예산 1.116×10^8 페타플롭의 학습을 완료하는 데 걸리는 기간을 계산하면 약 33일이 걸립니다.

$$\frac{1.116 \times 10^{23}}{(256 \times 150 \times 10^{12}) \times (24 \times 60 \times 60)} = 33$$

GPU의 사용료가 시간당 $32.7726이라면, 모델 하나가 학습하는 비용은 $830,000를 초과합니다!

이런 추정치는 여러 가정을 기반으로 하며, 하한선으로 고려합니다. 스케일링 법칙을 사용해 예산을 추정해도, 실제로 낮은 에폭^{epoch} 벤치마크와 비교할 때 정확하지 않습니다. 256개의 A100 GPU는 EC2에서 32개의 P4D 인스턴스에 해당하지만, 클러스터 내에서 발생하는 설정, 관리, 디버깅 상황에 의해 오버헤드가 발생합니다. 아마존 세이지메이커와 같은 서비스를 사용하면, ML 생명주기의 다양한 단계를 관리할 수 있지만 시간당 단일 P4D 인스턴스 비용은 $33.688(부가 서비스로 인해 약간 가격이 상승)이 됩니다. 필요한 32개 인스턴스의 총비용은 $955,000입니다.

또한 이는 이상적인 손실^{loss}에 도달하려면 모델을 최소 8500억 토큰으로 훈련해야 함을 의미합니다. [그림 2-2]에서 보이는 것과 같이(참고: 논문에서는 약 630억 파라미터의 Gopher 모델을 1.4조 토큰으로 훈련). 보시는 내용과 같이 LLM API를 제공하는 일부 기업은 특별한 사전 학습된 모델이나 챗봇에 대한 투자 수익률(ROI)을 산정할 수 있을 것입니다.

이 장의 나머지 부분에서는 비용 최적화를 위해 LLM을 다운스트림^{downstream} 작업에 효율적으로 파인튜닝하는 방법에 대해 설명합니다. 이러한 기술을 총칭해 '파라미터 효율적 파인튜닝$^{parameter-efficient\ fine-tuning}$(PEFT)'이라고 부릅니다. PEFT의 목표는 전체 파라미터를 모두 조정하는 완전한 파인튜닝 대신 LLM의 일부 파라미터만을 조정하는 것입니다. 이를 통해 계산, 메모리 및 저장 공간의 소비를 크게 줄이면서도 모델 성능에 큰 영향을 주지 않습니다.

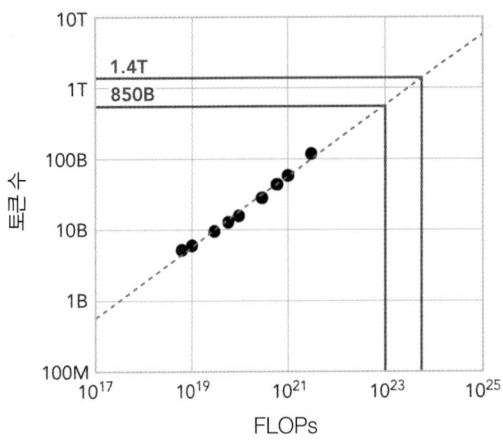

그림 2-2 주어진 계산 예산과 모델 크기에 따라 이상적인 손실^{loss}에 도달하기까지 훈련해야 할 토큰 수. 원본 논문의 630억 파라미터의 Gopher 모델과 가상의 400억의 파라미터 모델을 비교

PEFT 기법은 총 네 가지로 분류할 수 있습니다.

- 기본 LLM에 파라미터를 추가하는 어댑터와 같이 파라미터 효율적인 모듈
- 연속적인 프롬프트 표현을 최적화하는 프롬프트 기반 튜닝
- 일부 파라미터만 선택적으로 업데이트하는 희소 업데이트 기법
- 가중치 업데이트를 재구성^{reparametrize}하는 저차원 행렬 분해 기법

PEFT 기법은 자원을 효율적으로 사용해, 계산상의 장벽을 완화하고 대중이 LLM에 대한 넓은 접근을 가능하게 합니다. 이제부터 PEFT 기법에 대한 전반적인 구조를 논의하고, 각 기법 간의 관계를 분석하며, 실용적인 고려 사항을 살펴보고자 합니다. 이 책의 목표는 연구자와 실무자가 실제 시스템에서 LLM을 더 효율적으로 사용하는 방법을 안내하는 것입니다. 어댑터와 같은 파라미터 효율적인 모듈을 깊이 살펴보고자 합니다. 이 모듈은 파인튜닝을 위한 최적화 시 연산량 및 메모리를 줄이기 위해 특화된 작업 표현을 위한 장치를 캡슐화합니다.

2.2 파라미터 효율적 파인튜닝(PEFT)

언어 모델의 크기가 수백억 또는 수조 개의 파라미터에 도달하면서 기하급수적으로 확장됨에 따라, 이러한 모델을 다운스트림downstream 작업에 효율적으로 파인튜닝하는 것이 점점 더 어려워지고 있습니다. 새로운 데이터셋마다 모든 파라미터를 파인튜닝하는 기존 방식은 연산을 낭비하고 실용적이지 않습니다.

어댑터는 수백억 개의 파라미터를 가진 대규모 사전 학습 모델에 파라미터를 추가해 작업별로 문제를 해결할 수 있게 하는 우아한 솔루션을 제공합니다. 어댑터의 주요 혁신은 사전 학습된 모델의 각 레이어에 새로운 가중치를 가진 작은 신경 모듈을 도입하는 것입니다. 이러한 어댑터 모듈은 수천에서 수백만 개의 파라미터만 추가하며, 이는 전체 모델의 수십억 개의 파라미터에 비해 매우 작은 비율입니다. 파인튜닝 동안에는 오직 어댑터 파라미터만 업데이트되며 원래의 모델 가중치는 그대로 유지frozen됩니다. 이를 통해 다양한 작업에서 사전 학습된 지식을 광범위하게 재사용할 수 있습니다. 어댑터는 작고 캡슐화된 모듈이기 때문에 주변의 고정된 레이어와 호환되는 표현을 학습하도록 조정하게 됩니다. 이는 여러 작업별 어댑터의 지식을 모듈화합니다.

어댑터는 다양한 형태와 크기로 제공되며, 사용하는 특정 어댑터 아키텍처는 은닉 차원hidden dimension, 병목 크기bottleneck size, 레이어 간의 파라미터 공유와 같은 요소에 의해 사용자 정의될 수 있습니다. 어댑터의 모델 내 위치는 성능에 영향을 미칠 수 있으며, 이전 연구에 따르면 피드포워드 위치는 트랜스포머에서 가장 효과적이라는 것을 발견했습니다. 따라서 어댑터의 아키텍처와 구현 방식은 매우 다양하며 혼란스러울 수 있습니다.

어댑터 아키텍처는 구체적인 부분에서 차이를 보이지만 대부분 공통된 프레임워크를 따릅니다.

- 어댑터는 BERT와 같은 대규모 사전 학습 모델의 각 레이어에 추가 학습 파라미터를 가진 작은 모듈로써 도입합니다.
- 작업별 파인튜닝 동안에는 어댑터의 파라미터만 업데이트하며 원래 모델의 가중치는 고정된 상태로 유지됩니다.
- 어댑터는 각 레이어에서 출력을 변환해 이후의 고정된 레이어와 호환되도록 합니다.
- 잔차연결residual connection은 어댑터 출력과 원래 사전 학습된 표현을 결합하는 데 사용됩니다.

어댑터를 훈련할 때, 단일 작업 수행과 다중 작업 수행 사이에는 중요한 차이점이 있습니다.

- **단일 작업 어댑터**single-task adapter(ST-A): 이 접근법에서는 작업별 어댑터를 각 하위 작업 N에 대해 별도로 훈련합니다. 사전 학습된 모델의 가중치는 고정되고, 작업별로 어댑터 모듈의 파라미터만 업데이트하게 됩니다. 이를 통해 작업 간 병렬 처리에 용이합니다.
- **다중 작업 어댑터**multitask adapter(MT-A): 이 설정에서는 모든 N개의 작업에 대한 어댑터를 학습합니다. MT-A는 기본 모델과 어댑터의 파라미터를 통해 작업 간 지식 공유를 가능하게 합니다. 그러나 MT-A는 모든 데이터셋에 대해서 모든 작업을 수행해야 합니다. ST-A와 MT-A는 모두 전체 모델의 완전한 파인튜닝과 비슷한 성능을 보여주면서도 어댑터 모듈에 적은 수의 파라미터만 도입합니다. 다음 섹션에서는 어댑터 방법에 대해 더 깊이 탐구하겠습니다.

2.2.1 어댑터의 내부 작동 원리

앞서 언급한 바와 같이, 어댑터는 최적화 오버헤드를 크게 줄일 수 있다는 장점을 가집니다. 파라미터 대부분이 고정되므로, 그래디언트gradient와 옵티마이저optimizer에 필요한 메모리가 줄어듭니다. 이는 수십억 개의 파라미터를 가진 모델이 몇 백만 개의 어댑터 가중치만 업데이트해 GPU에서 파인튜닝될 수 있음을 의미합니다. 그렇다면 정확히 어떻게 작동할까요? 어떻게 구현될까요? 좀 더 깊이 살펴보겠습니다.

> **NOTE** 이 장은 이미 연구된 다양한 어댑터와 PEFT을 이해하는 데 도움을 주기 위한 것입니다. 언급된 바와 같이, 오늘날 모델을 파인튜닝하는 주요 방법은 높은 성능과 낮은 훈련 비용 때문에 PEFT을 활용합니다. 최근 최고 성능의 PEFT 기법은 전체 파인튜닝과 유사한 성능을 달성합니다. 이는 Falcon 40B나 Llama2와 같은 이미 존재하는 LLM에서 파인튜닝을 시작해야 함을 의미합니다. 이러한 모델은 허깅페이스와 같은 모델 허브에서 쉽게 구할 수 있습니다.

PEFT의 내부를 들여다보기 위해 가장 좋은 시작점은 허깅페이스 PEFT 라이브러리(https://huggingface.co/docs/peft/index)를 살펴보는 것입니다. 해당 라이브러리는 `pip install peft`로 설치합니다. PEFT 라이브러리는 아래와 같은 방법을 지원합니다.

- **LoRA**: https://arxiv.org/abs/2106.09685
- **프리픽스 튜닝**prefix tuning: https://arxiv.org/abs/2110.07602
- **P 튜닝**P-Tuning: https://arxiv.org/abs/2103.10385
- **프롬프트 튜닝**prompt tuning: https://arxiv.org/abs/2104.08691
- **AdaLoRA**: https://arxiv.org/abs/2303.10512

- **IA3**: https://arxiv.org/abs/2205.05638
- **MultiTask 프롬프트 튜닝**: https://arxiv.org/abs/2303.02861
- **LoHa**: https://arxiv.org/abs/2108.06098

GPT와 같은 모델 아키텍처의 핵심을 이루는 기본적 디코더 전용decoder-only 트랜스포머 블록부터 살펴보겠습니다. [그림 2-3]은 원시 입력 프롬프트를 토큰들로 변환된 후 디코더 블록으로 전달되기 전에 임베딩 공간으로 변환되는 과정을 보여줍니다. 트랜스포머 아키텍처와 GPT 계열의 디코더 전용decoder-only 모델에 대한 자세한 설명은 오픈AI의 글(`https://bit.ly/42qWwh4`)이나 관련 논문[3]을 참조하십시오.

> **NOTE** 인코더 전용 모델은 주로 텍스트 분류와 개체명 인식(NER) 같은 자연어 이해(NLU) 작업에 사용됩니다. 이러한 모델은 입력 텍스트 시퀀스의 수치적 표현을 계산하도록 설계됐습니다. 이들의 계산은 텍스트의 좌우 문맥을 모두 기반으로 하며, 이는 종종 양방향 어텐션이라고 합니다. 이러한 범주에 속하는 모델의 예로는 BERT가 있습니다.
> 반면에, 디코더 전용 모델은 자연어 생성(NLG)에 유용합니다. 이러한 모델은 입력 시퀀스를 기준으로 반복적으로 다음에 올 단어를 예측합니다. 이 모델이 생성하는 표현은 좌측 문맥에만 기반하며, 이는 인과적 또는 자기 회귀적 어텐션이라고 합니다. GPT 계열의 모델이 디코더 전용 모델의 대표적인 예입니다.
> 인코더-디코더 모델은 이름에서 알 수 있듯이, 이해와 생성 작업을 모두 진행하는 다재다능한 모델입니다. BART와 T5와 같은 모델이 인코더-디코더 모델의 예입니다.

프롬프트 튜닝

앞서 언급한 바와 같이, 모델을 처음부터 사전 훈련하거나 파인튜닝하는 것은 일반적으로 모델의 모든 파라미터를 업데이트하는 것을 의미합니다. 이는 수십억 개의 파라미터를 가진 LLM에게는 매우 비용이 많이 드는 작업입니다. 모듈을 수정하는 쉽고 효과적인 방법인 프롬프트 튜닝prompt tuning을 시작하겠습니다(그림 2-3). 프롬프트 튜닝은 새로운 파라미터를 도입하고 '소프트 프롬프트soft prompt'를 학습해 고정된 언어 모델이 특정 다운스트림 작업을 수행하도록 설정합니다. [그림 2-3]을 다시 살펴보면, 모델에 N개의 토큰 시퀀스가 제공될 때 초기 단계는 이러한 토큰을 임베딩(임베딩 공간으로 투영)합니다. 임베딩 행렬 X의 크기는 $n \times e$입니다.

---

[3] Brown et al. (2020). Language Models are Few-Shot Learners. arXiv.org. `https://arxiv.org/abs/2005.14165`

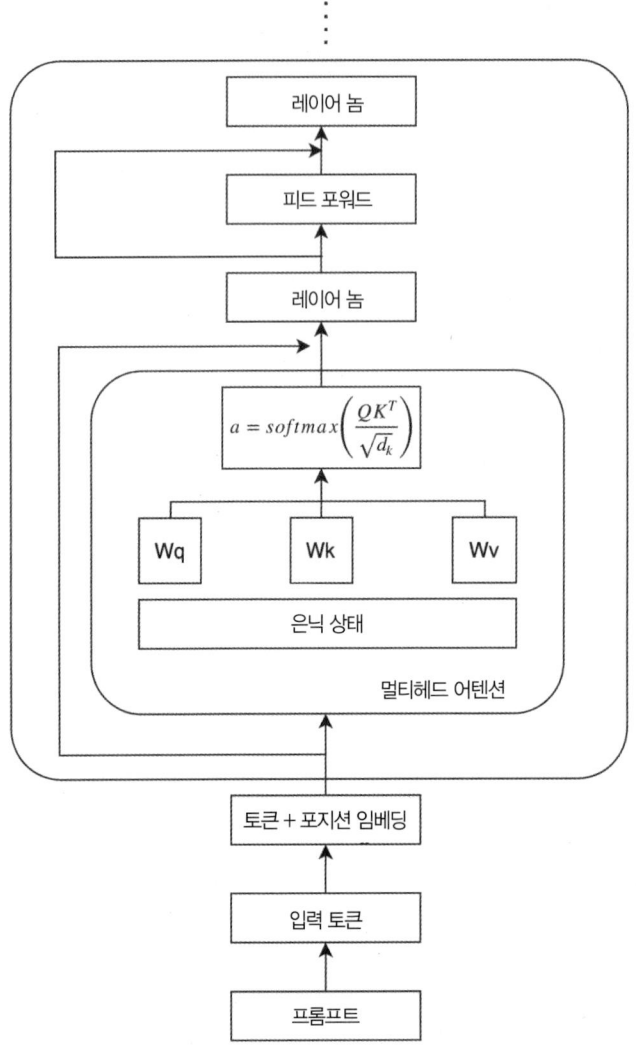

그림 2-3 GPT와 같은 대표적인 모델의 기본 디코더 블록

프롬프트 튜닝에서는 p×e 크기의 행렬 P로 소프트 프롬프트를 표현할 수 있습니다. 여기서 p는 해당 작업에 대해 튜닝된 프롬프트의 길이를 나타냅니다. 전체 임베딩은 P와 X를 (p+n)×e 크기로 연결한 형태입니다. 이 결합된 행렬은 표준 방식으로 디코더 프로세스를 거칩니다. 변경된 과정은 [그림 2-4]와 같습니다. 기존 구조를 기반으로 특정 다운스트림 작업을 위한 파라미터를 학습하도록 작은 변화가 추가됐습니다. 이 작은 변화는 (중간 계층 프리픽스나 작

업별 출력 계층 없이도) 프롬프트 튜닝만으로 일반적인 모델 튜닝과 경쟁할 수 있음을 보여줍니다.

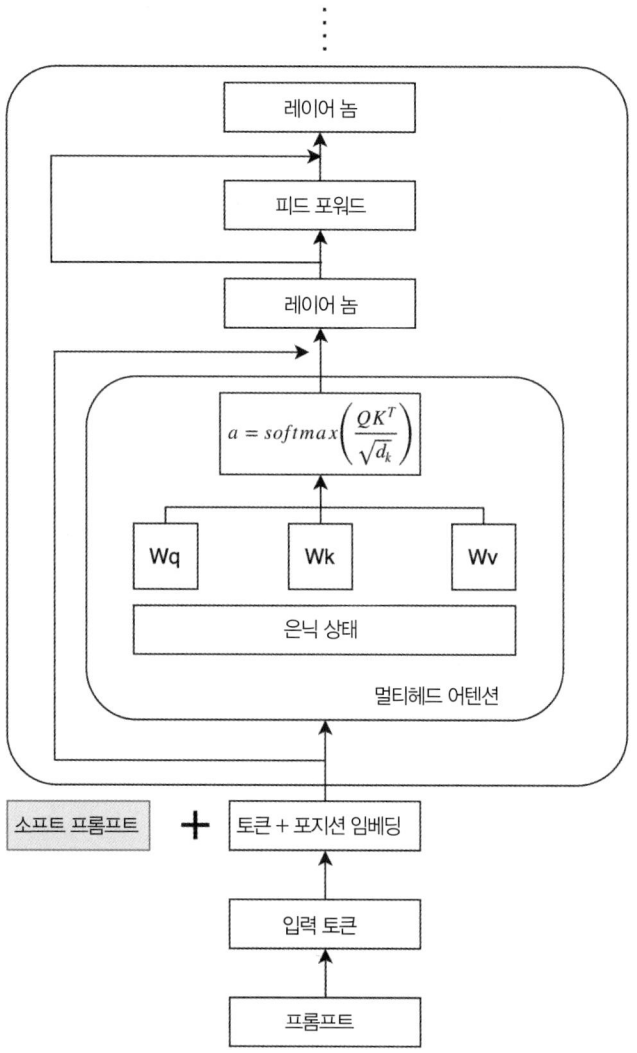

그림 2-4 프롬프트 튜닝을 위해 기본 디코더 블록 변경

흥미롭게도, 프롬프트 튜닝에 관한 논문에는 성능 향상을 위해 소프트 프롬프트를 앙상블 하는 방법도 논의합니다. 동일한 작업에 대해 N개의 프롬프트를 훈련해 N개의 개별적인 프롬프트 튜닝 어댑터가 생성되며 핵심 언어 모델링 파라미터는 계속 전체적으로 공유됩니다. 하나의

입력 프롬프트를 처리하는 데 N개의 다른 모델의 순방향 패스^{forward passes}를 계산하는 대신 단일 모델에 N 크기의 배치로 단일 순방향 패스를 실행해 배치 전체에 예시^{example}를 여러 번 복제해 프롬프트를 다양화할 수 있습니다(그림 2-5).

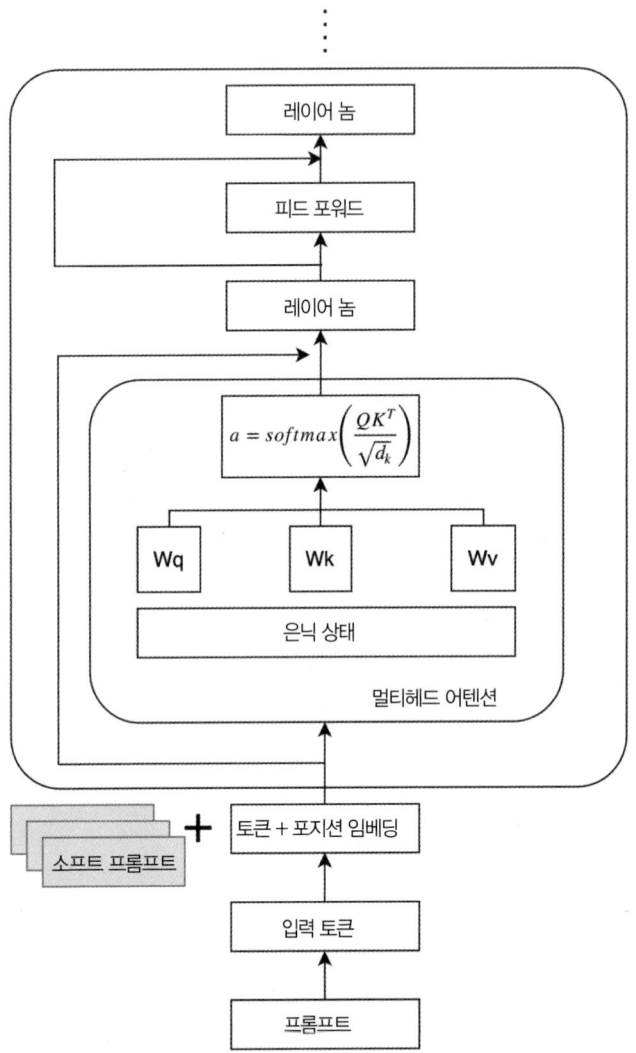

그림 2-5 앙상블 프롬프트 튜닝을 위해 기본 디코더 블록 변경

파이토치 코드로 예를 들어, 다음과 같이 임베딩을 생성할 수 있습니다.

```
self.embedding = torch.nn.Embedding(number_of_virtual_tokens,token_dimension)
```

그런 다음 다음과 같이 순방향 패스 함수를 제공할 수 있습니다.

```
def forward(self, indices):
    return self.embedding(indices)
```

여기까지입니다! PEFT 라이브러리의 공식 프롬프트 튜닝 어댑터 구현의 핵심 부분은 https://bit.ly/40m6a10를 확인하세요.

프리픽스 튜닝

이전에 배운 어댑터가 얼마나 간단한지 이해하셨으니 이제 프리픽스 튜닝prefix tuning을 시작으로 다른 어댑터 아키텍처에 대해 논의해 보겠습니다. 언어 모델을 위한 프롬프트 개념에서 영감을 받은 프리픽스 튜닝은 프롬프트 튜닝과 유사하게 후속 토큰이 이 프리픽스를 '가상 토큰'처럼 통합합니다. 논문에서 프리픽스 튜닝은 GPT-2에 적용되어 표를 텍스트로 정리하는 작업을 수행했고, BART에는 요약 작업에 적용됐습니다.

결과에 의하면 파라미터의 단 0.1%만 수정해도 프리픽스 튜닝은 전체 데이터 설정에서 유사한 성능을 달성하며, 로우 데이터low data 시나리오에서는 파인튜닝보다 뛰어난 성능을 보이고, 훈련 중에 보지 못한unseen 주제에 더 나은 성능을 보여주었습니다! 프롬프트 튜닝과의 주요 차이점은 프리픽스 튜닝은 실제 토큰에 대응하지 않는 자유 파라미터들로 구성되며, 프리픽스뿐만 아니라 후속 레이어의 은닉 표현도 조정한다는 점입니다. 구체적으로, 프리픽스 튜닝은 각 레이어의 멀티헤드 어텐션의 키(K)과 값(V)에 프리픽스 벡터를 미리 추가합니다. [그림 2-6] 은 원래 디코더 블록을 수정한 후의 모습을 보여줍니다.

PEFT 라이브러리는 [그림 2-6]에 표시된 것처럼 각 레이어에 Pk와 Pv 행렬을 추가하지 않습니다. 구현은 프롬프트 튜닝과 유사하며, 주요 프롬프트 프리픽스에 완전 연결된 투영 행렬이 추가됩니다.

```
self.embedding = torch.nn.Embedding(number_of_virtual_tokens, token_dimension)
self.projection = torch.nn.Sequential(
    torch.nn.Linear(token_dim, encoder_hidden_size),
    torch.nn.Tanh(),
```

```
        torch.nn.Linear(encoder_hidden_size, 2 * token_dim),
    )
```

그다음으로 순방향 패스 함수를 제공합니다.

```
def forward(self, indices):
    prefix_tokens = self.embedding(prefix)
    return self.projection(prefix_tokens)
```

전체적인 구조는 [그림 2-6]과 비슷합니다.

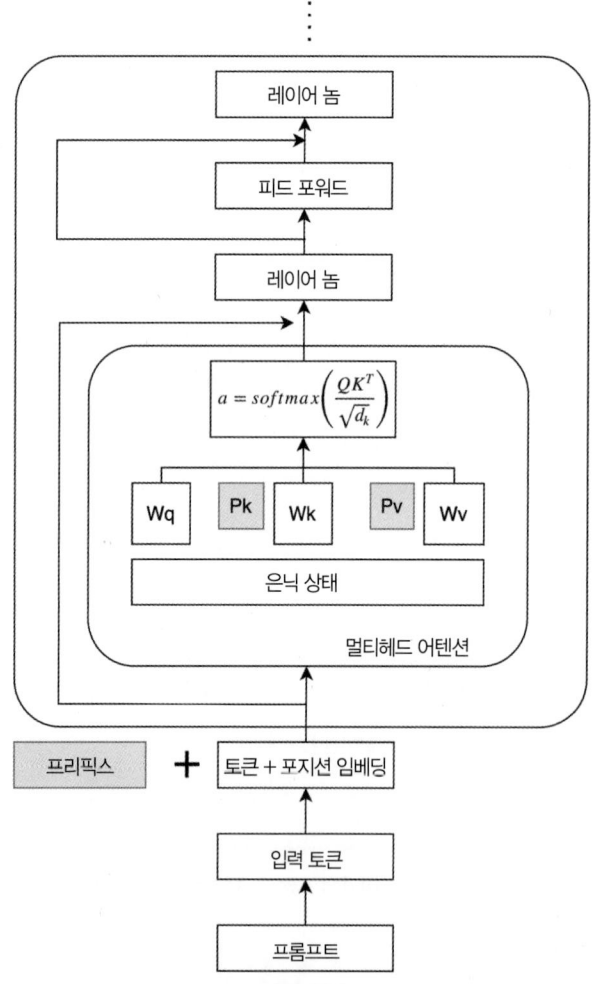

그림 2-6 프리픽스 튜닝을 위한 기본 디코더 블록 변경

74   LLM 서비스 설계와 최적화

P 튜닝

계속해서 베이스 디코더 아키텍처를 수정해 효율적인 파인튜닝을 가능하게 하는 새로운 방법을 살펴봅시다. 다음으로 사전 훈련된 언어 모델의 입력 임베딩input embedding을 출력 임베딩differential output embedding으로 교체하는 방법인 P 튜닝p-tuning에 대해 논의하겠습니다.

P 튜닝을 깊이 살펴보기 전에 먼저 프롬프트 템플릿prompt template이 무엇인지 논의해 보겠습니다. 프롬프트 템플릿은 사용자가 정의한 구조화된 형식으로 자연어 처리 모델(언어 모델 또는 챗봇)을 위해 프롬프트를 생성하는 시작점 또는 프레임워크로 제공됩니다. 이 템플릿은 사용자 또는 개발자가 이러한 모델에 대해 특정 작업을 처리하는 쿼리나 명령을 작성하는 데 도움을 주도록 설계됐습니다. 템플릿은 일반적으로 사용자가 작업이나 쿼리에 관련된 특정 정보나 컨텍스트context를 삽입할 수 있는 자리 표시자placeholder나 로 쿼리를 변경합니다. 템플릿을 사용하면 사용자는 프롬프트가 잘 구조화되고 일관된 형식을 따르며 모델이 의미 있는 응답을 제공하는 데 필요한 모든 정보를 포함할 수 있습니다. 언어 모델을 위한 프롬프트 템플릿은 다음과 같이 표현할 수 있습니다.

```
Given the function name and source code, generate an English language explanation of the function.
Function Name: {function_name}
Source Code:{source_code}
Explanation:
```

위 예시에서 템플릿의 수정 가능한 부분은 `function_name`과 `source_code`입니다. 템플릿 내 나머지 프롬프트는 동일하게 유지됩니다. 이 방법이 왜 유용 한지 알 수 있습니다. 여기서 두 변수(`function_name` 및 `source_code`)에 서로 다른 텍스트를 입력하면 다른 프롬프트로써 LLM에 전달되고, 이 모델은 설명을 완성합니다. 그리고 (이상적으로는) 지시 사항 대로 함수에 대한 설명을 생성합니다. 이러한 템플릿을 수동으로 생성하는 것은 시간과 자원을 많이 소모할 수 있습니다. 거대한 어휘능력을 자랑하는 모델에서 작업 성능을 극대화하는 올바른 템플릿을 자동으로 '찾는' 것도 현실적으로 불가능합니다. 여기서 P 튜닝이 도움을 줍니다.

튜닝을 위한 프롬프트 템플릿은 변경 가능한 텍스트 블록과 고정된 텍스트 블록의 혼합으로 생각할 수 있습니다. [그림 2-7]에서 보이는 것처럼 고정된 텍스트 부분(수도 토큰pseudo token 및 수도 프롬프트pseudo prompt)과 변경 가능한 부분(`function_name` 및 `source_code`)으로 구성된 동일한 프롬프트 템플릿이 먼저 임베딩으로 변환됩니다. 전통적으로 모든 토큰(작은 정사각형이나 상자로 표시됨)은 학습된 임베딩 레이어를 기반으로 임베딩으로 변환됩니다. 이는 P 튜닝에서도 동일하지만 프롬프트 템플릿의 변경 가능한 부분(`function_name` 및 `source_code`)에만 적용됩니다. 템플릿의 나머지 부분에 대해서는 코드에 대한 설명을 생성하는 정확성을 높이기 위한 더 나은 보조 자료를 찾고자 합니다. P 튜닝은 성능을 높이기 위해 작업별 프롬프트 템플릿을 활용해 수도 토큰을 사용합니다. 흥미로운 점은 P 튜닝은 양방향 LSTM^{bidirectional long short-term memory} 네트워크를 사용해 관련 토큰 시퀀스를 연결하고 이어서 ReLU 활성화 함수를 가진 2층 다층 퍼셉트론(MLP)을 사용하는 것입니다. 이는 P 튜닝이 모델의 원래 어휘가 표현할 수 있는 것 이상으로, 프롬프트 템플릿의 일부로써 더 나은 연속 프롬프트를 찾을 수 있게 합니다. P 튜닝의 원본 논문은 이 방법이 GPT-2와 메가톤급 모델에 대해 수동 튜닝 및 전체 모델 파인튜닝보다 뛰어나다는 것을 보여줍니다. [그림 2-8]은 P 튜닝이 어떻게 작동하는지를 보여주기 위해 원래의 디코더 블록을 수정한 것입니다.

코드에서 보시는 것처럼 양방향 LSTM과 MLP를 다음과 같이 초기화할 수 있습니다.

```python
self.lstm_head = torch.nn.LSTM(
    input_size=input_size,
    hidden_size=hidden_size,
    num_layers=num_layers,
    dropout=True,
    bidirectional=True,
    batch_first=True,
)
self.mlp_head = torch.nn.Sequential(
    torch.nn.Linear(self.hidden_size * 2, self.hidden_size * 2),
    torch.nn.ReLU(),
    torch.nn.Linear(self.hidden_size * 2, self.output_size),
)
```

순방향 패스는 다음과 같이 구성합니다.

```python
def forward(self, indices):
    input_embeds = self.embedding(indices)
    return self.mlp_head(self.lstm_head(input_embeds)[0])
```

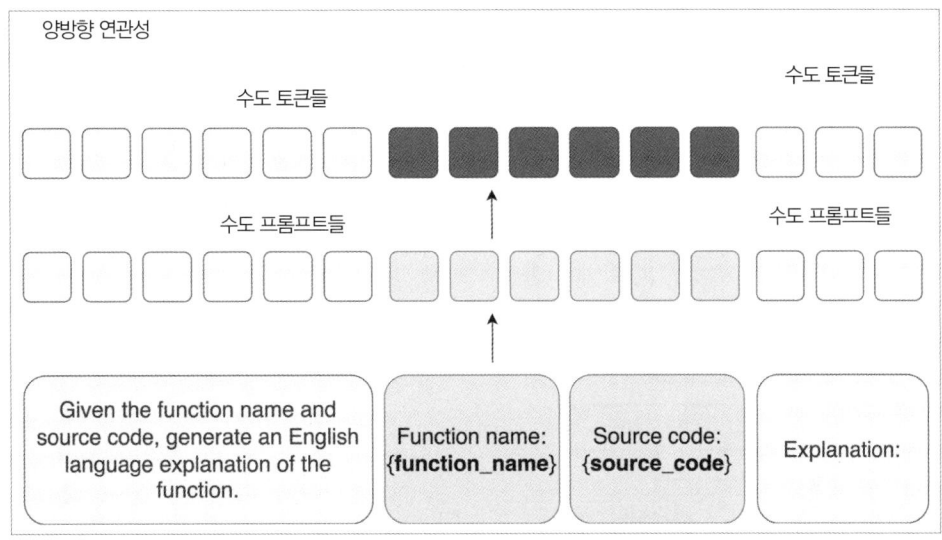

그림 2-7 P 튜닝을 위한 프롬프트 템플릿이 수도 토큰pseudo tokens들로 변환되는 과정

P 튜닝의 전체 코드는 PEFT 라이브러리(https://bit.ly/42o5g7s)에서 찾을 수 있습니다.

IA3

IA3를 살펴보기 전에 오늘날 실무에서 사용되는 또 다른 유형의 프롬프트 템플릿인 퓨샷 프롬프트few-shot prompt를 이해해 봅시다. 다음 프롬프트를 살펴보세요.

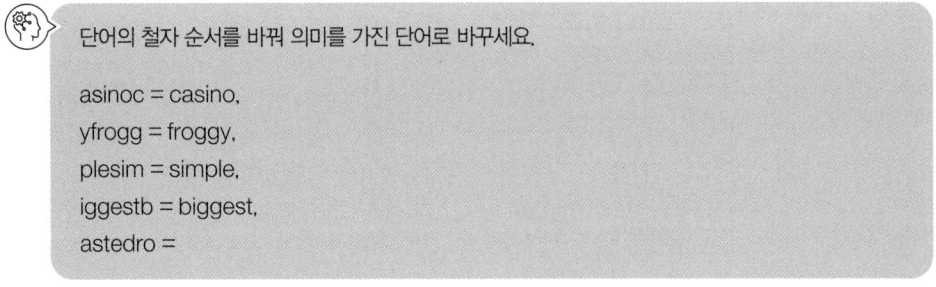

단어 퍼즐에 능숙하다면 아마 정답을 맞혔을 것입니다. 원하는 출력은 'roasted'입니다. 좋은 예시를 제공해 LLM은 어떤 작업에서도 파인튜닝 없이도 원하는 출력을 도출할 것입니다. 이는 몇 가지 예시만으로 충분히 좋은 결과를 도출할 수 있는 간단한 작업에 적합한 방법입니다. 예

시가 많을수록 더 좋다고 생각할 수 있지만, 실제로는 너무 많은 예시가 모델이 문맥을 잃게 만들 수도 있습니다. 제공된 예시의 순서도 최종 출력 결과에 영향을 미치는 것으로 나타났습니다. 또한 입력 프롬프트에 예시가 많을 수록 추론당 비용이 더 높아질 수 있습니다. 많은 양의 추론이 필요한 경우 파인튜닝을 하는 것보다 더 많은 비용이 들 수 있습니다.

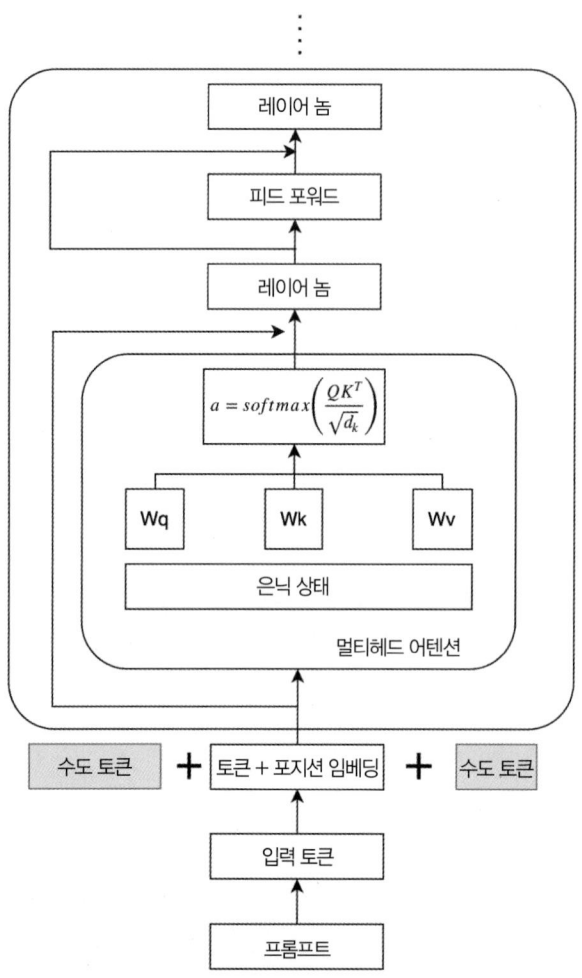

그림 2-8 P 튜닝을 위한 기본 디코더 블록

IA3[Infused Adapter by Inhibiting and Amplifying Inner Activations]는 지금까지 소개된 방법과 유사하게 학습 가능한 파라미터를 통해 출력을 스케일링하는 PEFT입니다.[4] 추가로 이 방법은 잘못된 출력의 우도를 줄이기 위해 손실 함수[loss function]로 수정합니다. [그림 2-9]는 IA3를 이용해 표준 디코더 블록을 수정하는 방법을 보여줍니다. 그림에서 볼 수 있듯이 각 레이어의 다양한 부분에 세 가지 파라미터인 Lk, Lv, Lf가 추가됩니다. 또한 Lf를 파라미터로 갖는 어댑터가 추가됩니다.

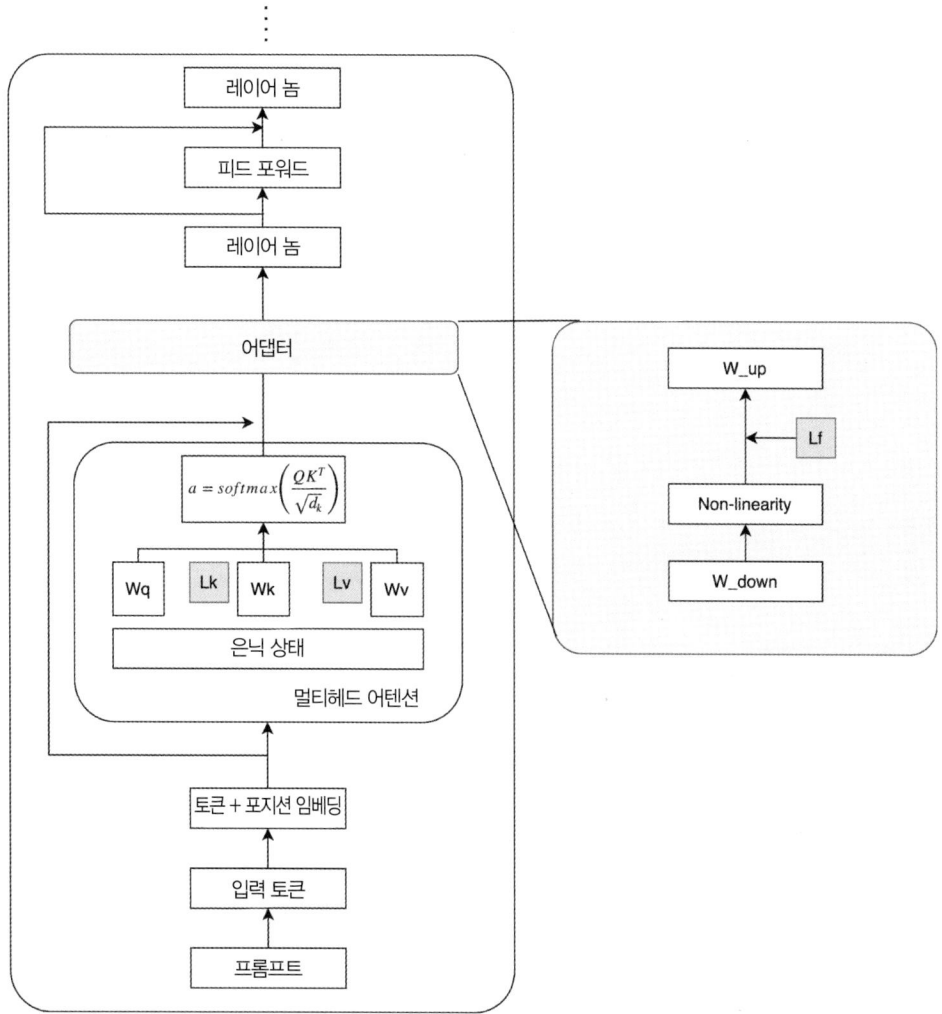

그림 2-9 IA3를 위한 기본 디코더 블록

---

[4] Liu et al. (2022). Few-Shot Parameter-Efficient Fine-Tuning is Better and Cheaper than In-Context Learning. arXiv.org. https://arxiv.org/abs/2205.05638

이 절의 앞부분에서 ST-A와 MT-A에 대해 이야기하며 주로 ST-A 방법을 어떻게 구현하는지를 보았습니다. 일부 ST-A 방법은 다중 작업multiple task에 대해 반복해서 수행을 하면 그 결과로 MT-A를 얻을 수 있습니다. 그런데 더 나은 방식으로 구현할 수 있을까요? 여기서 멀티태스크 프롬프트 튜닝(MPT)이 등장합니다. MPT는 작업별 개별 프롬프트와 작업 간 지식을 공유하는 공유 프롬프트 구조를 도입하는 방법입니다.

두 가지 작업을 위해 훈련된 어댑터가 있다고 상상해 보겠습니다. 복잡한 수학 문제 해결(작업 1)과 영어에서 독일어로의 문장 번역(작업 2)이라는 두 가지 작업이 있습니다. 작업 1에서 모델을 정말 잘 수행하게 하는 어댑터는 작업 2에서는 잘 수행하지 못할 수 있고, 그 반대도 마찬가지입니다. 이제 복잡한 수학 문제를 해결해야 할 뿐만 아니라 독일어로 응답해야 한다면 어떻게 해야 할까요? 여기서 작업 간 지식 공유가 중요해집니다.

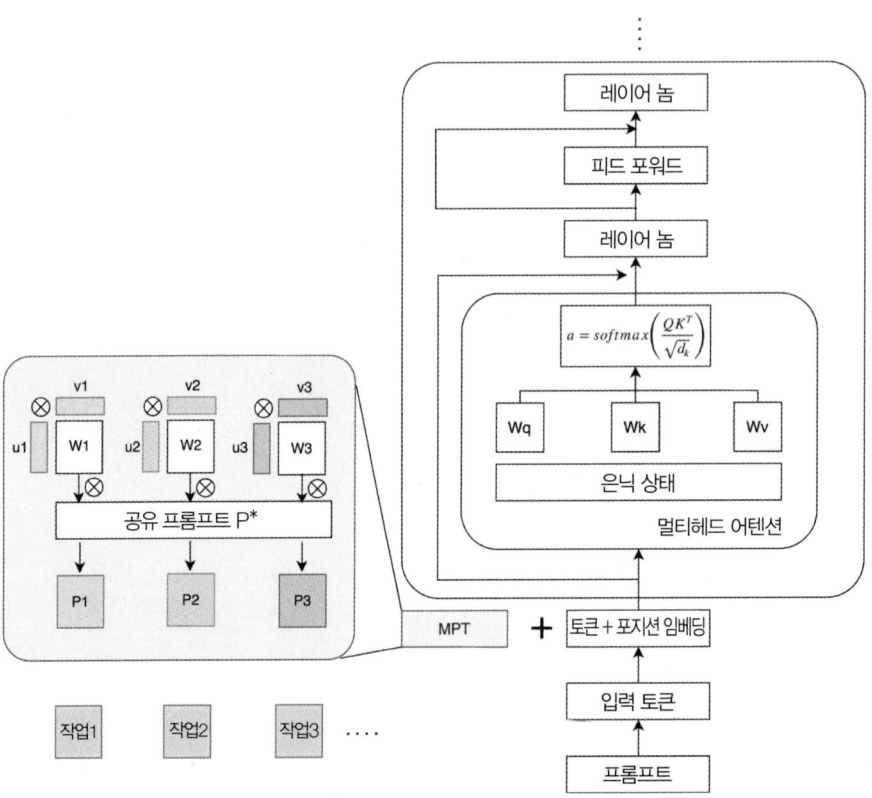

그림 2-10 MTP를 위한 기본 디코더 블록

[그림 2-10]에 보이는 것처럼 MPT는 이를 위해 두 개의 새로운 벡터 u와 v를 도입합니다. 두 벡터는 텐서 W를 형성하고 이 텐서는 공유 프롬프트shared prompt와 아다마르 곱셈hadamard product을 통해 하나의 작업에 대한 결과 소프트 프롬프트 P를 생성합니다.

하지만 실제로는 이러한 작업별 프롬프트 분해를 멀티태스크 데이터셋(S)에서 직접 학습하는 것이 공유 컴포넌트(P*)가 더 큰 작업에 과적합되는 현상을 초래하는 것으로 관찰됐습니다. 이를 해결하는 방법은 개별적으로 훈련된 소스 프롬프트로부터 지식 증류를 하는 것입니다. 이 과정은 앞서 다룬 전통적인 프롬프트 튜닝을 통해 각 소스 작업에 대한 교사teacher 프롬프트 P를 얻는 것으로 시작됩니다. 그런 다음 공유 프롬프트shared prompt P*와 작업별 벡터(u와 v)를 결합해 해당 학생student 프롬프트 P를 초기화합니다.

각 학생 프롬프트는 동일한 P*를 공유하지만 이전에 설명한 것처럼 각 작업에 고유한 작업별 벡터(u와 v)를 갖추고 있습니다. 마지막으로 공유 프롬프트 행렬(W)는 맞춤형 손실 함수를 통한 증류 과정을 통해 작업 간 지식을 전이해 향상됩니다. 이 접근 방식은 멀티태스크 학습의 맥락에서 더 큰 작업으로 과적합 문제를 완화하면서 다양한 작업의 미묘한 차이를 효과적으로 포착하는 향상된 프롬프트를 얻을 수 있게 해줍니다.

코드에서는 먼저 u와 v 파라미터를 다음과 같이 생성할 수 있습니다.

```python
self.u = torch.nn.Parameter(
    torch.normal(
        mean=0, std=0.02, size=(self.num_tasks, total_virtual_tokens, self.num_ranks)
    )
)
self.v = torch.nn.Parameter(
    torch.normal(
        mean=0, std=0.02, size=(self.num_tasks, self.num_ranks, self.token_dim)
    )
)
prompt_embeddings = self.embedding(indices)
```

일반적으로 이러한 가중치는 정규 분포normal distribution로 초기화하는 것이 일반적입니다. 그런 다음 순방향 패스에서는 다음과 같은 작업을 수행할 수 있습니다.

```
def forward(self, indices, task_ids):
    task_cols = torch.index_select(self.u, 0, task_ids)
    task_rows = torch.index_select(self.v, 0, task_ids)
    task_prompts = torch.matmul(task_cols, task_rows)
    prompt_embeddings *= task_prompts
    return prompt_embeddings
```

행과 열을 선택해 프롬프트 임베딩과 아다마르 곱셈을 하는 것에 주목하세요. 허깅페이스의 PEFT 라이브러리는 MPT를 가장 간단한 형태로 구현합니다(https://bit.ly/4hbP4uv, 전체 구현: https://zhenwang9102.github.io/mpt.html). 다음으로 저랭크 어댑터low-rank adaptation(LoRA)라고 불리는 PEFT을 살펴보겠습니다.

LoRA

LLM이 수십억 개의 파라미터를 가졌지만 실제로 영향을 미치는 가중치는 적을 것이라는 가설이 있습니다. 앞서 설명했듯 수십억 개의 파라미터를 가진 LLM을 프롬프트 임베딩에 작은 변화만 줘서 파인튜닝할 수 있었습니다. 지금까지는 소프트 프롬프트 변형만을 살펴봤지만 이 개념을 모델의 모든 가중치에 적용할 수 있다면 어떨까요? LoRA는 각 가중치 행렬 W로부터 학습 가능한 행렬 A와 B를 생성해 W가 대략적으로 B와 A를 곱한 값과 근사치에 도달하도록 합니다.[5] LoRA에서 가장 중요한 파라미터는 A와 B 행렬의 공통 차원인 '랭크'(r)입니다. 차원이 $d \times r$인 행렬 B를 $r \times k$인 행렬 A와 곱하면 $d \times k$ 크기의 행렬을 생성해, 원래 가중치 행렬 W와 차원이 같아집니다.

[그림 2-11]은 디코더 블록에서 LoRA가 구현되는 과정입니다. 물론 LoRA의 구현은 더 복잡할 수 있지만 핵심 개념만 설명하겠습니다.

---

[5] Hu et al. (2021). LORA: Low-Rank adaptation of Large Language Models. arXiv.org. https://arxiv.org/abs/2106.09685

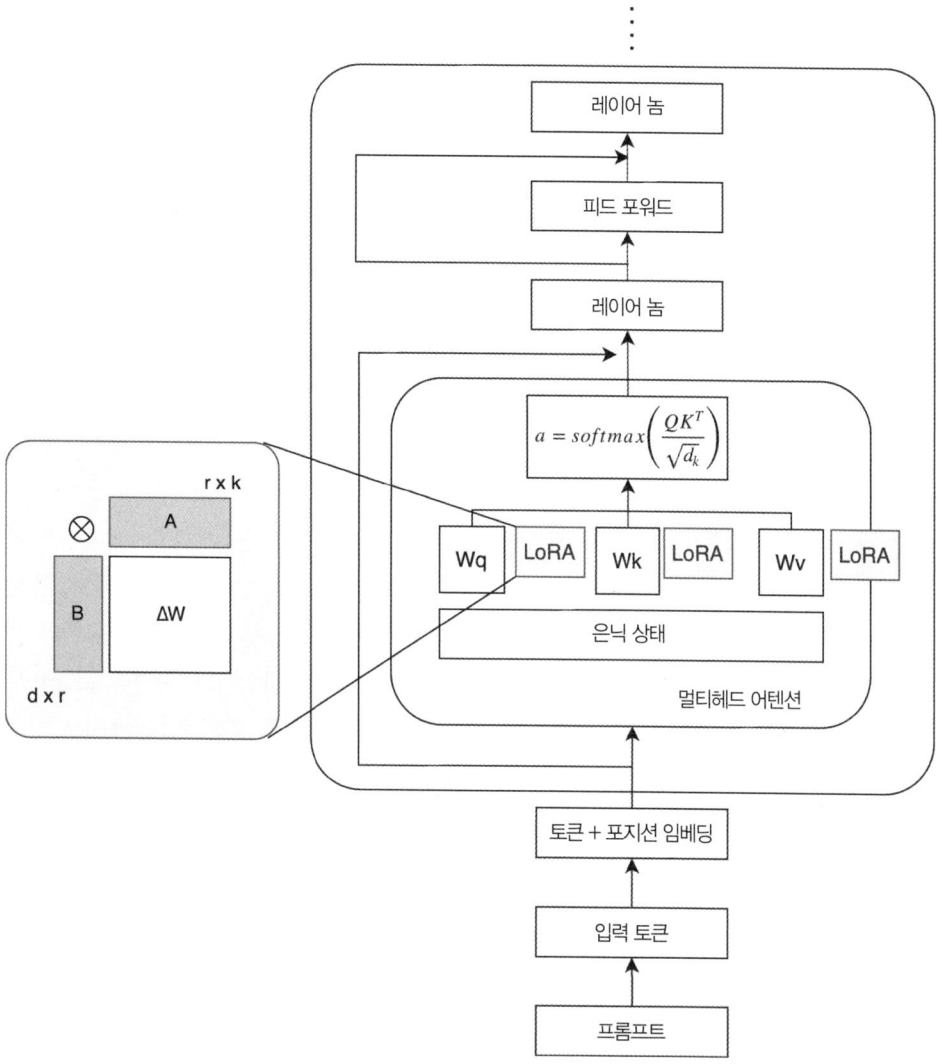

그림 2-11 LoRA를 위한 기본 디코더 블록

LoRA의 주요 장점은 메모리 및 저장 공간 사용량을 크게 줄이면서도 프롬프트 수정에 대비해 모델 내에서 더 깊은 변화를 허용한다는 점입니다. LLM에 적용될 때 이는 r이 모델의 차원 d 보다 작을 때 특히 유용하며 VRAM 사용량을 최대 3분의 2까지 줄일 수 있습니다. 이러한 절감은 고정된 파라미터에 대해 옵티마이저^{optimizer} 상태를 저장할 필요가 없는데서 기인합니다. 1750억 개의 파라미터를 가진 GPT-3의 경우 훈련 중 VRAM 소비량이 1.2TB에서 350GB

로 크게 감소합니다. r은 4이고 쿼리(Q) 및 값(V)의 투영 행렬만 조정될 때 체크포인트 크기는 약 10,000배 감소해 VRAM 사용량은 350GB에서 단 35MB로 줄어듭니다!

이러한 상당한 크기 감소는 훨씬 적은 수의 GPU로 모델을 훈련하며 매우 큰 LLM에서도 입출력(I/O) 병목 현상을 제거합니다. 또 다른 주목할 만한 이점은 배포 시 비용 효율적인 작업 전환cost-effective task-switching 기능입니다. 지금까지 논의된 다른 방법과 마찬가지로, 이는 모델의 모든 파라미터를 교체하는 것이 아니라 LoRA 가중치만 교체해 목표를 달성하게 됩니다.

이는 VRAM에 사전 훈련된 가중치를 저장하는 머신에서 동적으로 교체할 수 있는 다수의 맞춤형 모델을 생성하는 데 도움이 됩니다. 마지막으로 작은 LoRA 모델은 더 빠르게 훈련될 수 있으며 고정된 모델 파라미터에 대한 미분이 필요 없기 때문에 전체 모델을 파인튜닝하는 것 대비 훈련 작업당 비용이 크게 감소합니다.

전체 계산 예산(스케일링 법칙에서 보았듯 파라미터 예산으로 변환됨)이 주어졌다면 어떻게 될까요? 이는 LoRA 가중치와 연관시킬 만큼 중요한 가중치를 신중하게 선택하고, 동결된 상태로 남겨둘 가중치를 선택해야 한다는 것을 의미합니다. LoRA가 적용된 가중치와 그렇지 않은 가중치의 모든 조합을 시도하는 것은 해결 불가능한 문제입니다. 여기서 adaptive LoRA(AdaLoRA)와 같은 방법이 도움이 될 것입니다. AdaLoRA는 훈련 중 개별 LoRA 행렬의 랭크를 조정해 계산 예산을 동적으로 할당합니다.

이를 위해서 AdaLoRA는 가중치를 SVD 버전으로 분해합니다 (실제로 학습 과정의 모든 단계에서 모든 가중치 업데이트마다 SVD를 수행하기는 어렵기 때문입니다). SVD의 특이 행렬singular matrix V의 고윳값은 해당 가중치 행렬이 얼마나 중요한지를 나타낼 수 있으며 이는 LoRA 가중치 집합에서 중요한 가중치만 유지하는 데 사용됩니다.[6]

QLoRA라는 방법은 이중 양자화double quantization(DQ)와 페이지드 옵티마이저paged optimizer라는 두 가지 방법을 결합해 LoRA보다 더 빠른 속도를 달성합니다. QLoRA에서는 두 가지 유형의 데이터가 사용됩니다. 저정밀 저장 데이터(일반적으로 4비트)와 계산 데이터(보통 BFloat16)입니다. 이는 QLoRA 가중치 텐서를 사용할 때 먼저 BFloat16으로 변환한 후 16비트 행렬 곱셈을 수행한다는 것을 의미합니다. 구체적으로 QLoRA는 추가적인 메모리 절약을 위해 양자화 상수를 양자화하는 이중 양자화를 사용합니다.

---

[6] Zhang et al. (2023). ADALORA: Adaptive Budget Allocation for Parameter-Efficient Fine-Tuning. arXiv.org. https://arxiv.org/abs/2303.10512

이를 일반 양자화와 비교해 봅시다. 전체 부동 소수점 텐서(예: 가중치 텐서)의 정밀한 4비트 양자화를 위해 작은 블록 크기가 필요하지만 이는 상당한 메모리 오버헤드를 가집니다. W에 대해 32비트 상수와 블록 크기 64를 사용하는 경우 양자화 상수는 평균적으로 파라미터당 0.5비트(32/64)를 추가합니다. 수천억 개의 파라미터를 가진 모델에서는 어떻게 메모리 사용량이 증가할 수 있는지 상상이 될 것입니다. 이중 양자화는 양자화 상수의 저장 메모리 사용량을 줄이는 데 도움을 줍니다. 더 구체적으로, 이중 양자화는 첫 번째 양자화의 양자화 상수를 두 번째 양자화의 입력으로 처리합니다.

QLoRA는 페이지드 옵티마이저를 사용합니다. 페이지드 옵티마이저는 엔비디아의 통합 메모리 기능을 사용해 GPU가 가끔 메모리가 부족해지는 상황에서 CPU와 GPU 간 자동 페이지 전송을 통해 오류 없는 GPU 처리를 수행합니다. QLoRA에서는 이 기능을 사용해 옵티마이저 상태에 대해 페이지 메모리를 할당하고 GPU 메모리가 부족해지면 자동으로 CPU 메모리로 전송합니다. 이 두 가지 방법을 결합해, 각 파라미터의 정밀도를 낮추면서도 파인튜닝하는 파라미터의 개수를 효과적으로 늘릴 수 있습니다. QLoRa 논문[7]에서는 표준 LoRA와 비교해도 성능 저하가 없음을 보여주었습니다.

지금까지 최신 PEFT 기술을 살펴봤으니 이러한 방법을 사용에 따른 비용과 성능에 대한 영향에 대한 이야기를 끝으로 이 장을 마무리하고자 합니다.

2.3 PEFT의 비용 및 성능에 대한 영향

전체 사전 훈련이나 파인튜닝은 많은 비용이 들 수 있으며 이를 감당할 수 있는 회사는 많지 않습니다. PEFT은 자원 및 비용 효율적인 모델 훈련 방법일 뿐만 아니라 이러한 방식을 적용한 모델은 실제로 베이스라인baseline 모델의 성능을 능가할 수 있습니다. 400억 개의 파라미터를 가진 LLM을 직접 사전 훈련하고자 하는 가상의 시나리오를 다시 살펴봅시다. 이러한 예는 실제로 존재하며, 대표적인 오픈 소스 LLM인 Falcon 40B가 그 예시입니다.

Falcon 40B의 개발진에 따르면, 이 모델은 AWS에서 384개의 A100 GPU(48개의 P4d

---

[7] Dettmers et al. (2023). QLORA: Efficient Finetuning of Quantized LLMS. arXiv.org. https://arxiv.org/abs/2305.14314

인스턴스로 구성된 클러스터를 이용)를 사용해 약 두 달 동안 훈련했습니다(https://huggingface.co/tiiuae/falcon40b). P4d 인스턴스의 시간당 온디맨드 요금($37.688)을 기준으로 하면, Falcon 40B 훈련의 총비용은 약 60일 × 24시간 × 48 인스턴스 × 시간당 $37.688로 약 $2.6백만입니다.

Falcon 팀은 1조 개의 토큰으로 훈련을 진행했습니다! '최적'의 훈련 자원 사용과 확장 법칙에 기반으로 이상적인 계산 예산과 이상적인 토큰 수(1조 개보다 훨씬 적음)로 훈련하는 비용은 $1백만 이하이며, 인스턴스 수도 더 적게 사용될 수 있습니다(32개). 현실은 왜 이상에 미치지 못 할까요? Falcon 40B와 같은 모델에 대한 가상의 이상적인 시나리오와 실제 시나리오 간의 훈련 비용의 큰 차이는 여러 요인에서 기인합니다.

- **자원 가용성과 스케일**scale: 이상적인 시나리오에서는 최적의 컴퓨팅 예산을 고려합니다. 이는 다양한 가정(선형 스케일링, 훈련에 대한 오버헤드 없음, 완벽한 분산 훈련 등) 하에 훈련에 필요한 완벽한 컴퓨팅 파워와 자원을 사용할 수 있다는 것을 의미합니다. 그러나 실제로는 거의 이러한 상황이 충족되지 않습니다.
- **비효율적인 분산 훈련**: Falcon 40B는 성능을 최대한 끌어내기 위해 DeepSpeed(마이크로소프트가 만든 최적화 라이브러리)를 사용해 384개의 GPU에서 훈련됐습니다. 각 클라우드 노드는 8개의 A100 GPU만 제공하므로, 고속 교차 노드 인터커넥트high-speed cross-node interconnect(여러 대의 컴퓨터 노드 간 데이터를 고속으로 전송하는 기술, 예: Infiniband)의 도움으로 수백 개의 노드로 구성한 클러스터를 생성할 수 있으며 약 400GBps의 처리량을 제공합니다. DeepSpeed의 ZeRO 옵티마이저는 다양한 거대 모델에 적용됐지만, GPU당 작은 배치 크기로 많은 GPU에서 훈련하거나 제한된 크로스 노드 네트워크 대역폭을 가진 저수준의 클러스터에서 훈련할 때 여전히 높은 데이터 전송 오버헤드를 발생시킬 수 있습니다. 이러한 시나리오에서는 대규모 딥러닝 모델 최적화에서의 획기적인 능력에도 불구하고 ZeRO의 효율성이 통신 문제로 제한될 수 있습니다. DeepSpeed 팀은 실제 성능을 이상적인 성능에 가깝게 만들기 위해 연구 개발을 하고 있습니다(https://bit.ly/4gd4EEZ).
- **데이터 볼륨**: Falcon 40B처럼 1조 개의 토큰을 훈련하는 것은 더 작은 규모의 훈련보다(생각보다) 훨씬 더 많은 데이터와 계산 자원을 필요로 합니다. 또한 데이터 수집, 전처리 및 저장 비용은 상당할 수 있습니다. 이론적으로 스케일 법칙에서 더 작은 모델과 적은 양의 훈련 데이터로 동일한 성능을 얻을 수 있는 IsoLoss 곡선을 예측하지만, 모델 크기 및 데이터에 포함된 실제 정보의 양은 다양할 수 있습니다. 이러한 모델의 훈련에 사용되는 데이터는 깨끗하지 않거나 품질이 좋지 않습니다. 실제로 고품질 데이터셋을 선별하는 데 시간을 투자하는 팀이 상당한 성능의 모델을 얻을 수 있지만, 이러한 데이터셋을 선별하는 것은 사람이 개입된 매우 비용이 많이 드는 작업입니다.
- **추가 비용**: 실제로 아마존 세이지메이커와 같은 완전 관리형 서비스를 사용하더라도 대규모 훈련 클러

스터를 설정, 관리 및 유지하는 데는 상당한 오버헤드가 발생합니다. 이때 클러스터 구성, 하드웨어 고장 처리, 문제 디버깅 및 지속적 운영을 보장할 비용이 포함됩니다. 이러한 작업은 숙련된 엔지니어와 인프라가 필요하며 이는 전체 비용에 추가됩니다.

지금까지 PEFT에 대해 논의할 때, 파라미터 값으로 데이터 타입(또는 dtype) 중 하나인 FLOAT32만을 고려했습니다. 이는 이 모델의 가중치를 나타내는 400억 개의 파라미터 각각의 타입을 의미합니다. 더 효율적인 데이터 타입과 AMP(automatic mixed precision)와 같은 관련 기술을 사용해 훈련의 연산 부담을 줄일 수 있습니다. 이전에 QLoRA 방법에서 이를 간단히 살펴보았습니다. 이 책의 후반부에서는 모델의 크기를 줄이는 방법인 양자화(quantization)에 대해 자세히 다룰 것입니다. 양자화는 모델 가중치를 고정밀 부동 소수점 형식에서 16비트 또는 8비트 크기를 갖는 저정밀 부동 소수점(FP) 또는 정수(INT) 형식으로 변환하는 방법입니다. 지금은 동일한 모델 전체 또는 LoRA의 파라미터 개수를 사용하더라도 작은 데이터 타입으로 인해 전체 메모리 사용량을 줄여준다는 이해를 가지고 논의를 계속하겠습니다.

어떤 GPU를 사용할지 선택할 때는 모델 훈련을 위해 여러 GPU가 필요할 수 있기 때문에 해당 GPU가 제공하는 이상적인 처리량, 비용, 가용성 그리고 GPU 클러스터의 능력을 조사하는 것이 좋습니다. [표 2-1]에서 NVIDIA A10, V100(16GB), V100(32GB) 그리고 A100 이렇게 네 가지 GPU를 비교해 보았습니다. Falcon 40B 모델을 가져와 LoRA를 적용해 총 400억 개 파라미터 중 2%를 훈련하겠습니다. 또한, 양자화가 파인튜닝을 위한 계산 예산을 더욱 줄이는 데 도움이 되는지 확인할 수 있습니다.

표 2-1 Falcon 40B 모델의 전체 및 양자화 버전과 전체 훈련 및 LoRA 기반 훈련을 위한 여러 GPU간 비교

FALCON 40B	FLOAT32	FLOAT16	INT8	INT4
전체 용량 (GB)	153.87	76.93	38.47	19.23
추론 시 용량 (GB)	184.64	92.32	46.16	23.08
Adam을 이용해 학습 시 용량 (GB)	615.47	307.73	153.87	76.93
LoRA Fine-tuning 시 용량 (GB)	192.57	100.25	54.09	31.01
전체 학습을 위한 A10 개수	26	13	7	4
LoRA 학습을 위한 A10 개수	9	5	3	2
전체 학습을 위한 V100 (16GB) 개수	39	20	10	5
LoRA 학습을 위한 V100 (16GB) 개수	13	7	4	2
전체 학습을 위한 V100 (32GB) 개수	20	10	5	3
LoRA 학습을 위한 V100 (32GB) 개수	7	3	2	1

FALCON 40B	FLOAT32	FLOAT16	INT8	INT4
전체 학습을 위한 A100 개수	16	8	4	2
LoRA 학습을 위한 A100 개수	5	3	2	1

먼저, LoRA 없이 400억 개 파라미터 모델을 전체 훈련 또는 파인튜닝fine-tuning하는 메모리 사용량에 주목하십시오. FLOAT32 모델 파라미터의 전체 사이즈가 약 150GB임에도 불구하고, 아담adam 옵티마이저로 훈련(모델의 각 파라미터에 대해 여러 상태가 있을 수 있음)에 대한 총 요구량은 약 615GB에 달합니다! 모델 샤딩model sharding을 통해 전체 파인튜닝을 실질적으로 수행할 수는 있지만, 정말로 그렇게 전체 파인튜닝을 해야 하는지는 고민할 문제입니다. LoRA를 사용한 INT8 버전의 모델의 파인튜닝에는 약 50GB의 GPU 메모리만 필요합니다. FLOAT32, FLOAT16, INT8, INT4와 같은 가중치의 높은 정밀도에서 낮은 정밀도로 이동할수록 메모리 요구 사항이 줄어드는 것은 놀라운 일도 아닙니다.

[표 2-1]에서 볼 수 있듯이, A100 GPU와 32GB V100 버전의 GPU는 메모리 사용량 측면에서 비교할 만하지만, TFLops 측면에서는 큰 차이가 납니다. A100에서 더 향상된 Tensor Float(TF) 정밀도 연산을 사용하면 처리량이 V100보다 20배 더 빠를 수 있습니다. 따라서 V100을 제공하는 인스턴스의 시간당 비용이 더 낮더라도 더 성능이 좋은 인스턴스에서 훈련하는 것이 더 합리적입니다.

PEFT에 대한 연구는 아직 초기 단계에 있지만, 새로운 방법, 기존 방법을 결합하는 방식, LLM 훈련을 위한 더 빠르고 목적에 맞게 설계된 반도체 칩, 그리고 더 큰 모델보다 더 강력한 작은 모델 등 다양한 분야에서 더 많은 연구가 진행될 것으로 기대할 수 있습니다.

2.4 요약

이 장에서는 LLM를 훈련하는 것이 얼마나 자원 집약적이고 비용이 많이 드는지에 대해 논의했습니다. P 튜닝p-tuning 및 LoRA와 같은 여러 최신 방법을 심도 있게 다루며 파라미터 효율적인 파인튜닝(PEFT) 개념을 소개했습니다. 마지막으로 자체적으로 LLM을 훈련하거나 파인튜닝하는 전략을 수립할 때의 비용에 대한 영향에 대해 논의했습니다.

CHAPTER **3**

비용 최적화를 위한
추론 테크닉

이 장에서는 LLM에 중점을 두고 추론 비용을 최적화하는 다양한 기술을 다룹니다. 비용을 절감하면서 동일한 응답 정확도를 유지할 수 있는 기법인 프롬프트 엔지니어링부터 소개합니다. 프롬프트에 대한 높은 이해는 특정 작업에서의 성능과 비용 모두에 영향을 미칩니다. 이 장에서 캐싱, 모델 최적화 방법들, 하이퍼파라미터 튜닝 등 다양한 비용 최적화 요소를 자세히 다루겠습니다.

3.1 추론 테크닉 소개

머신러닝 워크플로workflow에는 모델 훈련부터 배포에 이르는 다양한 단계가 속하며 각 단계는 고유한 비용이 발생합니다. 추론inference 단계는 훈련된 모델이 새로운 데이터unseen data에 대해 예측을 하는 단계로 특히 중요합니다. 추론 비용은 모델 개발 단계에서는 종종 간과되지만, 훈련된 모델이 실제 애플리케이션에서 배포될 때 큰 영향을 미칩니다. 이 비용은 단순한 재정적 비용에 국한되지 않고, 컴퓨팅 자원과 시간까지 포함한 머신러닝 솔루션의 전반적인 효율성과 성능에 영향을 미칩니다. 추론 비용은 전체 머신러닝 프로젝트의 성패를 좌우할 수 있을 정도로 중요합니다.

실제 머신러닝 서비스 환경에서 추론 단계의 비용 최적화는 머신러닝 애플리케이션의 투자 대비 수익에 직접적인 영향을 미치기 때문에 매우 중요합니다. 머신러닝 서비스(MLaaS)가 늘어나며, 객체 인식이나 이미지 분류를 지원하는 범용 모델 제공 기업은 비용 최적화를 통해 경쟁력을 키울 수 있습니다.

클라우드cloud 컴퓨팅의 발전으로 인해 추론 작업이 클라우드 환경으로 이동하게 됐으며, 이러한 클라우드 내에서의 작업이 증가하며 관련 비용도 증가하는 추세입니다. 이러한 비용을 관리하고 줄이기 위해 클러스터 레벨cluster-level, 인스턴스 레벨instance-level, 런타임 레벨runtime-level, 모델 레벨model-level의 최적화 기법 등과 같은 다양한 전략이 사용됩니다.

LLM의 활용이 많아지면서 추론 중 발생하는 비용에 대한 최적화는 더욱 복잡한 양상을 띠게 됐습니다. 크기가 거대하고 요구하는 자원이 방대한 LLM은 독특한 문제를 제기합니다. 대규모로 LLM을 배포할 때 재정적 컴퓨팅 비용이 빠르게 증가할 수 있어 비용 최적화는 중요한 고려 사항이 됩니다.

3.2 프롬프트 엔지니어링

프롬프트 엔지니어링prompt engineering은 LLM과 상호작용할 때 중심이 되는 세련된 기법입니다. 핵심은 모델이 원하는 정확하고 간결한 출력을 생성하도록 입력 쿼리query 또는 프롬프트prompt를 구성하는 것입니다. 영어 텍스트를 프랑스어로 번역하는 작업이 있을 때, 정확한 출력을 위해 구성된 프롬프트는 다음과 같습니다.

'다음 영어 텍스트를 정확하고 격식을 갖춘 어조로 프랑스어로 번역하세요: {text}.'

여기서, 정확성을 보장하고 격식을 유지하라는 추가 지침은 모델에 추가적인 안내를 제공해 더 적절한 응답을 생성하는 데 도움을 줍니다. 마찬가지로, 정확한 정보를 얻기 위해 '버락 오바마에 대해 알려주세요' 같은 모호한 프롬프트 대신 '버락 오바마의 정치 경력, 특히 그의 대통령직에 대한 간략한 요약을 제공해 주세요' 같은 더 구체적인 프롬프트는 모델로부터 관련성 높은 응답을 이끌어 낼 수 있습니다.

또 다른 예로는 코딩 솔루션^{coding solution}을 요청하는 경우가 있습니다. '파이썬에서 파일을 읽는 코드'와 같은 모호한 프롬프트보다 '파이썬에서 파일을 열고, 내용을 읽고, 콘솔에 출력하는 코드를 제공해 주세요'와 같은 상세한 프롬프트가 더욱 정확한 코드를 제공할 것입니다.

프롬프트 엔지니어링을 조금 더 깊이 파고들면, 모델의 행동과 성향을 이해하고 이러한 성향을 탐색하며 프롬프트를 맞추는 것이 중요합니다. 단어 선택, 쿼리의 구조, 심지어 서식^{format}까지도 모델의 응답에 영향을 미칠 수 있습니다. '꾸준한 운동의 이점은 무엇인가요?'라고 묻는 것과 '꾸준한 운동의 이점을 다섯 가지 알려주세요'라고 묻는 것은 다른 응답을 받게 될 것입니다.

3.2.1 프롬프트 엔지니어링이 비용에 미치는 영향

프롬프트 엔지니어링^{prompt engineering}과 성능 및 비용 간의 관계는 매우 간단하지만 중요합니다. 프롬프트와 모델의 응답에서 사용하는 각 단어나 토큰은 비용을 발생시킵니다. 오픈AI의 GPT-4o는 128K 컨텍스트를 가지며, 입력 100만 토큰당 $2.50, 출력 100만 토큰당 $10입니다(2025년 2월). 잘못 설계된 프롬프트는 거창하거나 주제에서 벗어난 불필요한 응답을 불러와 비용을 빠르게 증가시킵니다. 반대로, 잘 설계된 프롬프트는 간결하고 정확한 응답을 이끌어, 이러한 비용을 크게 줄이고 효과적인 관리에 도움이 됩니다.

LLM과의 상호작용 비용을 사전에 추정하는 방법으로 오픈AI의 파이썬 라이브러리인 tiktoken과 같은 도구를 사용할 수 있습니다. tiktoken은 서비스 API 호출 없이 텍스트 문자열의 토큰 수를 계산하는 데 도움을 줍니다. 이 과정은 다음과 같은 단계로 이루어집니다.

1. pip를 이용해 tiktoken 패키지를 설치합니다.

```
$ pip install --upgrade tiktoken
```

2. python 스크립트에서 tiktoken을 임포트합니다.

```
import tiktoken
```

3. encode 메서드를 사용해 텍스트 문자열을 토큰 정수 리스트로 변환하고, 리스트의 길이를 세어 토큰 수를 계산합니다.

```
def num_tokens_from_string(string: str, encoding_name: str) -> int:
    encoding = tiktoken.get_encoding(encoding_name) # 특정 모델의 인코딩 사용
    num_tokens = len(encoding.encode(string))
    return num_tokens
```

앞서 만든 함수를 사용해 GPT-4o에서 앞 문단을 처리한 토큰 수를 확인하겠습니다.

```
encoding = "o200k_base" # GPT-4o 인코딩

text = """LLM과의 상호작용 비용을 사전에 추정하는 방법으로 오픈AI의 파이썬 라이브러리인 tiktoken과 같은 도구를 사용할 수 있습니다. tiktoken은 서비스 API 호출 없이 텍스트 문자열의 토큰 수를 계산하는 데 도움을 줍니다. 이 과정은 다음 몇 가지 단계로 이루어집니다."""

num_tokens = num_tokens_from_string(text, encoding)
print(num_tokens)
```

```
78
```

토큰 수는 78이 출력됩니다. 토큰 수와 오픈AI의 가격 세부 정보를 사용해 토큰 수에 토큰당 비용을 곱해 비용을 추정할 수 있습니다. GPT-4o에서 78토큰 길이의 입력 프롬프트에 대해 90토큰 길이의 응답을 했다면, 총비용은 78(입력 토큰) × $0.0000025(입력 토큰당 가격) + 90(출력 토큰) × 0.00001(출력 토큰당 가격) = $0.001095가 됩니다.

일부 API는 입력 및 출력 토큰 수를 제공해 예시 프롬프트를 사용해 비용을 계산하고 기준선을 설정하는 데 도움을 줍니다. 오픈AI는 LLM과 상호작용하는 간단한 OpenAPI를 통한 응답에

따른 토큰 사용 정보까지 제공합니다. 오픈AI API를 이용하려면, 공식 SDK를 설치해야 합니다(파이썬과 노드JS 지원). 다음은 오픈AI의 파이썬 SDK를 설치하는 방법입니다.

```
$ pip install -U openai
```

설치가 완료되면, API 키로 오픈AI SDK를 요청합니다(https://platform.openai.com 에서 생성). 이 API 키는 외부에 공개하거나 클라이언트 코드에 노출하지 않아야 합니다. API 키를 환경 변수나 키 관리 서비스에서 안전하게 로드할 수 있는 백엔드 서버를 통해 서비스를 배포하는 것이 좋습니다. 다음은 오픈AI SDK에서 API 키를 등록하는 방법입니다.

```python
import os
from openai import OpenAI

# 오픈AI API 키 설정
client = OpenAI(api_key=os.getenv("OPENAI_API_KEY"))
```

completions API를 사용해 텍스트를 생성합니다.

```python
completion = openai.ChatCompletion.create(
    model="gpt-4o-mini", messages=[{"role": "user", "content": "Say this is a test!"}]
)
print(completion.choices[0].message.content)
```

curl의 요청 방법도 API 사용법과 유사합니다.

```
$ curl "https://api.openai.com/v1/chat/completions" \
    -H "Content-Type: application/json" \
    -H "Authorization: Bearer $OPENAI_API_KEY" \
    -d '{
        "model": "gpt-4o-mini",
        "messages": [
            {
                "role": "system",
                "content": "You are a helpful assistant."
            },
            {
                "role": "user",
```

```
            "content": " Say this is a test!"
        }
    ]
}'
```

응답은 다음과 같이 출력됩니다.

```
{
  "id": "chatcmpl-ABC12345",
  "object": "chat.completion",
  "created": 1735793544,
  "model": "gpt-4o-mini-2024-07-18",
  "choices": [
    {
      "index": 0,
      "message": {
        "role": "assistant",
        "content": "This is a test!",
        "refusal": null
      },
      "logprobs": null,
      "finish_reason": "stop"
    }
  ],
  "usage": {
    "prompt_tokens": 23,
    "completion_tokens": 6,
    "total_tokens": 29,
    "prompt_tokens_details": {
      "cached_tokens": 0,
      "audio_tokens": 0
    },
    "completion_tokens_details": {
      "reasoning_tokens": 0,
      "audio_tokens": 0,
      "accepted_prediction_tokens": 0,
      "rejected_prediction_tokens": 0
    }
  },
  "system_fingerprint": "fp_abc9876"
}
```

보시다시피, 프롬프트 토큰 수(prompt_tokens)와 응답 토큰 수(completion_tokens)가 반환됩니다. 이를 사용해 이 요청의 비용을 직접 계산할 수 있습니다. 만약 이 요청이 애플리케이션에서 많이 발생하는 요청이라면, 이는 프롬프트와 응답prompt-completion당 비용을 계산하는 좋은 기준이 됩니다.

다른 모델의 비용 추정

API로 제공되는 다른 모델에 대한 비용을 추정하는 방법도 같습니다. 토크나이저tokenizer 라이브러리가 있다면 이를 사용해 토큰 수를 추정하거나, API 응답에서 반환된 토큰 수를 직접 계산하거나, 프롬프트 텍스트의 단어 수를 기준으로 토큰 수를 추정합니다. 오픈AI에 따르면 영어 텍스트의 경우 100토큰은 약 75단어에 해당합니다.

오픈AI의 모델과 같이 LLM이 API로 제공되지 않는 경우, 아마존 세이지메이커 같은 플랫폼을 이용한 자체 호스팅이 적합한 선택지가 될 수 있습니다. 오픈AI의 토큰 기반 가격 모델과 달리, 세이지메이커에서는 머신러닝 모델이 실행되는 시간에 따라 비용이 청구되며 인스턴스 타입별로 청구되는 비용은 다릅니다. 세이지메이커의 실시간 엔드포인트real-time endpoint의 비용은 엔드포인트가 실행된 시간을 기준으로 청구합니다. 추가적으로, 제공된 스토리지(EBS 볼륨)와 엔드포인트 인스턴스에서 처리된 입출력 데이터에 대한 비용도 발생합니다.

오픈AI와 같은 API는 토큰당 비용을 청구해 처리된 각 단어나 토큰에 직접 비용이 부과되는 반면, 세이지메이커에서 자체 호스팅된 모델은 추론 과정에서 소비된 시간과 자원에 따라 비용이 청구됩니다. 따라서 자체 호스팅 시나리오에서는 정확하고 간결한 응답을 유도하는 프롬프트로 최적화하면 처리 시간을 단축하고 컴퓨팅 자원 사용을 줄이며, 결과적으로 추론 작업의 전반적인 비용을 절감할 수 있습니다. 이러한 프롬프트 엔지니어링과 비용 최적화의 관계는 API 기반이든 자체 호스팅 환경이든 LLM 추론의 비용 환경을 다룰 때 중요합니다.

3.2.2 명확하고 직관적인 프롬프트

LLM이 원하는 출력을 생성하도록 유도하는 정밀한 프롬프트 작성 기술을 프롬프트 엔지니어링이라고 합니다. 이에 대한 필요성은 2020년 GPT-3의 등장과 함께 두드러지게 나타났으며, 초기에는 작업 설명task description, 사용자 입력user input, 예시example 등을 포함한 프롬프트로 모델에 지시를 내렸습니다. 당시 LLM의 성능 때문에 지시의 결과를 나타내는 정확한 예시가 필요했습니다. 그러나 LLM이 진화하고 지시를 수행하는 능력alignment ability이 좋아지며 프롬프트에 예시를 담을 필요성이 줄어들었습니다. 지시 사항을 자연어로 명확하게 표현하면 모델은 원하는 출력을 생성합니다.

명확하고 직관적인 프롬프트는 사용자가 원하는 작업을 LLM이 쉽게 이해하도록 표현해 정확한 응답을 받도록 합니다. 좋은 프롬프트의 두 가지 기본 원칙은 명확성과 구체성입니다. 명확성은 간단하고 명확한 언어를 사용하며 전문 용어와 지나치게 모호하거나 복잡한 어휘를 피해 갖추며, 구체성은 상세한 문맥을 제공하거나 복잡한 질문을 작은 쿼리로 나눠breaking down 갖춥니다. 이렇게 모델에 원하는 작업을 지시할 수 있습니다.

간결한 응답을 위한 조건

성능이 좋은 LLM은 응답의 서식과 길이를 설명하는 명확한 지침을 입력으로 작성하면 더 나은 답변을 출력합니다. Claude에 당뇨병에 대해 질문하겠습니다.

당뇨병에 대해 알려주세요.

다음은 당뇨병에 대한 간략한 개요입니다.

당뇨병은 신체가 혈당(포도당)을 처리하는 방식에 영향을 미치는 만성 질환입니다. 당뇨병에는 세 가지 주요 유형이 있습니다.

제1형 당뇨병 – 신체의 면역 체계가 췌장에서 인슐린을 생성하는 세포를 공격하고 파괴합니다. 주로 어린 시절이나 청소년기에 발병하며, 인슐린 주사로 혈당 수치를 조절합니다.

제2형 당뇨병 – 신체가 인슐린의 효과에 저항하거나 충분한 인슐린을 생산하지 못하게 됩니다. 제2형 당뇨병은 당뇨병 사례의 90-95%를 차지하며, 주로 성인기에 발병합니다. 위험 요소로는 과체중, 신체 활동 부족, 가족력, 인종이 있습니다. 생활 습관의 변화, 경구 약물, 그리고 때로는 인슐린으로 관리할 수 있습니다.

임신성 당뇨병 – 일부 여성에서 임신 중 신체가 추가로 필요한 인슐린을 제대로 처리하지 못할 때 발생합니다. 일반적으로 출산 후에는 사라지지만, 이후에 제2형 당뇨병이 발생할 위험이 증가합니다.

당뇨병의 일반적인 증상으로는 갈증 증가, 잦은 소변, 식욕 증가, 피로, 시야 흐림, 상처나 멍의 치유 지연 등이 있습니다. 당뇨병을 제대로 관리하지 않으면 신경 손상, 신장 질환, 시력 상실, 뇌졸중, 심장병과 같은 합병증으로 이어질 수 있습니다.

진단은 혈액 검사를 통해 혈당 수치를 확인하는 것으로 이루어집니다. 합병증을 예방하거나 지연시키기 위해서는 조기 진단과 치료가 중요합니다. 치료의 목표는 혈당 수치를 건강한 범위 내로 유지하는 것입니다.

치료는 약물, 인슐린 요법, 식단, 운동과 같은 생활 습관의 변화, 그리고 가정에서의 혈당 모니터링을 통해 이루어집니다.

추가로 궁금한 사항이나 명확한 설명이 필요하시면 알려주세요!

프롬프트로 답변에 제한을 둘 수도 있습니다.

당뇨병에 대해 100단어 이하로 설명해 주세요.

당뇨병은 신체가 혈당 수치를 제대로 조절하지 못하는 만성 질환입니다. 주요 유형은 제1형, 제2형, 그리고 임신성 당뇨병의 세 가지가 있습니다. 이 질환은 인슐린 생산 부족이나 인슐린 저항성으로 인해 발생합니다. 일반적인 증상으로는 갈증 증가, 잦은 소변, 식욕 증가, 피로, 시야 흐림 등이 있습니다. 당뇨병을 제대로 관리하지 않으면 신경 손상, 신장 질환, 시력 상실, 뇌졸중, 심장병과 같은 심각한 합병증으로 이어질 수 있습니다. 관리는 약물, 인슐린, 생활 습관 변화, 그리고 혈당 모니터링을 통해 혈당을 건강한 범위 내로 유지하는 데 중점을 둡니다.

출력 토큰 수는 줄었지만, LLM과 상호작용에서 필요한 정보를 얻지 못했을 가능성이 큽니다. 채팅 목적으로 훈련된 LLM의 경우, 질문을 단계적으로 분해하면 더 나은 답변을 얻을 수 있습니다. 불분명하거나 불완전한 답변으로 이어질 수 있는 '당뇨병에 대해 모두 알려주세요' 같은 광범위한 프롬프트보다, 질문을 여러 개로 분해한 프롬프트가 더 효과적이고 비용 효율적일 수 있습니다. 채팅 기반 LLM은 더 넓은 맥락에서 질문을 나누면, 처음부터 작업을 명확하게 이해할 수 있습니다. 복잡한 질문을 더 단순하고 직관적인 프롬프트로 나누거나 일련의 논리적 사고 과정으로 나열해, 사용자는 모델이 원하는 답변을 출력하도록 안내할 수 있습니다. 이러한 접근 방식은 정확한 응답을 얻을 수 있으며, 특히 모델 사용에 대한 가격 정책이 처리된 토큰 수에 기반할 때 상호작용과 관련된 비용을 관리하는 데도 용이합니다.

요청 분해

앞서 살펴본 당뇨병 관련 질문을 간단한 질문 여러 개로 나누겠습니다.

> 당뇨병이 무엇인지 간략히 설명해 주세요.

> 당뇨병은 체내에서 인슐린을 제대로 생산하거나 효과적으로 사용하지 못해 혈당 수치가 높아지는 만성 질환입니다.

> 당뇨병의 종류에는 무엇이 있나요?

> 당뇨병은 주로 세 가지 유형으로 나뉩니다. 제1형 당뇨병, 제2형 당뇨병, 그리고 임신성 당뇨병입니다. 제1형 당뇨병은 자가면역 질환이고, 제2형 당뇨병은 생활 습관과 유전적 요인과 더 관련이 있으며, 임신성 당뇨병은 임신 중에 발생합니다.

> 제2형 당뇨병의 일반적인 증상은 무엇인가요?

> 제2형 당뇨병의 흔한 증상으로는 갈증 증가, 빈번한 배뇨, 공복감, 피로, 그리고 시야 흐림이 있습니다.

> 제2형 당뇨병은 어떻게 진단하나요?

> 제2형 당뇨병은 A1C 검사, 공복 혈당 검사, 그리고 경구 당부하 검사와 같은 다양한 검사를 통해 진단합니다.

제2형 당뇨병의 치료 방법은 무엇이 있나요?

 제2형 당뇨병의 치료는 생활 습관 개선, 약물 치료, 때로는 인슐린 요법을 권장합니다. 혈당 수치를 지속적으로 모니터링하는 것이 이 질환 관리에 매우 중요합니다.

복잡한 본래의 질문을 일련의 더 간단한 질문 여러 개로 분해하면 정확하고 조정하기 편한 응답을 얻을 수 있습니다. 각 질문은 이전 답변을 기반으로 LLM이 논리적인 순서로 정보를 탐색하도록 안내합니다. 이런 접근 방식은 정확하고 상세한 응답을 얻는 데 도움이 될 뿐만 아니라, 각 프롬프트와 응답이 집중적이고 핵심에 맞춰져 있어 상호작용하는 토큰의 길이(따라서 비용을 효율적으로 관리)를 조절하는 데도 용이합니다.

명확한 프롬프트는 모델이 반복적이거나 거창한 대화 없이 원하는 응답을 효과적으로 제공하도록 안내하는 데 도움을 줍니다. 이는 특히 특정 결과나 답변을 얻는 것이 목표인 채팅 기반 모델을 다룰 때 중요합니다. 잘 구성된 프롬프트는 상호작용에 사용되는 토큰 수를 줄일 수 있으며, 이는 특히 토큰당 비용이 발생하는 모델에서 직접적인 영향을 미칩니다. 앤트로픽에서 개발한 Claude는 명확한 프롬프트 디자인이 모델의 응답에 크게 영향을 미칠 수 있는 생생한 예시를 제공합니다. Claude는 프롬프트를 구성할 때 명확성, 단순성, 잘 구성된 문장 구조가 중요하다고 강조합니다. 단순한 작업은 원하는 응답을 이끌어내기 위해 단지 몇 가지 간단한 문장만 필요할 수 있습니다. 그러나 더 복잡한 작업이거나 다양한 입력을 처리할 때는 일관되고 정확한 성능을 보장할 신중하게 설계된 프롬프트가 필요합니다.

Claude를 사용한 개인 식별 정보 제거 예시

Claude는 개인 식별 정보(PII)를 제거하는 작업(https://bit.ly/4aBaxL6)을 통해 프롬프트 구성의 영향을 보여줍니다. 잘못 구성된 프롬프트는 텍스트를 제대로 처리하지 못하지만 더 상세하고 명확한 프롬프트는 더 좋은 출력을 이끌어냈습니다. 잘 구성된 프롬프트는 Claude에게 명확하고 구체적인 용어에 대한 정의(PII가 무엇인지)를 내려 작업을 수행할 수 있는 충분한 컨텍스트context를 제공합니다. 이러한 잘 표현된 프롬프트는 Claude가 작업을 정확하게 수행하도록 안내했을 뿐만 아니라 다양한 입력에 대해서도 정확한 방식으로 수행할 수 있게 해줍니다(https://bit.ly/3WT5NLh).

대화형 LLM에서 프롬프트의 구조는 중요합니다. Claude는 \n\nHuman 과 \n\nAssistant 형식으로 사용자의 요청과 모델의 응답을 구분합니다. 이 구조는 대화 흐름을 명확히 이해하는 데 용이하며 모델이 현재 작업에 적절하게 응답할 수 있습니다.

또한, 모델의 행동을 이해하고 이에 따라 프롬프트를 조정하는 것도 비용 최적화에 도움이 됩니다. 모델이 특정 유형의 프롬프트에 대해 거창하거나 주제에서 벗어난 응답을 제공하는 경향이 있다면, 프롬프트를 더 직접적이고 간결하게 다듬으면 장황함을 줄이고 그에 따른 비용을 절감할 수 있습니다.

모델이 할루시네이션hallucination이 섞인 응답을 하는 경향이 있다면 사용자가 요청한 모든 질문에 대해 틀리든 맞든 답변을 제공할 것입니다.

목성의 질량은 얼마일까요?

목성은 태양계에서 가장 큰 행성이며 엄청난 질량을 가지고 있습니다.

- 목성의 질량은 지구의 약 318배입니다.
- 목성의 적도 반경은 71,492km로 지구 반경의 11배가 넘습니다.
- 목성의 부피는 1321개의 지구를 넣을 수 있을 만큼 큽니다.
- 목성의 질량은 태양계의 다른 모든 행성의 질량을 합친 것의 2.5배입니다.
- 목성의 질량은 1.898×10^{27}kg입니다. 이는 318개의 지구와 같습니다.
- 목성은 주로 수소와 헬륨 같은 가스로 구성되어 있으며, 밀도가 높은 핵은 철과 암석 같은 무거운 물질로 이루어져 있을 가능성이 큽니다.
- 목성의 눈에 보이는 '표면'(구름 꼭대기)에서의 중력은 지구 중력의 2.5배입니다.

따라서 요약하자면, 목성은 지구 및 다른 행성에 비해 매우 크고 무겁습니다. 목성의 거대한 크기와 무게는 태양계에서 지배적인 행성이란 역할에 기여합니다. 목성의 질량만으로도 모든 행성의 총 질량의 70% 이상을 차지합니다.

그러나 이러한 '사실을 근거로 한' 응답이 정답인지 믿을 이유는 없습니다. 많은 LLM 제공자는 이러한 모델 응답을 검증해야 한다는 안내를 제공합니다.

답을 알거나 잘 추측할 수 있는 경우에만 다음 질문에 답해 주세요. 그렇지 않으면 모른다고 말해 주세요. 목성의 질량은 얼마일까요?

목성은 태양계에서 가장 큰 행성이지만, 그 정확한 질량을 킬로그램이나 다른 단위로 계산하거나 확정적으로 말할 수는 없습니다.

훨씬 좋습니다! 사실, 위와 같은 질문은 검색 증강 생성(RAG)을 사용하면 좋습니다. RAG 접근 방식은 후속 장에서 더 자세히 다룰 예정입니다. 지금은 프롬프트 엔지니어링이 어떻게 더 낮은 비용으로 더 나은 성능을 제공하는지에 대해 알아보겠습니다. 다음은 대화 기록에서 개인 식별 정보(PII)를 찾는 애플리케이션입니다.

다음 대화 기록에서 개인 식별 정보(PII)를 식별하세요.

에이전트: 안녕하세요, 전화 주셔서 감사합니다. 전화 주신 분이 누구이신지 알려 주실 수 있을까요?

발신자: 안녕하세요, 제 이름은 John Stiles입니다.

에이전트: 안녕하세요, John. 무엇을 도와드릴까요?

발신자: 아직 W2 명세서를 받지 못해 배송 상태를 확인하고 싶습니다.

에이전트: 물론이죠, 도와드리겠습니다. 개인 식별 번호 마지막 네 자리 말씀해 주시겠어요?

발신자: 네, 1111입니다.

에이전트: 알겠습니다. 지금 조회 중입니다. 어제 발송된 것으로 보이며, 예상 도착일은 다음 주 초입니다. 지연될 경우, 전화로 자동 알림을 받으시겠어요?

발신자: 네, 부탁드립니다.

에이전트: 전화번호가 555-456-7890인데 맞나요?

발신자: 네, 맞습니다.

에이전트: 네, 처리했습니다. John, 더 도와드릴 일이 있을까요?

발신자: 아니요, 괜찮습니다. 감사합니다.

에이전트: 감사합니다. 좋은 하루 되세요.

대화 기록을 바탕으로 볼 때 다음 정보는 개인 식별 정보(PII)로 판단됩니다.

- 발신자의 전체 이름: John Stiles
- 개인 식별 번호의 마지막 4자리: 1111
- 전화번호: 555-456-7890

W2 명세서에 대한 발송 상태 요청 및 자동 알림 설정에 관한 대화와 같은 기타 세부 사항은 민감하거나 식별 가능한 개인 정보를 포함하지 않습니다. 단순히 이름(John)만 제공하는 것은 PII로 간주되지 않습니다.

에이전트는 전화로 전체 이름, 개인 식별 번호, 전화번호 등과 같은 개인 세부 정보를 요청하고 확인할 때는 주의해야 합니다. 이 정보는 보호해야 하며 개인정보 보호를 위해 권한이 있는 사람에게만 접근하도록 해야 합니다.

지시를 더 구체적으로 하고 원하는 출력 포맷을 제공하면 더 효과적입니다.

다음 대화 기록에서 PII 정보를 식별하고 JSON 형식으로 출력하세요.

```
{'name_of_pii_field_1_key': 'value', ...}
```

```
{
  'full_name': 'John Stiles',
  'last_4_id': '1111',
  'phone_number': '555-456-7890'
}
```

이 출력은 더 짧아 비용 효율적일 뿐만 아니라 정확하고, 애플리케이션에서 JSON 출력을 처리한다면 바로 사용할 수 있습니다. 정확도를 희생하면서 답변을 짧게 하라는 이야기가 아닙니다. 다음 대화를 살펴봅시다.

이 문장이 참이면 한 단어로 대답하세요.

이 그룹에 속한 모든 홀수의 합은 짝수입니다.

15, 32, 5, 13, 82, 7, 1

예

홀수들의 합은 41로, 홀수이기 때문에 문장은 거짓입니다. 질문을 조금 바꿔 보겠습니다.

 이 문장이 거짓이면 한 단어로 대답하세요.
이 그룹에 속한 모든 홀수의 합은 짝수입니다.
15, 32, 5, 13, 82, 7, 1

 거짓

LLM은 이 질문을 어떻게 해석할까요? 거짓이라고 답했지만 이 답변이 '이 문장이 거짓이면'에 대한 답이라면 앞선 프롬프트에 '예'라고 답한 것도 이해가 됩니다! 첫 문장이 혼란스럽고 불안정하다는 의미입니다. 다음과 같이 프롬프트를 개선하겠습니다.

 이 그룹에 속한 모든 홀수의 합은 짝수입니다.
15, 32, 5, 13, 82, 7, 1
다음에 제시한 답변만 하고, 다른 말은 하지 마세요.
A: 참 B: 거짓

 B: 거짓

훌륭합니다! 이는 짧고 정확한 응답을 기대할 수 있다는 뜻입니다. 그러나 너무 서두르지 말고, 이 프롬프트가 견고한지 확실히 해야 합니다. 선택지의 순서를 바꿔 보겠습니다.

 이 그룹에 속한 모든 홀수의 합은 짝수입니다.
15, 32, 5, 13, 82, 7, 1
다음에 제시한 답변만 하고, 다른 말은 하지 마세요.
A: 거짓 B: 참

B: 참

어떤 이유에서인지 GPT-4와 같은 매우 능력 있는 모델조차도 마지막 선택지를 선택하는 경향이 있습니다(GPT-4는 집필 시점에서 훌륭한 모델로 평가됐습니다). 그렇다면 이 프롬프트가 정확하면서 짧은 답변을 유도하려면 어떻게 해야 할까요? '단계별로 생각합시다' 같은 문구를 프롬프트에 추가해 '생각의 사슬chain of thought'을 유도하는 방법이 있습니다.

이 그룹에 속한 모든 홀수의 합은 짝수입니다.
15, 32, 5, 13, 82, 7, 1
단계별로 생각해 봅시다.

알겠습니다. 단계별로 나눠서 살펴보겠습니다.
먼저, 주어진 그룹에서 홀수를 식별해야 합니다.
주어진 숫자들: 15, 32, 5, 13, 82, 7, 1
위 숫자들 중 홀수는: 15, 5, 13, 7, 1입니다.
다음으로, 이러한 홀수들을 더해 합이 짝수인지 확인해 보겠습니다.
15 + 5 + 13 + 7 + 1 = 41
홀수들의 합은 41로, 이는 홀수입니다.
따라서 '이 그룹에 속한 모든 홀수의 합은 짝수이다'라는 문장은 주어진 숫자 그룹에 대해 거짓입니다.

정답입니다! 하지만 응답이 너무 기네요. 서비스가 더 복잡한 문제를 다루면, 답변이 더 장황해질 수 있습니다. 이번엔 같은 프롬프트로 여러 번 질문해 보겠습니다. 동일한 프롬프트로 다섯 번 시도한 결과는 다음과 같습니다.

이 그룹에 속한 모든 홀수의 합은 짝수입니다.
15, 32, 5, 13, 82, 7, 1
이유를 설명하고 한 문장으로 짧게 답하세요.

홀수 15, 5, 13, 7, 1의 합은 41로, 이는 홀수입니다. 따라서 그 문장은 거짓입니다.

홀수 15, 5, 13, 7, 1의 합은 41로, 이는 홀수이므로 그 문장은 틀렸습니다.

홀수 15, 5, 13, 7, 1의 합은 41로, 이는 홀수입니다.

홀수들의 합은 15 + 5 + 13 + 7 + 1 = 41로, 이는 홀수이므로 그 문장은 틀렸습니다.

15, 5, 13, 7, 1의 합은 41로, 이는 홀수입니다. 따라서 그 문장은 거짓입니다.

동일한 입력 프롬프트를 여러 번 실행해 본 결과, 응답이 짧아야 비용 효율적이며 정확하다는 것을 알 수 있습니다. 비즈니스 애플리케이션의 경우, 다양한 프롬프트를 일반적인 예시와 함께 테스트해 보는 것이 좋습니다.

출력 형식을 제공한 퓨샷 예시^{few-shot example}를 제공해 정확도를 높이는 법도 있습니다. 다음과 같은 프롬프트로 설계하는 방향도 고려해 보세요.

다음 예시를 살펴보고 질문에 정확하게 같은 형식으로 답하세요. 다른 말은 하지 마세요.

이 그룹의 모든 홀수의 합은 짝수입니다. 4, 8, 9, 15, 12, 2, 1.
A: 거짓.
이 그룹의 모든 홀수의 합은 짝수입니다. 16, 11, 14, 4, 8, 13, 24.
A: 참.
이 그룹의 모든 홀수의 합은 짝수입니다. 15, 32, 5, 13, 82, 7, 1.
A: ?

A: 거짓

퓨샷 예시를 제공하면 모델이 출력 형식을 따르면서 정확하고 간결하게 응답하도록 유도합니다. 이를 '인컨텍스트 러닝^{in-context learning}'이라고 합니다.

> **NOTE** 인컨텍스트 러닝(ICL)은 LLM이 특정 작업을 위해 특별한 훈련을 받지 않고도 몇 가지 예시를 제공해 작업을 수행할 수 있는 현상을 말합니다. 거대 모델은 내장하고 있는 선형 모델에 작업을 배정합니다. ICL은 모델이 입력-출력 예시에 강제된 작업을 수행하는 새로운 행동으로, 모델을 최적화할 필요 없이 작업을 수행하게 됩니다.
>
> 인컨텍스트 러닝의 핵심 원칙은 '유추를 통해 학습하는 것'입니다. 이는 종종 자연어 템플릿으로 구성된 소량의 예시를

필요로 합니다. 이러한 예시는 모델이 주어진 작업을 수행할 때 결정을 내리는 데 도움을 줍니다. 이는 마지막에 탐구했던 홀수 예시와 유사합니다. 인컨텍스트 러닝의 효과는 이 컨텍스트를 형성하는 데 사용되는 예시의 품질에 크게 의존합니다. 이러한 형태의 학습은 지식 집약적인 자연어 처리 작업에 특히 유용하며, LLM의 성공에 중요한 기여 요인 중 하나입니다. 또한, LLM 내에서 인컨텍스트 러닝 능력의 반복적 개선이 인컨텍스트 러닝 내에 메타 학습이 있음을 나타냅니다(메타 학습이란 단순히 데이터를 학습하는 것이 아닌 학습 과정 자체를 개선해 나가는 것을 의미).

특히 인컨텍스트 러닝은 LLM에게 유망한 방법으로 여겨지며, 이는 방대한 데이터셋으로 훈련됐기 때문에 추론시 직면하게 될 유사한 예시나 시나리오를 포함할 가능성이 높기 때문입니다. 이를 통해 추론시 제공되는 몇 가지 입력-출력 예제만으로도 다양한 작업을 수행할 수 있게 됩니다. 또한, LLM이 자주 직면하는 문제인 컨텍스트 윈도 크기 제한을 극복하기 위한 일환으로 인컨텍스트 러닝 능력을 키우기 위한 병렬 컨텍스트 윈도(PCW) 도입이 제안됐습니다.

결론

요약하면, 명확하고 직관적인 프롬프트는 LLM과의 효과적인 상호작용의 초석을 이루며, 원하는 출력을 달성하는 데 중요한 역할을 할 뿐만 아니라 추론 비용을 관리하고 최적화하는 데도 중요한 역할을 합니다. 잘 구성된 프롬프트를 통해 사용자는 모델을 체계적으로 안내할 수 있어 상호작용을 효율적이고 저렴하게 만들 수 있습니다.

3.2.3 컨텍스트 제공

프롬프트에 컨텍스트를 제공해 LLM이 정확하고 일관된 응답을 하도록 토대를 마련할 수 있습니다. 컨텍스트는 LLM이 사용자의 요구를 더 정확하게 이해하도록 도움이 되는, 프롬프트 내에 제공되는 추가 정보입니다. 배경 정보, 관련 개념, 또는 구체적인 지시 사항 등을 전달해 원하는 답변을 끌어 낼 수 있습니다. 컨텍스트 제공의 핵심은 모호성을 제거하고 사용자의 질문을 모델에 더 명확하게 제시하는 데 있습니다.

LLM은 방대한 양의 정보를 처리하는 데 뛰어나지만, 프롬프트에 충분한 컨텍스트가 없으면 관련 응답을 생성하는 데 어려움을 겪을 수 있습니다. 잘 구성된 컨텍스트는 모델이 정확하고 관련성 있으며 통찰력 있는 응답을 제공해 사용자 경험을 좋게 하는 효과가 있습니다. 사용자가 특정 질환에 대해 의료 전문 LLM에 문의할 때, 모호한 질문 대신에 자신이 겪는 증상에 대한 간단한 배경 정보를 제공하면 더 유익한 응답을 받을 수 있습니다.

또한, 컨텍스트는 일련의 상호 연관된 질문이나 이전 질문에 대한 후속 질문이 포함된 대화에서 중요한 역할을 합니다. 이러한 경우, 이전 대화의 컨텍스트를 유지하는 것은 대화 내내 응답이 일관되고 관련성을 유지하는 데 필수적입니다.

컨텍스트 제공의 예시

질문 내에 정확한 컨텍스트를 제공하면 의료나 법률과 같은 복잡한 주제에 대해서 모델의 응답이 정확하고 의미 있도록 보장할 수 있습니다. 컨텍스트 제공의 필요성은 더 나은 답변을 얻는 데만 있는 것이 아니라, 잘못된 해석으로 인해 잘못되거나 오해의 소지가 있는 정보가 제공되는 가능성을 줄이는 데에 있습니다. 이는 정확도를 요구하는 의료, 법률 또는 금융 상담 분야에서 특히 중요합니다. 다음 예를 살펴보겠습니다.

> 계약해제 조항이란 무엇인가요?

> 계약해제 조항은 계약서에 포함될 수 있는 조항으로, 특정 조건하에 한 당사자가 원인이나 이유 소재를 가리지 않고 계약을 해제하도록 허용하는 조항을 말합니다.

> 의료 계약에서도 허용되나요?

> 계약해제 조항은 의료 계약에서도 포함될 수 있지만, 그 시행 강제성과 영향은 특정 관할 구역의 의료 계약과 관련된 법률 및 규정에 따라 달라질 수 있습니다.

> 뉴욕에서는 그 시행 강제성이나 영향력이 어떻게 되나요?

> 뉴욕에서는 의료 계약에서 계약해제 조항이 한 당사자가 계약을 해지하도록 허용할 수 있지만, 이러한 조항의 시행 강제성에 영향을 미칠 수 있는 특정 법률 및 규제 고려 사항이 있습니다.

사용자가 LLM과의 대화에서 세 번의 턴을 거쳐 점점 더 깊이 알아 가는 것을 볼 수 있습니다. 이제 처음부터 전체 컨텍스트를 제공하는 비슷한 예를 살펴보겠습니다.

뉴욕의 의료 계약에서 계약해제 조항은 무엇을 의미하며, 그 영향력은 어떻게 되나요?

뉴욕에서 의료 계약의 계약해제 조항은 특정 조건하에 한 당사자가 원인이나 이유 소재를 가지리 않고 계약을 해지하도록 허용하는 조항을 말합니다. 이러한 조항의 시행 강제성과 영향은 뉴욕의 의료 계약과 관련된 법률 및 규정에 따라 달라집니다. 특정 고지된 요구 사항이나 해지가 허용되는 조건이 있을 수 있으며, 당사자는 법적으로 해제가 이루어지도록 요구 사항을 준수해야 할 수 있습니다.

첫 번째 예시에서는 사용자가 뉴욕 의료 계약에서의 계약해제 조항에 대한 원하는 정보를 얻기 위해 세 번의 대화가 필요했습니다. 다중 상호작용은 그 횟수만큼의 추론을 필요로 해 잠재적으로 더 높은 비용과 시간을 소모하게 합니다. 반면에 두 번째 예시에서는 질문에 대한 분야와 특정 지역이라는 컨텍스트를 제공해 사용자가 한 번의 상호작용으로 원하는 정보를 얻었습니다. 특히 용어와 규정이 복잡한 분야에서 컨텍스트가 중요하며 비용 효율적이라는 사실을 알 수 있습니다.

앞서 시나리오에서 이야기한 것처럼 모델과 여러 번의 상호작용으로 발생하는 추론 비용에 대해 주목할 필요가 있습니다. 첫 번째 시나리오에서는 사용자가 원하는 정보를 얻기 위해 추가 상호작용을 해야 할 수 있음을 보여주며, 이는 더 많은 컴퓨팅 자원과 시간을 소비해 비용을 증가시킵니다. 반면에, 두 번째 시나리오에서는 처음부터 적절한 컨텍스트를 제공해 사용자가 한 번의 상호작용으로 원하는 정보를 얻을 수 있습니다. 이는 컴퓨팅 자원과 시간을 절약할 수 있어 효율적입니다. 프롬프트가 더 직접적이고 정확한 컨텍스트를 제공할수록 사용자는 추가적인 질문 없이 원하는 정보를 받아 추론 비용이 더 잘 관리됩니다.

롱 컨텍스트 모델과 RAG

긴 대화의 내용을 파악할 수 있는 모델의 등장과 함께 컨텍스트 전달 또한 중요해졌습니다. 초기 모델은 제한된 컨텍스트 윈도 크기로 인해 긴 상호작용에서 내용을 파악하는 데 어려움을 겪었지만, 확장된 컨텍스트 윈도를 가진 최신 모델은 이전 대화의 정보를 더 잘 유지하고 활용해 더 정확하고 컨텍스트에 맞는 응답을 제공할 수 있게 됐습니다. 앤트로픽의 Claude는 최대 100,000토큰(약 75,000단어)의 컨텍스트 길이를 수용할 수 있어 일반적인 책보다 더 긴 정보를 담을 수 있습니다.

RAG는 LLM에 검색기retriever를 추가해 방대한 문서 저장소에서 관련 컨텍스트를 검색해 제공합니다. RAG는 컨텍스트 제공과 연결되어 있습니다. LLM이 처리할 수 있는 컨텍스트의 길이가 길수록 더 많은 문서를 검색하고 질문의 컨텍스트에 검색한 컨텍스트를 추가할 수 있습니다. LLM은 질문의 모든 컨텍스트에 집중하기보다 가장 관련성이 높은 컨텍스트에 집중합니다. RAG에서는 독립적인 검색기가 사용자의 쿼리를 기반으로 대규모 문서 저장소에서 가장 관련성이 높은 컨텍스트 단락을 먼저 검색합니다. 그 다음 이 관련성이 높은 단락이 LLM 입력 컨텍스트에 추가되어 출력을 생성합니다. [그림 3-1]은 일반적인 RAG 시스템의 시퀀스 다이어그램을 보여줍니다.

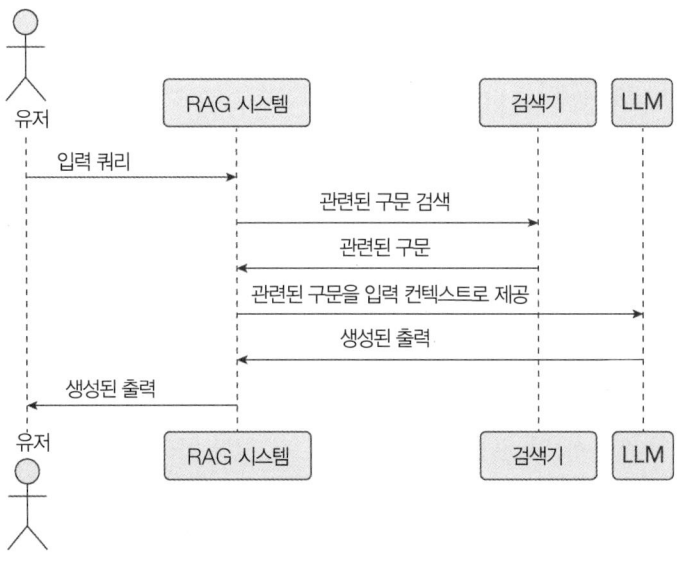

그림 3-1 일반적인 RAG 시스템의 시퀀스 다이어그램

[그림 3-1]은 사용자, RAG 시스템, 검색기retriever, LLM 간의 상호작용 과정입니다. 사용자가 쿼리를 RAG 시스템에 제공하며 프로세스를 시작합니다. RAG 시스템은 검색기와 통신해 쿼리와 관련된 단락을 검색합니다. 검색된 단락은 LLM에 입력 컨텍스트로 제공되어 출력을 생성합니다. 마지막으로, RAG 시스템은 생성된 출력을 사용자에게 전달합니다.

질문과 응답 작업에서 검색기는 질문을 기반으로 말뭉치에서 관련 단락을 검색합니다. LLM은 학습된 모든 문서를 참조하는 대신, 검색기가 찾은 단락만을 기반으로 답변을 생성합니다. 검색기는 관련 컨텍스트를 빠르게 파악하고, LLM은 파악된 컨텍스트를 바탕으로 출력을 생성합니다. RAG는 일반적인 검색의 효율성과 확장성을 LLM의 추론 및 일반화 능력과 결합하는 기술입니다. 검색기는 빠르게 최근접 이웃 검색을 수행해 쿼리와 관련된 컨텍스트를 식별합니다. 이는 LLM이 모든 컨텍스트를 참조하는 것보다 더 효율적입니다. 이런 접근은 LLM의 컨텍스트 윈도 자체를 확장하지 않고도 컨텍스트의 구성을 확장하는 방법론을 제공합니다. 동시에 LLM은 검색기가 검색한 컨텍스트를 사용해 추론과 일반화 능력으로 정확한 출력을 생성할 수 있습니다. 최근 연구는 RAG가 단순히 LLM의 컨텍스트 윈도를 확장하는 것보다 적은 컴퓨팅 자원으로 많은 작업에서 강력한 성능을 제공함을 보여주었습니다. 롱 컨텍스트 윈도 모델이 점점 더 보편화되는 상황에서, 언제 어떤 모델을 사용해야 할까요?

RAG와 롱 컨텍스트 모델을 비교한 최신 연구

최근 엔비디아의 연구진이 발표한 논문[1]은 RAG와 LLM의 컨텍스트 윈도 크기 간의 상호작용에 대한 통찰을 제공합니다. 논문은 430억 개 파라미터를 가진 GPT 모델과 700억 개 파라미터를 가진 공개 LLaMA 2 모델이라는 최고 성능의 두 LLM을 사용해 롱 컨텍스트를 처리하는 2가지 기법인 RAG와 롱 컨텍스트 윈도를 비교합니다.

최근의 발전으로 인해 16,000 또는 32,000토큰, 그리고 Claude v2와 같이 100,000토큰까지 소화하도록 LLM의 셀프 어텐션 컨텍스트 윈도 사이즈를 확장할 수 있게 됐습니다. 연구에 따르면, 여러 롱 컨텍스트 작업에서 4K 컨텍스트 윈도 LLM과 RAG를 결합하는 방법이 16K 컨텍스트 윈도 LLM과 비교할 만한 성능을 달성할 수 있다고 합니다. 놀랍게도, 16K 또는 32K 컨텍스트 윈도 LLM과 RAG을 결합하면 단순히 긴 문맥 창을 사용하는 것보다 성능이 더욱 향상될 수 있습니다.

결과에 따르면, RAG는 LLM의 방대한 파인튜닝을 거치지 않으면서도 강력한 롱 컨텍스트 모델링 능력을 효율적으로 제공합니다. 또한 RAG는 롱 컨텍스트 윈도를 가진 LLM에서도 성능을 지속적으로 높입니다. RAG와 롱 컨텍스트 LLM 중 어느 것을 선택할지는 성능 요구 사항, 추론 지연 시간, 컴퓨팅 자원 등 다양한 요인에 따라 달라집니다. 많은 실용적인 애플리케이션에서 RAG는 LLM의 컨텍스트 윈도를 확장하는 것에 비해 추론 시 필요한 계산 자원을 줄이면서도 작업별 컨텍스트를 효율적으로 검색해, 매력적인 솔루션을 제공합니다.

---

1 Xu et al. (2023). Retrieval meets Long Context Large Language Models. arXiv.org. https://arxiv.org/abs/2310.03025

그러나 특정 복잡한 작업의 경우, 롱 컨텍스트 LLM이 매우 긴 내용에서 복잡한 문맥적 종속성을 모델링하는 데 더 적합할 수 있습니다. RAG와 롱 컨텍스트 LLM을 결합하면 서로의 장점을 보완할 수 있습니다. RAG는 질문과 관련 있는 컨텍스트를 효율적으로 제공하는 반면, 롱 컨텍스트 윈도는 긴 범위의 컨텍스트의 관계를 더 잘 이해합니다. 이는 모든 RAG 시스템이 검색에 의존하기 때문입니다.

이러한 연구를 바탕으로 RAG와 LLM의 컨텍스트 윈도 확장 중에서 사용 요구 사항에 맞는 결정을 내릴 수 있습니다. 연구 결과는 두 가지 기술이 각자의 장단점을 가지며 모두 롱 텍스트 처리에 유효한 솔루션임을 강조합니다. 작업 정확성, 추론 시간, 컴퓨팅 자원 등을 고려하면서 특정 도메인별 데이터에 대해 다양한 조합을 테스트한다면 RAG나 롱 콘텍스트 모델 중 이상적인 접근 방식을 더욱 명확히 찾을 수 있을 것입니다.

컨텍스트와 모델의 한계

프롬프트에 충분한 컨텍스트를 제공하더라도 LLM의 이해력이나 응답 능력에는 여전히 한계가 있을 수 있습니다. 이러한 한계는 모델의 고유한 요인과 외부 요인에서 기인합니다.

첫째, LLM의 훈련 데이터는 프롬프트를 정확하게 이해하고 응답하는 데 중요한 역할을 합니다. 모델이 질문에 대한 주제와 관련된 데이터 또는 최신 데이터로 훈련되지 않았다면, 부정확하거나 옛날 정보를 기반으로 응답을 생성할 수 있습니다. 예를 들어, 법률이나 의학처럼 규정과 지침이 자주 변경되는 분야에서는 최신 변경 사항을 반영하지 못할 수 있습니다.

둘째, LLM의 크기와 아키텍처 등 설계 요소 역시 한계에 기여할 수 있습니다. 광범위한 컨텍스트가 제공되더라도 모델이 매우 전문적이거나 미묘한 주제를 완전히 이해하지 못할 수 있습니다. 특히 이러한 전문적인 주제에 대해 모델이 훈련 중에 학습한 내용을 넘어서는 수준의 전문 지식이나 이해를 요구하는 경우 더욱 그렇습니다. 또한, 모델이 긴 또는 복잡한 상호작용 동안 제공된 컨텍스트를 효과적으로 유지하고 활용하는 능력도 도전 과제가 될 수 있습니다.

게다가 프롬프트의 길이, 사용된 언어의 명확성, 질문의 복잡성과 같은 외부 요인들도 이러한 한계를 더욱 악화시킬 수 있습니다. 거창하거나 복잡한 프롬프트는 모델을 혼란스럽게 하거나 관련성이 없거나 지나치게 일반적인 응답을 초래할 수 있습니다. 반대로 너무 짧거나 모호한 프롬프트는 모델이 주제를 이해할 수 있는 능력이 있더라도 의미 있는 응답을 생성하기에 충분한 정보를 제공받지 못할 수 있습니다.

마지막으로, 잘 구성된 컨텍스트에도 불구하고 LLM은 여전히 훈련 데이터에 내재된 편견으로 인해 편향된 응답이나 부적절한 응답을 보일 수 있습니다. 이는 특히 민감하거나 비판적인 주제에 대해서 LLM의 응답의 정확성과 적절성을 보장하도록 신중한 검토와 때에 따라 직접 사람의 개입이 필요함을 의미합니다.

따라서 컨텍스트를 제공하는 것이 LLM과의 상호작용 성능을 크게 키우지만, 이러한 한계를 인식하고 부정확성이나 오해에 대비하는 것이 중요합니다. 특히 전문적이거나 중요한 작업에서는 LLM이 제공하는 정보를 검증할 수 있는 전략을 마련하는 것이 좋을 것입니다. 이러한 인식과 준비는 다양한 분야에서 LLM을 더 효과적이고 신뢰성 있게 활용하는 데 기여합니다.

3.2.4 원하는 형식 표시하기

프롬프트 엔지니어링은 LLM이 특정 형식으로 응답을 생성하도록 유도할 수 있습니다. 원하는 형식을 프롬프트에 명시해 상호작용을 간소화할 뿐만 아니라, 비용 최적화에 중요한 컴퓨팅 자원을 절약할 수 있습니다.

LLM을 사용해 문서 집합에서 특정 데이터를 추출하는 경우, 원하는 형식을 명시하는 것은 깔끔하게 정리된 표를 받을지 장황한 텍스트를 받을지를 결정할 수 있습니다. 회사 보고서에서 재무 데이터를 추출해야 하는 프로젝트를 진행 중이라고 가정합시다. 'Company X의 2023년 연례 보고서에서 매출, 이익, 손실 수치를 추출하세요'라는 프롬프트는 비교적 간단하지만 형식이 정해져 있지 않습니다. LLM은 이러한 수치를 설명하는 거창한 단락을 반환할 수 있으며, 이는 추가시간과 자원을 들여 파싱해야 할 수 있습니다. 하지만 'Company X의 2023년 연례 보고서에서 매출, 이익, 손실 수치를 추출해 표로 작성하세요'라는 프롬프트로 수정하면 데이터를 표로 받습니다. 이러면 작업하기가 더 쉽고 시간과 비용 측면에서도 효율적입니다.

형식 추출 예시

LLM에는 사용자가 PDF를 첨부하고 그 내용을 바탕으로 질문할 수 있습니다. 2022년 아마존의 10-K(`https://bit.ly/4at6i3W`)를 사용하겠습니다(그림 3-2).

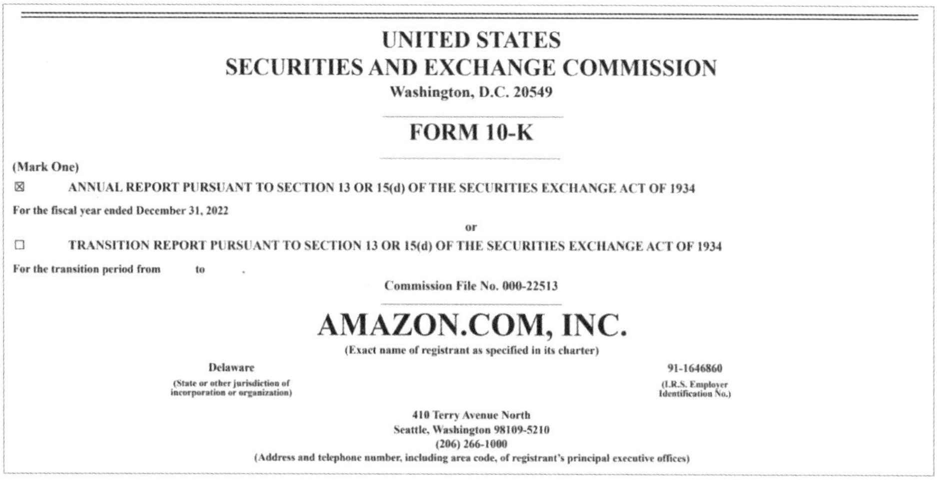

UNITED STATES
SECURITIES AND EXCHANGE COMMISSION
Washington, D.C. 20549

FORM 10-K

(Mark One)

☒ ANNUAL REPORT PURSUANT TO SECTION 13 OR 15(d) OF THE SECURITIES EXCHANGE ACT OF 1934

For the fiscal year ended December 31, 2022

or

☐ TRANSITION REPORT PURSUANT TO SECTION 13 OR 15(d) OF THE SECURITIES EXCHANGE ACT OF 1934

For the transition period from to .

Commission File No. 000-22513

AMAZON.COM, INC.
(Exact name of registrant as specified in its charter)

Delaware
(State or other jurisdiction of incorporation or organization)

91-1646860
(I.R.S. Employer Identification No.)

410 Terry Avenue North
Seattle, Washington 98109-5210
(206) 266-1000
(Address and telephone number, including area code, of registrant's principal executive offices)

그림 3-2 2022년 아마존 10-K 보고서 첫 페이지 스냅샷

아마존의 2022년 연말 결산보고서에서 매출(revenue), 이익(profit), 손실(loss)을 추출하세요.

아마존의 2022년 연말 결산 보고서에서 다음의 정보를 추출했습니다.

- 매출(Revenue): 총 매출은 5139억 달러였습니다.
- 영업 이익(Operating Income): 영업 이익은 122억 달러였습니다.
- 순손실(Net Loss): 순손실은 27억 달러였습니다.

이번에는 프롬프트를 수정해 원하는 형식으로 응답을 받겠습니다. 추출한 정보를 표 형태로 정리해달라고 요청하겠습니다.

아마존의 2022년 연말 결산보고서에서 매출, 이익, 손실에 대한 내용을 찾아 자세한 세부 정보를 포함한 표를 작성하세요.

아마존의 2022년 연말 결산 보고서에서 매출, 이익, 손실에 대한 세부 정보가 포함된 표를 작성하겠습니다.

항목	2022년 금액(백만 달러)	세부 설명
총 매출 (Revenue)	513983	아마존 전체 매출에는 AWS, 온라인 소매, 서드파티 판매자 서비스 등이 포함
영업 이익 (Operating Income)	12248	영업 이익은 주로 AWS의 수익성에 기여하며, 일부 투자로 인해 상쇄
순손실 (Net Loss)	-2722	순손실은 주로 투자 손실과 함께 국제 및 북미 소매 부문 비용 증가에 기인

다른 예시를 살펴봅시다. LLM에 연구 논문을 전달하며 특정 정보를 검색하는 시나리오를 가정하겠습니다. 특정 학술지에서 2021년에 발표된 논문의 저자 이름과 논문 제목을 추출하겠습니다. 원하는 형식을 지정하지 않고 '2021년에 Journal X에 발표된 논문의 저자와 제목을 나열하세요'와 같은 모호한 프롬프트를 사용하면, LLM이 각 논문 제목과 저자를 문장이나 단락으로 설명하는 장황한 응답을 생성할 수 있습니다. 이러한 결과는 원하는 출력인 간결한 리스트 형태가 아니며 생성된 토큰 수를 증가시켜 비용을 증가시킵니다.

이제 프롬프트를 '2021년에 발표된 신경망 발전에 관한 논문의 저자와 제목을 JSON 형식으로 제공하세요'로 수정해 보겠습니다. 이 프롬프트는 JSON 형식에 대한 명확한 결과를 설정해 LLM이 정보를 더 간결하고 직접적으로 구조화하도록 안내합니다. 다음은 두 프롬프트에 대한 LLM의 응답입니다. 결과를 비교해 보세요.

2021년에 Journal X에 발표된 논문의 저자와 제목을 나열하세요.

Paper 1: 'Advancements in Convolutional Neural Networks' by Alice Johnson and Bob Smith. This paper explores the latest developments in Convolutional Neural Networks and their applications in image recognition... Paper 2: 'Recurrent Neural Network Optimization' by Charlie Brown and Dana Williams. A comprehensive study on the optimization techniques used in Recurrent Neural Networks, shedding light on... ...

> 2021년에 발표된 신경망 발전에 관한 논문의 저자와 제목을 JSON 형식으로 제공하세요.

```
[
    { 'Authors': 'Alice Johnson, Bob Smith',
      'Title': 'Advancements in Convolutional Neural Networks'
    },
    { 'Authors': 'Charlie Brown, Dana Williams',
      'Title': 'Recurrent Neural Network Optimization'
    },
    ...
]
```

첫 번째 프롬프트는 LLM이 논문 내용과 같은 불필요한 정보가 담긴 긴 내용을 생성합니다. 응답이 길어질수록 비용은 증가합니다. 게다가 이런 비구조적인 응답은 필요한 정보를 추출하고 정리하는 후처리 작업이 필요합니다. 추가적인 시간과 비용이 또 발생할 수 있습니다. 반면에 형식화된 두 번째 프롬프트는 JSON 형식으로 구조적이고 간결하게 필요한 정보만 생성합니다. 이와 같이 구조화된 응답은 사용자의 요구와 더 일치하며 특정 작업 처리를 요구하는 애플리케이션에서 직접 사용할 수 있고, 생성되는 토큰 수가 적어 비용을 낮출 수 있기 때문에 더 비용 효율적입니다. 또한, JSON 형식은 추가적인 후처리 작업이 필요 없어 추가적인 개발 시간과 자원을 절약할 수 있습니다.

또한 형식을 지정하면 숫자 데이터나 계산을 처리할 때 좋습니다. 복잡한 계산을 요청할 때 명확하게 소수, 분수 또는 백분율이라는 원하는 형식을 명시하면 추가적인 상호작용을 줄일 수 있습니다. '2019년에서 2020년까지 매출 증가율을 계산하세요'라는 프롬프트는 '2019년에서 2020년까지 매출 증가를 계산하세요'라는 모호한 프롬프트에 비해 원하는 출력을 한 번에 얻을 가능성이 더 높습니다.

원하는 출력 형식이 복잡하거나 비정형적인 경우, 프롬프트 내에 예시를 제공하는 것이 매우 유익할 수 있습니다. 퓨샷 러닝과 비슷하게 프롬프트와 함께 원하는 출력 형식을 모델에 제공하는 방식입니다. 자연어로 구성된 프롬프트를 기반으로 코드를 생성해야 하는 경우, 코드를 어떻게 구조화할지에 대한 예시를 프롬프트에 추가하면 LLM이 더 정확하고 적절한 형식의 코드를 생성하도록 안내를 받을 수 있습니다.

예시를 통해 원하는 형식을 지정하는 것이 응답의 길이를 조절하는 데 유용하며, 특히 이는 처리된 토큰 수를 기반으로 가격을 책정하는 모델에서 직접적인 영향을 미칩니다. 적절한 형식화를 요청하는 프롬프트로 생성된 간결하고 핵심적인 응답은 추가적인 상호작용이나 후처리가 필요한 장황하고 구조화되지 않은 응답에 비해 비용 효율적입니다. 하지만 실제로는 이러한 접근 방식에 대한 어려움과 고려 사항이 있습니다.

장황함과 명확성 간의 트레이드오프

장황함이 때로는 복잡한 정보를 명확하게 설명하는 데 도움이 될 수 있지만, 더 많은 비용을 초래하기도 합니다. 게다가 모델이 언어 지시를 정확하게 해석하고 따를 수 있는 능력은 모델의 학습 상태와 제공된 요청의 명확성에 달려 있습니다. 명확한 언어 지시$^{language\ direction}$에도 불구하고 모델이 원하는 톤^{tone}이나 형식을 완전히 이해하지 못하는 경우가 있을 수 있으며, 이때 모호하지 않고 잘 구성된 프롬프트를 설계하는 것이 중요합니다. 요약하자면 언어 지시는 추론 비용 최적화에 크게 기여합니다. 효과적인 언어 지시는 모델과의 상호작용 품질을 크게 키워 상호작용을 더욱 의미 있고 흥미롭게 만들고 비용 효율적이게 합니다.

요약하자면, 프롬프트에 원하는 형식^{format}을 명시하면 LLM과의 상호작용을 효율적이고 정확하며 비용 효율적으로 만듭니다. 이를 통해 추가적인 설명이나 후처리의 필요성을 줄이고, 추론 과정에 관련된 비용을 최적화할 수 있습니다. 프롬프트 엔지니어링의 각 구성 요소는 서로를 보완하며, 모델과의 상호작용을 최적화하는 데 기여합니다.

3.3 벡터 스토어를 이용한 캐싱

캐싱^{caching}은 자주 사용되거나 계산된 데이터를 고속의 저장 장치에 일시적으로 저장해 자주 사용하는 데이터 접근 속도를 높이는 기술입니다. LLM을 다룰 때 캐싱은 중복 계산을 줄여 시간과 자원을 절약하는 중요한 도구가 됩니다. 이는 모델이 반복적인 입력을 처리하거나 이전에 계산된 정보에 접근할 필요가 있을 때 특히 효과적입니다.

3.3.1 벡터 스토어란 무엇인가?

벡터 스토어는 LLM의 요구에 맞춘 캐시^{cache}로 특수한 형태를 갖습니다. 이는 벡터를 효율적으로 처리하고 저장하도록 설계된 데이터 구조로 이를 통해 빠른 조회^{lookup}와 유사성 검색을 가능하게 합니다. LLM의 컨텍스트에서 벡터 스토어는 자주 접근하는 데이터의 임베딩을 캐싱해 이러한 정보에 대한 조회 및 연산 시간을 크게 줄일 수 있습니다. 벡터 스토어에 캐싱된 데이터는 텍스트 임베딩부터 더 복잡한 데이터 구조의 임베딩까지 다양합니다. 이러한 캐싱 메커니즘은 LLM과의 상호작용을 더 효율적으로 만듭니다.

3.3.2 캐싱을 위한 벡터 스토어 구현 방법

벡터 스토어를 사용한 LLM의 캐싱은 모델이 자주 상호작용하는 데이터의 벡터 표현을 저장하는 과정을 거칩니다. 사용자가 쿼리를 입력하면 시스템은 먼저 벡터 스토어를 확인해 요청된 정보나 유사한 표현이 이미 캐시되어 있는지 확인합니다. 일치하는 항목이 발견되면 시스템은 캐시된 데이터를 검색해 사용하며 이는 상당한 계산량이 발생하는 검색이나 연산을 피하는 효과가 있습니다. 이로 인해 이전에 계산된 데이터에 대해 빠르게 접근해 응답 시간을 가속화하고 LLM에 대한 계산 부하를 줄여 비용을 최적화할 수 있습니다. [그림 3-3]은 이 과정의 시퀀스 다이어그램을 보여줍니다.

여러 개의 LLM이 사용되는 시나리오에서는 모든 LLM이 공통으로 사용하는 데이터를 캐싱하는 공유 벡터 스토어를 갖도록 시스템을 설계할 수 있습니다. 이렇게 하면 벡터 스토어가 중앙 집중식 캐시로 작동해 전체적으로 일관성과 효율성을 보장합니다. [그림 3-4]는 이 구성을 설명하는 시퀀스 다이어그램입니다.

여기서 사용자는 쿼리와 동시에 대상^{target} LLM을 지정합니다. 시스템은 먼저 벡터 스토어에서 캐싱된 데이터를 확인합니다. 일치하는 항목이 발견되면 캐시된 데이터를 검색해 사용자에게 응답합니다. 일치하는 항목이 없으면 쿼리를 지정된 LLM으로 전달합니다. 지정된 LLM은 응답을 생성한 후, 쿼리와 응답을 벡터 스토어에 저장해 향후 참조하도록 합니다. 그리고 시스템은 응답을 사용자에게 전송합니다. 이렇게 구성하면 사용자가 여러 개의 LLM을 선택해 캐싱 효율성을 갖출 수 있습니다.

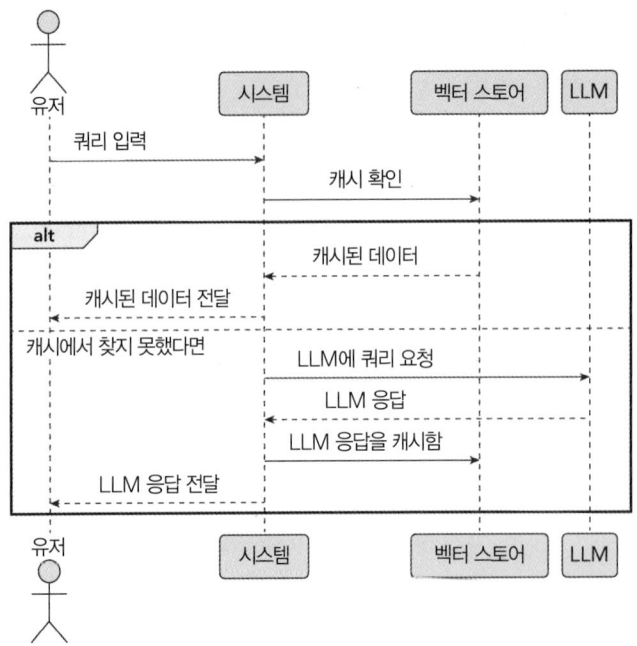

그림 3-3 LLM 시스템에서 추론에 대한 요청을 벡터 스토어를 사용해 캐싱하는 기본 패턴

> **벡터 스토어가 쿼리와 일치하는 항목을 찾는 법**
>
> 단일 LLM을 사용하는 설정과 다중 LLM을 위한 중앙 캐시를 사용하는 설정 모두 핵심적인 부분입니다. 의료 환경에서의 예를 살펴보겠습니다. 의학 연구자가 약물 A와 약물 B 간의 특정 약물 상호작용(약물을 음식, 음료, 보충제, 환경화학 물질 또는 다른 약물과 함께 병용 투여했을 때 일어나는 약물의 작용이나 부작용의 변화)에 대한 정보를 찾는 경우를 가정해 봅시다. 시스템에 '약물 A와 약물 B 간의 상호작용은 무엇인가요?'라는 쿼리를 입력합니다.
>
> 이 시나리오에서 시스템은 먼저 쿼리를 벡터 스토어로 보내 일치하는 항목이 있는지 확인합니다. 이전에 응답된 각 쿼리는 텍스트 인코딩을 사용해 벡터로 변환되어 벡터 스토어에 저장되어 있습니다. 이제 벡터 스토어는 새로운 쿼리에 대한 벡터를 계산하고, 코사인 유사도를 사용해 이전에 응답한 쿼리의 벡터와 비교해 유사도를 검사하고 판단합니다.
>
> 과거에 다른 사용자가 '약물 A와 약물 B의 상호작용에 대해 알려주세요.'라는 질문을 했다고 가정해 봅시다. 이 쿼리는 LLM에 의해 처리됐고, 해당 벡터 표현이 LLM이 생성한 응답과 함께 벡터 저장소에 저장됐습니다. 새 쿼리와 저장된 쿼리 사이의 높은 코사인 유사도 점수로 인해 의미

적 유사성이 높은 것으로 판단되면, 벡터 스토어는 일치 항목을 식별합니다. 만약 여러 사용자가 유사한 질문을 했다면, 점수가 가장 높은 응답이 선택됩니다. 또한, 캐싱된 응답을 받을 조건(예: 유사도 점수가 90% 이상일 때만 캐싱된 응답을 검색)을 설정할 수도 있습니다.

시스템은 최종적으로 일치하는 벡터와 관련된, 캐싱된 응답을 검색해 약물 A와 약물 B 간의 상호작용에 대한 정보를 의료 연구자에게 제공합니다. 이 과정에서 쿼리를 LLM을 통해 다시 처리할 필요가 없습니다. 이는 연구자에게 신속한 답변을 제공할 뿐만 아니라, 쿼리를 새로 처리하는 데 필요한 컴퓨팅 자원과 비용을 절약합니다.

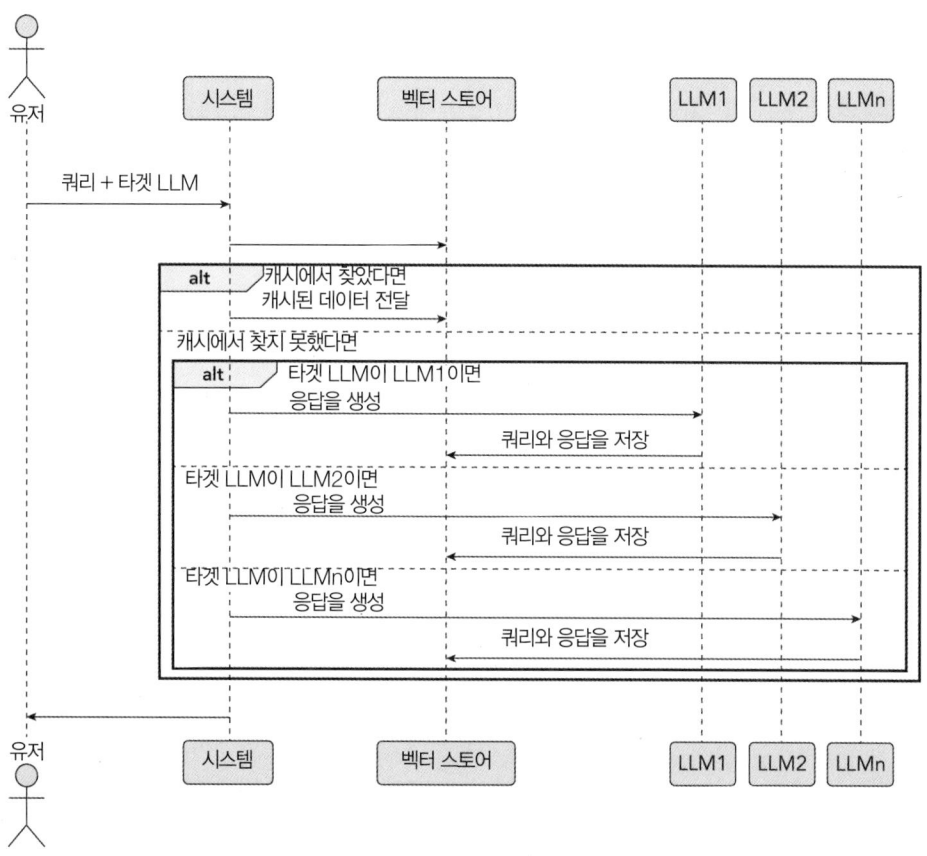

그림 3-4 다중 LLM이 백그라운드에서 작동할 때의 요청을 캐싱하기

벡터 스토어를 사용한 캐싱의 비용 효율성은 단일 LLM을 사용하든 여러 LLM을 사용하든 추론 비용을 최적화하는 데 중요한 요소입니다. 동일하거나 유사한 쿼리를 다시 계산할 필요를 줄임으로써 벡터 스토어는 컴퓨팅 사용량을 줄여 컴퓨팅 기반에서 비용이 발생하는 환경에서 비용에 직접적인 영향을 미칩니다. 실시간 추천 항목을 제공하는 LLM을 사용하는 시나리오에서는 자주 묻는 쿼리의 벡터 표현을 벡터 스토어에 캐싱해 이러한 추천 항목을 제공하는 데 드는 비용을 크게 줄일 수 있습니다. 또한, 수동으로 선별한 FAQ는 매칭 점수가 높을 때 고품질 응답이 될 수 있으며, 이는 전반적으로 LLM에 전적으로 의존하는 것보다 나을 수 있습니다. 마지막으로, 유사한 질문과 답변은 실제 사용자 쿼리에 대한 인컨텍스트 러닝을 위해 퓨샷 예시로 사용할 수 있습니다.

현실 세계에서 LLM에 벡터 스토어를 활용한 캐싱 구현은 그 이점이 널리 인식됨에 따라 빠르게 확산되고 있습니다. 기업과 연구진은 벡터 스토어를 활용해 추론 비용을 최적화하고, 이를 통해 LLM의 배포를 더 경제적으로 실현합니다. 응답 시간과 비용 효율성 모두에 긍정적인 영향을 미치면서 벡터 스토어를 사용한 캐싱은 LLM과의 상호작용을 최적화하려는 사람에게 매력적인 선택지가 됐습니다. 그러나 벡터 스토어를 사용한 캐싱에는 몇 가지 어려움이 있습니다. 캐싱된 데이터의 정확성, 캐시의 제거 정책, 벡터 스토어를 유지 관리하는 오버헤드 등이 고려 대상입니다. 또한, 데이터의 최신 결과와 캐싱을 통해 얻는 효율 간의 균형은 신중한 고려가 필요합니다.

3.3.3 결론

결론적으로, 벡터 스토어를 사용한 캐싱은 LLM의 추론 비용을 최적화하는 유망한 방법입니다. 자주 접근하거나 계산되는 데이터를 효율적으로 처리해, 벡터 스토어는 LLM의 성능을 키울 뿐만 아니라 배포 비용을 절감할 수 있는 방향을 제시합니다. 벡터 스토어의 지속적인 발전은 더 효율적이고 비용 효율적인 LLM을 향하는 흥미로운 방향으로 다가올 것입니다.

3.4 긴 문서를 관리하는 체인

긴 문서를 처리하는 것은 LLM의 토큰 제한으로 인해 어려운 도전 과제가 될 수 있습니다. GPT-3.5와 같이 8,192개의 비교적 높은 토큰 수를 가진 LLM이 있더라도, 여전히 전체 문서를 처리하는 데 충분하지 않을 수 있습니다. 이러한 제약 사항은 비용 상승 없이 정확하고 의미 있는 추론을 보장할 수 있으면서 긴 문서long document를 효율적으로 관리하는 기술 개발을 필요로 합니다. 그중 하나가 체인chain을 사용하는 것입니다.

3.4.1 체이닝이란 무엇인가?

체이닝chaining의 개념은 긴 문서를 더 작고 관리 가능한 청크chunk로 분할해 각 청크를 LLM이 독립적으로 처리하도록 하는 것입니다. 이런 분할 연산은 문서의 구조와 LLM의 토큰 수 제한에 따라 단락, 문장과 같은 다양한 단계에서 발생할 수 있습니다. 분할된 각 청크chunk는 순차적으로 처리되며, LLM에서 각 청크의 출력이 다음 청크와 함께 입력으로 사용되어 처리가 이루어질 수 있습니다.

이 청크들의 체이닝은 LLM이 문서를 조각별로 처리할 수 있게 해 문서 전체에 걸쳐 분석이나 다른 원하는 처리가 정확하게 이루어지도록 합니다. 20,000개 토큰으로 구성된 특정 법정 판례문을 분석해야 한다고 생각해 봅시다. 체이닝 기술을 사용하면 이 문서를 각 2,000개 토큰 분량의 구간으로 나눌 수 있습니다. LLM은 각 구간을 순차적으로 처리해 앞 구간의 출력을 다음 구간과 함께 입력으로 사용해 문서 전체에 걸친 컨텍스트를 이해할 수 있습니다. 더욱이, 체이닝은 비용 최적화에도 기여할 수 있습니다. 문서를 분할해 개별 청크의 처리를 병렬화할 수 있으며, 이런 병렬 능력을 활용해 전체 추론 시간을 줄일 수 있습니다.

또한, 이전 청크의 출력에 기반해 문서 내 관련 구간만 처리해 불필요한 세션 처리를 피할 수 있으며, 이는 비용을 더욱 최적화할 수 있습니다. 그러나 여기에는 해결해야 할 과제와 고려 사항도 있습니다. 문서의 컨텍스트를 방해하지 않으면서 분할 위치의 정확한 선정을 보장해야 합니다. 또한, 중간 출력의 저장 및 검색 등과 같은 체인의 관리는 추가적인 복잡성과 잠재적인 비용을 초래할 수 있습니다. 체이닝 기술은 LLM에서 긴 문서를 처리하는 데 관련된 문제를 해결하는 실용적인 접근 방식입니다. 이 접근 방식은 신중한 계획과 구현을 통해 광범위한 문서와 관련된 추론 프로세스의 정확성과 비용 효율성을 모두 최적화할 수 있습니다.

3.4.2 체인 구현

LLM이 긴 문서를 작업할 수 있도록 체인을 이용해 추론을 최적화한다면, 체인이 어떻게 작동하고 왜 비용 효율성에 중요한지 깊이 이해해야 합니다. 많은 텍스트를 처리할 때, 전체 콘텐츠를 한 번에 처리하는 데에는 많은 계산이 필요하며 이에 따라 비용 역시 많이 듭니다. 여기서 '체이닝'이란 개념이 등장해, 이 과정을 더 작고 관리 가능하게 비용 효율적으로 분할합니다.

체이닝은 긴 문서를 순차적으로 또는 파생된 인사이트insight(세그먼트에서 도출된 정보)나 응답의 일관성과 완전성을 보장하는 방식으로 더 작은 부분으로 분할해 처리합니다. 각 세그먼트 또는 '체인'은 개별적으로 처리된 하나의 출력이 잠재적으로 다음 세그먼트의 처리에 대한 입력 또는 참조로 사용될 수 있습니다. 이 순차적 또는 구조화된 접근 방식은 방대한 텍스트 데이터를 분산 처리할 수 있게 해, LLM이 콘텐츠의 크기나 복잡성에 굴하지 않고 효과적으로 처리할 수 있습니다.

체인 사용 사례

법률 회사가 LLM을 사용해 많은 양의 판례 문서를 검토하고 그중 주요 법적 판례문을 추출해 요약하려 합니다. 내용이 방대한 판례문의 특성은 전체적으로 처리하는 데 과도한 비용과 계산을 요구합니다. 하지만 체이닝을 사용하면 각 문서를 더 작은 구간으로 분할한 후 개별적으로 처리해 관련 정보를 추출할 수 있습니다. 앞 구간에서 도출된 인사이트는 다음 구간의 처리를 안내하거나 정보를 제공해 일관되고 포괄적인 분석을 보장할 수 있습니다.

체인을 구현할 때, 성능과 비용 효율에 영향을 미치는 요소는 다음과 같습니다.

- **세그먼트 전략**: 긴 문서를 어떻게 분할할지 결정하는 것은 매우 중요합니다. 장이나 절 같이 텍스트의 구분 기준을 따라갈 수도 있고, 고정 길이 세그먼테이션fixed length segmentation과 같은 더 체계적인 접근 방식을 사용할 수도 있습니다.
- **중첩**overlap: 세그먼트 간에 일부 중첩 또는 중복을 포함하면 세그먼트 경계를 넘어가는 컨텍스트가 손실되지 않도록 할 수 있으며, 이는 도출된 인사이트의 일관성을 유지하는 데 매우 중요합니다.
- **순차 처리**: 세그먼트를 구조적 또는 순차적으로 처리하면 도출된 인사이트가 일관성 있고 완전해집니다. 이는 한 세그먼트의 출력을 다음 세그먼트의 입력으로 사용해 문맥과 정보의 연속적인 흐름을 보장합니다.
- **병렬 처리**: 세그먼트가 다른 세그먼트에 의존성이 없는 경우, 병렬 처리를 사용해 처리 속도를 높이고, 이에 소요되는 시간과 비용을 줄일 수 있습니다.

- **상태 관리**: 세그먼트 전반에 걸쳐 상태를 유지하면 컨텍스트와 인사이트를 효과적으로 전달됩니다.
- **효율적인 텍스트 요약**: 각 세그먼트에 텍스트 요약 기법을 활용해 앞으로 전달해야 할 텍스트 양을 줄이는 것도 비용 효율성에 기여할 수 있습니다.

체이닝 처리의 실용적인 예는 금융 분석 분야에서 찾을 수 있습니다. 분석가가 한 기업의 10년 치 연례 보고서를 검토해 트렌드와 주요 재무 지표를 추출해야 하는 과제를 맡았다고 가정해 봅시다. 각 보고서는 양이 많기 때문에 한 번에 모두 검토하는 것은 계산적으로 부담이 될 수 있습니다. 각 보고서를 특정 내용(예: 대차대조표, 손익계산서, 현금흐름표 등)을 기준으로 구간을 나누고 순차적으로 처리해, 분석가는 LLM에게 계산적 부담을 주지 않고 10년간의 재무 트렌드에 대한 포괄적인 결과를 얻을 수 있습니다.

긴 문서에서 좋은 정보 또는 인사이트를 얻기 위해 이를 실제로 구현할 수 있는 몇 가지 방법을 살펴보겠습니다. LLM을 사용해 긴 문서를 처리할 때, 순차 처리와 병렬처리라는 두 가지 주요 워크플로workflow가 있습니다. 각 워크플로는 광범위한 텍스트 데이터를 효과적으로 처리하고 그에 따른 인사이트를 추출하도록 공통 구성 요소가 필요합니다.

공통 구성 요소

두 워크플로의 중심에는 입력 처리기input handler, 세그먼트 모듈, 체인 프로세서(순차 또는 병렬), LLM 체인, 텍스트 요약 모듈, 상태 관리, 컴파일된 인사이트 데이터베이스가 있습니다. 입력 처리기input handler는 사용자로부터 문서를 받는 초기 진입점입니다. 세그먼트 모듈은 긴 문서를 관리 가능한 청크chunk 단위의 세그먼트로 분할합니다. LLM 체인은 모델을 이용해 세그먼트로부터 가치 있는 인사이트를 추출합니다. 텍스트 요약 모듈은 인사이트를 더 잘 알아보기 쉽게 내용을 요약하는 역할을 합니다. 상태 관리는 한 세그먼트의 정보 또는 인사이트를 다음 세그먼트로 효과적으로 전달되도록 돕습니다. 마지막으로, 컴파일된 인사이트 데이터베이스는 모든 인사이트를 저장하고 궁극적으로 사용자에게 제공되는 곳입니다.

순차 처리 시퀀스 다이어그램(그림 3-5)에서는 문서는 한 번에 한 세그먼트씩 처리됩니다. 세그먼트 모듈이 각 세그먼트를 순차 체인 프로세서에 보내면, 순차 체인 프로세서는 이를 다시 LLM 체인에 전달합니다. 인사이트는 각 세그먼트에 대해 개별적으로 생성되고 요약된 후, 상태 관리로 전송되어 임시로 저장됩니다. 이 과정은 전체 문서가 처리될 때까지 각 세그먼트에 대해 반복됩니다. 마지막 단계는 모든 인사이트를 포괄적인 개요로 컴파일해 문서의 전체 범위를 반영하는 것입니다.

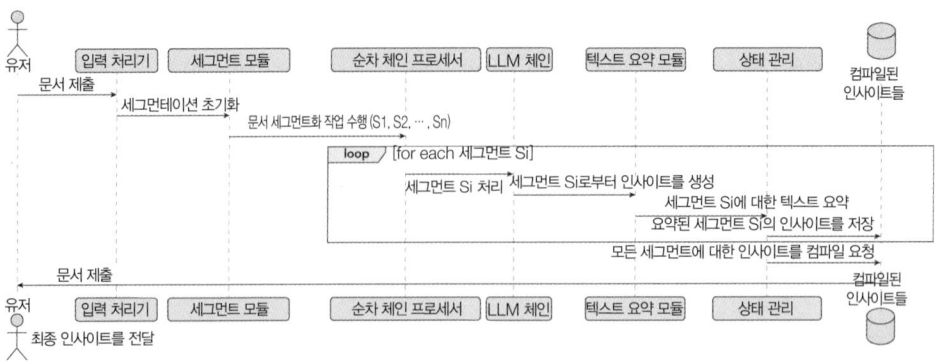

그림 3-5 긴 문서를 위한 순차 처리 시퀀스 다이어그램

반면에 병렬 처리 작업은 여러 세그먼트를 동시에 처리합니다. 아래 [그림 3-6]은 병렬 처리 시퀀스 다이어그램을 보여줍니다. 세그먼트 모듈을 거친 후, 병렬 체인 프로세서는 세그먼트를 LLM 체인의 여러 인스턴스에 분배합니다. 인사이트가 생성되면 동시에 내용이 요약되고 저장되어 처리 속도가 크게 빨라집니다. 이 방법은 LLM 성능과 컴퓨팅 자원을 최대한 활용해 여러 세그먼트를 한 번에 처리해 전체 처리 시간을 단축시킵니다. 병렬 처리는 순차 처리보다 효율적입니다. 여러 세그먼트를 한 번에 처리해 전체 처리 시간을 줄이고 컴퓨팅 자원을 더 잘 활용합니다. 이는 시간 효율성이 중요한 매우 긴 문서를 처리할 때 특히 유용합니다. 병렬로 내용을 요약하고 처리할 수 있는 능력은 병목 현상을 완화해 최종 인사이트의 빠른 컴파일(모든 인사이트를 종합해 문서 전체를 반영하는 포괄적인 개요를 작성하는 단계)을 가능하게 합니다.

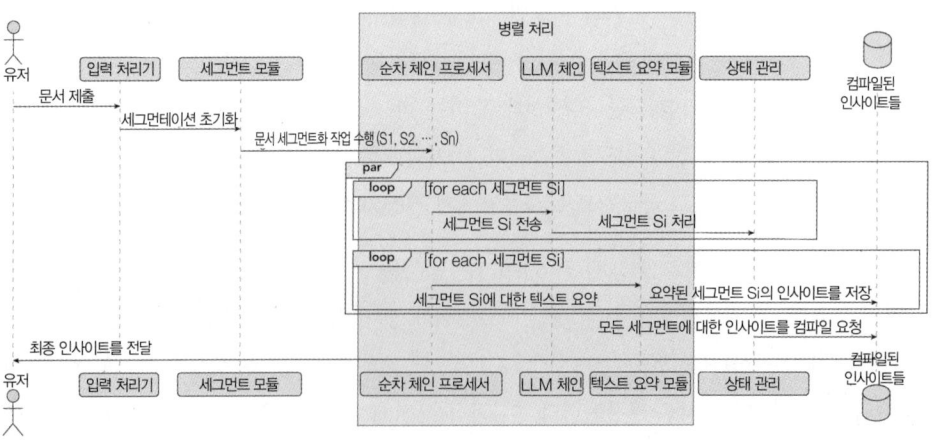

그림 3-6 긴 문서를 위한 병렬 처리 시퀀스 다이어그램

그러나 병렬 처리에도 한계가 있습니다. 세그먼트의 수가 지나치게 많아지면 컴퓨팅 부하와 리소스 경합resource contention을 초래할 수 있습니다. 각 세그먼트는 처리를 위한 컴퓨팅 능력을 요구하며, 시스템 성능 저하가 시작되기 전까지 효과적으로 실행할 수 있는 병렬 작업의 수의 한계가 존재합니다. 또한 병렬 처리는 제대로 관리되지 않으면 세그먼트 산의 일관된 컨텍스트를 유지하는 데 어려움을 겪을 수 있습니다. 각 세그먼트의 인사이트를 전체적인 내용에 올바르게 통합하는 것은 정교한 상태 관리가 필요하며, 세그먼트 간 상호 의존성이 있는 경우 복잡해질 수 있습니다.

일반적으로 체인 접근 방식은 이전에 논의한 벡터 스토어와의 통합을 통해 성능을 높일 수 있습니다. 처리된 세그먼트의 벡터 표현을 저장해, 시스템은 후속 세그먼트를 처리할 때 이전 세그먼트를 빠르게 참조할 수 있어 처리 중복을 줄이고 비용을 최적화할 수 있습니다.

체인 구현 방법

긴 문서의 체인을 위한 소프트웨어 솔루션으로 LangChain이 이러한 요구에 적합할 수 있습니다. LangChain의 기능에 대한 구체적인 세부 사항은 여기서 이야기할 수 없지만, 문서의 텍스트 요약 능력으로 미루어 봤을 때 큰 텍스트를 세그먼트로 나누거나 체인 방식으로 처리할 가능성이 있습니다. LangChain 라이브러리를 사용한 예시를 살펴보겠습니다. 여기 2022년 아마존 주주에게 보낸 긴 서한이 있습니다. 일부 발췌한 내용은 아래와 같습니다.

```
Dear shareholders:
As I sit down to write my second annual shareholder letter as CEO, I find myself
optimistic and energized by what lies ahead for Amazon. Despite 2022 being one of
the harder macroeconomic years in recent memory, and with some of our own operating
challenges to boot, we still found a way to grow demand (on top of the unprecedented
growth we experienced in the first half of the pandemic). We innovated in our largest
businesses to meaningfully improve customer experience short and long term. And, we
made important adjustments in our investment decisions and the way in which we'll
invent moving forward, while still preserving the long-term investments that we
believe can change the future of Amazon for customers, shareholders, and employees.
…
As these equations steadily flip—as we're already seeing happen—we believe our leading
customer experiences, relentless invention, customer focus, and hard work will result
in significant growth in the coming years. And, of course, this doesn't include the
other businesses and experiences we're pursuing at Amazon, all of which are still in
their early days.
```

> I strongly believe that our best days are in front of us, and I look forward to working with my teammates at Amazon to make it so.

주주 서한 내용이 텍스트 형식의 파일로 변환되어 로컬 경로에서 저장됐다고 가정하겠습니다. 그러면 다음과 같이 편지를 읽을 수 있습니다.

```
with open(path_to_shareholder_letter, "r") as file:
    letter = file.read()
```

앞에서 청크chunk의 크기와 중첩overlap 양이 일반적인 검색 시스템의 작동에 큰 영향을 미친다고 언급했습니다. LangChain을 사용해 다음과 같이 쉽게 구현할 수 있습니다.

```
from langchain.text_splitter import RecursiveCharacterTextSplitter

text_splitter = RecursiveCharacterTextSplitter(
    separators=["\n\n", "\n"], chunk_size=4000, chunk_overlap=100 )
docs = text_splitter.create_documents([letter])
```

이제 `docs` 변수는 원본 주주 편지에서 개별적으로 분할된 문서를 모은 리스트입니다. 이 중 하나를 살펴보겠습니다.

> Document(page_content='While these short-term headwinds soften our growth rate, we like a lot of the fundamentals that we're seeing in AWS. Our new customer pipeline is robust, as are our active migrations. Many companies use discontinuous periods like this to step back and determine what they strategically want to change, and we find an increasing number of enterprises opting out of managing their own infrastructure, and preferring to move to AWS to enjoy the agility, innovation, cost-efficiency, and security benefits. And most importantly for customers, AWS continues to deliver new capabilities rapidly (over 3,300 new features and services launched in 2022), and invest in long-term inventions that change what's possible.
>
> ...
>
> **Similarly high potential, Amazon's Advertising business is uniquely effective for brands, which is part of why it continues to grow at a brisk clip**. Akin to physical retailers' advertising businesses selling shelf space, end-caps, and placement in their circulars, our sponsored products and brands offerings have been an integral part of the Amazon shopping experience for more than a decade. However, unlike

> physical retailers, Amazon can tailor these sponsored products to be relevant to what customers are searching for given what we know about shopping behaviors and our very deep investment in machine learning algorithms. This leads to advertising that's more useful for customers; and as a result, performs better for brands. This is part of why our Advertising revenue has continued to grow rapidly (23% YoY in Q4 2022, 25% YoY overall for 2022 on a $31B revenue base), even as most large advertising-focused businesses' growth have slowed over the last several quarters.')

원본 주주 서한을 청크로 분할한 하나의 세그먼트입니다. 이제 세그먼트를 분석하는 방법을 살펴보겠습니다. LangChain은 다음과 같이 프롬프트 템플릿을 생성합니다.

```
from langchain.prompts import PromptTemplate
from langchain.output_parsers import XMLOutputParser, PydanticOutputParser
from langchain.output_parsers.json import SimpleJsonOutputParser
from langchain.schema.output_parser import StrOutputParser

xml_parser = XMLOutputParser(tags=["insight"])
str_parser = StrOutputParser()
prompt = PromptTemplate(
    template="""
 Human:
 {instructions} : \"{document}\"
 Format help: {format_instructions}.
 Assistant:""",
    input_variables=["instructions", "document"],
    partial_variables={"format_instructions": xml_parser.get_format_instructions()},
)
```

여기에서는 LangChain SDK에서 제공하는 **PromptTemplate** 클래스를 사용해 Claude와 상호작용할 때 유용한 기본 텍스트를 정의하고 (Human/Assistant 표기법과 XML 태그 사용에 주목), 출력 결과를 XML 파싱하는 데 도움이 되는 몇 가지 헬퍼helper 함수를 사용합니다. LangChain으로 '체인'을 생성하려면 파이프('|')로 구분된 구문piped-separated syntax을 사용합니다 (https://bit.ly/4hAFgtJ).

```
insight_chain = prompt | model | StrOutputParser()
```

이 간단한 코드는 **insight_chain**(세그먼트에서부터 인사이트까지 처리하는 체인)이 프롬프트를 받아 프롬프트 템플릿을 기반으로 포맷을 만들고, 이 전처리된 입력 프롬프트를 모델에 전달한 다음, 그 결과를 LangChain에서 제공하는 표준 출력 파서인 **parser**를 사용해 출력을 파싱합니다. 체인에 첨부된 **invoke** 함수를 사용해 체인의 결과를 얻을 수 있습니다. docs에 저장된 모든 세그먼트 또는 청크에 이를 적용하려면 간단한 **for** 루프를 작성해 최종 결과인 인사이트를 리스트에 저장하면 됩니다.

```
insights = []
for i in range(len(docs)):
    insights.append(
        insight_chain.invoke(
            {
                "instructions": "다음 텍스트로부터 주요 인사이트를 추출하세요.",
                "document": {docs[i].page_content},
            }
        )
    )
```

주요 인사이트 항목은 다음과 같습니다.

```
다음은 XML 형식으로 포맷된 텍스트는 주요 인사이트입니다.
```xml
<insight>
    <milestones>
        <year>1997</year>
        <customers>1.5 million</customers>
        <revenue_growth>838%</revenue_growth>
        <revenue>$147.8 million</revenue>
    </milestones>
    <market_position>
        <description>Extended market leadership despite competition</description>
        <opportunity>Window of opportunity as larger players enter online market</opportunity>
    </market_position>
    <long_term_focus>
        <value_creation>Shareholder value over the long term</value_creation>
        <market_leadership>
            <benefits>
                <benefit>Higher revenue</benefit>
                <benefit>Higher profitability</benefit>
                <benefit>Greater capital velocity</benefit>
```
```

```
            <benefit>Stronger returns on invested capital</benefit>
        </benefits>
      </market_leadership>
    </long_term_focus>
    <management_approach>
        <customer_focus>Relentless focus on customers</customer_focus>
        <investment_decisions>Long-term market leadership over short-term profitability</investment_decisions>
        <performance_measurement>Analytical measurement of programs and investments</performance_measurement>
        <investment_strategy>Bold investment decisions for market leadership</investment_strategy>
    </management_approach>
</insight>```
```

이전에 출력된 전체 문서를 살펴보고 주요 인사이트가 잘 포착됐는지 확인해 보세요. 또한 출력된 XML 형식에 주목하세요. 이는 개별적인 단일 문서에서 인사이트를 명확하게 구조화해 나중에 후처리하기 쉽게 해줍니다.

이제 개별 문서에서 모든 인사이트를 수집했으므로, 이를 또 다른 체인을 통해 LLM에 전달해 최종적으로 간결한 요약을 얻을 수 있습니다. 이를 위해, 다음과 같이 새로운 체인을 정의하겠습니다.

```
str_parser = StrOutputParser()
prompt = PromptTemplate(
    template="""
```

```
            {
                "instructions": "여러 개의 인사이트를 종합해 요약하고 주요 요점을 한 개
의 간략한 단락으로 정리하세요. XML 포맷은 사용하지 마세요. 인사이트를 종합한 단락만
출력하세요.",
                "document": {"\n".join(insights)},
            }
        )
)
```

이 체인을 실행하면 얻는 출력 결과는 다음과 같습니다.

> Amazon's CEO expresses optimism for the company's future despite facing significant macroeconomic challenges in 2022. The company has adapted and continued to grow, focusing on innovation to enhance customer experience and making strategic long-term investments, particularly in AWS, which has become a major revenue driver. Amazon's evolution over 25 years is highlighted, showcasing its transition from a bookseller to a global marketplace. The company is also restructuring its fulfillment network for efficiency, expanding its advertising business, and investing in healthcare and broadband initiatives, all while maintaining a strong commitment to customer satisfaction and long-term value creation.

LangChain으로 텍스트 요약을 위해 맵 리듀스 패턴^{map reduce pattern}을 사용하는 방법도 있습니다.

```
from langchain.chains.summarize import load_summarize_chain

summary_chain = load_summarize_chain(llm=model, chain_type="map_reduce",
verbose=False)
print(summary_chain.run(docs))
```

맵 리듀스 체인의 실행 출력 결과는 다음과 같습니다.

> In his second annual letter to shareholders, Amazon CEO Andy Jassy reflects on the challenges of 2022, including macroeconomic issues and operational hurdles, while highlighting the company's adaptability and commitment to long-term investments. Despite difficulties, Amazon continued to innovate, grow demand, and enhance customer experience, particularly through its AWS division, which remains a significant revenue driver. The company is restructuring its fulfillment network to improve efficiency and reduce costs, while also requiring corporate employees to return to the office to foster collaboration.

Amazon is expanding its grocery and business sectors, launching services like **Buy with Prime** to boost conversions for sellers. The company is also venturing into healthcare with Amazon Pharmacy and the acquisition of One Medical. Additionally, Amazon's Kuiper project aims to provide affordable broadband via satellite. Jassy emphasizes the importance of investing in AI and machine learning to transform customer experiences and expresses optimism about future growth opportunities in untapped markets. Overall, Amazon remains focused on long-term success, innovation, and enhancing customer value.

결과 비교

어느 방법이 더 나은 결과를 생성하는지 어떻게 알까요? 두 요약을 수동으로 비교하고, 여러 이해관계자를 참여시켜 어느 요약이 원래 주주 편지의 인사이트를 더 잘 포착했는지 다수결로 결정하는 방법과 LLM에게 물어보는 방법이 있습니다. 다음은 Claude에 물어보겠습니다.

다음은 2022년 아마존 주주 대상 서한을 요약한 두 가지 텍스트입니다. 어느 것이 더 나은지, 그리고 그 이유는 무엇인지 알려주세요.

요약 1: Amazon's CEO expresses optimism for the company's future despite facing significant macroeconomic challenges in 2022. The company has adapted and continued to grow, focusing on innovation to enhance customer experience and making strategic long-term investments, particularly in AWS, which has become a major revenue driver. Amazon's evolution over 25 years is highlighted, showcasing its transition from a bookseller to a global marketplace. The company is also restructuring its fulfillment network for efficiency, expanding its advertising business, and investing in healthcare and broadband initiatives, all while maintaining a strong commitment to customer satisfaction and long-term value creation.

요약 2: In his second annual letter to shareholders, Amazon CEO Andy Jassy reflects on the challenges of 2022, including macroeconomic issues and operational hurdles, while highlighting the company's adaptability and commitment to long-term investments. Despite difficulties, Amazon continued to innovate, grow demand, and enhance customer experience, particularly through its AWS division, which remains a significant revenue driver. The company is restructuring its fulfillment network to improve efficiency and reduce costs, while also requiring corporate employees to return to the office to foster collaboration.

> Amazon is expanding its grocery and business sectors, launching services like **Buy with Prime** to boost conversions for sellers. The company is also venturing into healthcare with Amazon Pharmacy and the acquisition of One Medical. Additionally, Amazon's Kuiper project aims to provide affordable broadband via satellite. Jassy emphasizes the importance of investing in AI and machine learning to transform customer experiences and expresses optimism about future growth opportunities in untapped markets. Overall, Amazon remains focused on long-term success, innovation, and enhancing customer value.

두 요약문을 분석하겠습니다.

요약 2가 더 우수한 요약문입니다. 그 이유는 다음과 같습니다.

1. 구체성과 맥락
   - CEO의 이름(Andy Jassy)을 명시하고 이번이 그의 두 번째 주주서한이라는 맥락을 제공합니다.
   - Buy with Prime, Amazon Pharmacy, One Medical 인수, Kuiper 프로젝트 등 구체적인 사업 이니셔티브를 언급합니다.

2. 균형잡힌 시각
   - 거시경제적 도전과 운영상의 어려움을 언급하면서도, 이에 대한 대응 전략을 함께 설명합니다.
   - 예를 들어, 직원들의 사무실 복귀 정책과 같은 구체적인 정책도 설명합니다.

3. 미래 전략의 명확성
   - AI와 기계학습에 대한 투자 계획을 구체적으로 언급합니다.
   - 미개척 시장에서의 성장 기회를 전망합니다.

반면 요약 1이 가진 단점은 다음과 같습니다.
   - 보다 일반적이고 포괄적인 설명에 그칩니다.
   - 25년간의 진화를 언급하는 등 과거 지향적인 내용이 많습니다.
   - 구체적인 사업 이니셔티브나 미래 전략에 대한 설명이 부족합니다.

결론적으로, 요약 2는 현재 상황, 도전 과제, 대응 전략, 미래 계획을 균형있게 다루면서 구체적인 예시를 통해 독자의 이해를 도우므로 더 효과적인 요약문이라고 할 수 있습니다.

Claude의 평가에 동의하십니까? 최신 연구 논문에서도 LLM을 사용해 출력을 평가하고 비교하는 방법을 사용합니다.

3.4.3 결론

긴 문서의 처리를 위한 체인의 본질은 복잡하고 자원이 많이 드는 작업을 더 작고 관리하기 쉬운 단계들로 분할해 처리하는 데 있습니다. 이를 통해 작업을 완수할 뿐만 아니라, 추론 비용을 크게 최적화할 수 있습니다. 이는 특히 비용 효율성이 중요한 비즈니스 환경에서 LLM을 사용할 때 중요한 고려 사항입니다.

3.5 텍스트 요약

이전 절에서는 체인을 사용해 매우 긴 문서의 텍스트 요약summarization을 살펴봤습니다. 요약은 단순한 최종 애플리케이션이 아니라 많은 생성형 AI 애플리케이션의 중간 단계로도 사용할 수 있습니다. LLM과 생성형 AI의 컨텍스트에서 요약은 대용량 데이터셋 처리를 효율적으로 하고 정보를 저장하는 데 최적화하는 중요한 기술로 작용합니다. 이는 단순히 최종 사용자를 위한 전통적인 요약의 개념을 넘어섭니다.

3.5.1 비용 및 성능 관점에서의 요약

텍스트 요약의 비용 및 성능 최적화에서의 역할을 자세히 살펴보겠습니다.

데이터 처리 효율성

LLM과 생성형 AI 시스템은 종종 방대한 양의 데이터를 처리하는데, 이를 완전히 처리하는 것은 계산 비용이 많이 들 수 있습니다. 요약은 이런 방대한 데이터에서 가장 핵심적인 부분으로 요약해 모델이 요약된 버전의 데이터셋에서 작동할 수 있습니다. 데이터양이 줄어들면 후속 단계에서 처리해야 할 정보량이 줄어들어 상당한 계산 비용 절감 효과를 가져올 수 있습니다. LLM이 문서의 거대한 말뭉치에서 질문에 답하는 파이프라인에서는 텍스트 요약을 통해 먼저 문서의 말뭉치를 가장 관련 있는 내용으로 축소해 LLM의 계산 부담을 줄일 수 있습니다.

비용 효율적인 저장

거대한 데이터셋을 저장하는 것은 비용이 많이 들 수 있습니다. 텍스트 요약은 정보의 핵심을 잃지 않으면서 저장해야 하는 데이터의 양을 줄여줍니다. 중간 데이터를 요약하면 저장 공간을 덜 차지하게 되며, 이는 비용 절감으로 이어집니다. 특히 저장 비용이 중요 고려 사항인 클라우드 서비스를 사용할 경우 더욱 그렇습니다.

향상된 다운스트림 애플리케이션

요약된 데이터는 다운스트림 애플리케이션에 유용한 입력으로 사용할 수 있습니다. 초기 모델이 원본 데이터를 처리하고 2차 모델이 추가 분석을 수행하는 다단계 AI 시스템에서 2차 모델에 요약된 데이터를 제공해 추론 시간을 단축하고 자원 사용을 줄일 수 있습니다.

향상된 캐시 활용

캐싱을 사용해 이전에 계산된 추론을 재사용하는 시스템에서 요약한 내용을 저장하면 캐시 공간을 최적화하고 검색 시간을 개선할 수 있습니다. 특히 의미 기반 검색 또는 추천 시스템에서 사용되는 벡터 스토어와 관련이 있으며, 요약된 벡터를 캐시 역할을 하는 벡터 스토어에 저장한다면 더 빠르고 효율적인 유사도 검사를 할 수 있을 것입니다.

데이터 전처리

LLM을 특정 작업에 맞게 파인튜닝하기 전에, 요약을 사용해 훈련 데이터를 전처리하면 모델이 데이터셋의 가장 관련성 있는 특징을 학습하도록 할 수 있습니다. 이는 더 적은 파인튜닝과 반복으로 필요로 하는 더 정확한 모델을 만들 수 있으며, 결과적으로 추론 비용을 최적화할 수 있습니다.

향상된 사용자 경험

최종 애플리케이션이 아닌 경우에도 요약은 LLM에서 더 간결하고 관련성 있는 출력을 생성하는 데 기여합니다. 이는 제공되는 정보의 간결성과 관련성에 따라 사용자의 참여도가 좌우되는 애플리케이션에서 매우 중요할 수 있습니다.

3.5.2 결론

텍스트 요약은 LLM과 생성형 AI의 최적화에서 다목적 도구로 적용되며, 비용면과 계산면에서 효율적이며 시스템의 전반적인 성능을 높입니다. 텍스트 요약을 통해 작업에 필요한 정보만을 처리하고 저장해 자원이 신중하게 할당되도록 보장해 추론 작업의 비용과 성능을 모두 최적화할 수 있습니다.

3.6 효율적인 추론을 위한 배칭 프롬프트

지금까지 LLM의 성능과 비용을 최적화하는 다양한 기술에 대해 논의했습니다. 이러한 지식을 바탕으로 이제 배칭batching이라는 기술에 대해 주목해 보겠습니다. 일반적으로 배칭은 모델에 여러 입력을 한 번에 보내는 과정을 의미합니다. 이번에는 추론 작업과 관련된 두 가지 배칭 방식인 배칭 추론batch inference과 배칭 프롬프트batch prompt에 대해 논의하겠습니다.

배칭 추론과 배칭 프롬프트는 경우에 따라 서로 혼용되어 사용되지만, 실제로는 다른 개념입니다. 이 주제를 더 깊이 탐구해 보겠습니다.

3.6.1 배칭 추론

배칭 추론batch inference은 한 번에 하나씩이 아니라 여러 입력에 대해 한꺼번에 추론을 수행하는 방법입니다. 이는 대규모 데이터셋을 보유하므로 모델의 예측 결과에 대한 즉각적인 응답이 필요하지 않을 때 주로 사용됩니다. 이 방법은 ML/DL 프레임워크를 통해 여러 추론 요청을 단일 요청으로 집계해 일반적인 추론보다 더 효율적일 수 있으며 이를 통해 추론의 계산 오버헤드를 줄일 수 있습니다. 예시를 통해 알아보겠습니다. 먼저 LLM 모델을 로드하는 것부터 시작하며, 여기서는 GPT Neo 모델(약 10억 파라미터 모델)을 로드하겠습니다.

```
from transformers import pipeline

# GPT-2 기반 텍스트 생성 파이프라인
generator = pipeline("text-generation", model="EleutherAI/gpt-neo-1.3B", device=0)
generator.tokenizer.pad_token_id = generator.model.config.eos_token_id
```

이제 생성된 객체를 사용해 예측을 수행할 수 있습니다. 먼저 입력이 들어갈 리스트를 생성해 보겠습니다.

```
N = 1000
# 이야기 생성
story_prompts = ["Deep in the Amazon rainforest, "] * N
```

story_prompts 리스트는 이제 문자열 'Deep in the Amazon rainforest,'을 1,000개 저장합니다. 목적은 예시에서 사용하는 GPT Neo 모델이 동일한 입력 문장을 통해 1,000개의 완성된 문장을 어떻게 만들고 변형하는지 확인하는 것입니다.

이를 순진하게 수행하는 방법은 당연히 for 루프를 작성하고 출력을 하나씩 예측하는 것입니다. 이를 코드로 구현하고 시간을 측정해 보겠습니다.

```
%%time
for s in story_prompts:
    out = generator(s, max_length=50, batch_size=1)
```

주피터 노트북jupyter notebook에서 %%time 명령은 다음에 오는 코드의 실행 시간을 측정합니다. 최대 50개의 토큰을 생성하고 배치 크기를 1로 강제했습니다. 이때 transformers 라이브러리에서 위 방식이 비효율적이라는 경고가 발생할 수 있습니다.

```
/opt/conda/lib/python3.10/site-packages/transformers/pipelines/base.py:1101:
UserWarning: You seem to be using the pipelines sequentially on GPU. In order to
maximize efficiency please use a dataset
```

배치 크기를 1로 강제한 코드의 전체 실행 시간은 AWS의 G5.2xlarge 인스턴스(https://bit.ly/4hpm0zG)에서 실행했을 때 12분 14초가 걸렸습니다. 1,000개의 입력 시퀀스만 처리하는 데 12분은 너무 많은 시간이 소요됩니다! 이제 배치 크기(batch_size)를 100으로 지정해 배치 추론을 시도하겠습니다.

```
%%time
# 각 프롬프트별 텍스트 생성
for s in story_prompts:
    out = generator(s, max_length=50, batch_size=100)
```

이제 1,000개의 입력을 처리하는 데 단 11.7초밖에 걸리지 않습니다! 마지막 10개의 문장을 출력해 실제로 1,000개의 입력 문장에 대해 문장을 생성했는지 확인하겠습니다.

```
Deep in the Amazon rainforest, and a short distance from the coast of Nicaragua, is
an area of jungle that is untouched by human activity – the Amazonian Rainforest. The
Amazonian Rainforest is also called the?
Deep in the Amazon rainforest, ichneumon mites are an unusual kind of arthropod, with
their body plan consisting of a head and back and only a single pair of legs. In the
rainforest, these mites live in
Deep in the Amazon rainforest, monkeys live in a lush landscape of large trees,
rivers, lakes, and lush jungles. They live in a place where the forest is at its most
dense and the animals that live there are at their most
Deep in the Amazon rainforest, a team of researchers are using drones to monitor
the health of the ecosystem. Scientists from the University of Washington and the
International Atomic Energy Agency have spent months deploying a drone that flies over
the Amazon rainforest
Deep in the Amazon rainforest, ive seen the tiniest thing in my head and it turned out
to be huge, over 5 feet tall and it was very black. It was in a tree next to my house,
but i had no
Deep in the Amazon rainforest, away from the busy streets of Rio, an exclusive hotel
in a lush, tropical setting in the town of Uatim lies to the south of the sprawling
city. As we pulled the car into our hotel's
Deep in the Amazon rainforest, a group of scientists have uncovered a treasure trove
of dinosaur bone fossils, with the oldest, the largest, and the most complete of all
known dinosaur fossils ever found. But it's a discovery that could
Deep in the Amazon rainforest, ichneumon washes can turn into an insect plague that
kills hundreds every year. In this picture taken on February 20, 2013, two researchers
set up a trap for the ichneumon wasps,
Deep in the Amazon rainforest, illsome forests are slowly being cleared for the
building of new palm oil plantations. And in the forest, you can still find living
indigenous people who have been displaced and displaced, often in the
Deep in the Amazon rainforest, ichneumon is the largest insect in the world. The larva
feeds on the leaves of several species of cacti. The larvae live in the hollow of the
cactus stalk.
```

실험 결과

실제로 배치 크기를 계속 높이면 수행 시간이 최소로 감소하는 시점을 확인할 수 있습니다. 예를 들어, 배치 크기를 연속적으로 증가시켰을 때 다음과 같은 시간이 소요됐습니다.

- 배치 크기 100, 완료 시간: 11.7초
- 배치 크기 200, 완료 시간: 8.49초
- 배치 크기 300, 완료 시간: 14.2초
- 배치 크기 500, CUDA 메모리 부족 오류

이전 문장 완성 사용 사례에 대한 최적의 배치 크기는 약 200임을 확인할 수 있었습니다. 300부터는 속도가 느려집니다. 또한 일정 배치 크기를 넘어서면 전체 입력 배치가 GPU 메모리를 넘어서 오류가 발생할 수 있습니다. 이러한 결과는 모델, 인스턴스 및 배치에 따라 다르므로 사용하려는 모델을 테스트할 때 동일한 테스트 환경에서 비교하는 것이 좋습니다. 이러한 실험한 결과를 토대로 배포 환경에서는 최적의 배치 크기를 사용해야 합니다.

위에서 테스트한 모델(GPT Neo 1.3B)의 경우 GPU 메모리에 알맞기 때문에 최적의 배치 크기를 찾을 수 있었습니다. 그러나 모델이 단일 GPU의 메모리에 완전히 맞지 않는 경우에는 어떻게 해야 할까요? 이때 도움이 되는 라이브러리가 accelerate(https://bit.ly/3PTL0TD)입니다. [표 4-1]은 다양한 모델과 요구되는 메모리 크기(GB)를 보여줍니다.

표 4-1 모델 크기 추정값 (GB)

모델	크기(FP32)	크기(FP16)	크기(INT8)
EleutherAI/gpt-neo-1.3B	4.91GB	2.46GB	1.23GB
Tiiuae/Falcon-7B	25.79GB	12.89GB	6.45GB
Tiiuae/Falcon-40B	153.87GB	79.93GB	38.47GB
WizardLM/WizardLM-70B-V1.0	256.29GB	128.15GB	64.07GB

위 예시에서 사용한 G5 인스턴스 타입의 GPU 메모리는 24GB이며, NVIDIA A10G GPU 한 개가 장착되어 있습니다. 동일한 계열의 다른 인스턴스도 GPU당 최대 24GB의 메모리를 제공합니다. G5 계열에서 주목할 만한 인스턴스 타입 중 하나는 네 개의 GPU를 가진 G5.12xlarge입니다. AWS의 다른 GPU 인스턴스(P2, P3, G4 타입)는 GPU당 최대 16GB의 메모리를 제공합니다. 따라서, GPU당 메모리 제한을 초과하는 더 큰 모델은 여러 GPU에 걸쳐 샤딩sharding(또는 파티셔닝partitioning)해야 할 필요가 있습니다. 또 다른 중요한 요소는 각 인스턴스에 제공되는 거대한 CPU 메모리입니다. accelerate 라이브러리는 사용 가능한 GPU 메모리, CPU 메모리 및 보조 기억장치를 효율적으로 사용해 어떤 크기의 모델에서도 추론을 수행할 수 있습니다. 여기에는 [표 4-1]에 언급된 모델인 Falcon 7B, Falcon 40B, Wizard

LM 70B 등이 있습니다. accelerate 라이브러리는 모델 내 가장 큰 레이어의 크기가 GPU 메모리에 맞는 한 어떤 크기의 모델도 실행할 수 있습니다.

아래와 같이 accelerate에서 사용할 허깅페이스의 모델 허브[hub]로부터 `device_map="auto"`를 지정하면 하드웨어 자원에 적합한 모델을 로드합니다.

```
from transformers import AutoModelForSeq2SeqLM
model = AutoModelForSeq2SeqLM.from_pretrained("bigscience/T0pp", device_map="auto")
```

일부 모델은 샤딩된 체크포인트(여러 파일로 이미 분할된 상태)로 제공됩니다. 다음 코드를 사용해 샤딩된 모델(GPT-2 XL)을 다운로드할 수 있습니다.

```
from huggingface_hub import snapshot_download

checkpoint = "marcsun13/gpt2-xl-linear-sharded"
weights_location = snapshot_download(repo_id=checkpoint)
```

마지막으로, 다음을 사용해 accelerate가 처리할 수 있는 포맷으로 훈련 중인 모델을 저장할 수도 있습니다.

```
accelerator.save_model(model, save_directory, max_shard_size='10GB')
```

이렇게 하면 [표 4-1]에서 본 WizardLM 모델(https://bit.ly/4jsrj20)과 같이 샤딩된 모델 파일이 생성됩니다.

accelerate 라이브러리 사용

accelerate 라이브러리를 사용해 다음과 같이 모델을 로드[load]할 수 있습니다.

```
from accelerate import load_checkpoint_and_dispatch

model = load_checkpoint_and_dispatch(
    model,
    checkpoint=weights_location,
    device_map="auto",
```

```
    no_split_module_classes=["Block"],
)
```

accelerate 라이브러리는 리소스(GPU 메모리, CPU 메모리, 보조 기억장치)에 따라 모델의 각 레이어를 자동으로 어디에 배치할지 결정합니다. 그런 다음 아래와 같이 accelerate API를 사용해 모델에 추론을 요청할 수 있습니다.

```
model.generate( your_inputs )
```

accelerate 라이브러리를 사용해 추론하는 방법은 허깅페이스 문서(https://bit.ly/3ChIzqZ)에서 확인할 수 있습니다.

DeepSpeed 라이브러리 사용

DeepSpeed-Inference(https://www.deepspeed.ai/inference)는 모델의 추론에 사용할 수 있는 또 다른 라이브러리입니다. DeepSpeed-Inference는 추론 시 트랜스포머 기반 파이토치 모델의 성능을 최적화하는 다양한 기능을 지원합니다. DeepSpeed-Inference는 모델 병렬 처리를 사용해 GPU 메모리 제약 내에서 거대 모델을 사용 가능하게 하고, 작은 모델의 경우에는 모델 병렬 처리로 속도를 높일 수 있습니다. 또한, DeepSpeed-Inference는 추론에 특화된 커널(효율적인 행렬 연산 등)을 도입해 지연 시간을 줄이고 운영 비용을 절감하는 것을 목표로 합니다. Mixture-of-Quantization(MoQ)라는 고유한 방법도 포함되며, 이는 모델 크기를 압축하고 배포 환경에서 추론 비용을 낮추기 위해 설계됐습니다.

DeepSpeed는 자체 프레임워크로 훈련된 모델뿐만 아니라 Megatron 및 허깅페이스의 모델과도 호환되는 간편한 추론 모드를 제공합니다. 이 모드는 모델을 다른 포맷으로 저장하거나 다른 체크포인트를 생성하는 등의 변경이 필요하지 않습니다. 다중 GPU 설정에서 호환가능한 모델로 추론을 실행할 때, 사용자는 모델 병렬 처리의 정도를 지정하고 체크포인트 정보나 미리 로드된 모델을 제공하기만 하면 사용할 수 있습니다. 나머지는 DeepSpeed가 처리하며, 모델을 자동으로 병렬 처리를 위해 분할하고 고성능 커널을 적용하며 GPU 간 통신을 관리합니다. 이러한 기능과 호환되는 모델의 전체 목록은 DeepSpeed에서 제공하는 관련 정보를 참조하면 됩니다.

> **NOTE** LLM은 일반적으로 상당한 GPU 메모리 사용량과 높은 계산 비용을 요구하며, 실제 서비스에서 추론 단계에서의 계산 비용을 많이 차지하기 때문에 최적화하는 것이 매우 중요합니다. 전통적인 접근 방식은 주로 양자화나 CUDA에 최적화된 커널과 같은 내부 모델 변경에 초점을 맞췄습니다. 그러나 시스템 수준의 최적화, 특히 배칭에서는 효율성면에서 상당한 개선을 가져올 수 있습니다.
>
> 다이나믹 배칭이라고 알려진 연속 배칭 방법은 추론 최적화라는 도전 과제에 대한 새로운 접근 방식을 제공합니다. 고정된 배치 크기를 한 번에 처리하는 전통적인 배칭과 달리, 연속 배칭은 배치 크기를 동적으로 조정하고 반복 과정에서 이를 스케줄링합니다.
>
> - 허깅페이스: https://bit.ly/42PThjt
> - 애니스케일: https://bit.ly/3WuKMWV

배치 크기가 1보다 큰 경우에 사용할 수 있는 예산적 제한이 발생할 수 있습니다. 그렇기에 최종적으로 최적의 추론 구성을 결정하기 전에 더 많은 테스트가 필요합니다. 일반적으로 적절한 라이브러리를 사용해 GPU 자원을 완전히 활용한 다음, 다양한 배치 크기를 테스트해 배칭 추론에 대한 최적 크기를 찾는 과정이 필요합니다. 이제 배칭 추론에 대해 이야기했으니, 배칭 프롬프트로 주제를 전환해 보겠습니다.

3.6.2 배칭 프롬프트

배칭 프롬프트batch prompt 접근 방식은 여러 프롬프트를 하나의 요청으로 그룹화해 LLM 추론의 계산 부하와 비용을 잠재적으로 낮추는 방법입니다. 하나씩 처리하는 상황과 같이 효율성이 떨어질 수 있는 경우, 배칭 프롬프트는 많은 수의 관련된 추론 입력을 처리할 때 유용합니다. 요청을 통합해 배칭 프롬프트는 모델의 응답 정확도와 품질을 유지하면서 시간과 자원을 절약할 수 있습니다.

이번에는 LLM을 활용하는 사람을 위해 배치 프롬프트가 어떻게 작동하는지, 적용하기 가장 효과적인 시나리오와 효과를 탐구합니다. 최근 연구의 구체적인 예시와 데이터를 살펴보면서 배치 프롬프트가 독자의 LLM 솔루션에 어떻게 가치 있는 추가적 요소가 될 수 있는지 명확히 이해할 수 있을 것입니다. 앞으로 진행하면서 비용과 성능 간의 균형을 생각해 보세요. 배칭 프롬프트는 이런 비용과 성능 간 균형을 효과적으로 맞추는 데 도움을 주는 또 다른 도구이기 때문입니다.

10개의 서로 관련성 있는 질문이 있고, 이를 LLM이 답변하도록 하고 싶다고 상상해 보겠습니다. 일반적인 프롬프트를 사용한다면 각 질문을 LLM에 개별적으로 보내 응답을 기다린 후 다음 질문을 보내야 합니다. 즉, 10개의 개별 프롬프트와 10개의 개별 API를 호출한다는 것을 의미합니다. 배칭 추론batch inference을 사용하면 입력 질문을 배치로 묶어 앞서 논의한 것처럼 배치 크기를 최적화하며, 각 질문은 독립적으로 모델을 통과합니다. 배칭 프롬프트를 사용하면 이러한 질문을 하나씩 보내는 대신, 모든 질문을 하나의 프롬프트로 그룹화해 한 번에 10개의 질문을 LLM에 보내는 것입니다. LLM은 이를 한 번에 처리하고 그룹화된 프롬프트 내 각 질문에 대한 응답을 생성합니다. 이 접근 방식은 API 호출을 줄여 각 개별 프롬프트를 처리하는 데 필요한 계산량과 계산 시간을 절약할 수 있습니다.

배칭 프롬프트 사용 예시

배칭 프롬프트 방법을 사용해 일련의 산술 추론 질문(GSM8K 데이터셋과 유사)을 구성하고자 합니다. 아래 단계와 같이 구성하면 됩니다.

먼저 구조화된 포맷으로 예시(질문과 답변)를 제공합니다.

> 사과가 8개 있고 4개를 더 샀습니다. 사과가 몇 개 있습니까?

> 8 + 4 = 12개의 사과가 있습니다.

> 쿠키가 10개 있는데 2개를 먹었습니다. 몇 개가 남았습니까?

> 10 − 2 = 8개의 쿠키가 남았습니다.

다음으로, 예시와 유사한 포맷으로 답변이 없는 질문을 제공합니다.

> 해변에서 조개껍데기 5개를 찾았고 친구가 3개를 더 주었습니다. 조개껍데기가 몇 개 있습니까?

> Q[4]: 주차장에 차가 7대 있었는데 5대가 떠났습니다. 주차장에 몇 대의 차가 남아 있습니까?

답변이 없는 질문에 대해 모델은 제공된 예시의 구조를 사용해 답변합니다.

 5 + 3 = 8개의 조개껍데기가 있습니다.

 7 - 5 = 2대의 차가 주차장에 남아 있습니다.

배칭 프롬프트 접근 방식을 분석한 논문[2]에 따르면 배칭 프롬프트는 소비되는 토큰 수와 필요한 높은 비용의 LLM API 호출 수를 크게 줄일 수 있습니다. 일반 상식 QA, 산술 추론, 자연어 추론을 위한 10개의 다양한 데이터셋에서 배칭 프롬프트는 일반적인 프롬프트보다 토큰 비용을 최대 5배, 실행 시간을 최대 5배 줄이면서 유사하거나 향상된 정확도를 달성했습니다(6개의 샘플을 배칭한 경우). 추가적인 분석에 따르면 배치당 샘플 수와 작업의 복잡도가 성능에 영향을 미칠 수 있습니다. 배칭 프롬프트는 일반적인 프롬프트를 대체해 전반적으로 조금 더 저렴한 금액으로 강력한 성능을 유지하는 LLM 애플리케이션을 개발할 수 있습니다.

3.7 모델 최적화 방법

모델 최적화의 목표는 정확도에 큰 영향을 미치지 않으면서 모델의 계산 및 메모리 사용량을 줄이는 것입니다. 대표적인 기술로는 중복된 가중치를 제거하는 프루닝pruning, 더 작은 모델이 더 큰 모델을 모방하도록 훈련하는 증류distillation, 그리고 낮은 정밀도의 데이터 타입으로 가중치와 활성화를 표현하는 양자화가 있습니다. 추가 방법으로는 텐서 분해, 콤팩트 네트워크 아키텍처, 동적 실행 엔진 등이 제안됐습니다. 이 중 양자화는 LLM의 추론을 위한 가장 효과적인 최적화 전략 중 하나로 떠올랐습니다. 모델을 낮은 비트 폭으로 압축해 양자화는 더 빠르고 저렴하게 추론을 가능하게 합니다.

---

[2] Cheng et al. (2023). Batch Prompting: Efficient Inference with Large Language Model APIs. arXiv.org. https://arxiv.org/abs/2301.08721

3.7.1 양자화

양자화quantization는 신경망의 가중치 값과 활성화 값의 고정밀도 표현을 저 정밀도 정수 표현으로 압축하는 기술을 의미합니다. 32비트 부동 소수점 숫자인 가중치를 8비트 정수로 양자화할 수 있습니다. 이런 양자화를 통한 정밀도 변환은 모델에 필요한 저장 공간과 메모리 대역폭을 줄여 더 효율적인 추론을 가능하게 합니다.

양자화는 일반적으로 두 단계로 진행합니다. 첫째, 고정밀도 표현인 부동 소수점을 저정밀도 표현인 정수로 매핑하고, 둘째, 실제로 추론 중에 가중치와 활성화를 저정밀도 표현인 정수로 변환합니다. 일반적인 매핑 방법으로 정수형 범위 내에서 균일하게 나누는 선형 양자화와 로그 양자화가 있습니다.

수백억 개의 파라미터를 가진 거대한 언어 모델을 배포하는 것은 추론 단계의 효율성과 비용 측면에서 큰 도전 과제입니다. 양자화는 모델의 부동 소수점 가중치와 활성화를 INT8 또는 INT4와 같은 저정밀 정수로 압축하는 방법을 사용하며 이 문제를 해결했습니다. LLM의 추론 단계를 효율적으로 최적화하는 주요 양자화 기술은 다섯 가지가 있습니다.

- **분해**decomposition: 혼합 정밀도 분해라는 방법은 특징을 두 그룹으로 분해해 활성화 값의 이상치outlier를 처리합니다. 하나는 INT8과 같은 저정밀도로 양자화되고, 다른 하나 이상치가 탐지된 차원을 위해 FP16과 같은 높은 정밀도를 유지합니다. 이는 이상치의 공격적인 양자화를 피하면서도 일반적인 활성화 값에 대해 INT8 양자화의 이점을 누릴 수 있게 합니다. 연구에 따르면 이 방법은 이상치가 나타나는 거대 모델에서 잘 작동합니다.
- **세밀한 양자화**fine-grained quantization: 텐서 전체를 양자화하는 대신, 토큰이나 채널과 같은 더 세분화된 레벨에서 양자화를 수행합니다. 예를 들어, 가중치는 128개의 그룹으로 양자화할 수 있고, 활성화 값은 토큰 단위로 양자화를 사용할 수 있습니다. 이 방법은 전체를 양자화하는 방법보다 텐서 차원 간의 정밀도를 더 유연하게 조절합니다. 이는 양자화 오류를 효과적으로 최소화하는 것으로 나타났습니다.
- **레이어별 양자화**layerwise quantization: 원본 모델과 양자화된 모델을 레이어별로 재구성했을 때 오류를 최소화하는 방향으로 레이어를 개별적으로 양자화합니다. 전체 모델을 파인튜닝하는 것과 비교해, 레이어별로 양자화하는 것은 거대 모델에 대해 더 효율적인 접근 방식을 제공합니다. 고정된 양자화 순서와 숄레스키 재구성 같은 기술을 사용해 수백억 개의 파라미터를 가진 모델을 최적화합니다.
- **SmoothQuant**: 스케일링 요소를 추가해 가중치 값과 활성화 값의 양자화를 균형 있게 조절합니다. 이는 가중치의 조정을 필요로 해 양자화를 약간 어렵게 만들지만 활성화 값을 더 쉽게 양자화해 전체적인 정확도를 높입니다.

- **양자화 모방 훈련**: 모델을 훈련한 후 적용하는 방법들post-training methods과는 대조적으로, 양자화 모방 훈련은 모델이 훈련하는 동안에 가짜 양자화 작업fake quantization operations을 통합해 양자화를 모방합니다. 이 접근 방식은 더 높은 정확도를 달성할 수 있지만, 가짜 양자화 작업을 첨가해 전체 모델을 다시 훈련해야 합니다. 거대 모델의 경우, 효과적으로 어댑터adapter나 증류distillation와 같은 하이브리드 전략이 종종 필요로 합니다.

3.7.2 코드 예시

이어서 모델을 양자화하는 방법을 코드 예시와 함께 살펴보겠습니다. 여기서는 transformers 라이브러리와 AWQactivation-aware weight quantization 알고리즘이 구현된 autoawq 라이브러리를 조합해 사용할 것입니다. 자세한 AWQ에 대한 내용은 관련 논문[3]을 참조하세요. 양자화는 모델의 정밀도를 FP16에서 INT4로 줄여 파일 크기를 약 70% 줄이는 효과가 있습니다.

```
pip install autoawq
```

```
from awq import AutoAWQForCausalLM
from transformers import AutoTokenizer

model_path = "tiiuae/falcon-7b"
quant_path = "falcon-7b-v1.5-awq"
quant_config = {"zero_point": True, "q_group_size": 64, "w_bit": 4, "version": "GEMM"}
# 모델 로드
model = AutoAWQForCausalLM.from_pretrained(model_path, **{"low_cpu_mem_usage": True})
tokenizer = AutoTokenizer.from_pretrained(model_path, trust_remote_code=True)

# 양자화
model.quantize(tokenizer, quant_config=quant_config)

# 양자화 모델 저장
model.save_quantized(quant_path)
tokenizer.save_pretrained(quant_path)
```

---

[3] Lin et al. (2023). AWQ: Activation-Aware Weight Quantization for LLM compression and acceleration. arXiv.org. https://arxiv.org/abs/2306.00978

Falcon 7B의 4비트 양자화 버전 모델이 완성됐습니다! 참고로, 아마존 G5 인스턴스에서 같은 작업에 17분 정도가 소요됩니다. 마지막으로, 최근 각광받는 양자화 기술인 GPTQ를 알아보겠습니다.

3.7.3 GPTQ

GPTQ는 수백억 개의 파라미터를 가진 거대한 GPT 모델을 양자화하는 데 근사적인 이차도함수 정보approximate second-order information를 활용해 효율적인 레이어별 양자화를 도입합니다. GPTQ는 일반적인 레이어별 양자화의 목표를 최소 자승법least squares problem으로 재구성하고, 헤시안 행렬hessian matrix을 사용해 최적의 양자화와 가중치의 업데이트를 결정합니다.

GPTQ는 임의의 양자화 순서arbitrary quantization order, 배칭 업데이트 지연lazy batch update, 헤시안 행렬의 숄레스키 재구성cholesky reformulation과 같은 기술을 사용해 모델을 양자화합니다. 이를 통해 GPTQ는 정확성을 유지하면서 OPT-175B 및 BLOOM-176B와 같은 모델을 GPU 환경에서 단 몇 시간 내에 가중치당 3에서 4비트로 양자화할 수 있습니다. GPTQ 논문에서는 처음으로 1개의 GPU로 1750억 파라미터 모델을 양자화했습니다. 실험에서는 GPTQ가 다양한 퍼플렉서티 벤치마크perplexity benchmarks와 제로샷 작업zero-shot tasks에서 단순한 반올림 양자화보다 일관되게 더 우수한 성능을 보였습니다. 또한 논문에서는 사용자 정의 양자화 커널을 사용해 순차적 생성 실험에서 3배에서 4배의 실질적인 속도 향상을 보여주었습니다. 전반적으로, GPTQ는 LLM의 추론을 최적화하는 효율적이고 정확한 양자화 프레임워크를 제공합니다. GPTQ 방법에 대한 자세한 내용은 논문[4]에서 확인하세요.

3.8 파라미터 효율적 파인튜닝(PEFT)

2장에서 파라미터 효율적 파인튜닝(PEFT)을 심도 있게 다뤘습니다. 이번에는 전체 모델 대신 일부 파라미터를 최적화해 LLM을 파인튜닝하는 혁신적인 방법을 추론에 적용하는 것에 중점

---

[4] Frantar, E., Ashkboos, S., Hoefler, T., & Alistarh, D. (2022, October 31). GPTQ: Accurate Post-Training Quantization for Generative Pre-trained Transformers. arXiv.org. https://arxiv.org/abs/2210.17323

을 두고 논의하고자 합니다. PEFT에 대한 기본적인 이해를 바탕으로, 이러한 기술이 어댑터를 훈련하는 데 사용된 이후 LLM의 추론 단계에서 어떻게 효율성과 효과를 높이는지 살펴보겠습니다. 이는 계산 효율성과 저장 공간의 개선뿐만 아니라 다양한 작업과 도메인에 모델을 배포할 때 PEFT의 강점인 유연성을 강조합니다. 실용적인 애플리케이션에서 더 민첩하고 자원 효율적인 모델에 대한 필요성이 커짐에 따라, 추론에서 PEFT의 역할을 이해하는 것이 중요합니다. 특히 다양하고 복잡한 작업을 처리할수록 여러 어댑터를 사용하므로 PEFT는 더욱 중요해집니다.

많은 기업이 여러 PEFT 어댑터(예: LoRA 모델)를 여러 사용 사례 및 작업에 맞게 훈련한 후 원본 모델과 함께 배포하는 방법을 채택합니다. LLM의 크기가 커지면서 전체적인 파인튜닝은 특히 성능이 부족한 하드웨어에서 제대로 작동하지 않게 됩니다. 또한, 각 작업에 대해 파인튜닝된 개별 모델을 저장하고 배포하는 것은 비용이 많이 듭니다. 유사하게, 원본 모델을 전체적으로 파인튜닝하는 것은 더욱 실용적이지 않습니다.

3.8.1 PEFT 요점 정리

PEFT는 필요한 작업을 수행하는 수 메가바이트 크기의 작고 효율적인 모델을 생성할 수 있으며, 이는 큰 저장 공간을 요구하는 전체 파인튜닝과는 대조적입니다. PEFT에서 훈련된 작은 수의 파라미터는 경량의 어댑터로 사전 훈련된 기본 모델에 레고 블록처럼 추가해 여러 작업에 사용할 수 있습니다. 실제로, PEFT를 사용해 훈련하면, 원본 모델의 파라미터를 제외하고 훈련된 PEFT 파라미터만 저장하면 되므로 파일 크기가 크게 줄어듭니다. 예를 들어, bigscience/T0_3B 모델을 LoRA와 같은 PEFT으로 특정 데이터셋에 맞게 조정한 경우, 어댑터 설정 및 파라미터를 포함한 원본 모델인 bigscience/T0_3B 보다 크기가 작은 몇 개 파일들만 저장하면 됩니다. PEFT는 가벼우면서 특정 작업에 특화된 어댑터를 추가해 동일한 기본 모델을 다양한 작업에 사용할 수 있게 하며, 이 적응 능력은 추론 시에도 주목할 만합니다. 이 접근 방식은 특히 자원이 제한된 환경이나 새로운 작업에 빠르게 적용해야 하는 애플리케이션에 유리합니다. 또한, PEFT이 추가적인 추론 지연을 초래하지 않는다는 사실은 중요하며, 이는 강력한 효율성과 유연성이 응답 시간이나 출력 품질을 희생하지 않음을 보장합니다.

[그림 3-7]은 배포 환경에서 여러 PEFT 모델을 사용하는 방법입니다.

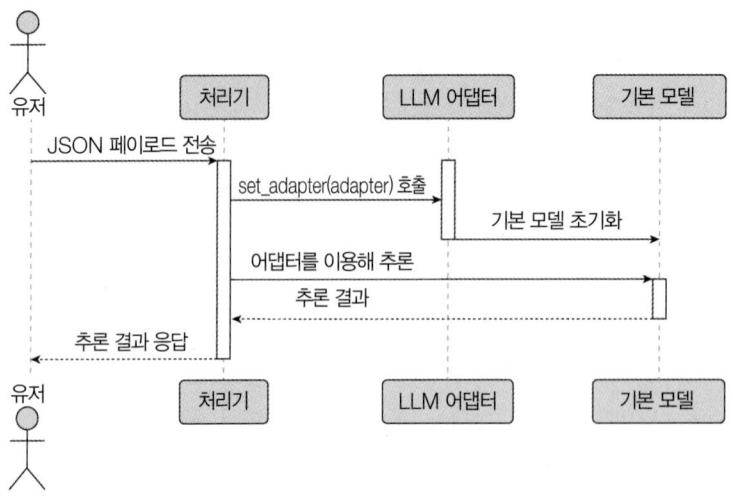

그림 3-7 추론에서 여러 어댑터를 동적으로 사용하는 방법

사용자는 JSON 페이로드payload 내 요청 사항뿐만 아니라 풀고자 하는 문제를 해결해 주는 작업의 어댑터의 이름 또는 경로를 함께 보냅니다. 이미 저장된 어댑터와 Falcon 7B와 같은 기본 모델이 있는 폴더가 있다고 가정합니다. 이 폴더에는 각 저장된 어댑터에 대한 `adapter_config.json` 파일과 가중치가 저장되어 있습니다. 시퀀스 다이어그램에 표시된 프로세스는 Falcon 7B와 같은 기본 모델을 로드한 후 제공된 어댑터 이름 또는 경로에 따라 동적으로 요청된 어댑터로 설정하고 전환합니다. 핸들러가 예측에 사용할 'prompt'와 'adapter'를 담은 JSON 페이로드payload를 받는다고 가정합니다. 이 설정을 통해 작업에 따라 어댑터가 동적으로 로드되고 예측에 사용됩니다. 예를 들어, 하나의 어댑터는 PII 정보를 식별하고, 또 다른 어댑터는 한 줄 요약을 생성하며, 또 다른 어댑터는 입력을 프랑스어로 번역하는 등의 작업을 수행할 수 있습니다.

3.8.2 코드 예시

이제 런타임에 새로운 어댑터를 설정하고 예측을 수행할 수 있는 함수를 작성할 수 있습니다.

```python
from transformers import AutoModelForCausalLM, AutoTokenizer

# 기본 모델과 토크나이저를 로드합니다.
model = AutoModelForCausalLM.from_pretrained(model_name)
tokenizer = AutoTokenizer.from_pretrained(model_name)

def set_adapter(model, adapter_name, tokenizer):
    """
    기본 모델에 특정 어댑터를 설정합니다.
    Args:
    model: 미리 로드된 기본 LLM 모델 인스턴스.
    adapter_name: 추론을 위한 어댑터의 이름.
    tokenizer: 모델과 관련된 토크나이저.
    Returns:
    어댑터와 함께 추론하는 함수.
    """
    # 기본 모델에 어댑터를 설정합니다.
    model.set_adapter(adapter_name)

    # 추론을 위한 함수
    def perform_inference(prompt):
        inputs = tokenizer(prompt, return_tensors="pt").to("cuda")

        outputs = model.generate(**inputs, max_new_tokens=64,
                    do_sample=True, top_k=50)
        return tokenizer.decode(outputs[0], skip_special_tokens=True)

    return perform_inference

# |set_adapter| 함수의 사용 예시
adapter_inference = set_adapter(model, json_payload["adapter"], tokenizer)
result = adapter_inference(json_payload["prompt"])
print(result)
```

대부분의 경우, 특정 작업에 대해 실제로 사용될 어댑터는 사전에 알 수 없습니다. 이러한 경우, 컨텍스트에 작업을 완료하는 데 필요한 어댑터에 대한 정보를 더할 수 있습니다. 이러한 상황에서는 사용자가 프롬프트만 제공하는 것으로 기대되며, 어댑터는 다른 모델을 사용해 추론됩니다. [그림 3-8]에서 이전 다이어그램을 수정해 '어댑터 예측기'adaptor predictor'를 추가했습니다. 어댑터 예측기는 별도의 제로샷 모델zero-shot model, 특정 훈련된 모델, 규칙이 될 수 있습니다.

3.9 비용 및 성능 영향

비용 및 성능의 균형을 맞추는 많은 추론 최적화 기법과 배포 과정에서의 중요성에 대해 논했습니다. LLM 추론을 최적화할 때, 비용과 성능 간의 균형을 맞추는 것이 중요합니다. 프롬프트 엔지니어링과 텍스트 요약 같은 기술은 입력과 출력을 정제해 계산 부하를 줄임으로써 성능에 직접적인 영향을 미치며, 효율성과 정확성을 모두 키웁니다. 한편, 벡터 스토어vector store를 이용한 캐싱과 배칭 프롬프트는 중복 계산을 최소화하고 효율적인 자원 활용을 통해 상당한 비용 절감을 제공합니다.

양자화, 연속 배칭, 텐서 병렬화와 같은 모델 최적화 방법은 비용 및 성능의 균형을 맞춥니다. 양자화는 모델 크기를 줄이고 추론 속도를 높이며, 연속 배칭과 텐서 병렬화는 병렬 처리를 위한 자원 사용을 최적화합니다. 이러한 방법은 운영 비용을 줄이면서도 추론 성능을 유지하거나 높이는 데 기여합니다.

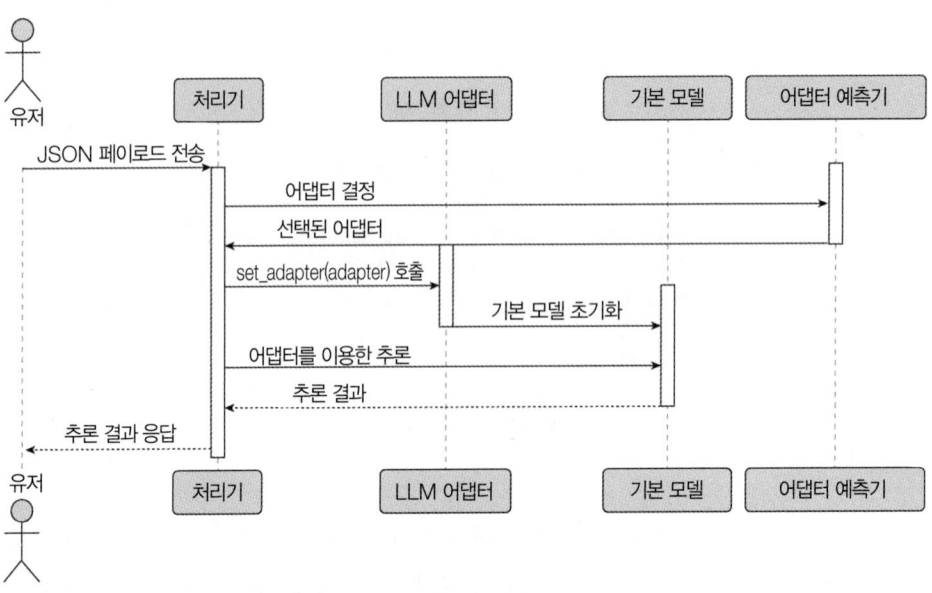

그림 3-8 추론을 위한 어댑터를 자동으로 선택하는 어댑터 예측기

그러나 이러한 최적화를 구현하려면 그 영향력에 대한 신중한 고려가 필요합니다. 프롬프트 엔지니어링과 반복적인 프롬프트 개선 작업은 출력 품질을 크게 높일 수 있지만, 초반에 더 많은 노력과 전문 지식이 필요합니다. 마찬가지로, 양자화와 같은 모델 최적화 기술은 성능 정확도

와 효율성 간의 트레이드오프가 존재합니다. 따라서 방법 선택은 모델 크기, 자원, 응답 시간 요구 사항, 원하는 출력 품질 등의 요소를 고려해 특정 사용 요구 사항에 맞춰야 합니다.

전반적으로, LLM에서 효과적인 추론 최적화의 핵심은 다양한 기술을 신중하게 결합하는 전체적인 접근방식에 있습니다. 각 방법의 강점을 이해하고 활용해 비용과 성능 사이의 최적의 균형을 달성할 수 있으며, 이는 LLM이 강력하고 정확할 뿐만 아니라 다양한 애플리케이션에서 경제적으로 실행하도록 보장합니다.

3.10 요약

이 장에서는 LLM의 여러 가지 측면의 효율성을 높이기 위해 프롬프트 엔지니어링, 캐싱, 배칭 프롬프트와 같은 추론 최적화 전략에 대해 다양한 테크닉을 탐구했습니다. 양자화와 텐서 병렬 처리 등의 다양한 모델 최적화 방법을 살펴보고, 하이퍼파라미터 튜닝의 중요성에 대해 논의했습니다. 이 장에서는 비용과 성능 간의 복잡한 균형을 강조했으며, 이러한 방법을 신중하게 결합해 제품에서 최적의 결과를 얻는 방법에 대한 방향성을 제공했습니다.

CHAPTER 4

모델 선택과 대안

이번 장에서는 모델 선택의 복잡성을 다룹니다. 먼저, 작고 효율적인 모델의 개발과 적용에 대해 논의하며, 특정 상황에서의 중요성을 이야기합니다. 이후, 도메인 특화된 모델을 탐구하며, 특정 산업에 맞춘 모델이 성능과 관련성을 어떻게 높이는지 강조합니다. 마지막으로, 모델의 크기와 상관없이 성능을 높이는 데 중요한 단계인 추론 하이퍼파라미터 최적화에 대해 깊이 다룹니다.

4.1 모델 선택의 중요성

빠르게 변화하는 인공지능과 머신러닝 분야에서 적절한 모델을 선택하는 것은 다양한 애플리케이션들의 성공적인 구현에 있어서 중요한 요소가 됐습니다. 이 장에서는 모델 선택에 필요한 여러 조건을 다루며 작고 효율적이며 빠르게 반응하는 모델과 거대한 모델 간의 트레이드오프, 도메인 특화 모델의 등장, 그리고 추론 시 하이퍼파라미터 최적화의 중요성에 대해 집중적으로 살펴봅니다.

AI 모델의 범위가 크게 확장되면서, 작고 민첩한 모델부터 거대하고 복잡한 모델에 이르기까지 다양한 선택지가 제공됩니다. 각 모델들 유형별로 고유한 장점과 도전 과제가 있으며 효과, 비용 효율성, 성능에 따라 모델 선택 과정이 매우 중요합니다. 이러한 모델 선택의 다양성은 모바일 애플리케이션처럼 낮은 지연 시간이 요구되는 상황부터 높은 계산 능력이 필요한 대규모 데이터 분석에 이르기까지 다양한 도메인과 응용 분야에 맞춰 해결책을 제공할 수 있습니다.

4.1.1 소형 언어 모델(SLM)과 거대 언어 모델(LLM)

모바일 기반의 건강 관련 애플리케이션을 개발하는 스타트업과 방대한 금융 데이터를 분석하는 대기업이 있습니다. 스타트업은 제한된 자원으로 실시간 분석하므로 작고 효율적인 모델을 선택하고, 대기업은 방대한 데이터셋에서 세밀한 인사이트가 필요해 더 크고 복잡한 모델을 사용합니다. 이 상황에서 소형 언어 모델small language model (SLM)과 LLM을 선택하는 데 필요한 사항을 자세히 살펴보겠습니다.

자원이 제한적인 스타트업은 자연스럽게 SLM을 시험합니다. 소형 모델은 더 적은 데이터와 덜 강력한 하드웨어를 요구해 비용 효율적일 뿐만 아니라, 제한된 예산으로 운영되는 스타트업에게 높은 효율성을 제공합니다. SLM의 맞춤화 잠재력은 특정 의료 데이터셋이나 대상 그룹에 맞게 모델을 조정할 수 있어 건강 관련 애플리케이션 스타트업에 매우 유용합니다. SLM은 더 정확하고 관련성 높은 건강 진단을 제공해, 스타트업의 비즈니스 목표와 업계 요구에 부합합니다. 모델이 작으면 엣지 컴퓨팅 환경에서 실행되며, 통제된 훈련 데이터 환경과 간소화된 위험 평가를 통해 향상된 안전성과 보안을 제공해 환자 개인정보 보호와 데이터 민감성이 중요한 의료 분야에 적합합니다.

방대한 양의 복잡한 데이터를 처리하는 대형 금융 기관은 자연스럽게 GPT와 같은 LLM을 활용합니다. 이러한 모델은 방대하고 복잡한 데이터셋을 처리하는 데 뛰어날 뿐만 아니라, 깊이 있는 금융 분석과 통찰력 있는 보고서 생성에 능숙하며, 콘텐츠 생성과 정보 검색에도 중요한 역할을 합니다. 이를 통해 금융 시장 분석과 고객 관계 강화와 같은 중요한 기능을 수행하기도 합니다.

이러한 고급 모델을 개발하고 유지하는 데 드는 비용은 상당하지만 대형 금융 기관은 그 비용을 감당할 수 있습니다. 페타바이트 급의 데이터로 언어 모델을 사전 훈련pretraining 하고, 중앙 집중식 '생성형 AI 플랫폼'을 구축하는 데도 자원을 투입할 자금력이 있습니다. 이러한 플랫폼은 LLM을 핵심 기술로 활용해, 세부적으로 파인튜닝fine-tuning해 특정 사용 사례에 적용하는 강력한 도구를 제공합니다. 높은 수준의 투자와 인프라 덕분에 복잡한 데이터 환경에서 LLM의 장점을 최대한 활용하면서 위협을 최소화할 수 있습니다. 블룸버그GPT는 내부 및 공개된 금융 데이터를 사용해 130만 GPU 시간을 들여 학습됐습니다! 더 많은 자원을 가진 대기업은 이러한 모델의 규모와 복잡성에 따르는 도전 과제를 극복하고 이를 관리할 수 있는 유리한 위치에 있습니다.

이 두 가지 시나리오를 비교해 보면, 일부 스타트업은 SLM과 같은 비용 효율적이고 도메인 특화된 솔루션을 우선시하는 반면, 대기업은 LLM의 광범위한 적용과 깊이 있는 분석 능력을 원합니다. 그렇다고 LLM이 자금력이 풍부한 대기업만 사용할 수 있다는 의미는 아닙니다. SLM과 LLM 중 어느 것을 선택할지는 조직의 규모, 가용할 수 있는 자원, 산업의 특정 니즈, 처리되는 데이터의 특성, 그리고 실제 사용 사례와 같은 요인에 따라 달라집니다.

건강 관련 애플리케이션을 개발하는 스타트업은 민감한 의료 데이터를 효율적이고 정확하며 보안에 강건하게 처리하는 게 중요한 반면, 금융 기업은 더 높은 비용과 잠재적인 어려움에도 불구하고 대규모 금융 데이터에서 인사이트를 얻어야 합니다. SLM과 LLM, 두 모델 모두 AI 환경에서 고유한 위치를 차지하며 원하는 가치에 따라 선택하면 됩니다. AI 모델은 단순히 작은 모델과 큰 모델을 선택하는 문제가 아닙니다. 각 프로젝트의 특정 요구 사항과 제약 조건에 따라 비용, 성능, 접근성, 환경적 영향을 균형 있게 고려해 선택해야 합니다.

4.2 효율적인 소형 모델

LLM이 대중의 엄청난 관심을 끌고 있지만 오픈AI와 앤트로픽과 같은 생성형 AI 경쟁의 선두 기업이 여전히 소형 모델을 제공합니다. 왜 자꾸 기업이 소형 모델을 계속 제공하는지에 대한 궁금증이 생깁니다.

SLM과 LLM의 성능과 비용 효율성을 비교하면 소형 모델이 성능이나 범용성면에서 다소 부족하더라도, 특정 상황에서는 상당한 이점을 제공합니다. 소형 모델은 빠르고 실시간 상호작용이 요구되는 특정 작업에 맞춰져 있어, 모바일 앱, 챗봇, 고객 서비스 도구와 같은 애플리케이션에 더 실용적인 솔루션을 제공합니다.

비용 측면에서 소형 모델은 훈련과 배포가 훨씬 저렴합니다. 낮은 복잡성으로 저사양의 하드웨어에서도 효과적으로 작동할 수 있어 인프라 투자와 유지 비용이 줄어듭니다. 이러한 경제성은 환경 보호 측면에서도 바람직하며, 소형 모델은 에너지 효율이 높아 운영 비용을 낮출 뿐만 아니라 지속 가능성을 중시하는 기업의 경영 방침과도 부합합니다.

소형 모델은 훈련 데이터 요구량이 적어 비용 효율성 향상에 더욱 기여합니다. 소형 모델은 대형 모델이 필요로 하는 방대한 텍스트 대신 특정 데이터셋에 맞춰 세부 조정되기 때문에, 데이터 수집 및 정제 과정에 소요되는 비용과 시간이 줄어듭니다. 이로 인해 특화된 애플리케이션에서 성능상의 이점을 얻을 수 있으며 도메인 특화 데이터로 훈련된 소형 모델은 특정 영역에 대한 성능이 높아 크고 범용적인 모델보다 뛰어난 성능을 발휘합니다.

그러나 거대 모델은 세밀하고 복잡한 콘텐츠를 생성하고, 인간 언어를 정확하게 이해하고 생성하며 다양한 AI 작업을 처리하는 능력에서 여전히 독보적입니다. 크기와 성능 간의 균형은 대형 모델이 제공하는 깊이 있는 역량과 소형 모델이 제공하는 민첩성과 비용 효율성 간의 트레이드오프에서 뚜렷하게 나타납니다. 실제로, 이들 중 어떤 모델을 선택할지는 주로 특정 사용 사례에 따라 달라지며, 소형 모델은 많은 시나리오에서 시작 지점과 특화된 문제를 푸는 역할을 하며 거대 모델은 어려운 문제 해결 또는 매우 복잡한 애플리케이션에 대한 강력한 솔루션을 제공합니다. 요약하자면, SLM과 LLM 모두 AI 생태계에서 중요한 역할을 하며, 그들의 성능과 비용은 다음과 같은 맥락에서 평가해야 합니다.

- **자원 효율성**: 소형 모델은 계산 자원이 적게 필요해, 특히 예산이 제한된 스타트업이나 프로젝트에 더 비용 효율적입니다.

- **지연 시간과 실시간 처리**: 작고 효율적인 모델은 지연 시간이 낮아, 모바일 앱이나 사용자와 상호작용하는 시스템interactive system처럼 실시간 처리가 필요한 애플리케이션에 필수적입니다.
- **에너지 소비**: 거대 모델은 더 많은 에너지를 소비해 자연환경에 큰 영향을 미칩니다. 소형 모델은 더 지속 가능해 환경 문제에 대한 관심이 증가하는 상황에 부합합니다.

4.3 성공적인 소형 모델 사례

최근 소형 모델의 발전을 살펴보고, 이러한 모델이 파라미터 수가 몇 배나 더 많은 모델과 성능 면에서 어떻게 비교되는지 알아봅시다. 강력한 '소형 언어' 모델을 개발하는 방법은 두 가지입니다.

- 후속 훈련 기술post-training technique을 사용해 더 큰 모델을 압축합니다.
- 처음부터 소형 모델을 훈련하거나 세부 조정합니다.

먼저, 기존 모델을 압축하는 중요한 실용적 기술인 양자화에 대한 최신 기술을 살펴보겠습니다. 양자화에 대해서는 3장에서 간략히 다루었지만, 이번에는 성능이 동등한 소형 모델을 만드는 이러한 기술을 새로운 관점에서 살펴보겠습니다.

4.3.1 강력한 소형 모델을 위한 양자화

양자화quantization는 큰 입력 집합을 더 작은 출력 집합으로 제한하는 과정을 의미합니다. 신경망의 맥락에서 보면 모델 가중치와 활성화를 나타내는 숫자의 정밀도를 낮출 수 있습니다. 예를 들어 부동소수점 표현을 int8 또는 int16과 같은 낮은 비트폭 형식으로 변환하는 것입니다. 변환은 모델의 메모리 사용량을 줄일 뿐만 아니라, 특히 저정밀 연산을 위해 설계된 특수 하드웨어에서 연산 속도를 높일 수 있습니다. 양자화는 일반적으로 32비트 또는 64비트 부동소수점 표현을 8비트 또는 16비트와 같은 더 낮은 비트폭의 정수로 변환합니다.

- **가중치 양자화**weight quantization: 모델의 가중치의 정밀도를 줄이는 과정입니다. 가중치는 모델이 훈련된 후 고정되기 때문에, 이는 종종 양자화의 주요 초점이 됩니다.
- **활성화 양자화**activation quantization: 각 레이어의 활성화 출력값을 양자화하는 것을 의미합니다. 활성화 값은 매 입력마다 동적으로 변하기 때문에 가중치 양자화보다 더 어려운 작업입니다.

양자화 과정은 양자화된 값들 사이의 간격이 일정한 '균일^{uniform} 양자화'와 그렇지 않은 '비균일 $^{non-uniform}$ 양자화'로 나눌 수 있습니다. 비균일 양자화는 더 복잡하지만, 특정 값의 분포에 맞게 조정할 수 있어 경우에 따라 더 높은 정확도를 제공할 수 있습니다. 모델을 양자화하면 효과적으로 크기가 줄어듭니다. 32비트 부동소수점을 8비트 정수로 변환하면 모델 크기가 약 75% 감소해 메모리 요구 사항과 저장 공간이 크게 줄어듭니다. 이렇게 하면 복잡한 모델을 스마트폰이나 IoT 기기와 같이 메모리가 제한된 장치에 배포할 수 있습니다.

그러나 양자화 과정에서 정밀도가 감소해 모델의 성능에 낮출 수 있습니다. 양자화의 핵심은 모델 크기, 계산 효율성, 그리고 정확성 간의 트레이드오프를 균형 있게 맞추는 데 있습니다. 이제부터 고급 양자화 기술이 이러한 문제를 어떻게 해결해 성능 손실을 최소화하면서도 모델 크기를 줄이는지 간략히 살펴보겠습니다.

먼저 양자화에 사용되는 최신 기술은 세 가지가 있습니다.

- **AWQ**: AWQ는 모델 가중치의 특성에 맞춰 양자화 과정을 최적화하는 방법입니다. AWQ는 가중치의 분포에 적응해 성능 저하를 최소화해 양자화를 최적화합니다. 이 방법은 다양한 언어 모델, 상식 질의응답, 도메인 특화된 벤치마크에서 특히 효과적이며, LLaMA, OPT, OpenFlamingo-9B, LLaVA-13B와 같은 모델 등 여러 모델에서 더 나은 일반화와 강호한 양자화 성능을 보여줍니다.
- **GPTQ**: GPTQ는 생성형 사전 훈련 트랜스포머에 특화된 훈련 후 양자화하는 기법입니다. 이 방법은 양자화된 모델의 정확성을 유지하는 데 중점을 두며, BLOOM 및 OPT 패밀리와 같은 LLM에 주로 사용됩니다. GPTQ는 특히 언어 생성 작업에서 성능 손실을 최소화하면서 모델 가중치당 3비트 또는 4비트로 압축할 수 있는 능력으로 돋보입니다. 이 방법은 BLOOM-176B 및 OPT-175B와 같은 매우 큰 모델에서 특히 효과적입니다.
- **LLM.Int8()**: LLM.Int8()은 8비트 행렬 곱셈에 중점을 둔 양자화 접근법으로, 수십억 개의 파라미터를 가진 트랜스포머를 압축할 수 있게 해줍니다. 이 접근법은 혼합 정밀 분해를 사용해 큰 크기의 특성을 효과적으로 관리하며, 거대 모델의 성능을 유지합니다. LLM.Int8()은 최대 175B 파라미터의 트랜스포머 크기에서 16비트 성능을 완전히 유지하는 것으로 입증되어, 모델 양자화와 효율성에서 중요한 발전을 이루었습니다.

양자화에서 가장 중요한 도전 과제 중 하나는 정밀도를 낮춘 후에도 모델의 성능을 유지하는 것입니다. 이제 이 세 가지 방법의 성능 효율성을 좀 더 자세히 살펴보겠습니다.

- **AWQ**: 파라미터에 낮은 정밀도를 적용한 양자화를 적용해 모델 크기를 크게 줄입니다. 다양한 모델 크기와 비트 정밀도에서 퍼플렉시티^{perplexity}의 WikiText-2를 개선하며, COCO 캡션 데이터셋에서도 양

자화로 인한 성능 저하를 눈에 띄게 줄였습니다.

- **GPTQ**: 생성형 사전 훈련 트랜스포머에 특화된 GPTQ도 뛰어난 결과를 보여줍니다. OPT-175B 모델에 적용됐을 때, FP16 정밀도로 양자화를 수행했을 때 메모리 요구량을 약 63GB로 줄였습니다. WikiText-2의 퍼플렉시티와 같은 성능 지표는 베이스라인과 유사했으며, 모델 크기를 크게 줄였음에도 불구하고 모델의 성능 저하를 최소화했습니다.
- **LLM.Int8()**: 8비트 행렬 곱셈에 중점을 두어 성능을 희생하지 않고 모델 크기를 크게 줄입니다. 이 방법은 125M에서 13B 파라미터에 이르는 트랜스포머 크기에서 퍼플렉시티를 완전히 유지하며, 원래의 32비트 부동소수점 모델과 비교해 성능 손실이 없음을 보여줍니다. 특히 최대 1750억 파라미터 모델의 제로샷 작업에서 성능을 유지하는 데 효과적이며, 이는 모델 양자화 분야에서 주목할 만한 성과를 이룬 것입니다.

전반적으로 양자화 방법은 AI와 머신러닝 분야에 중요한 발전이 일어났음을 의미합니다. 이 방법은 자원이 제한된 환경에서 핵심 기능과 효과성을 유지하면서 작지만 강력한 AI 모델의 배포를 가능하게 합니다.

다음으로, 양자화와 같은 훈련 후 적용하는 기술이 아닌 처음부터 훈련된 소형 모델을 살펴보겠습니다.

4.3.2 Mistral: 텍스트 생성 모델

Mistral 모델은 Mistral AI가 개발한 LLM으로 언어 모델 분야에서 중요한 발전을 이뤘습니다. 2023년 9월에 발표한 Mistral 7B[1]는 70억 개의 파라미터로 구성된 트랜스포머 모델로, 자연어 처리(NLP) 응용 분야에서 신경망의 빠른 진화를 나타낸 사례입니다. Mistral 7B는 효율성과 성능의 균형을 잘 맞춰 다양한 벤치마크에서 메타의 Llama 2 13B 및 Llama 1 34B와 같은 더 큰 모델보다 더 나은 성능을 보였습니다.

> **NOTE** 예측하셨겠지만 7B에서 'B'는 파라미터의 수를 의미하며, '10억' 단위를 나타냅니다. 실제 파라미터 수는 정확히 70억 개가 아닐 수도 있지만, 이와 근접한 수치입니다.

---

1 Jiang et al. (2023). Mistral 7B. arXiv.org. https://arxiv.org/abs/2310.06825

Mistral 7B는 슬라이딩 윈도 어텐션sliding window attention과 같은 첨단 기능을 통합한 디코더 기반 언어 모델입니다. 8,000토큰의 문맥 길이와 고정 캐시 크기로 학습된 Mistral 7B는 이론적으로 128,000토큰을 처리합니다. 이러한 아키텍처는 복잡한 자연어 처리 작업에서 있어서 중요한 요소로, 모델이 효율적으로 방대한 데이터 시퀀스를 처리하도록 뒷받침합니다.

Mistral 7B는 모든 지표에서 Llama 2 13B 모델의 성능을 크게 상회했으며 Llama 34B 모델과 비슷한 성능을 보였습니다. 특정 벤치마크에서는 Mistral 7B가 상식적 추론, 글로벌 지식, 독해, 수학, 코딩 작업에서 뛰어난 성과를 보입니다. 그중에서 코딩 및 상식적 추론 벤치마크에서 우수한 성능을 발휘해, 자연어 처리와 기술적 작업 모두에서 탁월한 능력을 입증합니다. Mistral 7B를 눈여겨봐야 할 지점은 비용 대비 성능의 효율성입니다. 추론, 독해, 그리고 STEM 추론 벤치마크(MMLU)에서 Mistral 7B는 크기가 세 배나 큰 Llama 2 모델과 동등한 성능을 보여줍니다. 이러한 효율성은 메모리 절약과 처리 속도로 이어지며, 실제 운영 환경에서 매우 중요한 요소입니다. 또한, Mistral 7B는 글로벌 지식world knowledge 벤치마크를 제외한 모든 평가에서 Llama 2 13B를 크게 능가합니다. 글로벌 지식 벤치마크에서의 결과는 파라미터 수가 제한되어 있어 압축할 수 있는 지식의 양이 제한되기 때문일 가능성이 큽니다. 또한 흥미로운 점은 Mistral 7B가 코드 생성에 특화된 Code-Llama 7B와 비슷한 코딩 성능을 보이면서도 다른 작업의 성능을 희생하지 않는다는 점입니다.

추론 중 Mistral 7B는 다양한 부하 상황에서 요청을 처리하고 낮은 지연 시간을 유지하는 효율성을 보여줍니다. A100 40GB GPU를 사용할 때, 1명의 사용자가 있을 경우 가장 빠른 응답 속도는 4.6초이며, 초당 0.8 요청(RPS)까지 이 성능을 유지하다가 그 이후에는 지연 시간이 크게 증가합니다. 유사하게, A10 24GB GPU를 사용할 때 가장 빠른 응답 속도는 18초이며, 0.4 RPS까지 성능을 유지합니다. 다른 구성에서는 가장 빠른 응답 속도가 2.3초까지 낮아지며, 성능이 2.8 RPS까지 안정적으로 유지됩니다. 이러한 지표는 Mistral 7B가 다양한 하드웨어 설정에서도 효율적으로 요청을 처리할 수 있는 견고함을 보여줍니다. 더 자세한 정보는 Mistral의 공식 홈페이지(https://mistral.ai)에서 확인할 수 있습니다.

Mistral 7B는 AI 어시스턴트(https://bit.ly/4axLvw5), 특화된 추론 작업, PII(개인 식별 정보) 삭제, 법률 해석, 요약, 분류와 같은 일반적인 자연어 처리 작업이 필요한 애플리케이션에 탁월한 선택입니다. Mistral 7B는 허깅페이스의 Zephyr 7B와 같이 작으면서 강력한 다른 모델을 개발하는 출발점이 되기도 했습니다.

Mistral AI는 2023년 9월에 Mistral 7B를 발표한 이후 꾸준히 연구개발을 진행해 왔습니다. 이후 2023년 12월에는 Mixtral 8x7B 모델을 공개했으며, 이 모델은 MoE 방식을 적용하여 성능과 효율성을 더욱 향상시켰습니다. Mixtral 8x7B는 활성화되는 전문가 네트워크를 최적화하여, 동일한 파라미터 수를 가진 기존 모델보다 뛰어난 성능을 발휘하도록 설계됐습니다.

2024년 1월에는 Mistral AI가 오픈 소스 전략을 더욱 강화하며 다양한 AI 생태계와 협업을 확대해 기업 및 연구 기관이 Mistral의 AI 기술을 더욱 효과적으로 활용할 수 있도록 지원하겠다고 발표했습니다. 2025년 2월, Mistral AI는 Mistral Small 3 모델을 공개하며, 경량화된 고성능 AI 모델을 계속 만들었습니다.

4.3.3 Zephyr: 지식 증류

Zephyr 7B는 허깅페이스에서 개발한 언어 모델로, Mistral 7B의 기반 위에 구축됐습니다. Mistral 7B는 더 적은 계산 자원으로 높은 성능을 제공하는 효율적인 모델로 알려져 있으며, Zephyr 7B와 같은 더 강력한 모델의 개발에 기여했습니다. 특히 Mistral 7B는 교육적인 작업에서 뛰어난 효율성을 보여 허깅페이스 플랫폼에서 두 배나 큰 모델과 경쟁할 수 있을 만큼 뛰어난 성능을 발휘했습니다. 이러한 성공은 Zephyr 7B의 개발로 이어졌으며, Mistral 7B처럼 세밀하게 조정된 작은 모델이 일부 작업에서 더 큰 채팅 모델을 능가하며, 일부 측면에서는 GPT-4와도 견줄만한 성능을 자랑했습니다.

Zephyr 7B의 개발에서 중요한 부분은 지식 증류$^{knowledge\ distillation}$ 기술의 사용입니다. 이 기술은 더 큰 '교사' 모델이 학습한 복잡한 패턴을 작은 '학생^{student}' 모델이 학습하도록 훈련해, 언어 모델링 능력 및 정확성을 유지하는 방법입니다. Zephyr 7B의 개발 과정에서는 dSFT$^{distilled\ supervised\ fine-tuning}$와 dDPO$^{distilled\ direct\ preference\ optimization}$가 사용됐으며, 여러 교사 모델의 AI 피드백을 선호 데이터$^{preference\ data}$로 활용했습니다. 이 방법은 훈련에 필요한 시간과 자원을 크게 줄이면서도 높은 품질의 상호작용과 이해력을 유지할 수 있었습니다.

> ### 지식 증류
>
> 지식 증류knowledge distillation는 머신러닝에서 복잡하고 큰 모델(교사)의 지식을 더 작고 단순한 모델(학생)로 전달하는 과정입니다. 이 기술을 통해 학생 모델은 복잡한 모델만큼이나 정확하게 작업을 수행할 수 있게 하며 효율적으로 적은 계산 자원을 사용할 수 있게 해줍니다. 핵심 아이디어는 교사 모델이 생성한 소프트 확률logits을 '소프트 타겟'으로 사용해 학생 모델을 훈련하는 것입니다. 이 방식은 일반적인 학습에서 사용하는 하드 타겟만 사용하는 것보다 더 많은 정보를 제공합니다.
>
> 지식 증류에서는 다양한 지식 유형, 증류 전략, 교사-학생 아키텍처가 중요합니다. 가장 인기 있는 지식 증류 방식은 '응답 기반'으로 학생 모델이 교사 모델의 예측값logit을 모방하는 것입니다. 이때, 쿨백-라이블러 발산이 증류 시 손실 함수로 자주 사용되어 학생 모델이 교사 모델과 일치하도록 만듭니다.
>
> 지식 증류는 다양한 모델에서 활용되어 왔으며, 초창기 응용 사례는 제한된 자원을 가진 장치에 배포할 수 있도록 더 작고 효율적인 모델을 만드는 데 중점을 두었습니다. DistilBERT는 BERT의 증류된 버전이며, TinyBERT는 크기와 속도를 모바일 또는 엣지 장치에 최적화한 모델입니다.

성능 측면에서 Zephyr 7B는 700억 파라미터 모델들(70B)과 비교할 만한 수준입니다. 이 모델은 학술적 벤치마크와 대화 능력에서 탁월하며, MT-Bench와 AlpacaEval 같은 벤치마크에서 엄격한 테스트를 통해 검증됐습니다. 이들 벤치마크는 한 번의 혹은 여러 번의 대화 상황에서 문맥적 능력을 평가하는데, Zephyr 7B는 7B 모델로 새로운 기준을 제시했고 더 큰 모델과 경쟁할 수 있음을 입증했습니다. 특히 쓰기, 추론, STEM, 코딩, 수학 등 다양한 작업 범주에서 강점과 약점을 파악할 수 있었습니다. [그림 4-1]의 레이더 차트radar chart를 보면, Zephyr 7B는 10배 더 큰 Llama-chat 70B 모델보다 더 나은 성능을 보여주었으며 GPT-4와 Claude와 같은 선도적인 모델과도 유사한 성능을 보였습니다!

Zephyr 7B의 개발은 LLM의 대화 능력을 더 작은 모델에 효과적으로 증류할 수 있음을 증명하며 언어 모델의 진화하는 모습을 보였습니다. Mistral 7B의 강력한 기반을 활용한 Zephyr 7B는 7B 파라미터를 갖는 채팅 모델의 새로운 기준을 세우며, 더 작은 오픈 소스 모델이 사용자 의도를 효과적으로 이해하고 응답할 수 있는 가능성을 보여줍니다.

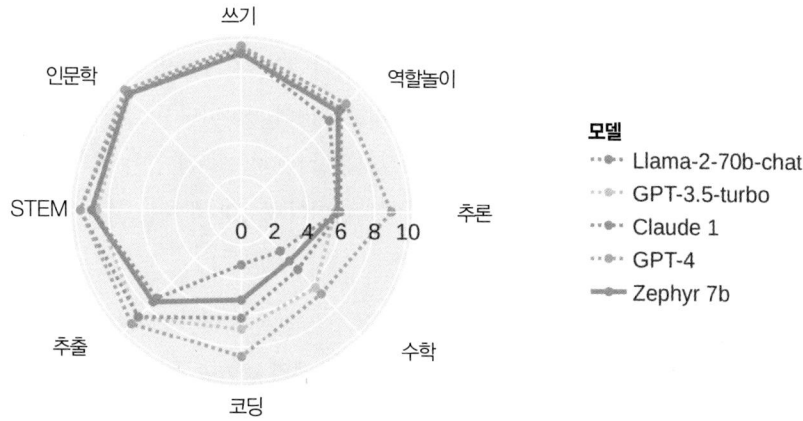

그림 4-1 언어 모델링 및 추론 작업에서 Zephyr 7B 모델의 성능을 다른 모델과 비교한 결과

> **NOTE** Zephyr의 변형 모델인 Notus 7B는 70억 파라미터 모델로, 일부 벤치마크에서 더 큰 모델들보다 뛰어난 성능을 보여주었습니다. Notus 7B는 DPO와 AI 피드백을 통해 파인튜닝됐습니다. Zephyr와 동일한 데이터셋(Ultrafeedback 데이터셋)을 사용했지만, Zephyr와 Notus의 차이는 데이터셋 전처리 방식에 있습니다. 이 데이터셋은 예시 응답, GPT-4가 평가한 점수, 그리고 그에 대한 비평의 이유로 구성됐습니다. Zephyr 모델은 비평 점수를 직접 사용한 반면, Notus는 '도움이 되는지', '정직한지', '지침을 잘 따르는지', '진실한지'와 같은 각 선호에 대한 평균 점수를 사용했습니다. 이러한 방식으로 Notus 7B는 더 뛰어난 모델이 될 수 있었으며, Llama 2 Chat 70B 모델, GPT-3.5 Turbo, Claude 2와 비슷한 성능을 발휘했습니다.

4.3.4 CogVLM: 언어-비전 멀티모달리티

비주얼 언어 모델(VLM)은 이미지와 텍스트를 함께 처리하고 추론할 수 있는 멀티모달multimodal AI 시스템에 대한 각광받는 접근법으로 등장했습니다. VLM은 이미지와 캡션 쌍으로 이루어진 대규모 데이터셋에서 사전 학습해 시각적 세계에 대한 상식적 지식을 습득하고, 이를 자연어로 설명하는 방법을 배웁니다. 이후 시각적 질문 응답, 이미지 캡션 생성, 비주얼 그라운딩visual grounding과 같은 다운스트림 작업에서 파인튜닝됩니다.

BLIP, FLAVA, OSCAR와 같은 주요 VLM은 인상적인 성능을 보여주었지만, 방대한 컴퓨팅 자원에 의존하기 때문에 확장성이 떨어집니다. 멀티모달 모델의 파라미터 수가 수 조개에 이를 정도로 커지면서, 이와 같은 거대한 파라미터 없이도 강력한 멀티모달 능력을 달성할 수 있는 더 효율적인 모델 아키텍처가 필요해졌습니다.

CogVLM은 칭화대와 Zhipu AI의 연구진이 개발한 모델로, 더 작은 비주얼 언어 모델이 다양한 작업에서 훨씬 더 큰 모델을 능가할 수 있음을 보여주었습니다. '단지' 170억 개의 파라미터를 가진 CogVLM은 550억 파라미터 PaLI-X 모델, 그리고 840억 파라미터 PaLM-E 모델을 시각적 질문 응답(VQA), 이미지 캡션 생성, 비주얼 그라운딩visual grounding과 같은 벤치마크에서 훨씬 더 나은 성능을 보여주었습니다. 이 170억 개의 파라미터 중 100억 개는 시각 관련 파라미터이고, 70억 개는 언어 관련 파라미터입니다.

CogVLM의 핵심은 새로운 시각 전문가(VE) 모듈에 있습니다. 얕은 정렬shallow alignment을 사용해 시각 및 언어 기능을 결합하는 대신에 CogVLM은 언어 모델의 층마다 학습 가능한 VE를 추가합니다. 이 VE는 이미지 특성을 변환해 각 어텐션 헤드attention head의 텍스트 특성과 깊게 연결시킵니다. 결과적으로, CogVLM은 멀티모달 정보의 훨씬 더 풍부한 융합을 실현하면서도 언어 전용 작업에서의 성능을 희생하지 않습니다. 다음 결과는 CogVLM의 효율성을 입증합니다.

- VQA 데이터셋(VizWiz QA, Science QA 등)에서 PaLI-X 및 PaLM-E 모델보다 나은 성능을 보여주었으며, 800억 파라미터 모델과 동등한 성능을 보입니다.
- 비주얼 그라운딩 데이터셋 전반에서 CogVLM은 최고 성능을 갱신하며, PaLI-17B와 같은 모델을 제쳤습니다.
- 이미지 캡셔닝captioning 데이터셋인 Flickr30K에서 CogVLM은 CIDEr 점수 94.9를 달성했습니다. 이 점수는 1.4억 파라미터를 갖는 Qwen-VL 모델의 점수인 85.8보다 큽니다. CogVLM은 Qwen-VL보다 작은 모델이지만 우수한 성능을 보입니다.

이처럼 CogVLM 모델은 자신의 크기의 몇 배가 되는 모델들보다 더 좋은 성능을 보여줍니다. 여기서 중요한 점은 단순히 모델의 크기를 최소화하려는 것이 아니라 크기와 성능의 균형을 맞추는 것이 목표라는 것입니다. 또한, [그림 4-2]는 170억 파라미터를 갖는 CogVLM이 여러 벤치마크에서 BLIP2 및 PalmE(840억 파라미터)와 같은 큰 모델을 비롯한 여러 모델을 능가하는 것을 보여줍니다. 뿐만 아니라 CogVLM은 엣지 디바이스edge device에서 더 넓은 활용이 가능합니다. 교과서의 이미지를 찍어 CogVLM에 간단하게 개념 설명을 요청하는 상황을 상상해보세요. CogVLM은 단순히 파라미터 개수를 늘리는 대신 모델 아키텍처에서 혁신을 이뤄 시각 언어 모델에 효율적이면서도 강력한 개선 방향을 제시했습니다.

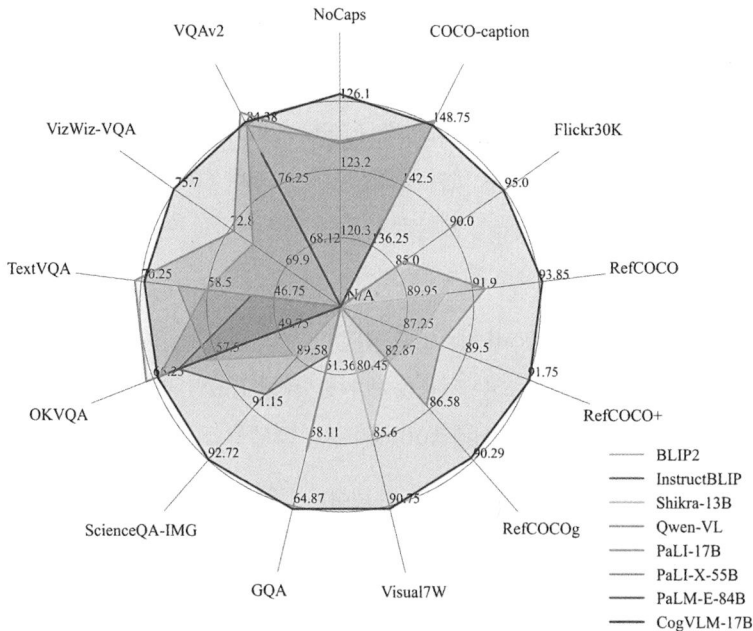

그림 4-2 시각 언어 모델링 작업에서 CogVLM 모델과 다른 여러 모델의 성능 비교

4.3.5 Prometheus: 텍스트 평가 모델

GPT와 같은 거대 언어 모델(LLM)은 인간의 평가 수준에 버금가는 텍스트 평가 능력을 보여줍니다. 적절한 프롬프트와 참고 자료가 제공되면, GPT는 사용자가 지정한 맞춤형 채점 기준에 따라 기계 생성 텍스트에 대한 수치적 점수와 자세한 피드백을 제공할 수 있습니다. 이러한 채점 기준은 창의성, 문화적 민감성, 아동 안전, 논리적 일관성 등과 같은 다양한 차원을 평가할 수 있으며, 그 적용 범위는 사용 사례에 따라 달라집니다.

Prometheus의 연구 논문[2]은 사용자가 '상사에게 보낼 만큼 격식을 차렸는지'를 검토하는 평가 기준과 적절성을 보여주는 참조 답변(reference answer)을 함께 제공합니다. 평가 모델의 생성 응답이 주어지면, GPT는 격식과 전문성에 초점을 맞춘 비판적인 피드백과 1에서 5까지의 적합

---

[2] Kim et al. (2023). Prometheus: Inducing fine-grained evaluation capability in language models. arXiv.org. https://arxiv.org/abs/2310.08491

성 점수를 출력합니다. 피드백은 평가 기준과 참조 답변을 고려해 어조, 단어 선택, 간결성 등 다양한 요소를 평가하면서 점수에 대한 이유를 설명합니다.

이 평가 접근 방식은 주관적이고 미묘한 기준을 고려해, BLEU나 ROUGE와 같은 일반적인 지표보다 인간의 세부 평가를 더 잘 재현하는 것이 목표입니다. 그러나 GPT-4와 같은 독점 모델에 의존할 경우 투명성이나 신뢰성, 접근성 제한과 같은 문제로 이어질 수 있으며, 이러한 문제를 해결하고자 Prometheus를 대안으로 제시했습니다.

카이스트와 네이버 AI 랩에서 개발한 Prometheus는 적절한 참고 자료를 사용할 경우, 작은 오픈 소스 모델들도 GPT-4와 맞먹을 수 있음을 보여줍니다. 130억 파라미터를 가진 Prometheus는 맞춤형 평가 기준에서 GPT-3.5 Turbo와 같은 모델을 크게 능가합니다.

Prometheus는 피드백 수집feedback collection이라는 새로운 데이터셋을 활용했습니다. 이 데이터셋은 1천 개의 세밀한 점수 평가 기준, 2만 개의 지시 사항, 그리고 GPT-4에 의해 생성된 10만 개의 응답과 언어 피드백으로 구성되어 있습니다. 각 점수 평가 지시문에는 20개의 지시 사항이 있으며, 각 지시에 대해 1에서 5까지 점수가 매겨진 5개의 응답과 해당 피드백이 있습니다. 이런 식의 데이터 100,000개가 훈련 데이터셋을 구성합니다. Prometheus는 파인튜닝 중에 순차적으로 피드백을 생성한 다음 점수를 내면서, 텍스트 품질 개선에 초점을 맞춘 상세한 비판적 평가를 학습합니다.

Prometheus 모델은 Llama 모델 시리즈를 기반으로 하지만, 단 130억 개의 파라미터만을 사용해 강력한 텍스트 평가 능력을 발휘하도록 특별히 훈련됐습니다. Llama 모델은 맞춤형 평가 기준에 따라 효과적으로 평가하는 데 어려움을 겪었으며, GPT-4로 생성한 피드백 수집 데이터셋에서 피어슨 상관관계pearson correlation가 0.5 이하를 기록했습니다. 이는 단순히 모델 크기를 확장한다고 해서 평가 능력이 더 강력해지는 것이 아님을 보여줍니다.

반면에, 피드백 수집 데이터셋과 관련된 훈련 접근법을 활용해, 130억 파라미터를 가진 Prometheus 모델은 GPT-4로 생성한 피드백 수집 데이터셋에서 상관관계를 일관되게 0.85 이상으로 달성했습니다. 이는 기본 13B Llama의 0.44 상관관계를 크게 능가하는 것이며, 심지어 훨씬 더 큰 70B Llama보다도 더 우수한 성능을 보였습니다. 정성적으로도 Prometheus는 모든 Llama 변이 모델들보다 더 비판적이고 의미 있는 피드백을 생성합니다.

Prometheus가 더 큰 Llama 모델들보다 뛰어난 성능을 보인다는 사실은 평가 능력을 유도하는 데 모델의 규모보다는 특화된 훈련이 더 중요하다는 것을 의미합니다. 파라미터가 훨씬 적음에도 불구하고, Prometheus는 Llama와 같은 모델과 견줄 수 있으며, 정확하면서 경제적인 평가를 내립니다.

[그림 4-3](논문 참조)에서 보여주는 바와 같이 결과에 따르면 Prometheus는 새로운 평가 기준에서 인간 점수와의 피어슨 상관관계가 0.897에 달해, GPT-4(0.882)와 비슷하며 GPT-3.5 Turbo(0.392)를 크게 능가합니다. 쌍별 비교pairwise comparison 결과에서는 인간 평가자들의 58.62%는 Prometheus의 피드백이 GPT-4의 피드백보다 선호된다고 합니다.

정확하고 저렴한 평가 모델을 오픈 소스화해, Prometheus는 신뢰성과 투명성에 대한 대략적인 선호를 넘어서 맞춤화된 평가 기준을 발전시킵니다.

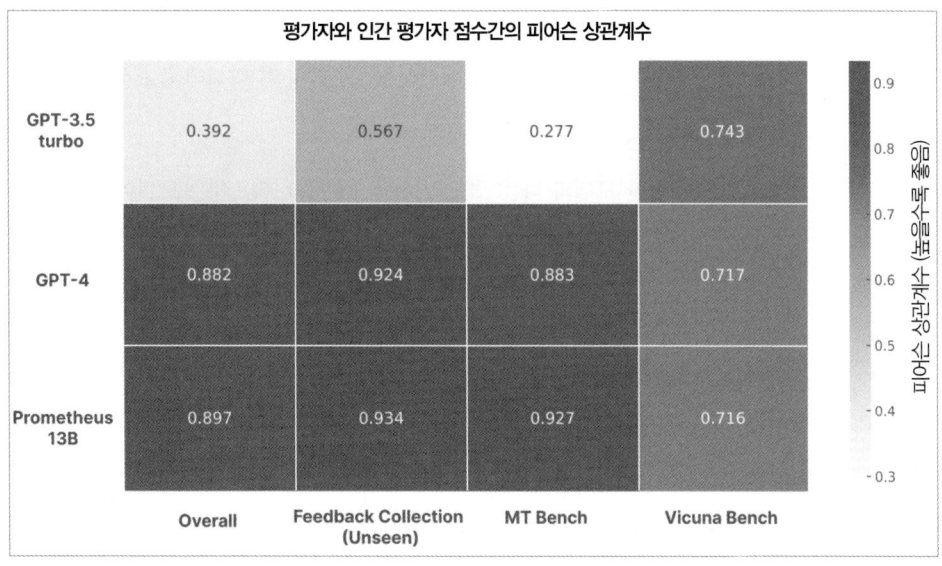

그림 4-3 45개의 맞춤형 평가 기준에서 인간 평가자 점수와 GPT-3.5-Turbo, Prometheus, GPT-4 점수 간의 피어슨 상관관계

4.3.6 Orca: 소형 모델의 추론 능력

마이크로소프트가 개발한 Orca 2[3]는 규모가 작은 언어 모델로, 더 큰 모델과 연관된 고급 추

---

3 Mitra et al. (2023). ORCA 2: Teaching small language models how to reason. arXiv.org. https://arxiv.org/abs/2311.11045

론 능력을 보여주도록 설계됐습니다. 이는 130억 파라미터를 가진 이전의 Orca[4]를 기반으로 개발됐으며 방법론과 성능에서 뚜렷한 향상을 이루었습니다.

Orca 2는 70억과 130억 파라미터 두 가지 버전을 제공합니다. 두 모델 모두 Llama 2 기본 모델에서 파생됐으며, 고품질의 맞춤형 합성 데이터$^{synthetic\ data}$로 파인튜닝됐습니다. 이러한 접근 방식은 모델에 단계별 처리$^{step\text{-}by\text{-}step\ processing}$, 기억한 후 생성하기$^{recall\ then\ generate}$, 기억–추론–생성$^{recall\text{-}reason\text{-}generate}$, 추출–생성$^{extract\text{-}generate}$, 직접 답변$^{direct\ answer}$ 방법 등 다양한 추론 기술을 가르치는 데 중요합니다. Orca 2는 작업에 따라 전략을 조정하도록 훈련되며, 이러한 유연성은 일반적으로 작은 모델에서 보기 드문 특징입니다.

Orca 2의 훈련 데이터는 GPT 같은 뛰어난 능력을 가진 교사 모델이 생성한 응답에서 가져옵니다. 이 방식은 Orca 2가 응답뿐만 아니라 그 배경지식과 추론 과정을 학습하도록 합니다. 자세한 지시 사항과 여러 호출 따른 교사의 응답 결과는 Orca 2의 능력 형성에 중요한 역할을 합니다.

이러한 훈련 방법론은 전통적인 모델과 다른 접근 방식을 보여줍니다. 작은 모델이 종종 복잡한 추론 작업에서 좋은 성능을 보이지 못하는 것과 달리 Orca 2는 다양한 추론 기술을 가르치고 다양한 작업에 최적의 전략을 선택해 작은 모델과 큰 모델 사이에서 흔히 관찰되는 성능 격차를 해소합니다. 이 접근법은 신중하게 제작된 합성 데이터(다른 모델이 생성한 데이터)를 사용해 작은 모델의 추론 능력을 키우는 효과가 있으며, 성능면에서 큰 모델에 가깝게 만들 수 있습니다.

Orca 2의 성능은 큰 모델의 성능과 비교할 때 그 우수함이 드러납니다. 이 비교는 약 100개의 작업과 36,000개 이상의 고유한 테스트 케이스 등 15개의 다양한 벤치마크를 사용해 수행됐습니다. 이 벤치마크는 언어 이해, 상식 추론, 다단계 추론, 수학 문제 해결, 독해 능력 등 다양한 능력을 포괄했습니다.

이 평가 결과는 확실히 주목할 만합니다. 70억 파라미터와 130억 파라미터 버전의 Orca 2는 자신의 크기보다 5배에서 10배 큰 모델 성능에 맞먹거나 종종 뛰어넘었습니다. 특히 제로샷 추론 작업에서 Orca 2는 큰 모델과 비슷하거나 더 나은 능력을 보여 주었습니다.

---

[4] Mukherjee et al. (2023). Orca: Progressive Learning from Complex Explanation Traces of GPT-4. arXiv.org. https://arxiv.org/abs/2306.02707

이러한 성과는 작은 언어 모델의 개발에서 중요한 도약을 의미합니다. 적절한 훈련과 데이터를 통해 Orca 2와 같은 작은 모델들도 이전에는 큰 모델의 기능으로만 여겨졌던 추론 및 성능 수준을 달성할 수 있다는 것을 보여줍니다. 이러한 성공은 계산 효율성과 높은 능력이 균형을 이루어야 하는 시나리오에서 작은 모델들의 잠재력을 보여줍니다.

Orca 2는 LLaMA 2 모델 계열을 기반으로 개발됐으며, 이전 모델과 마찬가지로 LLM이 공통적으로 가지는 제한사항이 존재합니다. 이러한 제한사항에는 편향된 훈련 데이터로 인해 불공정하거나 편향된 결과를 초래할 수 있는 문제, 실제 세계에 대한 이해가 제한적이어서 부정확한 결과를 낳을 수 있는 문제, 그리고 종종 '블랙박스black-box' 효과로 묘사되는 투명성의 부족이 있습니다. 이는 모델의 의사결정 과정을 해석하기 어렵게 만듭니다. 특히 기억 능력이 감소된 작은 모델은 유해한 콘텐츠를 생성할 수 있으며, 할루시네이션hallucination에 취약한 점도 우려됩니다. 또한 Orca 2는 허위 정보를 생성하는 데 오용될 수 있으며, 훈련 데이터에 크게 의존하는 수학이나 코딩과 같은 영역에서의 성능이 제한할 수 있습니다. 모델의 응답은 시스템 지시에 따라 달라지며, 확률적인 요소로 인해 비결정적입니다. Orca 2는 제로샷 설정에서는 강력하지만, 큰 모델들처럼 퓨샷 설정에서의 미묘한 패턴이나 변동성 포착 능력을 보이지 못합니다. 합성 데이터에서의 훈련은 애저가 지원하는 오픈AI API 내의 안전 조치safety measure와 가드레일guardrail로부터 보호를 받지만, 관련 위험에 대한 추가적인 연구가 필요합니다. 현재 Orca 2는 연구 목적으로만 사용되며, 실제 응용에서 잠재적인 해로움이나 편향을 평가하는 추가 분석이 필요한 상태입니다. 물론, 이러한 사항은 이 책에서 논의된 많은 다른 크고 작은 모델에도 적용됩니다.

Orca 2에 이러한 한계가 있음에도 불구하고, 해당 접근 방법은 언어 모델의 응용과 배포 방식을 다양화하는 데 중요한 진전을 나타냅니다. Orca 2에 대한 연구는 개선된 추론, 전문화, 제어 및 안전성을 작은 모델에서 실현할 수 있는 새로운 가능성을 열어줍니다.

4.3.7 Phi와 Gemini: 새로운 스케일링 법칙

2장에서 본 전통적인 스케일링 법칙은 다른 법칙과 마찬가지로, 관측값이나 데이터에 맞는 방정식을 사용했습니다. 이 경우, Chinchilla 스케일링 법칙과 같은 스케일링 법칙은 모델의 파라미터 수나 모델을 훈련하는 데 사용하는 계산량에 비례해 성능이 증가한다고 예측합니다. 이러한 법칙은 다양한 스케일에서 성능 및 계산 예산을 예측하는데 유용합니다. 하지만 만능은 아니란 점은 유념해야 합니다. 예를 들어, 뉴턴의 운동 법칙은 거대한 우주 규모나 매우 작은 양자 세계에서의 행동을 성공적으로 예측할 수 없습니다. Chinchilla 스케일링 법칙을 간단히 정리하면 다음과 같습니다.

$$L(N,D) = \frac{A}{N^{\alpha}} + \frac{B}{D^{\beta}} + E$$

Chinchilla 스케일링 법칙[5]에 따르면 성능 L은 모델의 파라미터 수 N과 모델 훈련에 사용된 데이터의 양 D(또는 LLM의 경우 토큰 수)의 함수입니다. E 값은 줄일 수 없는 최적의 손실 loss 값을 나타냅니다. 다른 계수는 잠시 무시하고 N과 D에 집중해 봅시다. 이 방정식이 나타내는 바는, 예상대로 훈련 데이터가 많고 모델이 클수록 최종 성능이 더 좋다는 것입니다. 구체적으로 N과 D가 증가함에 따라 계산된 손실값은 낮아집니다. 그러나 이 방정식은 모델의 성능을 결정하는 데이터 품질이라는 변수를 고려하지 않습니다. 고품질의 데이터는 모델이 훈련에서 일반화하는 능력을 크게 키우고 벤치마크에서 잘 수행하게 합니다. 이러한 품질 지표의 부재는 Llama 2와 같은 큰 모델보다 작은 모델인 Phi가 특정 벤치마크에서 더 잘 수행할 수 있는지 방정식이 설명하지 못한다는 것을 의미합니다. 이는 특히 작은 모델이 고품질로 선별된 데이터에 대해 훈련을 받았을 때 두드러지며, 이는 더 광범위하게 품질이 떨어지는 데이터셋으로 훈련된 큰 모델보다 더 나은 성능을 달성합니다. 여기서 고려되지 않은 데이터의 품질은 단순한 양이나 복잡성을 뛰어넘을 수 있습니다. 이는 성능 예측 방정식에서 데이터 품질의 중요성을 의미합니다. 이러한 배경을 바탕으로, Phi 모델을 살펴보겠습니다.

Phi

마이크로소프트의 Phi 시리즈 모델은 고급 기능을 위해 더 큰 모델 크기가 필요하다는 기존의 믿음에 이의를 제기합니다. 이 모델은 훈련과 데이터에서의 전략적 선택을 통해 작은 모델도 비슷하거나 더 우수한 성능을 달성할 수 있음을 보여줍니다. 특히 Phi 2 시리즈는 훈련 데이터의 품질의 중요성을 강조합니다. 마이크로소프트의 접근 방식은 과학에서 일상 활동 및 마음 이론에 이르기까지 모델에 상식적 추론과 일반 지식을 부여하도록 설계된 합성 데이터셋으로 구성된 '교과서 같은 품질textbook-quality' 데이터를 사용하는 데 집중합니다. 이 접근 방식은 웹 데

---

[5] Hoffmann et al. (2022c). Training Compute-Optimal large language models. arXiv.org. https://arxiv.org/abs/2203.15556

이터의 세심한 선택으로 보완되어 교육적 가치와 콘텐츠의 품질을 보장합니다. 이러한 전략적 데이터 선별과 혁신적인 스케일링 기술을 결합해 Phi 모델은 전통적인 언어 모델 스케일링 법칙을 깨뜨렸습니다. [표 4-1]은 세 가지 Phi 모델(Phi 1, 1.5, 및 2) 각각에 대해 학습에 걸린 시간, 사용된 A100 GPU의 수, 그리고 훈련 데이터셋의 토큰 수를 설명합니다.

표 4-1 마이크로소프트 Phi 모델 시리즈의 학습에 필요한 계산 자원 및 데이터셋의 토큰 수

모델	학습 시간(일)	A100 GPU 개수	학습 데이터 크기
Phi	4	8	54 B
Phi 1.5	8	32	150 B
Phi 2	14	96	1.4 T

Phi 모델(20억 파라미터 미만)은 작지만 상당한 계산 자원과 많은 데이터로 훈련됐습니다. 특히 Phi 2는 고품질 데이터의 1.4조 개의 토큰을 사용했습니다. 이는 스케일링 법칙에서 데이터 품질 지표의 부재에 대한 짧은 논의로 다시 돌아가게 합니다. 이제 Phi 2가 매우 큰 모델들에 비해 어떤 위치에 있는지 [그림 4-4]를 살펴보겠습니다.

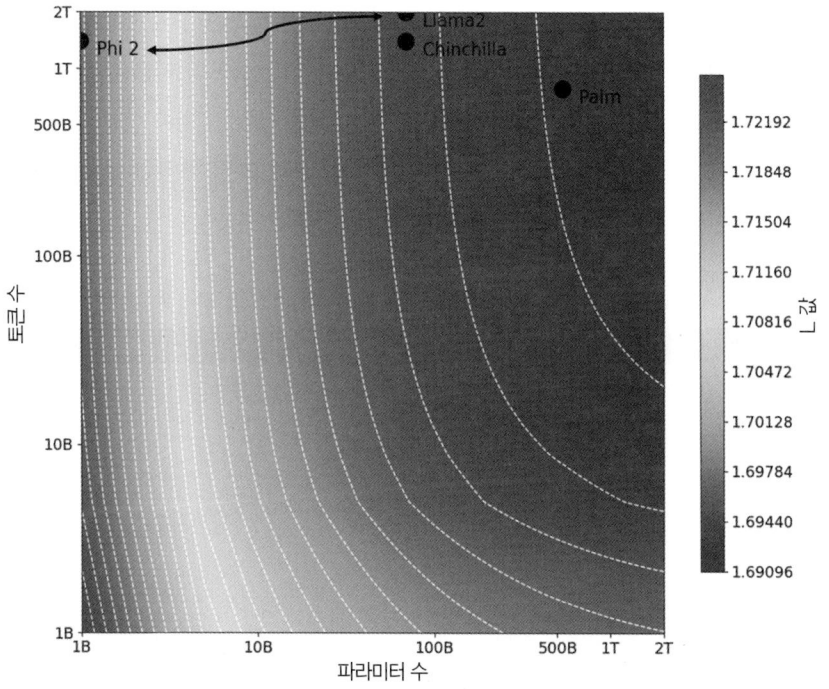

그림 4-4 Log 10 스케일에서 A = 406.4, B = 410, E = 1.69, a = 0.46, b = 0.54 값을 Chinchilla 스케일링 법칙의 등고선으로 시각화

Phi 1.5의 훈련 데이터는 Phi 1의 70억 개의 토큰 훈련 데이터와 함께 새롭게 개발된 '교과서 같은textbook-like' 합성 데이터로 약 200억 개의 토큰들로 구성되어 있습니다. 이 데이터는 과학과 일상 활동 같은 영역에서 상식적 추론과 광범위한 지식을 표현하려 합니다. 이 새로운 합성 데이터는 다양성을 갖기 위해 웹 데이터셋의 샘플을 사용해 신중하게 선택된 2만여 개의 주제 가운데서 생성됐습니다. Phi 1.5 모델을 훈련하는 데 인공적으로 만들어진 합성 데이터를 사용했습니다. 이중 유일하게 합성되지 않은 데이터는 Phi 1에서 동일하게 사용된 약 60억 토큰의 선별된 프로그래밍 코드 데이터셋입니다. AI 분야에서 데이터셋을 합성하는 것은 중요한 기술 능력이 될 것이며 주요 연구 영역으로 부상할 것으로 예상됩니다.

학습 말뭉치는 교육적 가치와 콘텐츠 품질을 보장하도록 신중하게 선택한 웹 데이터를 더했습니다. 데이터 품질에 대한 혁신적인 스케일링 기술을 사용해 13억 파라미터 모델인 Phi 1.5를 시작으로 그 지식을 더 큰 27억 파라미터 Phi 2 모델로 이어지게 합니다. 이러한 지식 전이 방법은 훈련 수렴을 가속화할 뿐만 아니라 Phi 2의 벤치마크 점수를 높입니다. 이제 몇 가지 극단적인 비교를 살펴보겠습니다.

Chinchilla 모델은 1.4조 토큰으로 훈련된 700억 파라미터 모델로, PaLM 모델 (5400억 파라미터, 7800억 토큰)과 비슷한 성능을 보입니다. Llama 2는 2조 개의 토큰으로 훈련된 700억 파라미터 모델로, 더 많은 데이터로 훈련됐기 때문에 다른 큰 모델들보다 나은 성능을 보여줍니다. 그러나 Phi 2는 파라미터 27억 개만으로 상식 추론, 언어 이해, 수학과 같은 작업에서 매우 큰 모델인 Llama 2에 근접한 성능을 보이며, 코딩에서는 Llama 2 70B 모델보다 좋은 성능을 보여줍니다(표 4-2)!

표 4-2 Mistral 7B, Llama 7B, Llama 13B, Llama 70B와 같은 더 큰 모델과 비교한 Phi 2 모델의 성능

모델	크기	빅 벤치 하드	상식 추론	언어 이해	수학	코딩
Llama 2	7B	40.0	62.2	56.7	16.5	21.0
	13B	47.8	65.0	61.9	34.2	25.4
	70B	66.5	69.2	67.6	64.1	38.3
Mistral	7B	57.2	66.4	63.7	46.4	39.4
Phi-2	2.7B	59.2	68.8	62.0	61.1	53.7

Phi 시리즈의 최신 모델인 Phi 3는 38억 개의 파라미터를 가지고 있으며, 3.3조 개의 토큰으로 훈련됐습니다. 이 모델은 Mixtral 8x7B 및 GPT-3.5와 유사한 성능을 보이면서도, 스마트

폰에서 실행될 정도로 작습니다. 이러한 성과는 공개 웹 데이터와 합성 데이터를 엄격하게 선별하여 훈련 데이터셋의 품질을 높인 결과입니다. 또한, Phi-3는 견고성, 안전성, 대화 형식에 맞게 추가로 튜닝을 거쳤습니다. 이러한 접근 방식을 통해, Phi-3는 작은 모델로도 거대 모델과 유사한 성능을 달성할 수 있음을 보여주었습니다.

> **NOTE** [표 4-2]의 벤치마크는 카테고리가 여러 개입니다. 여기에는 빅 벤치 하드(BBH)(CoT을 사용한 3샷), 상식 추론(PIQA, WinoGrande, ARC 이지 및 챌린지, SIQA), 언어 이해(HellaSwag, OpenBookQA, MMLU(5샷), SQuADv2(2샷), BoolQ), 수학(GSM8k(8샷)), 코딩(HumanEval, MBPP(3샷))이 포함됩니다. 자세한 사항은 마이크로소프트의 홈페이지(https://bit.ly/4gk7zf7)에서 확인할 수 있습니다.

Gemini

구글의 Gemini 모델 시리즈는 울트라, 프로, 나노 모델로 구성되어 있으며 각 모델은 특정한 복잡성과 운영 목적에 맞게 설계됐으며 멀티 모달 AI 분야에서 중요한 도약을 보여주었습니다. 울트라와 프로는 다양한 벤치마크에서 그들의 독보적인 능력을 보여주었으며 Gemini 나노와 같이 작은 모델은 효율성과 온디바이스 환경에서 적용 가능성으로 주목할 만합니다.

2025년 2월 출시된 Gemini 2.0 모델은 Flash, Flash-Lite Preview, Pro Experimental 세 가지 모델을 제공합니다. Gemini 2.0 모델은 보다 긴 컨텍스트 윈도, 강화된 사실성 검증, 향상된 다국어 처리, 개선된 수학 및 코딩 성능을 제공합니다. 특히 Pro Experimental 모델은 가장 강력한 성능을 자랑하며, 추후 멀티모달 출력 기능이 추가될 예정입니다. Flash-Lite Preview 모델은 가벼운 활용을 위해 최적화된 형태로 제공되며, 일반적인 자연어 처리와 멀티모달 입력을 지원합니다.

Gemini 2.0 모델은 1.5 모델 대비 전반적인 성능 향상이 이루어졌습니다. 일반 성능(MMLU-Pro)에서 Flash GA 모델은 77.6%, Pro Experimental 모델은 79.1%로 측정됐습니다. 코딩 성능(LiveCodeBench)에서도 Pro Experimental 모델이 36.0%로 가장 높은 점수를 기록하며, SQL 변환(Bird-SQL) 역시 59.3%로 개선됐습니다.

추론 능력(GQA Diamond)은 Pro Experimental 모델이 64.7%로, 1.5 Pro의 59.1%보다 높은 점수를 기록했습니다. 또한, 사실성 검증(SimpleQA)에서 Pro Experimental 모델은 44.3%로 가장 높은 성능을 보였으며, 다국어 지원(Global MMLU)에서도 86.5%를 기록해 다국어 이해 능력이 크게 향상됐습니다.

수학(MATH)과 장기 문맥 이해(MRCR 1M)에서도 Pro Experimental 모델이 각각 91.8%, 74.7%의 성능을 보이며 강력한 성능을 발휘했습니다. 이미지 이해(MMMU)와 음성 번역(CoVoST2)에서도 향상된 성능을 기록하며, 비디오 분석(EgoSchema) 역시 71.9%로 안정적인 성능을 유지했습니다.

> **NOTE** AI 모델의 능력과 진행 상황을 측정하는 다양한 벤치마크와 데이터셋을 나타내는 약자는 다음과 같습니다.
> - MMLU: Massive Multi-task Language Understanding의 약자입니다. 수학, 역사, 컴퓨터 과학, 법학 등 57개 과목에서 제로샷 및 퓨샷 설정에 대한 텍스트 모델의 다중 작업 정확도를 평가하는 종합적인 테스트입니다. 이 벤치마크는 모델의 일반 상식과 문제 해결 능력을 평가합니다.
> - GSM8K: Grade School Math 8K를 의미합니다. 이 데이터셋은 8,500개의 고품질 초등학교 수학 문제로 구성되어 있으며, AI 모델의 수학적 추론 능력을 평가합니다.
> - BLEURT: Bilingual Evaluation Understudy with Representations from Transformers의 약자입니다. 이 지표는 번역 작업에서 AI 모델이 생성한 텍스트의 품질을 평가하는 것입니다. 이는 인간 평가자의 번역 품질 판단에 가깝게 예측하는 고급 기계 학습 모델입니다.
> - WMT23: Workshop on Machine Translation 2023의 약자입니다. 이는 기계 번역의 발전된 연구를 발표하고 평가되는 행사로, 기계 번역 기술에 중점을 둔 계산 언어학 분야에서 중요한 회의입니다.
> - HumanEval: 코드 생성 능력을 의미합니다. 이는 언어 모델의 프로그래밍 능력을 평가하는 벤치마크입니다.
> - Math-AMC 2022-2023: 2022-2023년도 American Mathematics Competitions의 문제를 의미하며, AI 모델이 고급 수학 문제를 해결하는 능력을 테스트하는 데 사용됩니다.

4.4 도메인 특화 모델

LLM 개발 이후, 특정 도메인 내에서 여러 작업을 뛰어나게 수행하는 도메인 또는 수직적 특화 모델을 만드는 데 관심이 집중됐습니다. 직관적으로, 도메인 특화 데이터를 사용해 훈련하거나 파인튜닝된 모델은 범용 모델보다 더 나은 성능을 발휘할 것입니다. 일반적으로 도메인 특화 모델을 만들기 위해 다음 두 가지 단계를 따를 수 있습니다.

1. 도메인에 맞는 특수 어휘를 학습할 수 있는 도메인 특화 토크나이저를 만듭니다.
2. 새로 만든 토크나이저를 사용해 새로운 모델을 훈련하거나 파인튜닝합니다.

이 과정을 꼭 따라야 할까요? 새로운 토크나이저를 학습하는 것은 의학이나 금융과 같은 특수 분야에서 도메인 특화 LLM을 만들 때 매우 중요합니다. 이러한 분야에는 고유한 언어적 특성과 용어가 있기 때문입니다. 한 연구에서는 토크나이저 선택이 LLM의 성능, 학습 및 추론 비용에 큰 영향을 미친다고 강조했습니다.

의료 및 금융 분야에서는 표준 토크나이저가 도메인별 언어의 미묘한 차이를 효율적으로 포착하지 못해 모델 성능이 최적화되지 않을 수 있습니다. 예를 들어, 의학 분야에서는 용어가 매우 전문화되어 있고 복잡한 합성어가 자주 사용되기 때문에, 맞춤형 토크나이저가 이러한 용어를 더 효과적으로 분절하고 이해할 수 있습니다. 마찬가지로, 금융 분야에서는 전문 용어, 수치 데이터, 독특한 복합어가 흔히 사용되므로, 도메인 특화 토크나이저가 이러한 언어를 정확하게 분석하고 해석해 해당 분야에서 LLM의 이해력과 성능을 높일 수 있습니다.

금융 분야에서의 예를 살펴보겠습니다. 표준 오픈AI 토크나이저를 사용해 훈련 데이터에서 다음 문장을 토큰화 한다고 가정해 봅시다.

```
Alphabet Inc Class A (GOOGL) is Alphabet's class A share, also known as common stock. Alphabet'
Class C shares are GOOG, which do not grant voting rights
```

토크나이저(https://platform.openai.com/tokenizer)는 [그림 4-5]에 표시된 출력 결과를 제공합니다.

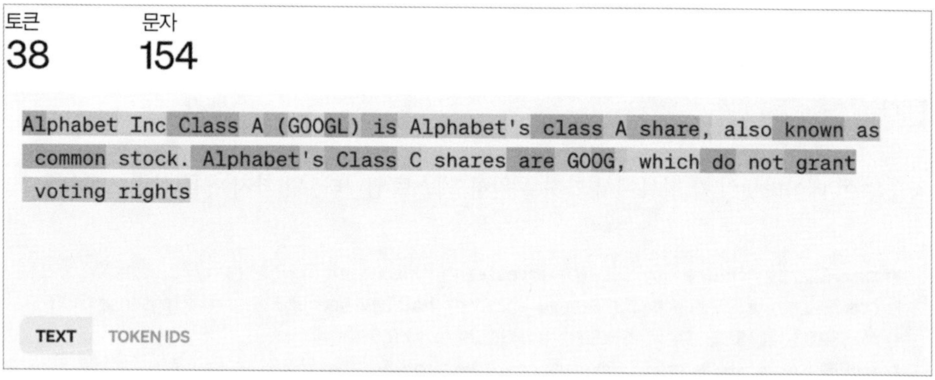

그림 4-5 금융 데이터에 대한 일반 토크나이저의 출력 결과

[그림 4-5]에서 볼 수 있듯이, 대규모의 일반 말뭉치로 학습된 일반적인 tiktoken 토크나이저

는 주식 티커 심볼 GOOG와 GOOGL을 다르게 분할합니다. 첫 번째 토큰은 'GO'로 동일하지만, 그 이후의 토큰은 각각 'OG', 'O'와 'GL'로 다릅니다. 금융 도메인에 대해 학습된 토크나이저는 데이터에서 GOOG와 GOOGL이 더 자주 발생하는 것을 보고, 'GOOG'에 대한 새로운 토큰을 생성할 수 있습니다('L'에 대한 다른 토큰이 존재한다고 가정할 때) 이렇게 생성한 토큰은 추후 비슷한 심볼을 참조하는 데 사용합니다. 이제 토크나이저의 성능 영향은 독립적으로 연구할 수 없으므로 동일한 모델을 일반 토크나이저와 도메인 특화 토크나이저를 사용해 종단 간 테스트로 비교해야 합니다. 이제 앞서 언급한 단계의 세부 사항을 살펴보겠습니다.

4.4.1 1단계: 자체 토크나이저 학습

이제 새로운 도메인 특화 토크나이저를 학습시키는 방법을 살펴보겠습니다. 이번에도 계속해서 주식 예시를 사용하겠습니다. 먼저 관련 항목이 포함된 데이터셋이 필요합니다. 이번 경우에는 허깅페이스 허브에서 주식 트윗 데이터셋으로 시작하겠습니다.

```
from datasets import load_dataset
raw_datasets = load_dataset("StephanAkkerman/stock-market-tweets-data","train")
```

이 원시 데이터셋은 백만 개의 주식 관련 트윗을 모았습니다.

```
Dataset({
    features: ['id', 'created_at', 'text'],
    num_rows: 923673
})
```

지금은 이 데이터셋의 각 항목에서 가져온 원시 '텍스트'입니다. 몇 가지 예를 살펴보겠습니다.

```
Pfizer Shares Acquired by Ipswich Investment Management $PFE https://t.co/gqXxIbbxIS
Editor's Choice: Three Deals Needed ahead of Holiday Weekend @marcmakingsense $FXY
$FXA $SPX $OIL $FXB $ACWI $FXE https://t.co/ozXzTbD8dM
Treasury Secretary Mnuchin says US could be open for business in May from @CNBC $spx
$ndx $biib $mrna $bntx $amzn $cost $wmt $gild https://t.co/eup9IRFyVZ
Zacks: Brokerages Anticipate Fastenal $FAST Will Post Earnings of $0.34 Per Share
https://t.co/mloI4GRLE7 #stocks
RT @TDANetwork: 🎙    #TheWatchList panel assesses the big questions $AAPL will face
over the next 6 months. 🍎📊
```

보시다시피, 이러한 트윗에는 주식 관련 토론을 위한 특수한 내용이 있습니다. 일반적으로 $ 기호 뒤에는 주식 티커가 나와 회사명을 나타내며, 사용된 언어는 주식 거래에 특화되어 있습니다. 또한 @ 기호 뒤에 트위터 핸들을 붙여 사용해, 회사 및 애널리스트를 언급하기도 합니다.

먼저, 새로운 예시를 생성하는 함수를 만들어야 합니다. 이번 코드는 한 번에 1,000개의 예시를 생성합니다.

```python
def get_training_corpus():
    dataset = raw_datasets["train"]
    for start_idx in range(0, len(dataset), 1000):
        samples = dataset[start_idx : start_idx + 1000]
        yield samples["text"]
training_corpus = get_training_corpus()
```

이제 학습에 사용할 최종 모델 아키텍처를 결정합니다. 여기서는 허깅페이스 허브에서 GPT-2 모델에 대한 토크나이저를 가져옵니다.

```python
from transformers import AutoTokenizer
old_tokenizer = AutoTokenizer.from_pretrained("gpt2")
```

마지막으로, 어휘 크기를 64,000(원하는 크기)으로 설정한 후 새로운 토크나이저를 학습합니다. 이게 전부입니다!

```python
new_tokenizer = old_tokenizer.train_new_from_iterator(training_corpus, 64000)
```

거의 백만 개의 예시를 사용한 이번 학습은 AWS의 g5.4xlarge 인스턴스에서 약 2분 정도 걸렸습니다. 기다릴 만한 가치가 있었습니다. 이제 오래된 토크나이저와 새로운 토크나이저 간의 결과를 비교할 수 있습니다. 비교를 위해 입력 문장을 선택하겠습니다.

```
RT @TDANetwork: 🎬   #TheWatchList panel assesses the big questions $AAPL will face over the next 6 months. 🍎📱
```

이 예시는 TDA Network에 대한 언급(TD Ameritrade Network가 주식 시장 뉴스와 상황을 해석해 시의적절하고 관련된 콘텐츠를 생성함), 해시태그(#), 주식 참조($AAPL), 이모지를 포함한 흥미로운 데이터입니다.

다음 코드를 사용해 각 토크나이저에서 생성된 토큰을 출력할 수 있습니다.

```
print(tokenizer.tokenize(example))
```

이제 오래된 토크나이저와 새로운 토크나이저에서 생성된 토큰을 비교해 보겠습니다. [그림 4-6]에서 볼 수 있듯이, 'A'는 오래된 토크나이저의 결과를 나타내고, 'B'는 새로운 토크나이저에 해당하는 결과를 나타냅니다. 가운데 열의 'A∩B'는 두 토크나이저에서 공통적으로 생성된 토큰을 보여줍니다.

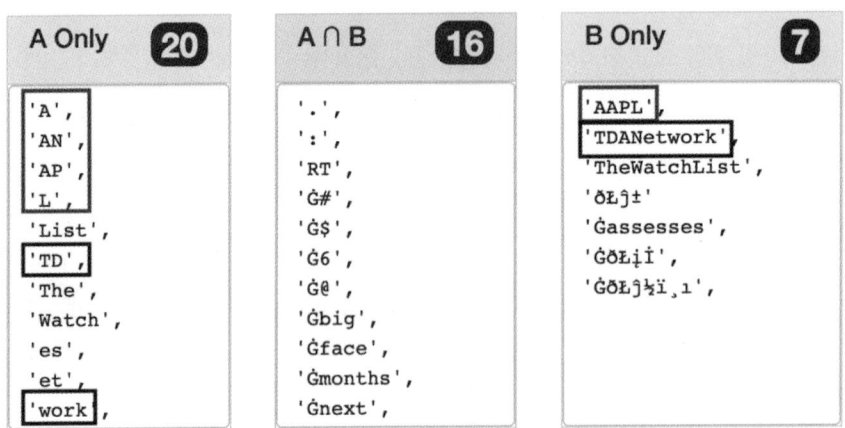

그림 4-6 주식 트윗 데이터를 사용해 일반 토크나이저와 훈련된 도메인 특화 토크나이저에서의 출력을 비교

[그림 4-6]에서 몇 가지 관찰할 점이 있습니다.

- 두 토크나이저 간에 상당수의 토큰이 공통적입니다.
- 새로운 토크나이저는 더 긴 토큰을 가지지만, 토큰의 수는 더 적습니다. 이는 이 도메인에서의 전문화를 나타냅니다.
- 새로운 토크나이저는 AAPL 및 TDAnetwork와 같은 특수 토큰을 식별합니다. 오래된 토크나이저는 주식 기호를 A, AP, L로 나누었습니다(왼쪽의 박스 안에서도 강조 표시됨).

관련 말뭉치를 기반으로 도메인 특화 토크나이저를 훈련했습니다. 의학 및 금융과 같은 전문 분야에서 LLM의 성능을 최적화하는 데 필수적입니다. 이를 통해 모델이 언어적으로 정확할 뿐만 아니라 도메인 특유의 뉘앙스를 문맥적으로 인식할 수 있도록 합니다. 다음으로, 자체 도메인 특화 모델을 훈련하는 방법에 대해 이야기해 보겠습니다.

4.4.2 2단계: 자체 도메인 특화 모델 학습

이제 자체 도메인 특화 토크나이저가 생겼으니, 자체 도메인 특화 모델을 훈련하는 데 두 가지 방법이 있습니다.

- 처음부터 잘 알려진 아키텍처와 맞춤형 데이터를 기반으로 모델을 사전 훈련합니다.
- 일반 모델에서 시작해 맞춤형 데이터로 파인튜닝합니다.

2장에서 훈련, 파인튜닝 및 파라미터 효율적인 파인튜닝에 대해 더 자세히 다루었습니다. 또한 많은 조직이 기존 모델을 파인튜닝하기로 선택하는 이유에 대해서도 길게 논의했습니다. 이제 스케일링 법칙을 다시 살펴보고, 여러분의 조직이 금융을 위한 자체 기반 모델을 사전 훈련하는 데 관심이 있다고 가정하겠습니다. 경영진은 일반적으로 기반이 되는 모델이 향후 모든 생성형 AI 애플리케이션의 동력이 될 것이라고 주장하며, 해당 기반 모델을 회사 내의 다운스트림 작업에 파인튜닝하는 것이 훨씬 더 효율적이기 때문에 전반적으로 더 높은 ROI(투자 수익률)로 이어질 수 있다고 정당화할 수 있습니다.

이전에 살펴본 스케일링 법칙의 다른 버전이 이 결정을 내리는 데 도움이 될 수 있습니다.

$$\tau \cdot T \cong 6 \cdot N \cdot D$$

여기서, τ는 훈련 클러스터에서 접근할 수 있는 총 컴퓨팅 파워로, 초당 부동소수점 연산(FLOPS)으로 측정됩니다. FLOPS는 컴퓨터의 성능을 측정하는 단위로, 프로세서가 1초에 수행할 수 있는 부동소수점 산술 계산의 수를 기반으로 합니다. 딥러닝 애플리케이션에서는 FLOPS가 단일 컴퓨터가 아닌 전체 컴퓨팅 클러스터의 성능을 측정하는 데 사용됩니다. T는 훈련 시간, N과 D는 (앞서 언급한 스케일링 법칙과 유사하게) 각각 모델 파라미터의 수와 훈련 데이터의 토큰 수를 나타냅니다.

자신의 기반 모델 훈련에 관심이 있는 금융 서비스 회사의 사례로 돌아가 보겠습니다. 이 회사가 업계 최고 수준의 NVIDIA GPU(A100 또는 H100)로 구성된 클러스터를 사용해 모델을 훈련한다고 가정하겠습니다. 또한 이 회사는 1조 개의 파라미터 모델을 훈련하는 데 관심이 있어 1조 개의 토큰 데이터셋을 생성할 계획입니다. 이 회사는 이 훈련을 100일 이내에 완료하고 싶어 합니다. 이 값을 방정식에 대입하고 이러한 GPU의 평균 컴퓨팅 처리량을 사용하면, 회사는 A100 또는 H100 수준의 GPU가 약 2,225개 필요합니다. 훈련이 잘 진행된다고 가정할 때 말입니다. [그림 4-7]은 다양한 모델을 파라미터 수와 필요한 최적의 컴퓨팅 용량의 스케일에 맞춰 할당한 것을 보여줍니다.

지금 가정하는 금융 서비스 회사는, 예를 들어 AWS에서 278개의 P4de GPU 인스턴스를 사용한다고 했을 때, 약 2186만 달러의 비용이 들 것입니다! 회사의 내부 리소스에서 1조 개의 토큰 데이터셋을 준비하고 선별하는 비용은 말할 것도 없습니다.

더 빠르고 저렴하지만, 보람 있는 방법은 기존의 작은 모델을 훈련하고 파인튜닝하는 것입니다. 이 장의 사례 연구에서 보았듯이, 작은 모델은 특히 잘 선별된 데이터로 훈련됐을 때, 놀라울 만큼 좋은 결과를 얻을 수 있으며, 때로는 훨씬 큰 모델의 성능을 능가하기도 합니다.

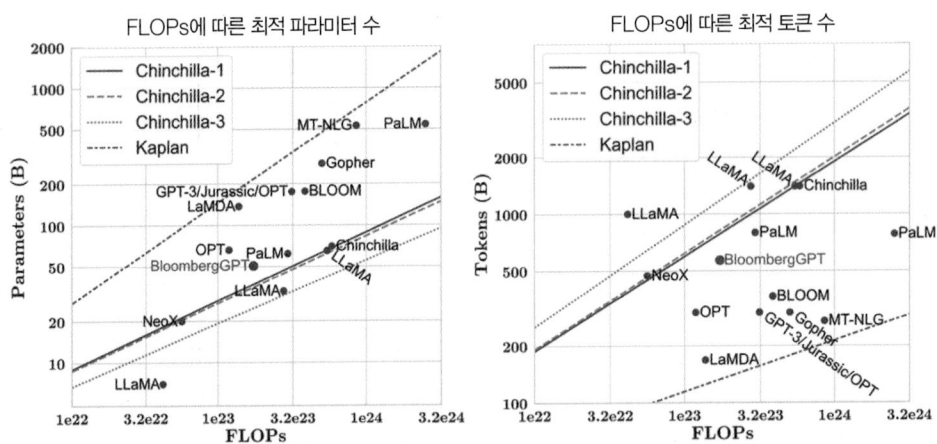

그림 4-7 다양한 모델을 훈련하는 데 필요한 컴퓨팅 용량[6]

---

[6] Wu et al. (2023). BloombergGPT: A large language model for finance. arXiv.org. https://arxiv.org/abs/2303.17564

오늘날, 데이터를 수집하고 정제했다면 모델을 파인튜닝할 여러 선택지가 존재합니다. 데이터 정제는 최종 모델의 성능을 좌우하는 작업으로 결코 쉽지 않습니다. 데이터를 수집하고 정리한 후, 어디에서 훈련할지에 따라 모델을 훈련할 수 있는 방법이 여러 가지 있습니다.

GPU 리소스를 사용해 로컬에서 모델 훈련하기

먼저, 로컬 드라이브나 허깅페이스 허브에서 데이터를 로드합니다.

```
from datasets import load_dataset
dataset = load_dataset("curated_data")
```

이제 앞서 만든 맞춤형 토크나이저를 사용해 텍스트를 전처리할 수 있습니다. 여기에는 채워 넣기padding 및 잘라내기truncation 전략을 적용해 가변 시퀀스 길이를 맞추는 작업도 포함됩니다. 데이터셋을 효율적으로 한 번에 처리하려면 허깅페이스 Datasets의 `map` 메서드를 사용해야 합니다. 이 메서드는 전처리 함수를 전체 데이터셋에 걸쳐 적용할 수 있게 해줍니다.

```
from transformers import AutoTokenizer
tokenizer = AutoTokenizer.from_pretrained("new_tokenizer")
def tokenize_function(examples):
    return tokenizer(examples["text"], padding="max_length", truncation=True)
tokenized_datasets = dataset.map(tokenize_function, batched=True)
```

모델을 파인튜닝하는 방법

일반적으로 '모델을 파인튜닝한다'고 할 때, 인과적 언어 모델링causal language modeling(CLM)을 말합니다. 인과적 언어 모델링(CLM)과 마스킹 언어 모델링(MLM)은 자연어 처리에서 사용되는 두 가지 다른 접근 방식입니다.

- **인과적 언어 모델링**causal language modeling: CLM은 단방향 접근 방식으로, 모델이 이전 토큰을 기반으로 시퀀스에서 다음 토큰을 예측합니다. 모델은 현재 위치의 왼쪽에 있는 맥락만 고려하므로 텍스트 생성과 같은 작업에 적합합니다. 예측 시 미래의 토큰을 보거나 사용하지 않습니다. CLM 모델의 예로는 GPT-2가 있습니다.

- **마스킹 언어 모델링**masked language modeling: 반면에 MLM은 양방향 접근 방식입니다. 문장에서 특정 비율의 토큰이 마스킹되고, 모델은 가려진 부분의 왼쪽과 오른쪽 양쪽의 맥락을 기반으로 이러한 마스킹된 토큰

을 예측하도록 훈련됩니다. 이 접근 방식은 모델이 문장 내에서 맥락을 완전히 이해할 수 있게 해줍니다. MLM은 깊은 맥락 이해가 필요한 작업에 특히 효과적입니다. BERT는 MLM 모델의 예입니다.

CLM은 생성 작업에 더 적합한 반면, MLM은 문장 내 맥락과 관계를 이해해야 하는 작업에서 뛰어납니다. 두 접근 방식 모두 고유한 장점을 가지며, NLP 작업의 특정 요구 사항에 따라 선택됩니다.

이제 본론으로 돌아가 보겠습니다. 허깅페이스 라이브러리는 기존 모델을 파인튜닝하는 매우 쉬운 방법을 제공합니다. GPT-2 모델을 허깅페이스에서 모델을 로드하는 것부터 시작하겠습니다.

```
from transformers import AutoModelForCausalLM, TrainingArguments, Trainer
model = AutoModelForCausalLM.from_pretrained("gpt2")
```

모델이 로드됐으니, 이제 학습 인자를 생성하고 하이퍼파라미터를 지정한 후 도메인 특정 모델을 학습할 수 있습니다.

```
training_args = TrainingArguments(
    output_dir="my_awesome_domain_specific_model",
    evaluation_strategy="epoch",
    learning_rate=1e- 5
)

trainer = Trainer(
    model=model,
    args=training_args,
    train_dataset=tokenized_dataset,
    data_collator=data_collator,
)

trainer.train()
```

로컬 GPU 인스턴스(또는 온프레미스 클러스터on-prem cluster에 대한 접근)를 가질 때 좋은 방법입니다. 하지만 접근할 수 있는 컴퓨터가 노트북뿐이고 GPU에 접근할 수 없다면 어떻게 해야 할까요? 클라우드 서비스를 사용할 수 있습니다.

외부 GPU 자원으로 파인튜닝

클라우드에서 같은 모델을 학습하는 것은 아마존 세이지메이커와 같은 도구가 있다면 매우 쉬워집니다. 이전의 모든 코드를 함수로 만들고 'remote' 데코레이터를 추가하겠습니다.

```python
#세이지메이커 임포트
from sagemaker.remote_function import remote

#기타 라이브러리 임포트

import torch
from transformers import AutoModelForCausalLM, BitsAndBytesConfig
import transformers

@remote(instance_type="ml.g5.12xlarge")
def train_fn(
    model_name,
    tokenized_dataset,
    per_device_train_batch_size=8,
    training_args):
```

이제 train_fn 함수를 호출하면 아마존 세이지메이커가 네 개의 NVIDIA A10G GPU가 장착된 전용 g5.12xlarge GPU 인스턴스를 생성해 모델을 학습시킵니다. 이를 통해 더 큰 데이터셋이나 모델로 학습을 확장할 수 있습니다.

로우코드 노코드로 파인튜닝

2023년에 코드를 거의 사용하지 않거나 아예 사용하지 않고 모델을 파인튜닝할 수 있는 여러 도구가 등장했습니다. 그중 쉬운 방법 하나는 허깅페이스의 Autotrain 기능을 사용하는 것입니다. Autotrain은 허깅페이스 온라인 플랫폼에서 커스텀 공간을 만들어, 허깅페이스의 리소스를 사용해 사용자가 직접 모델을 파인튜닝하도록 도와줍니다. 사용자는 스택과 인스턴스 유형을 선택해 이를 기반으로 학습을 진행할 수 있으며, 이는 [그림 4-8]에 나와 있습니다.

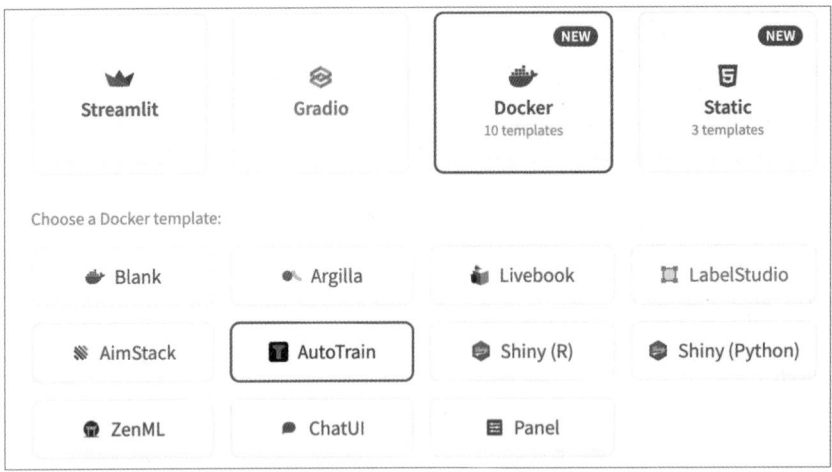

그림 4-8 허깅페이스에서 Autotrain 설정

공간이 설정되면, [그림 4-9]에 표시된 대로 적절한 드롭다운을 선택해 모델을 파인튜닝하는 프로젝트를 생성할 수 있습니다.

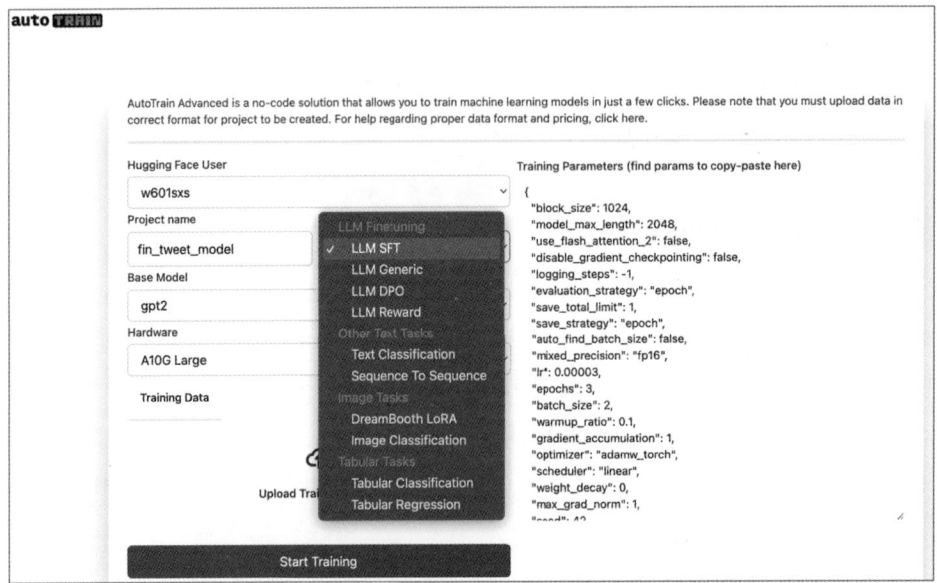

그림 4-9 허깅페이스의 Autotrain에서 훈련 작업 생성

다른 상업적 서비스도 사용자의 데이터로 독점 기본 모델을 쉽게 파인튜닝할 수 있는 훌륭한 방법을 제공합니다. 기반 모델의 주요 제공 업체 중 하나인 오픈AI도 사용자 데이터를 사용해 모델을 파인튜닝할 수 있는 방법을 제공합니다. davinci와 babbage 모델을 파인튜닝하며 소형 모델을 이해할 수 있습니다.

> **NOTE** 오픈AI의 파인튜닝 문서는 파인튜닝을 언제 해야 하는지에 대한 좋은 가이드(https://bit.ly/3Ct3dVe)를 제공합니다. 오픈AI의 텍스트 생성 모델을 파인튜닝하는 것은 특정 작업에 유익하지만 상당한 시간과 노력이 필요합니다. 이 가이드는 먼저 프롬프트 엔지니어링, 프롬프트 체이닝(복잡한 작업을 여러 개의 프롬프트로 단순화), 함수 호출을 통해 결과를 개선하라고 조언합니다. 종종 프롬프트를 정교화하는 것만으로도 성능이 크게 향상되어 파인튜닝이 불필요할 수 있습니다. 반복해 프롬프트를 찾은 과정은 파인튜닝보다 더 빠르고 효과적일 수 있습니다. 파인튜닝이 필요하다면, 이전의 프롬프트 엔지니어링 노력도 여전히 가치가 있습니다. 파인튜닝 없이 성능을 높이는 효과적인 전략은 오픈AI의 프롬프트 엔지니어링 가이드에 자세히 설명되어 있습니다.

아마존 베드락은 AWS에서 제공하는 서비스로, 앞서 언급한 바와 같이 아마존이 구축한 모델과 외부 모델(예: Claude)에 접근할 수 있게 해줍니다. 2023년 11월 현재, 베드락은 사용자 맞춤형 모델을 생성하는 기능도 제공합니다.

아마존 베드락은 파인튜닝 작업을 통해 사용자가 특정 요구에 맞게 모델을 조정하고 지속적인 사전 훈련 작업을 통해 모델 훈련을 확장하도록 합니다. 먼저, 훈련 및 검증(필요한 경우) 데이터셋을 S3에 업로드하고 작업에 S3 경로를 설정합니다. 각 모델은 미리 설정된 하이퍼파라미터 값을 갖지만, 이 값은 훈련 과정에 영향을 주도록 변경할 수 있으며, 더 자세한 정보는 콘솔 가이드에서 확인할 수 있습니다. 모델 변경 작업을 완료한 후, API를 사용해 추론 용도로 프로비저닝된 처리량을 활성화할 수 있습니다.

지속적인 사전 훈련 작업을 위해 먼저 훈련 데이터셋을 다음과 같이 생성합니다.

```
{"input": "<입력>"}
{"input": "<입력>"}
{"input": "<입력>"}
```

이 과정은 도메인 적응에 유용합니다. 이 도메인 내에서 특정 작업(예: 금융 트윗에 대한 감정 분석)을 원한다면 다음과 같이 파인튜닝 작업을 위한 데이터를 준비할 수 있습니다.

```
{"prompt": "<프롬프트>", "completion": "<원하는 결과>"}
{"prompt": "<프롬프트>", "completion": "<원하는 결과>"}
{"prompt": "<프롬프트>", "completion": "<원하는 결과>"}
```

데이터셋을 생성한 후, 이를 S3에 업로드하고, 아마존 베드락 페이지에서 제공하는 프롬프트를 따릅니다(그림 4-10). 데이터셋을 지정하고 학습률, 배치 크기, 에포크와 같은 몇 가지 중요한 하이퍼파라미터를 설정한 후, [Create Continued Pre-training Job] 또는 [Fine-Tuning Job]을 클릭해 사용자 맞춤형 모델을 생성할 수 있습니다.

마이크로소프트와 구글 같은 다른 클라우드 제공 업체에서도 유사한 기능이 존재합니다. 구글의 Vertex AI는 세 가지 방법으로 파인튜닝을 지원합니다.

- **지도 학습 기반 튜닝**: 텍스트 모델에서 간단한 출력에 적합합니다. 분류, 감정 분석, 개체 추출, 간단한 내용 요약 및 도메인 특화된 쿼리에 가장 적합합니다. 프로그래밍 언어를 이해하고 생성하는 모델을 만드는 유일한 방법입니다.
- **인간 피드백을 통한 강화 학습(RLHF) 튜닝**: 복잡한 모델 출력에 적합합니다. 질문 응답, 복잡한 콘텐츠 요약 및 창의적인 콘텐츠 재작성에 효과적입니다. 프로그래밍 언어를 이해하고 생성하는 모델에 대해서는 지원되지 않습니다.
- **튜닝 및 증류**: 성능을 손상시키지 않으면서 거대 모델의 크기를 줄이는 데 최적입니다. 작은 크기, 비용 효율적인 모델을 만들며, 지연 시간을 줄입니다.

기본적인 지도 학습은 데이터 준비, 데이터 업로드, 파인튜닝 순으로 이뤄집니다.

각 클라우드 제공 업체마다 데이터 형식 요구 사항이 다를 수 있습니다. Vertex AI의 경우, 훈련 데이터는 입력 및 출력 문장의 쌍으로 구성합니다.

```
{"input_text": "질문: Gears of War 3는 몇 장이나 판매됐나요?
컨텍스트: 이전 버전과 마찬가지로, 이 게임도 비평가들로부터 폭넓은 호평을 받았습니다. 비평가들은 스토리, 목소리 연기, 그래픽과 비주얼, 음악에 찬사를 보냈지만 혁신성이 부족하다고 비판했습니다. Gears of War 3는 300만 장 이상 팔렸고 미국에서 두 번째로 많이 팔린 게임이었습니다.", "output_text": "300만 장 이상"}
{"input_text": "질문:..", "output_text":"…"}
{"input_text": "질문:..", "output_text":"…"}
{"input_text": "질문:..", "output_text":"…"}
```

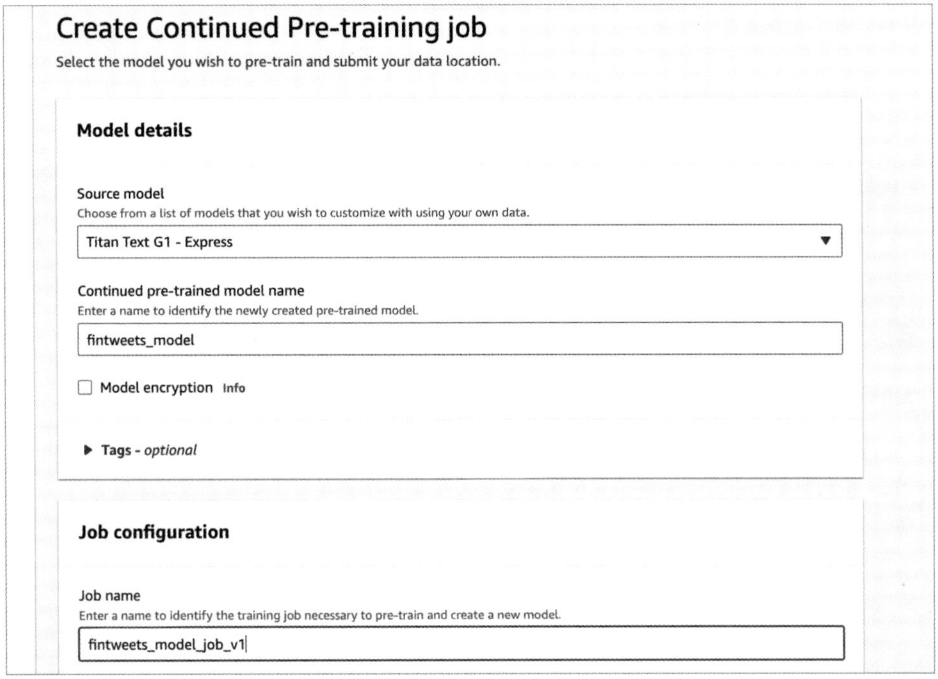

그림 4-10 아마존 베드락에서 맞춤형 모델 생성

훈련 데이터를 스토리지 버킷에 업로드한 후, Vertex AI 콘솔에서 인터페이스를 통해 튜닝된 모델을 생성할 수 있습니다(그림 4-11).

마찬가지로, 마이크로소프트 애저 머신러닝도 사용자 맞춤형 파인튜닝 모델을 쉽게 생성할 수 있습니다. 단계는 앞서 본 것과 대체로 동일하며, 데이터 형식에 맞게 데이터를 준비한 후, 여러 가지 기본 모델을 기반으로 사용자 맞춤형 모델을 선택하고 파인튜닝하는 인터페이스를 진행합니다(그림 4-12).

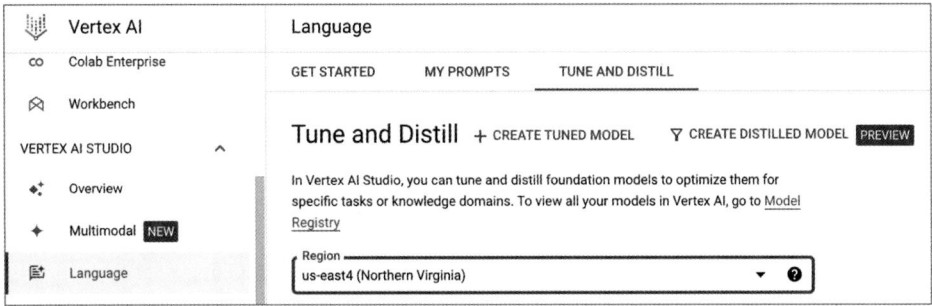

그림 4-11 구글 Vertex AI에서 사용자 맞춤형 모델 생성

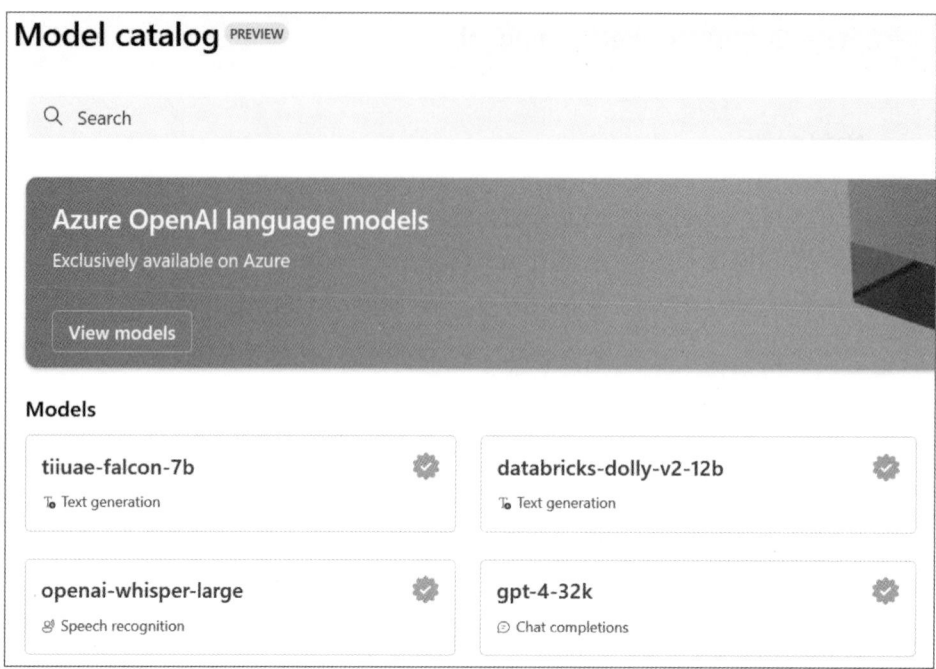

그림 4-12 마이크로소프트 애저에서 사용자 맞춤형 모델 생성

파인튜닝에 대한 추가 참고 자료

다음은 파인튜닝에 대한 추가적인 참고 자료입니다.

- 허깅페이스 라이브러리를 사용한 사전 훈련된 모델의 파인튜닝: https://bit.ly/42xLnef
- 로컬에서 데이터셋 로딩하기: https://bit.ly/3WDoUbM
- CLM 튜토리얼: https://bit.ly/4glh5hY
- 훈련 인자: https://bit.ly/400dTa6
- 로컬 코드를 원격 훈련 작업으로 실행하기: https://bit.ly/4hvGFBY
- 허깅페이스 Autotrain: https://huggingface.co/autotrain
- 오픈AI 파인튜닝: https://bit.ly/3CuYbY9
- 오픈AI 프롬프트 엔지니어링 가이드: https://bit.ly/3E9QN58
- 아마존 베드락 파인튜닝: https://bit.ly/4aCRO1z
- 콘솔에서 코드 없이 아마존 베드락 파인튜닝하기: https://go.aws/4aIcCF6
- Vertex AI에서 기반 모델 파인튜닝하기: https://bit.ly/4aDcI0o

도메인 특화 모델과 일반 모델 평가

도메인 특화 모델은 도메인의 특정 요구 사항에 더 잘 적응하고, 자원을 더 효율적으로 활용하며, 특정 문제와 작업을 해결하는 데 맞춤화된 강력한 언어 처리 기능을 제공하기 때문에 점점 더 인기를 얻습니다. 이러한 모델은 AI 분야에서 중요한 발전을 나타내며, 범용적인 목적의 모델에 비해 더 목표 지향적이고 효과적인 솔루션을 제공합니다. 중요한 점은 도메인 특화 모델의 평가가 맞춤형 파인튜닝만큼 중요하다는 것입니다.

도메인 특화 모델을 개발하는 것은 전통적으로 매우 어려운 일이었습니다. 대기업은 모델 훈련 및 평가를 위해 도메인 특화 데이터를 수집, 정제 및 활용할 수 있는 강력한 수평적 데이터 전략을 수립해야 합니다. 여러 도메인에서 이 데이터는 민감하거나 보호받거나 둘 다 일 수 있습니다. 이는 특히 금융 서비스와 의료 분야에서 더욱 그렇습니다. 도메인 특화 모델 개발 시, 또 다른 주요 과제는 도메인 자체와 AI 모델링 기술 모두에 대한 전문적 기술과 지식이 필요하다는 것입니다. 이 분야의 전문가는 데이터를 정확하게 이해하고, 도메인의 미세한 차이를 이해하고, 모델이 훈련 과정에서 중요한 요소와 미묘한 차이를 잡아내도록 안내해야 합니다. 또한, 특정 도메인의 복잡성은 모델 검증의 어려움으로 이어질 수 있으며, 모델 성능을 정확하게 평가하는 강력한 도메인 특화 지표가 필요합니다.

이 장에서 설명했듯이, 도메인 또는 작업에 특화된 모델을 쉽게 훈련할 수 있는 여러 가지 방법이 있었습니다. 그리고 작업 특화 모델은 특정 도메인에서만 유용합니다(금융 관련 트윗에서 주식 매수-매도-보유 신호를 예측하는 것과 모든 주제에 대한 트윗에서 매수-매도-보유 신호를 예측하는 것의 차이를 생각해 보세요).

도메인 특화 모델을 평가하는 주요 방법 세 가지는 다음과 같습니다.

- **훈련된 모델을 정제된 테스트 데이터셋으로 평가**: 이러한 데이터셋은 선택한 도메인 내의 전문가로 구성된 인력의 도움으로 상당한 노력을 기울여 생성됩니다. 앞서 논의한 맞춤형 모델 훈련을 제공하는 모든 주요 클라우드 제공 업체는 모델을 생성하고 평가 데이터셋으로 테스트할 수 있습니다.
- **작업 특화 모델을 도메인이 일치하는 큰 모델로 평가**: GPT-4와 같은 기반 모델을 사용해 정확성, 유용성, 편향성, 유해성 등을 기준으로 출력 결과를 평가하고 점수를 매길 수 있습니다.
- **주제 전문가를 활용한 제한된 응답 평가**: 이는 전문가가 각 출력이 어떤 모델에서 생성됐는지 모른 채로 어떤 출력을 선호하는지 투표하는 방식으로 이루어집니다.

첫 번째 방법을 살펴봅시다. 앞서 논의한 블룸버그GPT 모델을 예로 들면, 이는 고품질의 관리된 내부 데이터를 보유한 대규모 조직을 위한 도메인 특화 LLM의 추세를 잘 보여줍니다. 다양한 작업을 처리하도록 다양한 데이터셋에서 훈련된 범용 목적의 LLM과 달리, 블룸버그GPT와 같은 도메인 특화 LLM은 특정 분야에 맞게 조정됩니다. 블룸버그GPT는 특히 금융 부문을 위해 설계됐으며, 금융 데이터로 특별히 정제된 데이터셋에서 훈련되어 금융 관련 작업에 매우 전문적이고 효율적입니다.

블룸버그GPT는 블룸버그의 방대한 금융 데이터 소스에서의 도메인 특화 데이터와 범용 목적의 데이터셋의 혼합으로 훈련됐습니다. 이러한 접근 방식은 모델이 금융 관련 작업에서 뛰어난 성능을 발휘할 뿐만 아니라 일반 LLM 벤치마크에서도 좋은 성능을 보장합니다.

원본 블룸버그GPT 논문[7]의 평가evaluation 부분에서는 블룸버그GPT의 능력을 두 가지 주요 도메인인 금융 특화 및 범용 목적의 작업에 대해 종합적으로 평가한 내용이 제공됩니다. 평가는 고품질의 금융 특화 데이터에서 훈련한 블룸버그GPT가 금융 작업에서 높은 성능을 보이는지 확인합니다. 이를 위해 공개 금융 데이터셋이 활용됐습니다. 또한, 감정 분석 및 개체명 인식(NER) 같은 작업에서 블룸버그GPT의 능력도 고품질의 내부 블룸버그 데이터셋을 사용해 평가됐습니다.

범용적 목적의 작업의 경우, 모델의 성능은 GPT-NeoX, OPT, BLOOM과 같은 유사한 크기의 모델과 함께 기존의 표준 데이터셋에서 테스트됐습니다. 블룸버그GPT의 일반적인 능력을 폭넓게 평가하기 위해 BIG-bench Hard, 지식 평가, 독해력, 언어적 작업의 네 가지 그룹으로 분류했습니다. 각 카테고리의 작업 수와 작업에 대한 정의는 논문의 표 5에 자세히 설명되어 있습니다. 이러한 구조적 접근 방식은 블룸버그GPT의 성능을 전문적인 응용과 광범위한 응용 모두에서 철저히 검토하도록 했습니다.

[그림 4-13]은 다양한 금융 특화 작업에서의 블룸버그GPT의 성능을 설명합니다. GPT-NeoX가 이 도메인 특화 모델보다 약간 더 뛰어난 성능을 보인 개체명 인식(NER) 작업을 제외하고, 블룸버그GPT는 그들의 비즈니스와 관련될 수 있는 여러 작업에서 우수한 성과를 나타냅니다.

---

[7] Wu et al. (2023). BloombergGPT: A large language model for finance. arXiv.org. https://arxiv.org/abs/2303.17564

	BLOOMBERGGPT	GPT-NeoX	OPT$_{66B}$	BLOOM$_{176B}$
ConvFinQA	**43.41**	30.06	27.88	36.31
FiQA SA	**75.07**	50.59	51.60	53.12
FPB	**51.07**	44.64	48.67	50.25
Headline	**82.20**	73.22	79.41	76.51
NER	60.82	**60.98**	57.49	55.56
All Tasks (avg)	**62.51**	51.90	53.01	54.35
All Tasks (WR)	**0.93**	0.27	0.33	0.47

그림 4-13 도메인 특화 모델 평가: 금융 도메인 작업에서의 블룸버그GPT 결과

이제 금융 서비스 예시에서 벗어나 의료 도메인으로 전환하겠습니다. 이번에는 일부 정제된 질문에 대한 성능을 직접 평가할 것입니다. 이는 유용하게 만들기 위해서는 대규모로 진행해야 합니다. 많은 도메인 전문가가 모여 데이터를 집단적으로 레이블링해야 하며, 이를 선호 데이터$^{preference\ data}$라고 부르기도 합니다. 이 데이터는 어떤 모델의 출력물을 선호하는지 나타내기 위해 사용됩니다. 또한, 여러 모델이 관여될 경우 일부 모델의 출력이 모두 정답일 수 있습니다. 도메인 전문가는 특정 모델의 출력을 선호할 수 있습니다. 이러한 피드백은 모델을 '조정'하는 데 사용될 수 있으며, 인간 피드백을 통한 강화 학습(RLHF) 또는 DPO$^{direct\ preference\ optimization}$와 같은 기법이 활용될 수 있습니다.

이번에는 의료 도메인에서의 도메인 특화 모델(GPT MD)의 출력을 최고의 범용 목적의 모델(GPT-4 등)과 비교하겠습니다. 프롬프트(입력)에 따른 커스텀 GPT MD와 GPT-4, 구글 Gemini의 출력을 비교하겠습니다.

성인에게 있어 GERD(위식도 역류 질환)의 가장 흔한 원인은 …

[GPT MD]
성인에게 있어 GERD(위식도 역류 질환)의 가장 흔한 원인은 식도 열공 탈장(횡격막과 위 사이의 작은 구멍)입니다. 식도 열공 탈장은 종종 잘못된 자세나 스트레스로 인해 발생합니다. 그 외에 가능한 원인으로는 흡연, 비만, 알코올 사용 장애, 만성 기침, 천식, 임신, 당뇨병, 프로톤 펌프 억제제 및 히스타민 차단제 같은 약물 등이 있습니다.

[GPT-4o]
성인에게 있어서 위식도 역류 질환(GERD)의 가장 흔한 원인은 하부 식도 괄약근(LES, Lower

Esophageal Sphincter)의 기능 저하입니다. LES는 위와 식도 사이에서 음식이 위로 역류하지 않도록 막아주는 근육인데, 이 기능이 약해지면 위산이 식도로 역류하면서 GERD 증상이 발생합니다.

GERD 예방 및 관리 방법:
- 규칙적인 식사 및 식습관 조절 – 과식을 피하고, 식사 후 바로 눕지 않기
- 위산을 자극하는 음식 제한 – 커피, 술, 기름진 음식, 초콜릿 등 피하기
- 적정 체중 유지 – 복부 압력을 줄이기 위해 체중 감량
- 금연 및 절주 – 니코틴과 알코올이 LES 기능을 약화시키므로 피하기
- 높은 베개 사용 – 수면 시 상체를 약간 높이면 위산 역류 예방 가능
- 소화 개선을 위한 생활 습관 – 스트레스 관리, 규칙적인 운동, 식사 후 가벼운 산책

만약 증상이 지속되거나 악화된다면 위장약(PPI, H2 차단제) 복용 또는 의료진 상담이 필요할 수 있습니다. GERD가 장기화되면 식도염, 바렛식도, 식도암 등의 합병증 위험이 증가하므로 조기 관리가 중요합니다.

[Gemini]
성인의 위식도 역류 질환(GERD)의 가장 흔한 원인은 하부 식도 조임근 기능 부전입니다.

하부 식도 조임근이란?
- 식도와 위 사이의 근육 고리
- 음식을 삼킬 때 이완되어 음식이 위로 통과하도록 함
- 평상시에는 수축하여 위산이 식도로 역류하는 것을 방지

하부 식도 조임근 기능 부전 원인
- 조임근 약화: 노화, 비만, 흡연, 특정 음식(기름진 음식, 초콜릿, 커피 등) 또는 음료(탄산음료, 알코올 등), 특정 약물(일부 항생제, 진통제 등)
- 복압 증가: 비만, 임신, 잦은 구토, 만성 기침
- 위 배출 지연: 위 운동 기능 저하

GERD 발생 기전: 하부 식도 조임근이 제대로 작동하지 않으면 위산이 식도로 역류하여 식도 점막을 자극하고 염증을 유발합니다. 이로 인해 속쓰림, 가슴 통증, 신트림, 역류, 소화 불량 등의 GERD 증상이 나타날 수 있습니다.

주의: 위 정보는 일반적인 내용이며, 개인의 상황에 따라 다른 원인이 있을 수 있습니다. 정확한 진단과 치료는 반드시 의료 전문가와 상담하시기 바랍니다.

GPT MD의 답변은 성인에서 GERD의 가장 흔한 원인을 식도 열공 탈장으로 제시하며, 식도 열공 탈장이 잘못된 자세나 스트레스로 인해 발생할 수 있다고 설명합니다. 또한 흡연, 비만,

알코올 사용 등 여러 위험 요인을 함께 언급하지만, 예방이나 관리 방법에 대한 구체적인 설명은 제공하지 않습니다.

반면, GPT-4o의 답변은 하부 식도 괄약근(LES)의 기능 저하를 GERD의 가장 흔한 원인으로 제시합니다. 이 답변에서는 LES가 위와 식도 사이에서 위산 역류를 막는 역할을 하며, 이 기능이 약해질 경우 위산이 식도로 역류하여 증상이 발생한다고 설명합니다. 더불어 규칙적인 식사, 위산 자극 음식 제한, 적정 체중 유지, 금연 및 절주, 수면 시 상체 높이기 등 예방 및 관리 방법을 상세하게 제시하고, 증상 악화 시 의료진 상담의 필요성도 강조합니다.

또한 Gemini의 답변 역시 하부 식도 조임근(LES)의 기능 부전을 가장 흔한 원인으로 설명하며, LES의 역할과 함께 기능 부전의 다양한 원인(노화, 비만, 흡연, 특정 음식 및 약물, 복압 증가 등)을 구체적으로 서술합니다. 이 답변은 GERD 발생 기전을 자세히 설명하고, 일반적인 정보임을 명시하면서도 의료 전문가와 상담할 것을 권고합니다.

따라서 일반적인 의학적 견해와 정보의 폭, 그리고 구체성을 고려할 때 GPT-4o와 Gemini의 답변이 보다 정확하고 유용한 정보를 제공한다고 평가할 수 있습니다. GPT MD와 Gemini 간의 불일치는 두 모델의 훈련 데이터셋의 차이 또는 의료 문헌에서의 우선순위 차이를 반영할 수 있습니다.

모든 모델은 GERD의 다요인적 특성에 동의하며, 생활 습관, 식이 선택, 약물을 기여 요인으로 언급하지만, 어떤 요인이 가장 일반적인지에 대해서는 서로 다르게 판단합니다.

Gemini는 독자가 의료 상담을 받도록 권장하는 행동 지향적인 조언을 유일하게 제공해, GERD 증상을 겪고 다음 단계에 대한 지침을 찾는 사람에게 특히 유용할 수 있습니다. 금융, 의료 또는 다른 어떤 분야든, 모델이 자신의 능력에 대해 솔직하게 하고 사용자를 전문가의 도움으로 유도하도록 훈련하는 것은 좋은 전략입니다.

> 아래 나열된 각 약물의 약물 분류는 무엇인가요?
> - 아토르바스타틴
> - 프레드니솔론
> - 셀레콕시브
> - 프로작
>
> 각 약물의 분류:

[GPT MD]

1. HMG-CoA 환원 효소 억제제(스타틴)
2. 글루코코르티코이드 스테로이드
3. COX-2 선택적 NSAID
4. 선택적 세로토닌 재흡수 억제제(SSRI)

[GPT-4o]

아래는 나열된 각 약물의 약물 분류입니다.

- 아토르바스타틴(Atorvastatin): 스타틴계(Statin), 고지혈증 치료제(HMG-CoA 환원효소 억제제)
- 프레드니솔론(Prednisolone): 코르티코스테로이드(Corticosteroid), 항염증제
- 셀레콕시브(Celecoxib): 선택적 COX-2 억제제(Selective COX-2 Inhibitor), 비스테로이드성 소염진통제(NSAID)
- 프로작(Prozac): 선택적 세로토닌 재흡수 억제제(SSRI, Selective Serotonin Reuptake Inhibitor), 항우울제

[Gemini]

- 아토르바스타틴은 스타틴으로, 콜레스테롤 저하제입니다. 고콜레스테롤혈증 치료에 사용됩니다.
- 프레드니솔론은 글루코코르티코이드로, 스테로이드의 일종입니다. 염증, 알레르기 반응 및 자가 면역 질환 치료에 사용됩니다.
- 셀레콕시브는 COX-2 억제제로, 비스테로이드성 항염증제(NSAID)의 일종입니다. 통증과 염증 치료에 사용됩니다.
- 프로작(플루옥세틴)은 선택적 세로토닌 재흡수 억제제(SSRI)로, 항우울제의 일종입니다. 우울증, 불안 장애 및 기타 정신 건강 상태 치료에 사용됩니다.

GPT MD는 각 약물에 대해 간결하고 의학적으로 정확한 분류를 제공합니다. 이 모델은 의료 분야에서 일반적으로 사용되는 용어를 사용해, 의료 전문가나 학생에게 특히 유용합니다.

세 AI 답변 모두 네 가지 약물의 분류에 대해 일치하는 기본 정보를 제공하지만, 표현 방식과 추가 설명의 정도에서 차이를 보입니다.

먼저, 아토르바스타틴의 경우, 세 답변 모두 이 약물을 스타틴 계열, 즉 HMG-CoA 환원효소 억제제로 분류하며, 고지혈증이나 고콜레스테롤혈증 치료에 사용된다고 언급합니다.

다음으로, 프레드니솔론은 세 답변에서 모두 글루코코르티코이드(또는 코르티코스테로이드)로 분류되며, 염증, 알레르기 반응, 자가면역 질환 등의 치료에 쓰인다는 공통점을 보입니다.

셀레콕시브에 대해서는, 모든 답변이 이 약물을 선택적 COX-2 억제제, 즉 비스테로이드성 소염진통제(NSAID)의 일종으로 분류하며, 통증과 염증 치료에 사용됨을 설명합니다.

마지막으로, 프로작(플루옥세틴)은 세 답변 모두 선택적 세로토닌 재흡수 억제제(SSRI)로 분류되며, 항우울제 역할을 한다고 설명합니다.

구체적으로 비교하면, GPT MD는 리스트 형식으로 간결하게 약물 분류만을 제시한 반면, GPT-4o는 각 약물의 분류에 더해 약물의 작용 기전이나 치료 용도를 상세하게 설명합니다. Gemini의 답변도 분류와 함께 각 약물의 임상적 사용 예시(예: 고콜레스테롤혈증, 염증, 통증, 우울증 등)를 간단하게 언급하며 실제 용도를 소개합니다.

LLM이 다양한 산업에서 활용됨에 따라, LLM 전문가와 도메인 전문가 간의 협력 노력이 증가할 것으로 예상되며, 이를 통해 모델이 더 정확해질 뿐만 아니라 각 분야의 실질적인 고려 사항에 더 잘 맞춰질 것입니다. 또한 이러한 모델을 더 해석 가능하고 투명하게 만들어 의료 및 금융과 같은 민감한 분야에서 신뢰성과 안전성을 확보할 수 있습니다.

더욱이, 효율적인 훈련 방법의 개발은 제한된 도메인 특화 데이터로도 강력한 모델을 생성할 수 있게 합니다. 마지막으로, 연합 학습 및 개인정보 보호 기술을 LLM에 적용하면 프라이버시를 손상시키지 않으면서도 민감한 데이터를 활용할 수 있는 도메인 특화 모델 개발에 중요한 역할을 할 것입니다.

전반적으로, 도메인 특화 모델의 미래는 기술 혁신, 학계 간 협력, 윤리적 AI 실천에 대한 집중이 어우러지도록 만반의 준비가 되어 있습니다.

4.5 범용 모델을 활용한 프롬프트의 성능

앞에서는 도메인 특화 모델이 얼마나 더 작아질 수 있는지, 이로 인해 훈련과 배포가 더 효율적이지만, 훨씬 더 큰 도메인 비특화 모델만큼 성능을 발휘할 수 있다는 점을 살펴보았습니다. 최근 연구는 다시 한번 이러한 직관을 뒤집고 도메인 비특화 모델이 여전히 도메인 특화 모델보다 더 나은 성능을 보일 수 있는 방법이 있음을 입증했습니다.

최근 마이크로소프트는 Medprompt 논문[8]에서 적절한 프롬프트 전략을 통해 GPT-4가 의료 분야에 특화된 모델보다 더 뛰어난 성능을 발휘할 수 있는 방법을 연구했습니다. [그림 4-14]는 전문 모델에 대한 프롬프트의 최종 평가를 보여줍니다.

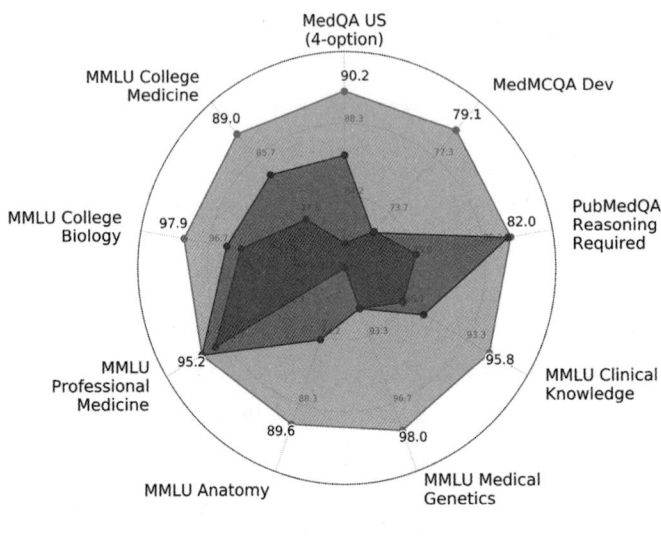

그림 4-14 Medprompt를 사용한 GPT-4와 Med-PaLM 2 비교 평가

이 연구는 특히 의료 문제 해결 시나리오를 목표로 해 GPT-4를 위한 비용 효율적이고 보편적인 프롬프트 방법을 개발하고 Medprompt라고 명명했습니다. 이 방법은 복잡한 프롬프트 엔지니어링을 필요로 하지 않고 GPT-4의 고유한 능력을 전문가 수준에서 기능하도록 작동시킵니다. Medprompt는 다양한 의료 질문-답변 데이터셋에서 표준 GPT-4 프롬프트 기법과 Med-PaLM 2와 같은 고급 모델보다 상당한 성능 향상을 보여주었습니다. Medprompt의 주목할 만한 성과는 USMLE 시험을 기반으로 한 MedQA 데이터셋에서의 성능으로, 정확도에서 9 포인트 절대 증가를 달성해 이 벤치마크에서 처음으로 90%를 뛰어 넘었습니다. 이러한

---

[8] Nori et al. (2023). Can Generalist Foundation models outcompete Special-Purpose Tuning? Case study in medicine. arXiv.org. https://arxiv.org/abs/2311.16452

발전은 AI 지원 의료 진단 및 문제 해결의 새로운 기준을 세웠습니다.

추론 단계에서 전처리 단계에서 적용한 것과 동일한 임베딩 모델을 사용해 각 테스트 질문을 다시 임베딩합니다. 그런 다음 k-최근접 이웃(kNN) 알고리즘을 사용해 전처리된 데이터 풀에서 유사한 인스턴스를 식별합니다. 인스턴스는 GPT-4가 생성한 추론 체인과 함께 GPT-4의 맥락적 입력으로 사용됩니다. 테스트 질문과 답변이 이 맥락에 추가되어 모델을 위한 최종 프롬프트를 형성합니다. GPT-4는 몇 가지 이전에 주어진 예시의 형식을 따라 추론 체인을 생성하고 답변을 제안합니다. 논문에서는 앙상블 프로세스를 도입해 이 접근 방식의 견고성을 강화했습니다. 이 과정은 각 테스트 질문에 대한 답변 선택지를 무작위로 재배열해 다양성을 높이는 데 중점을 두고 앞서 언급한 단계를 여러 번 반복합니다. 최종 예측 답변은 이러한 반복에서 가장 자주 발생하는 답변을 선택해 결정되며, 그 방법론은 [그림 4-15]에 설명되어 있습니다.

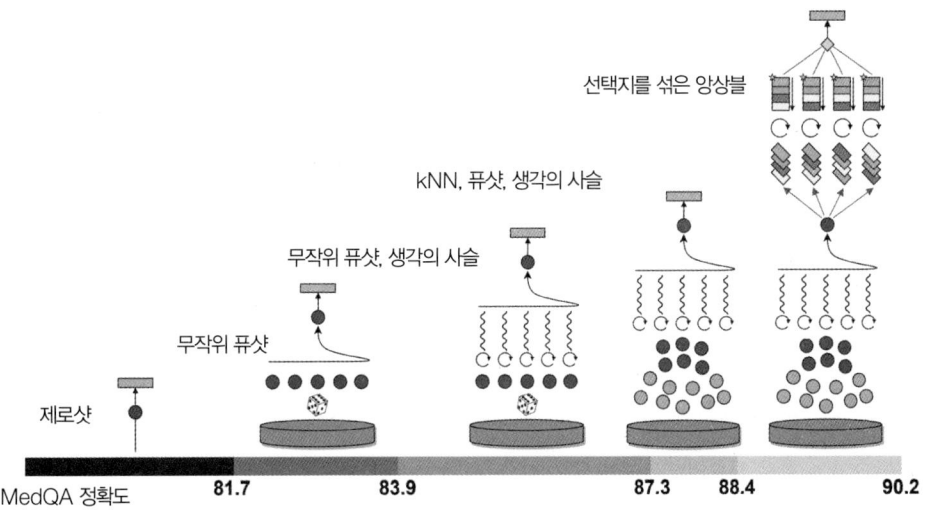

그림 4-15 Medprompt의 다양한 전략을 사용한 GPT-4의 정확도 향상

GPT-4는 특별한 프롬프트를 만들지 않아도 USMLE의 합격 점수를 20점 이상 초과하며, 이전의 범용 모델들(GPT-3.5) 뿐 아니라 의료 지식에 특별히 파인튜닝된 모델(Flan-PaLM 540B의 프롬프트 조정 버전인 Med-PaLM)보다도 더 우수한 성능을 보입니다. 이 연구는 지능형 프롬프트 전략을 사용해 파인튜닝 비용을 완전히 제거했습니다. Medprompt에서의 결과는 선택된 다섯 개의 k-최근접 이웃(kNN) 샘플을 통합하는 구성과 선택지를 섞는 앙상블

방법의 다섯 개의 병렬적인 API 호출을 결합해 달성됐습니다. 이 실험 설정은 추론과 관련된 비용을 효과적으로 최소화하면서 동시에 정확성을 극대화하는 최적의 균형을 제공하기 때문에 선택됐습니다. 설정을 다르게 하면 정확성과 추론 지연시간 간의 상대적인 비용 변화가 있을 수 있습니다.

어떤 모델이 좋은지에 대해서는 의견이 다릅니다. 하나는 도메인 특화 모델이 궁극적으로 더 유용할 것이라고 주장하며, 다른 하나는 점점 더 큰 모델이 인공 일반 지능(AGI)으로 이어져 도메인이나 작업 특화 모델의 필요성을 없앨 것이라고 주장합니다. 장기적으로 어떤 관점이 우세할지 평가하기 어렵지만, 단기적으로는 고품질의 도메인 특화 데이터가 고품질의 모델로 이어질 것이며 때로는 범용 목적의 LLM보다 해당 작업이나 도메인 내에서 더 나은 기능을 가진 더 작은 모델로 이어질 것으로 예상할 수 있습니다.

4.6 요약

이번 장에서는 몇 가지 작은 모델이 일부 발표된 거대 모델의 성능과 일치하거나 때로는 능가하는 사례를 살펴보았습니다. Mistral과 Orca 2와 같은 모델의 성공은 언어 모델 개발의 미래에 중요한 의미를 지닙니다. 이는 효율성과 성능 사이의 균형이 중요한 상황에서 작은 모델의 잠재력을 보여줍니다. Orca 2의 훈련 과정에서 맞춤형 합성 데이터와 다양한 추론 기법의 전략적 사용은 거대 모델의 성능에 필적하거나 이를 초과하는 성능 수준을 달성하는 길을 열었습니다. 특히 제로샷 추론 작업에서 말입니다. 또한, 어떻게 도메인 특화 모델이 훨씬 더 큰 범용적 목적의 기반 모델의 성능을 초과할 수 있는지도 살펴봤습니다. 마지막으로, 프롬프트 엔지니어링이 여전히 유효하다는 점을 확인했습니다! 범용적 목적 모델은 동적 퓨샷으로 잘 프롬프팅하면 도메인 특정 모델처럼 성능을 발휘할 수 있습니다.

CHAPTER 5

인프라 및 배포 튜닝 전략

신경망 모델의 개발 및 최적화에는 알고리즘에 대한 전문 지식뿐만 아니라 하드웨어 및 배포 인프라에 대한 이해도 필요합니다. 컴퓨팅 자원의 증가와 병렬 처리의 도입은 딥러닝의 발전을 촉진했지만, 이러한 자원을 효율적으로 활용하는 데에는 새로운 도전 과제가 따릅니다. 이 장에서는 인프라 및 배포를 위한 튜닝 전략을 다루며, 하드웨어 활용 극대화, 추론 가속화, 그리고 지속적인 성능 유지를 보장하는 모니터링과 최적화를 중심으로 논의할 것입니다.

5.1 튜닝 전략

먼저 기본으로 돌아가 LLM이 하드웨어를 효과적으로 활용하기 어려운 이유부터 살펴보겠습니다. 그다음 학습과 추론의 복잡한 부분을 다루며, 모델의 일반화를 유지하면서도 계산 성능을 최대한 활용하는 학습 중 전략적 배치 처리의 중요성을 살펴보겠습니다. 또한, 다양한 애플리케이션 요구 사항에 맞는 비용 효율적이고 고성능의 모델을 구현하는 데 추론 가속화가 얼마나 중요한지 살펴봅니다. 이러한 전략을 통합해 딥러닝 모델을 성공적으로 배포하고, 다양한 플랫폼과 실제 환경에서 효과적으로 작동하는 모델을 만들 수 있습니다.

5.2 하드웨어 활용 및 배치 튜닝

이미 설명했듯 GPT와 BERT와 같은 LLM의 핵심은 트랜스포머 아키텍처로, 이는 모델이 인간 언어를 이해하고 생성하는 방식을 혁신적으로 변화시켰습니다. 트랜스포머는 '셀프 어텐션self-attention'이라는 메커니즘을 사용해 문장 내 각 단어가 다른 모든 단어와 상호작용하고, 단어 간의 맥락과 관계를 효과적으로 이해합니다. 입력 시퀀스sequence의 각 토큰은 벡터로 표현되며, 이 벡터는 어텐션 메커니즘을 통해 일련의 변환을 거치게 됩니다. 이 메커니즘은 각 토큰에 대해 쿼리(Q), 키(K), 값(V)이라는 세 가지 벡터를 계산합니다. LLM의 맥락에서 쿼리는 현재 처리 중인 토큰에 해당하며, 키와 값은 이전 모든 토큰으로부터 파생됩니다. 하나의 레이어에서 셀프 어텐션 계산은 [그림 5-1]과 같이 보입니다.

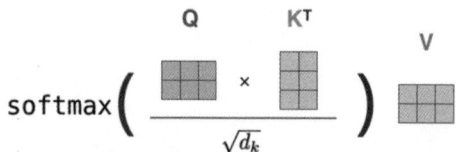

그림 5-1 셀프 어텐션의 계산

인코더 또는 디코더 아키텍처의 단일 레이어는 여러 개의 셀프 어텐션으로 구성됩니다(현재 LLM은 일반적으로 디코더 전용 아키텍처입니다). [그림 5-2]에 이러한 여러 레이어를 포함한 LLM의 트랜스포머 아키텍처가 함께 표현돼 있습니다.

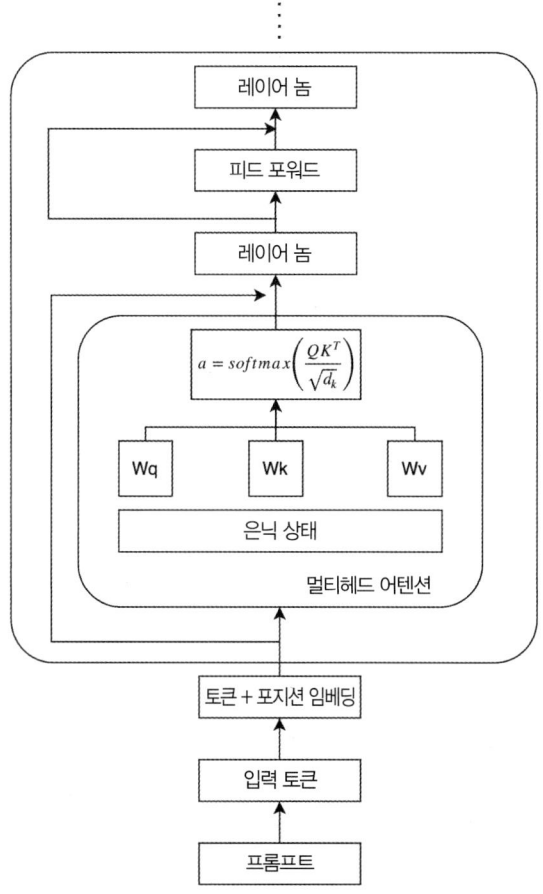

그림 5-2 트랜스포머 레이어의 헤드 내에서 발생하는 셀프 어텐션 계산

트랜스포머 기반 생성 모델은 자동 회귀autoregressive 방식으로 작동합니다. 모델은 셀프 어텐션 레이어를 지닌 각 트랜스포머 레이어 스택은 이전 모든 토큰의 정보를 참조해 다음 토큰을 생성합니다. i 번째 반복에서 현재 토큰(t_i)은 셀프 어텐션 레이어 내에서 이전의 모든 토큰들(t_0 부터 t_{i-1} 까지)을 참조합니다.

이러한 어텐션 메커니즘은 어떻게 보이시나요? LLM이 생성한 예시 문장을 살펴보겠습니다.

```
sentence = "At the store, Ada bought some algorithmic muffins, chips and electrons"
```

시각화를 위해 bertviz(https://pypi.org/project/bertviz)와 같은 유용한 라이브러리

가 있습니다. GPT-2를 예시 모델로 살펴보겠습니다(다른 모델도 유사한 시각화를 적용할 수 있습니다). 다음 코드와 같이 토크나이저(tokenizer)와 모델을 초기화합니다.

```
from bertviz.transformers_neuron_view import GPT2Model, GPT2Tokenizer
from bertviz.neuron_view import show

model_version = 'gpt2'
model = GPT2Model.from_pretrained(model_version)
tokenizer = GPT2Tokenizer.from_pretrained(model_version)
```

마지막으로, show 함수를 사용해 어텐션에 의한 토큰들의 관계를 시각화합니다. [그림 5-3]과 같이 단어 'chips'에 마우스를 올리면 특정 단일 레이어의 특정 단일 헤드^{head}에서 K와 Q 파라미터를 시각화해 볼 수 있습니다.

```
show(model, model_version, tokenizer, sentence)
```

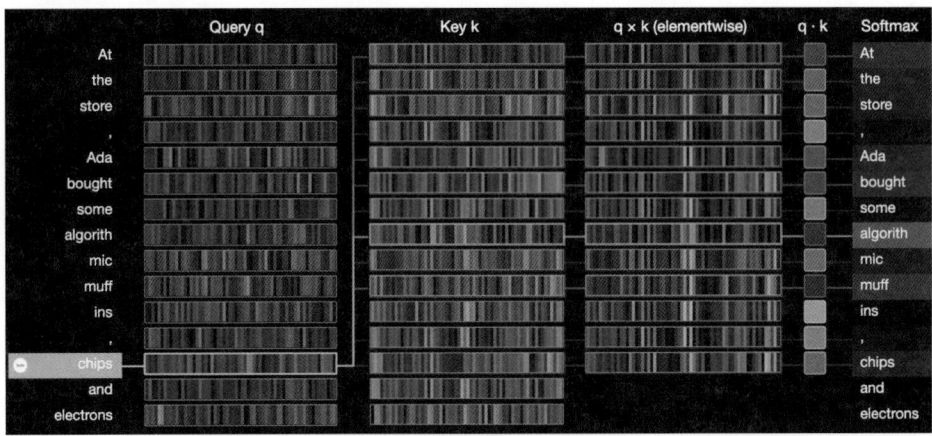

그림 5-3 bertviz를 이용한 트랜스포머 레이어의 헤드 내 셀프 어텐션 시각화 결과

[그림 5-3]은 K와 Q 텐서, 원소별 곱셈(QxK), 그리고 소프트맥스^{softmax}로 계산된 어텐션 스코어$^{attention\ score}$를 기반해 선택된 토큰을 보여줍니다. 이 예시에서 볼 수 있듯이, 토큰 'chips'는 'algorith'와 'muff'에 주목합니다(이유를 추측할 수 있나요?). 3장에서 본 것처럼, Q, K, V 텐서는 각 레이어에 입력된 값을 가중치 Wq, Wk, Wv와 곱한 결과입니다.

트랜스포머 아키텍처는 자동 회귀autoregressive 생성과 셀프 어텐션self-attention 메커니즘을 기반으로 작동하며, 하드웨어 활용과 모델 튜닝에서 독특한 도전 과제를 제시합니다. 첫째, 각 토큰의 생성이 이전 모든 토큰에 의존하는 텍스트 생성 과정은 상당한 계산 자원을 요구합니다. 이는 매 단계마다 모델이 현재 토큰과 모든 이전 토큰 간의 관계(어텐션 스코어)를 계산하고 저장해야 하기 때문입니다. 시퀀스 길이가 증가할수록 계산 복잡도는 제곱으로 증가해, 메모리 요구량이 상당히 늘어납니다. 특히 거대 트랜스포머 모델이 이러한 계산을 효율적으로 처리하려면 많은 메모리 용량을 가진 고성능 GPU나 TPU가 필요합니다. 시퀀스 길이에 따른 메모리 요구량의 제곱만큼 증가 현상은 한 번에 처리할 수 있는 최대 시퀀스 길이를 제한해 긴 컨텍스트 윈도가 필요한 작업에서 병목 현상이 될 수 있습니다. 또한, 셀프 어텐션 메커니즘의 글로벌 특성global nature은 병렬 처리를 어렵게 만듭니다. 트랜스포머 내부의 일부 작업은 병렬화될 수 있지만, 토큰 생성의 순차적 생성 때문에 각 토큰은 모든 선행 토큰들이 생성된 후에야 처리될 수 있습니다. 이러한 내재된 순차성(자동 회귀 특성)은 학습과 추론 과정을 병렬화해 속도를 높이는 데 한계를 부여합니다. 이제 이러한 모델의 메모리 요구 사항에 대해 더 깊이 알아보겠습니다.

5.2.1 메모리 점유율

각 파라미터는 GPU 메모리를 차지하며, 이 메모리의 크기는 텐서의 데이터 유형(float32, float16, int8), 사용 중인 프레임워크, GPU 등에 따라 달라집니다. GPU에 텐서가 로드되지 않은 상태에서 시작한다고 가정해 봅시다. 터미널에서 'nvidia-smi' 명령어를 사용하면 [그림 5-4]와 같이 메모리 사용량이 0MB에서 시작하는 것을 확인할 수 있습니다.

```
+-----------------------------------------------------------------------------+
| NVIDIA-SMI 470.57.02    Driver Version: 470.57.02    CUDA Version: 11.8    |
|-------------------------------+----------------------+----------------------+
| GPU  Name        Persistence-M| Bus-Id        Disp.A | Volatile Uncorr. ECC |
| Fan  Temp  Perf  Pwr:Usage/Cap|         Memory-Usage | GPU-Util  Compute M. |
|                               |                      |               MIG M. |
|===============================+======================+======================|
|   0  Tesla T4            Off  | 00000000:00:1E.0 Off |                    0 |
| N/A   26C    P0    25W /  70W |     0MiB / 15109MiB  |      0%      Default |
|                               |                      |                  N/A |
+-------------------------------+----------------------+----------------------+

+-----------------------------------------------------------------------------+
| Processes:                                                                  |
|  GPU   GI   CI        PID   Type   Process name                  GPU Memory |
|        ID   ID                                                   Usage      |
|=============================================================================|
|  No running processes found                                                 |
+-----------------------------------------------------------------------------+
```

그림 5-4 초기 시작 시 GPU 메모리 사용량 0 MB

각 float32 파라미터는 정의에 따라 메모리에서 4바이트를 차지합니다. 하지만 사용 중인 GPU, 프레임워크, 오버헤드 메모리 할당 여부 등에 따라 크기가 1인 텐서 하나의 메모리 크기나 LLM의 전체 가중치가 정확히 얼마나 될지는 예측하기 어려울 수 있지만, 대략적인 추정은 할 수 있습니다. 파이토치에서 아래와 같이 크기가 1인 텐서를 생성하면, [그림 5-5]는 앞서 언급한 GPU의 하드웨어 특성, 프레임워크, 오버헤드 메모리 할당과 같은 이유들로 예상보다 많은 메모리가 할당된 것을 보여줍니다.

```
import torch
torch.ones((1, 1)).to("cuda")
```

```
+-----------------------------------------------------------------------------+
| NVIDIA-SMI 470.57.02    Driver Version: 470.57.02    CUDA Version: 11.8     |
|-------------------------------+----------------------+----------------------+
| GPU  Name        Persistence-M| Bus-Id        Disp.A | Volatile Uncorr. ECC |
| Fan  Temp  Perf  Pwr:Usage/Cap|         Memory-Usage | GPU-Util  Compute M. |
|                               |                      |               MIG M. |
|===============================+======================+======================|
|   0  Tesla T4            Off  | 00000000:00:1E.0 Off |                    0 |
| N/A   27C    P0    25W /  70W |    119MiB / 15109MiB |      0%      Default |
|                               |                      |                  N/A |
+-------------------------------+----------------------+----------------------+

+-----------------------------------------------------------------------------+
| Processes:                                                                  |
|  GPU   GI   CI        PID   Type   Process name                  GPU Memory |
|        ID   ID                                                   Usage      |
|=============================================================================|
```

그림 5-5 파이토치로 크기 1인 텐서를 로드한 후 GPU 메모리 사용량 119 MB

모델을 추론용으로 초기화하고 float32(전체 부동 소수점 크기)로 로드될 때 파라미터 수에 파라미터당 4바이트를 곱하면, GPU에서 차지하는 메모리의 하한선을 얻을 수 있습니다. 1.37억 개의 파라미터를 가진 GPT-2 모델은 파라미터 수에 4바이트를 곱해 약 548MB 이상의 메모리를 차지하게 됩니다. 이는 [그림 5-6]에 나와 있습니다.

```
# 모델 직접 로드
from transformers import AutoTokenizer, AutoModelForCausalLM
tokenizer = AutoTokenizer.from_pretrained("gpt2")
model = AutoModelForCausalLM.from_pretrained("gpt2")
```

```
+-----------------------------------------------------------------------------+
| NVIDIA-SMI 470.57.02    Driver Version: 470.57.02    CUDA Version: 11.8    |
|-------------------------------+----------------------+----------------------+
| GPU  Name        Persistence-M| Bus-Id        Disp.A | Volatile Uncorr. ECC |
| Fan  Temp  Perf  Pwr:Usage/Cap|         Memory-Usage | GPU-Util  Compute M. |
|                               |                      |               MIG M. |
|===============================+======================+======================|
|   0  Tesla T4            Off  | 00000000:00:1E.0 Off |                    0 |
| N/A   27C    P0    25W /  70W |    651MiB / 15109MiB |      0%      Default |
|                               |                      |                  N/A |
+-------------------------------+----------------------+----------------------+

+-----------------------------------------------------------------------------+
| Processes:                                                                  |
|  GPU   GI   CI        PID   Type   Process name                  GPU Memory |
|        ID   ID                                                   Usage      |
|=============================================================================|
+-----------------------------------------------------------------------------+
```

그림 5-6 1.37억 개의 파라미터를 가진 GPTJ 모델 초기화 후 GPU 메모리 사용량 651 MB

마찬가지로, 더 큰 모델을 로드할 때는 메모리 소비가 더욱 증가할 것으로 예상해야 합니다. 예를 들어, 허깅페이스에서 메타의 13억 개의 파라미터를 가진 OPT 모델(GPTJ 모델보다 10배 더 큼)을 로드할 때, [그림 5-7]은 nvidia-smi 명령을 실행한 결과를 보여줍니다.

```
# 모델 직접 로드
from transformers import AutoTokenizer, AutoModelForCausalLM
tokenizer = AutoTokenizer.from_pretrained("facebook/opt-1.3b")
model = AutoModelForCausalLM.from_pretrained("facebook/opt-1.3b")
```

```
+-----------------------------------------------------------------------------+
| NVIDIA-SMI 470.57.02    Driver Version: 470.57.02    CUDA Version: 11.8    |
|-------------------------------+----------------------+----------------------+
| GPU  Name        Persistence-M| Bus-Id        Disp.A | Volatile Uncorr. ECC |
| Fan  Temp  Perf  Pwr:Usage/Cap|         Memory-Usage | GPU-Util  Compute M. |
|                               |                      |               MIG M. |
|===============================+======================+======================|
|   0  Tesla T4            Off  | 00000000:00:1E.0 Off |                    0 |
| N/A   26C    P0    25W /  70W |   5689MiB / 15109MiB |      0%      Default |
|                               |                      |                  N/A |
+-------------------------------+----------------------+----------------------+

+-----------------------------------------------------------------------------+
| Processes:                                                                  |
|  GPU   GI   CI        PID   Type   Process name                  GPU Memory |
|        ID   ID                                                   Usage      |
|=============================================================================|
+-----------------------------------------------------------------------------+
```

그림 5-7 13억 개의 파라미터를 가진 OPT 모델 초기화 후 GPU 메모리 사용량 5689 MB

모델의 크기를 계속해서 늘리면, [표 5-1]에서 보여주듯이 단일 GPU에서 메모리가 빠르게 증가합니다.

표 5-1 허깅페이스에서 모델 크기 증가에 따른 메모리 요구량을 기록한 실험

모델	파라미터 수	GPU 메모리 크기 (GB)	메모리에서의 추정된 실제 크기(GB)	CUDA OOM 발생 여부
GPT-2	1억 3천만 개	0.51 GB	0.64 GB	X
facebook/opt-1.3b	13억 개	4.84 GB	5.56 GB	X
microsoft/phi-2	20억 개	7.45 GB	8.94 GB	X
meta-llama/Llama-2-7b-hf	70억 개	26.08 GB	31.29 GB	O
meta-llama/Llama-2-13b-hf	130억 개	48.43 GB	58.11 GB	O
tiiuae/falcon-40b	400억 개	149.01 GB	178.81 GB	O
bigscience/bloom	1760억 개	655.65 GB	786.78 GB	O

[표 5-1]은 모델이 추론이나 예측을 위해 로드됐을 때의 GPU 메모리 요구 사항만을 의미합니다. 훈련 시에는 그래디언트gradient, 옵티마이저optimizer 상태, 텐서 캐시, 데이터 배치 등을 저장하는 추가 메모리가 필요하며, 이로 인해 추론 시 요구되는 메모리의 4배에서 6배까지 필요할 수 있습니다.

5.2.2 더 큰 모델을 가용 메모리에 맞추기 위한 전략

앞서 보았듯이, 70억 개의 파라미터를 가진 Llama와 같은 모델은 메모리가 부족할 수 있습니다. 이전 장에서 언급했듯이, 트을 모델의 훈련과 추론 시 GPU 메모리 제약을 다룰 때 동적 메모리 관리가 중요해집니다. 혼합 정밀도mixed precision 및 모델 병렬화model parallelism와 같은 전략은 모델의 파라미터를 여러 GPU에 분산시키는 방식으로, 훈련과 추론 단계에 일반적으로 사용됩니다.

점점 더 커지는 모델을 GPU 메모리 제약 내에서 학습하도록 여러 가지 전략을 사용할 수 있습니다. 모델 병렬화는 그중 하나로, 모델을 여러 GPU에 나누어 각 GPU가 모델의 일부 파라미터만 저장하고 처리하게 합니다. 또 다른 방법으로는 혼합 정밀도 훈련mixed precision training을 사용하는데, 이는 학습 과정에서 사용되는 수치를 16비트와 32비트 부동소수점으로 혼합적으로 표현해 메모리 사용량을 줄이는 방식입니다. 그래디언트 체크포인팅gradient checkpointing이라는 기법도 있는데, 이는 순방향 패스forward pass에서 중간 활성화 값을 저장하지 않고 역방향 패스에서

다시 계산해 메모리를 절약하는 방법입니다. 마지막으로, 모델의 일부나 활성화 값을 사용하지 않을 때 CPU 메모리로 오프로드하는 방법도 있지만, 이 경우 계산 속도에 영향을 미칠 수 있습니다. 이러한 전략을 활용해 기존 하드웨어의 한계 내에서 더 큰 LLM을 사용할 수 있습니다.

특히 거대 모델의 경우 추론 과정에서도 유사한 접근 방식을 사용하면서 추가적인 방법을 적용합니다. 허깅페이스의 accelerate 라이브러리는 먼저 빈 모델 구조를 로드하는 방식을 통해 메모리 사용량을 크게 줄여줍니다. 이후 가중치는 동적으로 로드되어 장치에 분산 처리됩니다. 이 동적 계산 방식은 메모리 집약적인 작업을 필요에 따라 CPU와 GPU 간에 전환하며 계층별 layer-by-layer로 처리합니다. 이와 더불어, 사전 로드와 캐싱caching 전략이 적용되어 데이터 전송 오버헤드를 최소화하고 GPU 메모리 사용을 최적화합니다. 이를 통해 큰 모델도 주어진 하드웨어 자원 내에서 처리할 수 있게 됩니다. 이러한 전략을 활용해 성능과 자원 제약 간의 균형을 유지하면서 메모리를 효율적으로 관리할 수 있습니다.

GPU를 활용한 LLM 추론을 위해 몇 가지 고급 기법이 등장했습니다. 학습된 모델에 대한 후처리 과정 중 하나인 양자화 기법도 그중 하나입니다. 추론 과정에서는 동적 스케줄링을 통해 텐서 할당과 GPU와 CPU 간의 데이터 이동을 관리해 더 큰 모델을 실행할 수 있게 하며, 이 과정에서 고정된 CPU 메모리를 텐서의 임시 저장소로 사용합니다. 또한, 메모리 사용량을 줄이기 위해 16비트와 32비트 부동소수점을 모두 사용하는 혼합 정밀도 표현은 훈련과 추론 모두에서 효과적입니다. 오프로드, 사전 로드, 그리고 GPU DRAM에 텐서를 캐싱 하는 기술은 특히 추론 과정에서 연속적인 데이터 전송을 최소화하고, 한정된 GPU 메모리를 최적화해 더 큰 신경망을 실행할 수 있게 해줍니다. 이러한 기법은 오버헤드가 발생하긴 하지만 GPU 용량을 초과하는 모델들도 실행할 수 있어 제한된 하드웨어에서 복잡하고 거대한 모델을 배포할 수 있습니다.

GPU에서 LLM을 실행하는 다양한 고급 기술(후처리 양자화, 동적 스케줄링, 혼합 정밀도 표현, 오프로드, 사전 로드, 캐싱과 같은 추론 최적화 전략)은 많은 이점을 제공하지만, 실제 환경에서는 속도, 계산 효율성, 모델 복잡성 간의 트레이드오프가 발생할 수 있습니다. 예를 들어, 후처리 양자화는 모델 크기를 줄이고 추론 속도를 높일 수 있지만, 정확도 손실이 발생합니다. 동적 스케줄링은 큰 모델을 실행하지만, 텐서 할당과 메모리 이동을 관리하는 데서 오는 오버헤드가 발생해 모델 실행 속도에 영향을 미칠 수 있습니다. 혼합 정밀도 표현은 계산 요구와 정확도 사이의 균형을 맞추지만, 더 낮은 정밀도(예: 16비트 부동소수점)를 사용할 경우 모델의 성능과 정확도에 영향을 줄 수 있습니다.

따라서 각 사용 사례의 특정 요구 사항과 제약에 따라 이러한 기술들의 적절한 조합을 신중하게 평가하고 선택하는 것이 중요합니다. 이는 모델 크기, 속도, 정확도 간의 트레이드오프에 대한 세심한 이해를 요구합니다. 실시간 응답이 중요한 애플리케이션에서는 모델 정확도나 복잡성을 약간 희생하더라도 속도와 계산 효율성을 우선시하는 것이 더 중요할 수 있습니다. 반면, 의료 진단이나 복잡한 데이터 분석과 같이 정확도와 깊이 있는 모델 응답이 중요한 시나리오에서는, 느린 추론 속도나 좋은 성능의 하드웨어가 필요하더라도 높은 정밀도를 위해 더 많은 자원을 할당해야 할 수도 있습니다.

또한, 실사용 환경에서 모델을 지속적으로 모니터링하고 최적화하는 것은 매우 중요합니다. 여기에는 새로운 데이터나 도메인 변화에 맞춰 모델을 정기적으로 업데이트하는 것과, 하드웨어 성능이 발전함에 따라 정밀도와 효율성 간의 균형을 조정하는 작업이 포함됩니다. 목표는 LLM의 유용성과 성능을 극대화하면서 비용과 자원 소비를 최소화하는 최적의 균형을 유지하는 것입니다. 이 과정은 모델의 정확도와 효율성을 높은 수준으로 유지할 뿐만 아니라, 다양한 도메인에서 사용자와 이해관계자의 변화하는 요구 사항과 기대에 부합하도록 지속적인 테스트와 개선을 통해 이루어집니다.

5.2.3 KV 캐싱

어텐션attention의 키(K)와 값(V) 벡터는 추론 과정에서 캐시에 저장되어 이후 토큰 예측을 위해 사용됩니다. 트랜스포머 모델이 예측 단계에서 시퀀스의 이전 맥락을 효율적으로 접근하려면 키-값 캐시(KV 캐시)가 필요합니다. 모델은 새로운 출력을 생성할 때 이전에 계산된 키와 값 쌍을 활용하는데, 이는 이전 토큰과 관련된 정보를 나타냅니다. 이를 통해 모델은 새로운 토큰을 생성할 때마다 과거 토큰에 대한 어텐션을 다시 계산하지 않고도 시퀀스의 맥락을 유지할 수 있어 계산 자원과 시간을 절약할 수 있습니다. KV 캐시는 맥락적으로 일관되고 정확한 출력을 생성하는 데 중요한 역할을 합니다.

시퀀스가 길어질수록 KV 캐시도 함께 증가하게 되어 더 많은 GPU 메모리가 필요합니다. 이 캐시가 없으면 모델은 모든 이전 토큰에 대한 히든 상태를 저장하고, 각 레이어에서 W_q, W_k, W_v 가중치 행렬과 행렬곱을 수행해야 하며, 이는 현재 토큰에 대한 셀프 어텐션 계산과 동일한 계산 비용을 초래합니다. 200억 개의 파라미터를 가진 GPT-NeoX 모델은 44개의 레이어와 6,144차원의 히든 차원이 있어 KV 캐시를 위해 토큰당 약 1MB의 메모리가 필요하게 됩니다.

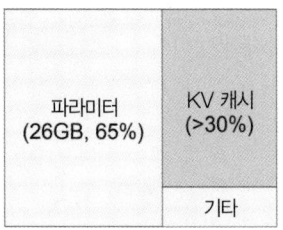

그림 5-8 모델 가중치가 차지하는 GPU 메모리 공간과 KV 캐시가 차지하는 공간의 비교

[그림 5-8]은 실제 모델이 차지하는 GPU 메모리 양, KV 캐시가 차지하는 메모리 양과 같은 일반적인 오버헤드가 어떻게 보이는지 대략적으로 보여줍니다. 400억 개의 파라미터를 가진 거대 모델이 40GB의 RAM을 가진 NVIDIA A100 GPU에서 실행될 때, 대부분의 메모리는 모델의 고정된 가중치를 저장하는 데 사용됩니다. 나머지는 KV 캐시 부분이 할당됩니다. 이 메모리는 시퀀스에서 이전에 처리된 내용을 추적해 다음 시퀀스를 생성하는 데 도움을 줍니다.

모델 가중치는 고정되어 있고 활성화 값이 차지하는 GPU 메모리는 최소한이기 때문에, KV 캐시 관리가 배치 크기의 상한을 결정하는 데 중요한 역할을 합니다. 여러 개의 입력을 처리할 수 있는 배치 크기는 LLM 애플리케이션의 전체 성능을 키우는 요소입니다. 상당한 메모리를 요구하는 LLM 추론 과정에서 KV 캐시를 효율적으로 관리할 필요성이 대두되며, 이러한 전략은 성능과 확장성에 큰 영향을 미칠 수 있습니다.

다음으로 모델과 KV 캐시를 로드하는 데 필요한 메모리 요구 사항에 대한 기본적인 이해를 바탕으로, 이제 더 높은 처리량을 가능하게 하는 최근에 발표된 LLM 메모리 관리 기술을 살펴보겠습니다.

> **NOTE** GPU의 계산 속도는 메모리 용량보다 훨씬 빠르게 성장하는 추세입니다. NVIDIA A100에서 최신 H100으로 넘어가면서 초당 부동소수점 연산 능력은 2배 이상 증가했지만, GPU 메모리는 최대 80GB로 변함이 없습니다. 따라서 메모리는 LLM 학습 및 서비스에서 점점 더 중요한 부분이 될 것입니다.

이전 장에서 점점 더 커지는 모델이 만들어지는 동시에 특정 작업을 위한 더 작고 능력 있는 모델을 만드는 새로운 기술들도 소개됐습니다. 이러한 모델은 GPU 내에서 고정된 공간을 차지하지만, KV 캐시 크기는 요청 수에 따라 빠르게 증가합니다. 130억 개의 파라미터를 가진 OPT 모델에서, 단일 토큰에 대해 KV 캐시는 800KB의 공간을 요구합니다(키와 값 벡터 두 개 × 5,120(히든 스테이트 차원 크기) × 40(레이어 수) × 2(FP16당 바이트 수)). OPT가 최대 2,048개의 토큰을 생성할 수 있기 때문에, 한 번의 요청에 대해 KV 캐시를 저장하는 데 필요한 메모리는 최대 1.6GB에 이를 수 있습니다.

현재의 GPU는 수십 GB의 메모리 용량을 가집니다. 모든 메모리를 KV 캐시에 할당한다고 하더라도, 몇십 개의 요청만 처리할 수 있습니다. 더욱이, 비효율적인 메모리 관리로 인해 배치 크기가 줄어들면 LLM의 처리량이 감소할 수 있습니다.

5.2.4 PagedAttention

앞서 LLM 시스템에서 KV 캐시를 관리하는 것의 중요성에 대해 자세히 설명했습니다. LLM을 서비스하는 기존 방법은 키-값(KV) 캐시 메모리를 효율적으로 관리하는 데 어려움을 겪는 경우가 많습니다. 캐시는 요청 상태를 저장하며, 새로운 토큰이 생성됨에 따라 동적으로 증가하고 감소합니다. 비효율적인 관리 방식은 메모리 단편화memory fragmentation와 중복된 데이터 저장을 초래해 배치 크기와 처리량을 제한을 줄 수 있습니다. 기존 시스템은 KV 캐시를 연속적인 메모리 공간에 저장해 내부 및 외부 메모리 단편화를 유발할 수 있습니다. 특히 병렬 샘플링parallel sampling이나 빔 서치beam search와 같은 고급 디코딩 알고리즘을 사용하는 시나리오에서 메모리 공유 기회가 사라질 수 있습니다.

이러한 문제는 PagedAttention로 해결합니다.[1] 이 기술은 운영 체제의 가상 메모리와 페이징 기법에서 영감을 받아 KV 캐시를 여러 블록으로 나눕니다. 각 블록은 고정된 수의 토큰에 대한 어텐션 키(K)와 값(V)을 가집니다. 이러한 블록은 반드시 연속적인 메모리 공간에 저장할 필요가 없습니다. 이는 운영 체제의 가상 메모리와 유사한 방식으로 더 유연한 메모리 관리가 가능합니다. 여기서 블록은 페이지로, 토큰은 바이트로, 요청은 프로세스로 생각할 수 있습니다. 이 방식은 더 작은 블록을 사용해 내부 단편화를 줄이고, 모든 블록이 동일한 크기를 가지므로 외부 단편화도 제거합니다. 또한, 블록 단위에서 메모리 공유가 가능해져, 한 요청 내에서뿐만 아니라 여러 요청 간에서도 메모리를 효율적으로 사용할 수 있습니다. 논문은 PagedAttention을 vLLM이라는 패키지에 구현했으며, LLM 서비스 시스템에서 KV 캐시 메모리의 낭비를 거의 없애고, 여러 요청 간에 유연하게 캐시를 공유할 수 있도록 해 메모리 사용량을 더욱 줄였습니다.

---

1 Kwon et al. (2023). Efficient Memory Management for Large Language Model Serving with PagedAttention. arXiv. org. https://arxiv.org/abs/2309.06180

NOTE PagedAttention에서 'paged'라는 용어는 운영 체제의 페이징과 유사한 접근 방식에서 유래됐습니다. 운영 체제에서 메모리가 블록(페이지)으로 나뉘어 연속적으로 저장되지 않고 동적으로 관리되는 것처럼, PagedAttention도 메모리를 블록으로 나누어 처리합니다. 이러한 비유는 메모리 할당memory allocation, 단편화fragmentation, 공유sharing를 관리하는 방식에까지 유사하게 적용됩니다.

PagedAttention의 원리

운영 체제가 가상 메모리를 관리하는 방식과 유사하게, vLLM은 처음부터 생성될 전체 시퀀스의 잠재적인 길이에 대해 메모리를 할당하지 않습니다. 대신, 프롬프트 계산 중에 생성된 KV 캐시를 위해 필요한 KV 블록만 예약합니다. [그림 5-9]에 나와 있는 것처럼 프롬프트가 7개의 토큰으로 구성되어 있으면, vLLM은 첫 두 개의 논리적 KV 블록(0번과 1번)을 두 개의 물리적 KV 블록(예: 7번과 1번)에 매핑합니다. 프리필prefill 단계에서, vLLM은 표준 셀프 어텐션 알고리즘을 사용해 프롬프트와 초기 출력 토큰에 대한 KV 캐시를 생성합니다. 그런 다음 첫 4개의 토큰에 대한 KV 캐시를 논리적 블록 0에 저장하고, 이후 3개의 토큰은 논리적 블록 1에 저장하며, 자동 회귀적autoregressive 생성의 후속 단계에 사용할 슬롯을 남겨둡니다.

자동 회귀적 디코딩의 첫 단계에서 vLLM은 PagedAttention 알고리즘을 사용해 새로운 토큰을 생성하며, 물리적 블록 7번과 1번에 집중합니다. 마지막 논리적 블록에 빈 슬롯이 있으므로, 새로 생성된 KV 캐시는 그곳에 저장되고, 블록 테이블block table의 기록이 이에 맞게 업데이트됩니다. 두 번째 디코딩 단계에서 마지막 논리적 블록이 가득 차면, vLLM은 새로 생성된 KV 캐시를 새로운 논리적 블록으로 옮깁니다. 이를 위해 새로운 물리적 블록(예: 물리적 블록 3번)을 할당하고, 이 할당을 블록 테이블에 기록합니다.

vLLM은 각 디코딩 과정에서 배칭을 통해 후보 시퀀스 집합을 처리하고, 새롭게 필요한 논리적 블록에 물리적 블록을 할당합니다. 그런 다음, 반복적으로 사용될 모든 입력 토큰을 합쳐서 배치에 병합합니다.

비교, 한계 및 비용 고려 사항

다른 방법과의 비교에서 PagedAttention은 모델 정확도에 영향을 미치지 않으면서 LLM 서비스 처리량을 2배에서 4배까지 높인 것으로 나타났습니다. 이러한 성능 향상은 주로 더 긴 시퀀스, 더 큰 모델, 그리고 복잡한 디코딩 알고리즘에서 더욱 두드러지게 나타납니다. 이는 KV

캐시 메모리 낭비를 거의 없애고, 페이지 기반 메모리 관리 방식을 통해 KV 캐시를 유연하게 공유할 수 있게 한 덕분입니다.

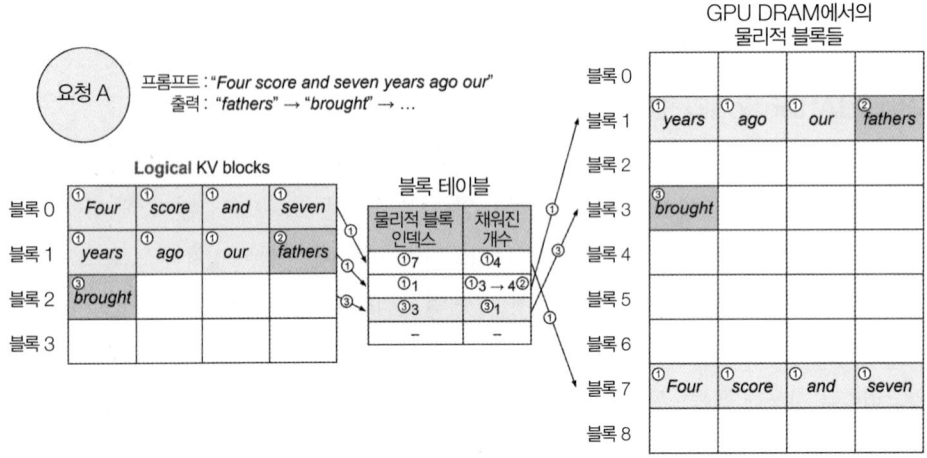

그림 5-9 vLLM에서 PagedAttention이 작동하는 방식

PagedAttention이 LLM 서비스에서 KV 캐시를 관리하는 데 매우 효과적이라는 것이 입증됐습니다. 이러한 효과는 LLM 서비스에서 메모리 할당이 동적으로 이루어져야 하기 때문입니다. 출력의 길이가 사전에 정해지지 않으며, 전체 성능은 주로 GPU 메모리 용량에 의해 제한됩니다. 그러나 이 접근 방식이 모든 GPU 작업에 보편적으로 적용되는 것은 아닙니다. 심층 신경망(DNN) 학습에서는 텐서의 형태가 보통 고정되어 있어 메모리 할당을 사전에 최적화할 수 있습니다. 마찬가지로, LLM 외의 DNN을 서비스할 때 메모리 효율성이 높아진다고 해서 성능이 크게 향상되지는 않을 수 있습니다. 이러한 작업은 메모리보다는 주로 계산에 의존하기 때문입니다. 이러한 경우 vLLM에서 사용된 기술을 적용하면 메모리 간접 참조와 비연속 블록 메모리 사용으로 인해 성능이 저하될 수 있습니다.

그러나 논문에서는 PagedAttention의 몇 가지 한계도 지적합니다. 그중 하나는 비연속적인 메모리 접근과 추가적인 메모리 관리 메커니즘으로 인해 발생하는 오버헤드입니다. 이러한 오버헤드는 특히 매우 큰 모델이나 복잡한 디코딩 작업을 처리할 때 개별 요청의 지연 시간에 영향을 미칠 수 있습니다. 또한, PagedAttention이 메모리 효율성을 크게 키우지만, 기존 시스템에 통합하거나 LLM 이외의 다른 유형의 신경망 모델에 적용할 때 구현상의 복잡성이 발생할 수 있습니다. 이러한 한계에도 불구하고, PagedAttention은 LLM 서비스를 위한 효율적인 메모리 관리에서 중요한 발전을 이루었으며, LLM을 활용한 다양한 애플리케이션에 확장 가능한 솔루션을 제공합니다.

PagedAttention이 비용에 미치는 영향은 다각적이며, 주로 LLM 서비스 시스템에서 메모리 효율성과 처리량을 높이는 데 초점을 맞춥니다. PagedAttention의 핵심은 메모리 공유를 가능하게 해, 서로 다른 시퀀스가 동일한 물리적 블록을 공유하는 능력입니다. 이 메모리 공유 기능은 메모리 사용량을 최대 55%까지 줄일 수 있으며, 전반적인 처리량을 최대 2.2배까지 개선할 수 있습니다. 이러한 메모리 효율성과 처리량 향상은 LLM을 사용하는 플랫폼에서 직접적인 비용 절감으로 이어집니다. 이는 컴퓨팅 자원의 사용을 더 효율적으로 만들어, LLM을 운영하는 데 필요한 하드웨어 투자를 줄일 수 있기 때문입니다.

5.2.5 AlphaServe

[표 5-1]에서처럼 큰 모델은 매우 많은 양의 GPU 메모리를 요구하는 것을 볼 수 있습니다. AlphaServe 논문[2]은 GPT-3를 호스팅하는 데 최소 325GB의 GPU 메모리가 필요할 것이라고 추정합니다([표 5-1]의 Falcon 40B 모델과 Bloom 모델 사이의 수준에 해당합니다). 많은 LLM을 사용하는 생성형 AI 애플리케이션은 급격한 작업 부하를 가지는 경우가 많기 때문에, 그들의 서비스 프레임워크는 항상 최소 대기 시간minimum latency이라는 서비스 레벨 목표service level objective(SLO)를 충족할 충분한 용량을 확보해야 합니다. 오늘날의 생성형 AI 애플리케이션에서는 한 가지 모델이 아닌, 여러 버전의 모델을 다양한 사용 사례에 맞게 제공하는 것이 일반적인 관행입니다.

AlphaServe 논문은 기존 연구가 훈련 과정에서의 모델 병렬화는 많이 다뤘지만 특히 응답 속도가 중요한 모델을 실제로 사용serving 할 때의 장점은 잘 연구되지 않았다고 지적합니다. 그러나 여러 모델을 여러 GPU에 어떻게 나누고 할당할지를 결정하는 것은 결코 간단하지 않습니다. AlphaServe는 모델 서빙serving을 위한 다양한 병렬화different parallelization 및 모델 할당placement 전략 간의 트레이드오프를 자동적이고 효율적으로 탐색합니다.

---

[2] Li et al. (2023). AlpaServe: Statistical Multiplexing with Model Parallelism for Deep Learning Serving. arXiv.org. https://arxiv.org/abs/2302.11665

AlphaServe 시스템은 트을 모델을 서빙할 때 지연 시간을 줄이고 트래픽 급증에 동적으로 대응할 수 있습니다. 이 시스템은 다양한 병렬화 전략 간의 트레이드오프를 고려하는 복잡한 알고리즘을 활용해 모델을 클러스터 내의 여러 GPU에 효율적으로 할당합니다. 이러한 접근 방식은 대다수 요청에 대한 지연시간제한을 유지하면서 서빙 속도를 크게 높이는 것으로 나타났습니다.

AlphaServe의 원리

AlphaServe는 트을 모델뿐만 아니라 전통적으로 단일 장치에 맞춰진 소규모 모델에서도 모델 병렬화 model parallelism를 활용해 딥러닝 모델 서빙의 효율성을 키울 수 있습니다. 이 시스템은 추론에 최적화된 자동 병렬화 방법을 도입하는데, 지연 시간을 최소화하고 자원 활용을 최적화하는 동적 프로그래밍 dynamic programming 접근 방식을 사용하기도 합니다. 시스템 아키텍처는 중앙화된 컨트롤러로 구성되며, 각 요청을 장치 그룹으로 전달하고, 각 그룹은 모델 병렬화 런타임을 공유하며 실행됩니다. [그림 5-10]에서 이 접근 방식이 왜 유용한지 살펴보겠습니다.

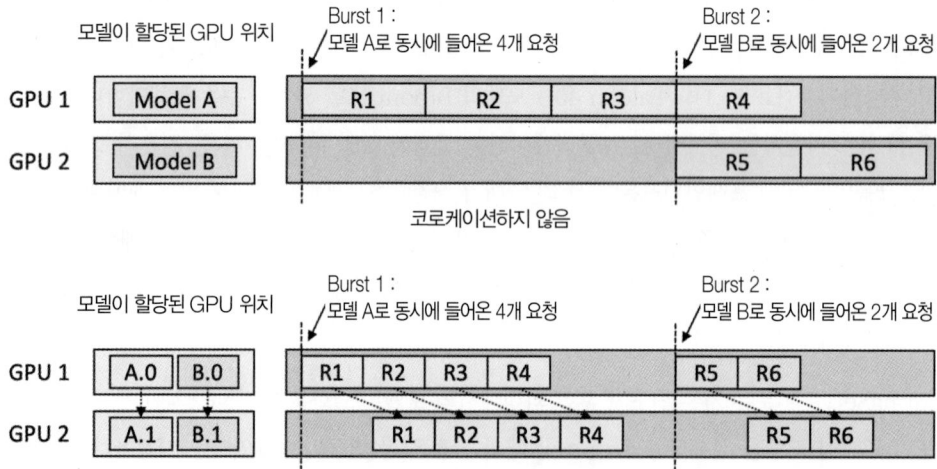

그림 5-10 여러 모델을 코로케이션하면 전체적으로 더 나은 성능(더 낮은 지연 시간)을 얻을 수 있습니다.

[그림 5-10]은 두 가지 모델을 두 개의 GPU에 할당하는 두 가지 전략을 탐구하며, 폭증하는 작업 부하에서의 작동을 비교합니다. 이는 CPU가 병렬로 명령어를 수행하는 것과 유사합니다. 왼쪽 패널은 물리적 모델 할당 placement을 보여주고, 오른쪽 패널은 해당 요청의 타임라인을 설명합니다. 시나리오 1에서는 두 모델이 각각 별도의 GPU에서 실행됩니다. Burst 1이 발생

했을 때, Model A로 4개의 요청이 진행 중인 상황에서 Model B의 추론 작업은 뒤에서 대기해야 하므로 지연 시간이 증가할 수 있습니다. 반면, 시나리오 2에서는 모델 병렬화를 활용해 Model A를 두 GPU에 나눕니다. 이를 통해 Burst 1 작업을 동시에 처리할 수 있어, 최대 부하가 발생할 시 평균 완료 시간을 크게 줄일 수 있습니다. 따라서, 폭증하는 트래픽이 예상되는 시스템에서는 최적의 성능을 위해 GPU 자원을 효율적으로 활용하는 모델 병렬화가 중요한 역할을 합니다.

AlphaServe에서 할당 알고리즘은 클러스터가 서비스 레벨 목표(SLO)를 달성하도록 모델을 분배하는 핵심 구성 요소로 활용될 수 있습니다. 이 알고리즘은 두 단계 접근 방식으로 구성되며, 첫 번째 단계에서는 시뮬레이션을 기반으로 한 그리디 알고리즘greedy algorithm을 통해 각 그룹에 적합한 모델을 선택하고, 두 번째 단계에서는 그리디 알고리즘에서 계산된 경우를 포괄적으로 열거를 한 후 최적의 모델 할당 전략을 결정합니다.

실행 시 AlphaServe는 간단한 스케줄링 정책을 따르며, 중앙화된 컨트롤러가 요청을 처리합니다. 요청은 가장 짧은 대기열을 가진 그룹에 할당되며, 선착순 원칙을 준수합니다. 이를 통해 딥러닝 모델(DNN)의 예측 실행 시간을 활용해 설정된 SLO 내에서 요청이 처리되도록 보장합니다. 또한 해당 시스템은 동적 배칭dynamic batching으로 GPU 활용도를 높이고, 높은 처리량을 유지하면서도 SLO에서 요구되는 엄격한 지연 시간 요구 사항을 충족할 수 있습니다.

배칭의 효과

다른 서빙 시스템에서 배칭batching은 GPU 활용도와 처리량을 높이기 위한 일반적인 방법이었습니다. 하지만 거대 모델의 경우 배칭의 이점은 크게 제한됩니다. 단순히 최소한의 배치 크기로도 GPU의 최대 용량을 모두 차지해 추가 요청에 대한 성능 향상을 기대하기 어렵습니다. 게다가 배치 크기가 커질수록 실행 지연 시간이 증가해, 엄격한 SLO 조건에서는 배칭batching이 실용적이지 않습니다.

AlphaServe에서는 표준 배칭 메커니즘standard batching mechanism을 구현했습니다. 작은 모델을 사용한 테스트에서, GPU 사용을 높이려고 배치 크기를 높여도 성능 향상으로 이어지지 않음을 입증했습니다. AlphaServe의 배칭 유무에 따른 성능을 다양한 SLO 조건에서 비교한 결과, SLO가 엄격할수록 배칭은 성능상의 이점을 제공하지 못하며, 오히려 SLO 준수를 방해할 수 있다는 것이 밝혀졌습니다.

비용과 성능 고려 사항들

AlphaServe는 다수의 GPU를 사용하기 때문에 초기에는 비용이 증가할 것으로 보일 수 있지만, 실제로는 딥러닝 모델의 서빙serving에 있어서 비용 효율적인 솔루션을 제공합니다. 모델 병렬화와 모델 할당placement 전략을 최적화해 자원 활용도를 극대화해 상당한 비용을 절감합니다. AlphaServe는 필요한 장치 수를 최대 2.3배 줄이고, 10배 더 높은 처리율을 제공하며, 6배 더 많은 트래픽 폭증을 관리하면서도 99% 이상의 요청에서 지연 시간 SLO를 충족할 수 있습니다. 이러한 효율성 덕분에 여러 개 GPU를 갖는 인스턴스와 관련된 높은 비용을 상쇄할 수 있어, 트을 모델을 효율적으로 서빙하려는 조직에서 AlphaServe는 비용을 낮출 수 있는 선택지가 될 수 있습니다.

5.2.6 추측을 활용한 시퀀스 스케줄링(S3)

앞서 논의한 것처럼 LLM의 KV 캐시 관리의 복잡성을 다루었고, 메모리 용량이 주요한 병목 현상임을 확인했으며, 이는 종종 GPU 활용의 최적화를 방해하는 요인이 됩니다. 전통적인 LLM 서빙 프레임워크에서는 KV 캐시의 최대 시퀀스 길이에 맞춰 메모리를 할당하지만, 출력 시퀀스 길이를 사전에 예측할 수 없기 때문에 비효율이 발생합니다. 5.2.4절에서 논의한 것처럼, 이를 관리하는 한 가지 방법은 KV 캐시를 관리 가능한 블록으로 동적으로 분할해, 과도한 연속적인 메모리 공간을 예약하지 않고 더 유연하고 효율적으로 메모리를 사용합니다.

이를 해결할 대안으로 S3가 제안됐습니다.[3] S3는 출력 시퀀스 길이를 예측해 메모리를 더 정확하게 할당하고, 이러한 예측을 기반으로 생성 요청을 스케줄링해 장치 자원 활용도와 처리량을 높입니다. 또한, 예측 오류를 효과적으로 처리할 수 있는 방식을 제시합니다.

이 시스템은 출력 시퀀스 길이를 예측(또는 '추측')해 장치 자원 활용도와 전체 처리량을 키웁니다. S3의 예측 메커니즘과 동적 스케줄링은 기존 LLM 서빙 프레임워크에서 흔히 발생하는 메모리 할당 오버헤드를 줄여, 컴퓨팅 자원을 효율적으로 활용하는 것을 목표로 합니다.

> **NOTE** 여기서 논의되는 S3는 아마존의 서비스인 S3(확장 가능한 객체 스토리지 서비스)와는 다른 시스템임을 유의하세요.

---

[3] Jin et al. (2023) S³: Increasing GPU Utilization during Generative Inference for Higher Throughput. arXiv.org. https://arxiv.org/abs/2306.06000

S3는 어떻게 작동할까요?

앞서 언급된 논문에서 자세히 설명된 S3 시스템은 메모리를 지능적으로 관리해 생성 모델의 GPU 활용도와 처리량을 최대화하도록 설계됐습니다. 이 시스템은 다음 세 가지 주요 요소로 이루어져 있습니다.

- **출력 시퀀스 길이 예측기**: S3의 출력 시퀀스 길이 예측기는 DistilBERT 모델(더 작고 빠른 BERT 모델의 변형)을 시퀀스 분류를 위해 파인튜닝해 만들어졌습니다. 이 파인튜닝 과정에서는 질문과 답변 쌍으로 구성된 Alpaca와 같은 데이터셋이 사용됐습니다. 질문이 입력으로 제공됐고, 답변의 길이가 목푯값으로 설정되어 모델이 출력 시퀀스 길이를 예측하도록 훈련됐습니다. 예측 정확도 측면에서 이 모델은 놀라운 성능을 보여주었습니다. 출력 시퀀스의 길이 구간^{bucket}을 98.61%의 정확도로 예측했으며, 예측이 틀렸을 때도 예측된 길이 구간과 실제 길이 구간 간의 평균 차이는 1.03 구간(bucket) 정도로, 대부분의 오류가 정확한 값에 근접했습니다. 이 높은 정확도는 시스템의 효율성에 중요한 역할을 하며, 정확한 길이 예측은 S3 프레임워크에서 GPU 메모리 자원의 효과적인 할당에 직접적인 영향을 미칩니다.
- **길이 인식 시퀀스 스케줄러**: 이 스케줄러는 예측된 길이에 기반해 시퀀스를 배치하고 스케줄링하는 역할을 합니다. '감소 우선 적합$^{decreasing\ first\ fit}$' 방식에 유사한 알고리즘을 사용해, 예측된 시퀀스 길이에 따라 시퀀스를 정렬하고 배치합니다. 또한, ORCA[4]의 반복 수준 스케줄링 기법을 통합해 더 높은 유연성과 대기 시간 감소를 제공합니다.
- **감독자**^{supervisor}: 감독자는 GPU 활용을 관리하고 잘못된 예측을 처리합니다. 시퀀스 생성을 모니터링하고, 할당된 메모리를 초과하는 시퀀스를 미리 중단하며 필요한 경우 자원을 재할당합니다. 또한, 예측기 predictor의 오류를 기반으로 지속적으로 예측기를 재훈련해 시스템이 시간에 따라 적응하고 개선되도록 보장합니다.

이러한 구성 요소를 결합해, S3는 시퀀스 생성 요청을 효율적으로 처리합니다. 요청이 풀^{pool}에 도착하면, 예측기가 출력 길이를 추정합니다. 이후 스케줄러는 도착한 요청을 배치 처리해 GPU 메모리 사용을 최적화합니다. GPU는 이 배치에 대해 텍스트를 생성하는 동안, 감독자^{supervisor}는 자원 할당을 모니터링하고 조정해, 예측 오류가 발생해도 최적의 작동을 보장합니다. 이러한 접근 방식 덕분에 S3는 기존 방법보다 메모리 자원을 더 효과적으로 관리하면서도 처리량을 크게 높일 수 있습니다.

---

[4] Yu et al. (2022). ORCA: a distributed serving system for {Transformer-Based} generative models. https://www.usenix.org/conference/osdi22/presentation/yu

성능과 비용

S3 논문에서 설명된 실시간 처리 없는 시나리오offline scenario에서, 다양한 모델에 대한 최대 처리량은 각 구성의 최대 배치 크기를 사용해 평가됐습니다. 이 분석 결과, S3의 처리량은 ORCA의 처리량보다 1.13배에서 6.49배까지 좋은 성능을 보여주었으며, 오라클oracle 성능과 9.34%에서 40.52% 차이가 나는 것으로 나타났습니다. [그림 5-11]은 S3 논문의 결과를 재현한 것입니다.

큰 모델에서 성능 차이는 더욱 두드러지며, 이는 모델 가중치에 대한 고대역폭 메모리(HBM) 사용으로 인해 배치 크기에 제한이 생기기 때문입니다. 이러한 결과는 트랜스포머의 고유한 아키텍처에 기인하며, 특히 피드포워드feed-forward 레이어가 셀프 어텐션self-attention 레이어보다 배칭의 이점이 더 많기 때문입니다. 평균 영어 읽기 속도average English reading speed를 기준으로 설정된 SLO 제약을 가진 온라인 시나리오에서 S3의 처리량은 SLO 시간 제약 내에서 평가됐으며, S3는 지연 시간을 관리하면서도 높은 처리량을 유지하는 데 효과를 입증했습니다.

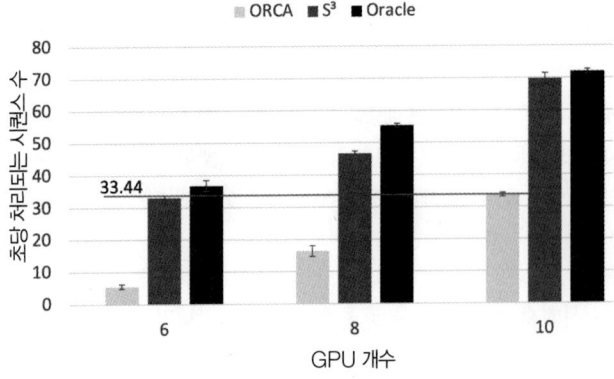

그림 5-11 S3의 성능을 ORCA 및 응답 길이에 대한 사전 지식을 가진 이상적인 Oracle 성능과 비교한 결과

S3는 여러 GPU를 사용한 테스트를 진행해 다양한 구성에서 성능을 확인했습니다. GPT-3의 경우, 시스템은 파이프라인 병렬 방식으로 설정됐으며, 6, 8, 10개의 GPU 구성에서 테스트됐습니다. 6개와 8개의 GPU 구성에서는 각각 GPU당 16개와 12개의 트랜스포머 레이어가 할당됐고, 10개의 GPU 구성에서는 9개의 GPU에 10개 레이어, 나머지 1개 GPU에 6개의 레이어가 분배됐습니다. S3의 설계는 모든 GPU에서 배치를 동시에 처리해 유휴 시간idle time을 효과적으로 최소화합니다.

놀랍게도 [그림 5-11]에서처럼 S3는 6개의 GPU로 ORCA가 10개의 GPU에서 달성한 성능과 유사한 처리량을 기록했으며, S3가 훨씬 큰 배치 크기를 사용했음에도 불구하고 이와 비슷한 성과를 보였습니다. 이 결과는 파이프라인 실행 전략과 트랜스포머 기반 모델에서 셀프 어텐션 레이어의 순차적인 특성에 기인할 수 있습니다. 그러나 더 큰 배치 크기에서 지연 시간이 증가함에 따라 일부 처리량 이점이 상쇄되어, S3가 더 큰 배치 크기를 사용했음에도 두 시스템 간의 성능은 거의 동일하게 나타났습니다.

S3를 사용하는 비용 절감 효과는 특히 적은 수의 GPU로 구성된 환경에서 주목할 만합니다. ORCA와 같은 시스템에 비해 더 적은 GPU로도 유사한 처리량을 달성해, S3는 자원을 더욱 효율적으로 활용함을 보여줍니다. 이러한 효율성은 직접적인 비용 절감으로 이어지며, GPU 수가 적을수록 하드웨어 구매 및 유지보수 비용이 낮아지고, 에너지 소비도 줄어듭니다. S3는 메모리 할당을 최적화하고 배치 크기를 효과적으로 관리해 GPU 추가 사용과 관련된 막대한 비용을 절감할 수 있습니다. 이러한 이유로 S3는 LLM을 처리하는 데 성능과 비용, 모든 측면에서 효율적인 선택이 됩니다.

5.2.7 어텐션 싱크를 활용한 StreamingLLM

모델이 훈련된 최대 토큰 수를 초과해 토큰을 '추론'하거나 생성하는 것은 기술적으로 매우 어려운 일입니다. Llama 7B 모델은 4K 컨텍스트로 훈련됐기 때문에 최대 4,000개의 토큰만 생성할 수 있습니다. 대부분의 사용 사례에서는 이 정도로 충분하지만, 최근에는 Claude 모델처럼 100,000개 이상의 토큰을 처리할 수 있는 더 큰 컨텍스트 길이를 가진 최신 오픈 소스 및 상용 모델이 개발 중입니다. 비록 이 정도로 긴 컨텍스트 길이를 필요로 하는 애플리케이션은 드물지만, 컨텍스트 길이 자체는 상한 값으로 고정된 파라미터로 남아 있다는 사실은 변하지 않습니다.

KV 캐시를 다시 살펴봅시다. 앞서 설명한 것처럼 KV 캐시를 관리하는 다양한 전략에는 각각 고유한 문제점과 이점이 있습니다. 일반적인 셀프 어텐션$^{self-attention}$과 같은 밀집 어텐션 구조는 이차 시간 복잡도 $O(T^2)$를 가지며 캐시 크기가 계속 증가합니다. 이로 인해 텍스트 길이가 사전 학습된 텍스트 길이를 초과할 때 성능이 저하됩니다. 반면, 윈도 어텐션은 가장 최근의 L 개의 토큰에 해당하는 KV 상태만을 캐시하는 방식에 중점을 둡니다. 이 방식은 추론 시 효율적이지만, 초기 토큰의 키(K)와 값(V)이 사용되지 않아 성능이 급격히 저하됩니다.

고정된 윈도에서 슬라이딩 윈도 어텐션으로 전환

고정 크기 윈도fixed size window 대신 슬라이딩 윈도sliding window를 사용해 가장 최근의 토큰을 처리할 수 있습니다. 모델이 텍스트를 처리함에 따라 슬라이딩 윈도는 토큰의 KV 상태로 채워지며, 효율성과 메모리 관리 간의 균형을 잡습니다. 고정 크기를 갖는 슬라이딩 윈도는 KV 캐시에 가장 최근의 일정한 수의 토큰만 보관해 메모리 사용량과 처리 시간을 최적화합니다. 새로운 토큰이 추가되면, 이전 토큰은 공간 확보 목적으로 제거됩니다.

이 메커니즘은 윈도의 최대 용량까지는 효율적입니다. 하지만 이 용량을 시퀀스 길이가 초과하면 모델의 성능이 저하되기 시작합니다. 이는 이전 토큰의 KV 상태가 제거되면서 초기 컨텍스트context를 잃기 때문입니다. 이러한 손실은 텍스트 전체를 이해하는 것이 중요한 상황에서 특히 문제가 되며, 모델이 텍스트 시작 부분의 중요한 컨텍스트 정보를 잃을 수 있습니다. 윈도 어텐션은 윈도 용량 내에 맞는 짧은 텍스트에서는 메모리와 처리 속도를 효율적으로 관리할 수 있지만, 긴 텍스트에서는 그 한계가 두드러집니다. 이 경우 텍스트 시작 부분의 컨텍스트를 유지하지 못하면 모델의 성능과 정확도에 부정적인 영향을 미칠 수 있습니다. 따라서 이 방법은 시퀀스 길이가 캐시 크기를 초과할 때 모델의 효율성이 급격히 저하됩니다.

윈도 어텐션이 실패하는 이유를 이해하려면 자동 회귀 LLM의 독특한 특성을 주목할 필요가 있습니다. 많은 어텐션 점수attention score가 작업과 관련이 없더라도 초기 토큰에 할당되는 경향이 있습니다. 이러한 토큰을 어텐션 싱크attention sink라고 부르며, 의미적 중요성이 부족함에도 불구하고 많은 어텐션 점수를 이끌어 냅니다. 이 현상은 LLM의 softmax 연산에서 비롯되며, 모든 문맥 토큰에 대한 어텐션 점수가 합쳐서 1이 되도록 만듭니다.

따라서 현재 쿼리가 이전의 많은 토큰과 강하게 일치하지 않더라도, 모델은 자동 회귀autoregressive 특성을 가져 이러한 초기 토큰의 어텐션 값을 끌어와 정확한 후속 토큰을 생성합니다. 이 현상을 이해하는 것은 무한 입력 길이infinite input length를 요구하는 시나리오에서 LLM을 호출할 때 전략을 정교하게 만드는 데 필수적이며, 이 분야의 미래 발전을 이끄는 중요한 부분이기도 합니다.

컨텍스트 길이 확장

언어 모델에서 길이 확장length extrapolation은 짧은 텍스트로 훈련된 모델이 테스트 단계나 실제 배치 시 더 긴 텍스트를 능숙하게 처리하도록 하는 연구 분야입니다. 이 기능은 특히 스트리밍 텍스트와 같이 데이터가 지속적으로 흐르며 길이가 예측할 수 없을 때 유용합니다. 이러한 모델이 초기 훈련 제약을 넘어서 효과적으로 작동하는 상대적 위치 인코딩relative position encoding 방법이 개발 중입니다. 이는 트랜스포머 기반 모델에서 매우 중요한 요소입니다.

Rotary Position Embeddings(RoPE)[5]와 같은 기술은 상대적 위치 인코딩 연구를 대표하며, 각 어텐션 레이어의 쿼리(Q)와 키(K)에 상대적 위치 정보를 통합해 더 긴 시퀀스에서도 문맥적 이해를 유지하려고 합니다.

그러나 RoPE와 같은 기술의 가능성은 도전 과제를 직면했습니다. 이후 연구는 이러한 기술이 모델의 훈련 시 사용한 윈도window를 초과하는 텍스트 길이에 대해 성능 저하를 겪는다는 점을 밝혔습니다. 이를 해결하는 또 다른 방법론인 ALiBi[6]는 토큰 간 상대적 거리 기반으로 어텐션 점수에 편향을 부여해 명시적인 위치 인코딩 없이 위치 정보를 주입하려고 합니다. 이를 통해 모델이 더 긴 텍스트 길이에 대해 처리할 수 있는 능력이 일부 개선됐으나, MPT 모델에서의 테스트는 훈련 길이를 훨씬 초과하는 텍스트를 처리할 때 성능 저하가 나타났습니다. 무한한 길이를 원활하게 처리할 수 있는 모델을 찾는 노력은 여전히 성과를 내지 못하며, 방대한 양의 데이터를 처리해야 하는 스트리밍 애플리케이션에서 LLM의 현재 역량에는 한계로 남아 있습니다.

무한 길이 컨텍스트 처리

스트리밍되는 입력 또는 출력 텍스트는 무한한 컨텍스트 길이를 가진 것으로 간주할 수 있습니다. LLM이 텍스트를 처리하고 출력하는 동안 새로운 입력 텍스트는 처리 대기 상태로 놓이게 됩니다. 스트리밍 텍스트에서의 무한 컨텍스트 길이 개념을 바탕으로, StreamingLLM[7]은 혁신적인 해결책을 제시합니다. 이 프레임워크는 어텐션 싱크의 특성을 활용해 지속적으로 발생하는 텍스트 스트림을 처리합니다. 앞서 설명한 어텐션 싱크attention sink는 과도하게 많은 어텐션 점수를 이끌어 내는 토큰들입니다. StreamingLLM은 이러한 어텐션 싱크 중 일부, 특히 초기 4개의 토큰의 KV 상태만을 선택적으로 보존해, 모델이 정상적으로 작동할 때 기대되는 어텐

---

[5] Su et al. (2021). RoFormer: Enhanced Transformer with Rotary Position Embedding. arXiv.org. https://arxiv.org/abs/2104.09864

[6] Smith and Lewis (2021). Train Short, Test Long: Attention with Linear Biases Enables Input Length Extrapolation. arXiv.org. https://arxiv.org/abs/2108.12409

[7] Xiao et al. (2023). Efficient Streaming Language Models with Attention Sinks. arXiv.org. https://arxiv.org/abs/2309.17453

션 점수 분포를 유지합니다.

StreamingLLM은 보존된 어텐션 싱크를 슬라이딩 윈도의 KV 캐시와 통합해 어텐션 계산을 위한 안정적인 기준점을 제공합니다. 모델이 방대한 텍스트 시퀀스의 KV 상태 기록을 유지할 필요성을 없애, 긴 텍스트 시퀀스를 처리할 때 발생하는 메모리 수요 증가와 계산 복잡성 문제를 피할 수 있습니다.

StreamingLLM의 원리

StreamingLLM 논문은 모델 파인튜닝 없이 사전 훈련된 LLM에서 스트리밍을 가능하게 하는 간단하면서도 효과적인 방법을 제안합니다. 이 방법은 선택된 초기 토큰들(논문에서는 4개의 토큰)의 KV 상태를 현재 슬라이딩 윈도의 토큰과 함께 어텐션 계산을 재통합했습니다.

개념적으로 StreamingLLM의 KV 캐시는 두 가지 주요 요소로 나뉘며, 이는 [그림 5-12]에 나와 있습니다. 첫 번째는 어텐션 계산의 안정성을 제공하는 어텐션 싱크, 즉 초기 4개의 토큰으로 이루어져 있습니다. 두 번째는 롤링 KV 캐시로, 현재 언어 모델링 작업에 중요한 가장 최근의 토큰을 보관하는 역할을 합니다. StreamingLLM의 설계는 매우 유연하며, RoPE와 ALiBi와 같은 상대적 위치 인코딩 방법을 사용하는 모든 자동 회귀 언어 모델에 쉽게 적용될 수 있어, 텍스트 스트리밍 처리 능력을 높입니다.

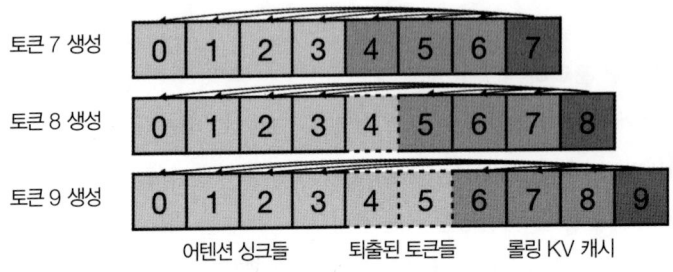

그림 5-12 StreamingLLM을 활용한 스트리밍 컨텍스트에서의 KV 캐시

StreamingLLM의 설계는 위치 정보를 다루는 혁신적인 접근 방식을 취하며, 원본 텍스트의 절대적 위치를 참조하는 대신 캐시 내의 상대적 위치에 중점을 둡니다. 이 전략은 모델 성능에 매우 효과적입니다. [그림 5-12]에서 설명한 바와 같이, 모델이 [0, 1, 2, 3, 6, 7, 8] 같은 토큰 시퀀스를 캐시해 아홉 번째 토큰을 디코딩할 때, StreamingLLM은 캐시 내의 순서에 따라

[0, 1, 2, 3, 4, 5, 6, 7]이라는 위치를 할당합니다. 이는 원본 텍스트에서의 절대적 위치 [0, 1, 2, 3, 6, 7, 8, 9]와는 다릅니다. 이 캐시 내의 상대적 위치 지정은 텍스트 데이터의 스트리밍 동안 모델이 일관성과 문맥을 유지하는 데 필수적입니다.

StreamingLLM은 RoPE와 같은 인코딩 방법과 통합할 때, 토큰의 키(K)를 로터리 변환 rotary transformation이 적용되기 전에 캐시에 저장하는 절차를 채택합니다. 각 디코딩 단계에서, 위치 변환rotary transformation이 롤링 캐시 내의 키(K)에 적용됩니다. ALiBi와의 상호작용은 비교적 더 간단한데, 여기서는 '점프jumping' 하는 편향이 아닌, 롤링 캐시를 바탕으로 연속적인 선형 편향이 어텐션 점수에 적용됩니다. 이러한 캐시 내에서 위치 임베딩을 할당하는 기술은 StreamingLLM의 핵심적인 작동 원리로, 모델이 효율적으로 작동할 뿐만 아니라, 원래 훈련된 어텐션 윈도 크기를 초과하는 상황에서도 그 성능을 유지할 수 있습니다.

이러한 기능은 사전 훈련된 LLM이 스트리밍 애플리케이션의 요구 사항에 적응하는 데 매우 중요하며, 특히 무한한 길이의 텍스트 시퀀스를 처리해야 할 때 이 능력이 더욱 중요해집니다.

성능과 결과

논문에서는 ARC-[Challenge, Easy] 데이터셋에서 연속적인 질문-답변 쌍 스트림을 Llama 2(7B, 13B, 70B) 채팅 모델에 입력해 StreamingLLM의 성능을 테스트했습니다. 각 답변 위치에서 모델의 정확도는 정확한 일치exact match 기준을 사용해 평가됐습니다. 결과는 흥미로웠습니다(논문 표5 참고). 밀집 어텐션 메커니즘은 강력하지만, 메모리 부족 오류가 발생해 스트리밍 애플리케이션에서는 실용적이지 못했습니다. 반면, 윈도 어텐션 방법은 메모리와 처리 측면에서 효율적이었지만, 정확도가 낮았습니다. 특히 입력 길이가 모델의 캐시 크기를 초과했을 때 성능 저하가 두드러졌으며, 이로 인해 무작위 출력이 발생하는 경우가 많았습니다.

StreamingLLM은 스트리밍 데이터 형식을 효율적으로 처리할 뿐만 아니라, 원샷one-shot과 한 번에 하나씩 처리sample-by-sample 하는 기준 성능과 일치하는 정확도를 유지하며 그 우수성을 입증했습니다. 이는 밀집 어텐션과 관련된 메모리 문제를 해결할 뿐만 아니라, 스트리밍 환경에서 윈도 어텐션 방법의 정확도 한계도 극복했음을 의미합니다. 모델이 성능을 희생하거나 메모리 제한에 부딪히지 않고 연속적인 데이터 흐름을 관리할 수 있다는 점은 중요한 진전이며, StreamingLLM이 방대한 스트림 텍스트를 처리해야 하는 실제 애플리케이션에 강력한 솔루션이 될 수 있음을 시사합니다.

이 접근 방식의 실질적인 이점은 상당합니다. Llama 2(7B, 13B, 70B), MPT(7B, 30B), Falcon(7B, 40B), Pythia(2.9B, 6.9B, 12B)와 같은 모델은 이전에는 제한된 어텐션 윈도로 인해 제약을 받았지만, 이제는 최대 400만 토큰 길이의 텍스트를 안정적으로 처리할 수 있으며, 잠재적으로 더 긴 텍스트도 처리할 수 있습니다. 이는 이전에 슬라이딩 윈도 재계산 방식과 비교했을 때, StreamingLLM이 최대 22.2배의 속도 향상을 달성해 기능면에서 획기적인 도약을 이뤘습니다.

비용 고려 사항들

StreamingLLM의 구현과 RoPE, ALiBi와 같은 컨텍스트 길이 확장 기술을 결합해 스트리밍 애플리케이션을 위한 LLM 배포에 있어 중요한 패러다임 전환을 의미합니다. 그러나 이러한 기술적 도약은 계산 효율성computational efficiency과 경제적 비용economic cost에 대한 고려를 함께 합니다. StreamingLLM은 LLM이 확장되거나 잠재적으로 무한한 시퀀스를 처리해, 다양한 컨텍스트 길이에 맞춘 모델 재훈련이나 파인튜닝의 필요성을 제거합니다. 이는 메모리 오버헤드를 발생시켜 메모리 부족out of memory 오류를 유발하고, 비용을 크게 증가시키는 밀집 어텐션 메커니즘의 단점을 해결합니다.

StreamingLLM과 RoPE, ALiBi와 같은 방법의 통합은 전통적인 절대적 위치 인코딩보다 더 메모리 효율적인 상대적 위치 인코딩에 대해 세밀하게 이해하게 만듭니다. 이 효율성은 메모리 관련 병목 현상의 빈도와 규모를 줄여주며, 결과적으로 계산 부하와 관련 비용을 감소시킵니다. 또한, StreamingLLM이 슬라이딩 윈도 기술과 비교해 재계산의 필요성을 낮춰, 스트림 내에서 각 토큰을 처리하는 데 드는 비용을 직접적으로 절감할 수 있습니다.

그러나 StreamingLLM이 메모리와 계산 요구를 최적화하더라도, 초기 설정 및 기존 시스템과의 통합에는 개발 비용이 발생할 수 있음을 유념해야 한다는 점은 중요한 포인트입니다. 해당 솔루션을 활용하고자 하는 조직은 이러한 초기 설정 비용과 장기적인 계산 자원 절감 간의 트레이드오프를 고려해야 합니다. 하지만 StreamingLLM이 제공하는 지연 시간 감소와 처리 속도 증가로 인한 재정적 이점은 상당할 수 있으며, 이는 사용자 경험을 개선하고 실시간 애플리케이션에 새로운 기능을 제공할 수 있습니다. 이는 수익 증가로 이어질 가능성도 있습니다.

결론적으로, StreamingLLM과 관련된 컨텍스트 길이 확장 기술은 개발과 관련된 초기 투자 비용이 필요하지만, 계산 비용 절감과 효율성 향상에 미치는 영향은 LLM을 다양한 분야에서 더 비용 효율적이고 확장 가능한 방식으로 적용할 수 있는 가능성을 제시합니다. 특히, 대규모 데이터 또는 스트리밍 데이터를 처리해야 하는 분야인 실시간 번역, 실시간 콘텐츠 모더레이션real-time content moderation, 인터랙티브 대화 시스템과 같이 텍스트 데이터가 지속적으로 생성되거나 수신되는 실시간 시나리오에서 그 효과가 두드러질 것입니다.

5.2.8 배치 사이즈 튜닝

LLM의 배치 튜닝 세부 사항으로 넘어가면서, 이 과정이 KV 캐시 사용 최적화 및 컨텍스트 길이 확장과 어떻게 상호 연결되는지 인식하는 것이 중요합니다. StreamingLLM, PagedAttention, 그리고 효율적인 스케줄링 시스템efficient scheduling system과 같은 발전이 이루어지면서, 또 다른 중요한 파라미터인 배치 크기를 최적화할 토대가 마련됐습니다. 배치 크기의 최적화는 LLM의 잠재력을 극대화하는 데 필수적이며, 이는 모델의 처리량, 지연 시간, 자원 소비에 직접적인 영향을 미칩니다.

배치 크기를 최대화해 LLM의 계산 효율성을 높이고, 더 많은 데이터를 병렬로 처리할 수 있게 하려는 것이 목표입니다. 이 과정에서, KV 캐시 전략과 컨텍스트 길이 확장을 통해 얻은 이점을 훼손하지 않도록 주의해야 합니다. 이러한 균형을 맞추는 작업은 간단하지 않으며, 속도와 정확도, 메모리 사용량, 그리고 기본 하드웨어의 처리 능력 간의 트레이드오프를 신중하게 평가해야 합니다. [그림 5-13]에서 두 가지 다른 모델의 GPU 활용도GPU utilization를 살펴보겠습니다. GPU 활용도는 nvidia-smi로 확인할 수 있습니다.

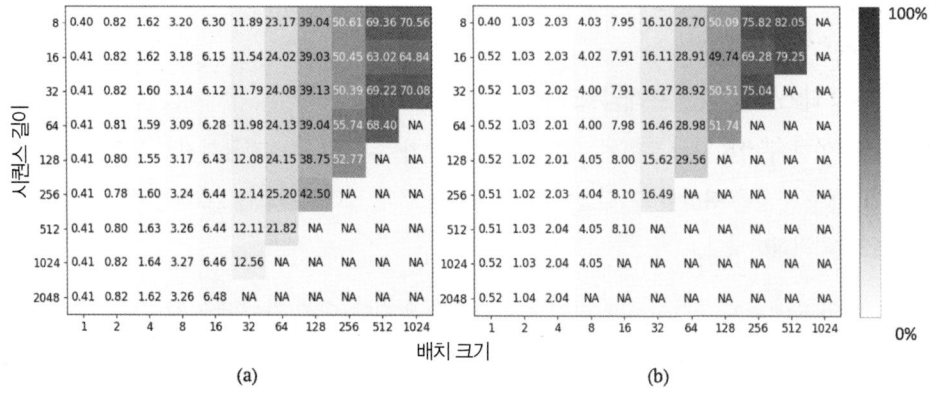

그림 5-13 모델의 서빙 속성 파라미터를 정리한 고급 가이드(출처: Yunho et al., (2023) / CC BY 4.0)

[그림 5-13]의 (a)는 배치 크기와 시퀀스 길이에 따른 GPU 활용도[GPU utilization]를 보여주며, 배치 크기가 커질수록 더 나은 활용도를 보이다가 '메모리 절벽'에 도달하면 메모리 부족 오류[out-of-memory error]가 발생함을 볼 수 있습니다. 시퀀스 길이가 1,024일 때, 이 절벽에 도달하지 않는 최대 배치 크기는 32이며, 이때 GPU 활용도는 12.19%로 제한됩니다.

[그림 5-13]의 (b)에서는 (a) 실험보다 더 큰 GPT-NEOX 모델에서도 비슷한 패턴의 자원 활용 부족이 나타납니다. 이 모델은 더 많은 메모리를 요구하기 때문에 작은 배치 크기와 짧은 시퀀스에서도 메모리 절벽에 도달합니다. 허깅페이스의 Transformers는 출력 시퀀스 길이를 예측해 문제를 해결했습니다. 더 큰 배치 크기는 GPU가 모델 가중치를 관리하고 유휴 계산 자원을 효율적으로 활용해 처리량을 개선할 수 있지만, 메모리 절벽을 피하고 GPU 자원을 최대한 활용하는 것이 여전히 도전 과제입니다. 이 문제는 생성될 시퀀스 길이를 정확히 예측해 메모리를 정확하게 할당하고, 반복적인 메모리 예약의 필요성을 제거해 해결할 수 있습니다.

배치 크기 조정은 수동으로 조정할 수이지만, 이 방법은 시간이 많이 소요되며, LLM 성능에 영향을 미치는 여러 요소들의 복잡한 상호작용 때문에 항상 최적의 결과를 도출하지는 못할 수 있습니다. 대안으로 자동 탐색 방법[automatic exploration method]을 사용할 수 있는데, 이는 알고리즘을 활용해 데이터 스트림과 계산 부하에 따라 배치 크기를 동적으로 조정하는 방식입니다. 이 자동 조정은 실시간 평가 지표[real-time metric]를 기반으로 해, 자원 활용도와 LLM 출력 품질 간의 균형을 유지하도록 배치 크기를 조정합니다.

이 절에서는 배치 크기 조정을 위한 두 가지 전략을 자세히 살펴보고, 각 전략의 장점, 한계, 그리고 각각 더 적합한 상황에 대해 분석할 것입니다. 목표는 LLM이 데이터 스트림[data stream]을 효율적으로 처리해, 성능은 유지하면서 비용 효율성을 최적화하는 것입니다.

배포 구성 테스트를 위한 프레임워크

오늘날 다양한 구성을 테스트할 수 있는 프레임워크가 존재합니다. 지금까지의 논의에서 알 수 있듯이, 배포 구성은 복잡할 수 있습니다. 적절한 도구와 프레임워크는 LLM의 추론 성능을 효과적으로 최적화합니다.

엔비디아의 FasterTransformer 라이브러리는 각 입력에 대해 가능한 가장 긴 시퀀스를 위해 메모리를 할당해, 최대 길이에 도달할 수 있는 시퀀스를 처리할 때 충분한 공간을 확보합니다. 이 방법은 필요한 경우 할당된 공간을 추가해 불필요한 메모리 작업을 피하지만, 비효율적일 수 있습니다. 시퀀스가 50개 토큰들만 있더라도, GPT-NEOX와 같은 최대 시퀀스 길이가 2,048인 모델을 처리할 때 FasterTransformer는 2,048토큰을 위한 공간을 예약합니다. 그 결과, 80GB A100 GPU에서 모델 크기가 40GB일 경우, 배치 크기는 20개 미만으로 제한되며, 시퀀스당 2.2GB의 메모리를 소모합니다. 이처럼 보수적인 메모리 예약 방식은 GPU의 계산 능력을 충분히 활용하지 못하는 결과를 초래할 수 있습니다. 그렇지만 이 방법은 완전한 시퀀스 생성을 보장하므로 사용자 경험을 개선합니다.

TensorRT-LLM은 엔비디아에서 제공하는 매우 유용한 선택지입니다. 이 라이브러리는 파이썬 API를 통해 LLM을 정의하고 TensorRT 엔진을 구축할 수 있는 간편한 방법을 제공하며, 특히 NVIDIA GPU에서의 추론을 위한 최신 최적화 기법도 사용합니다(https://github.com/Nvidia/TensorRT-LLM). 이 라이브러리는 NVIDIA NeMo(https://bit.ly/4azK00y)에서 LLM 추론 최적화의 핵심 역할을 할 뿐만 아니라, Llama 2 70B LLM과 같은 모델에서 최대 6.7배의 속도 향상을 제공해 추론 성능을 크게 높입니다.

또한, TensorRT-LLM은 엔비디아의 딥러닝 컴파일러를 포함하며, 이 컴파일러는 FasterTransformer의 최적화된 커널, 전처리 및 후처리, 심지어 멀티 GPU 및 멀티노드 통신까지 지원합니다. 이는 특히 Falcon-180B와 같은 트을 모델을 단일 GPU에서 실행할 수 있어, 작업을 효율적으로 확장할 수 있는 능력을 보여줍니다. 또한, RTX가 장착된 Windows PC에서 LLM이 최대 4배 빠르게 작동할 수 있음이 입증됐으며, 이는 글쓰기 및 코딩 보조와 같은 고급 LLM 활용에 매우 중요한 성과입니다.

마이크로소프트의 DeepSpeed는 트랜스포머 기반 모델을 서빙serving하는 또 다른 포괄적인 솔루션을 제공합니다. DeepSpeed의 추론Inference은 모델 병렬화를 지원해 트을 모델이 GPU 메모리에 적합하도록 하고, 소규모 모델은 추론 시 지연 시간을 줄이는 이점을 누릴 수 있습니다. DeepSpeed는 자체적으로 훈련된 모델뿐만 아니라 Megatron 같은 프레임워크로 훈련된 모델에 대해 원활한 추론 모드를 제공하므로, 모델링 측에서의 큰 변경 없이 쉽게 사용할 수 있습니다. 또한, DeepSpeed는 모델 분할model partitioning, 커널 주입kernel injection, GPU 간 통신을 자동으로 처리해 배포 과정을 단순화합니다.

또한, DeepSpeed는 사용자가 모델 병렬화 정도와 데이터 유형을 지정해 모델을 추론용으로 로드할 수 있는 API(https://bit.ly/4aEVaRU)를 제공합니다. 이 API는 float32, float16, int8 등 다양한 데이터 유형을 지원해 선택한 데이터 유형에 맞게 추론을 최적화합니다. DeepSpeed의 양자화 기법인 MoQ는 모델을 양자화해 모델 크기를 줄이고, 프로덕션 환경에서 추론 비용을 절감하도록 도와줍니다. 더불어, DeepSpeed는 모델이 훈련된 병렬화 방식과 다른 병렬화 방식으로 실행할 수 있어, 유연성 및 최적화 기회를 제공합니다.

배치 크기 튜닝의 맥락에서 이러한 프레임워크는 최적의 배치 크기를 찾기 위해 다양한 배치 크기를 실험할 수 있는 환경을 제공합니다. 배치 크기를 최적화해 모델이 과도한 데이터로 과부하 되지 않게 하고 자원이 충분히 활용되지 않는 상황을 방지할 수 있습니다. 이를 통해 비용 절감과 성능 향상을 동시에 달성할 수 있습니다. TensorRT-LLM과 DeepSpeed의 고급 기능을 활용해 수동 및 자동 탐색을 통해 배치 크기를 극대화하고, 최적의 상태에서 모델을 실행할 수 있습니다. DeepSpeed(https://bit.ly/4gd4EEZ), TensorRT(https://bit.ly/3CiccZk), FasterTransformer(https://bit.ly/3PVkhq2)에 관한 블로그 글을 참고하세요.

클라우드네이티브 추론 프레임워크

클라우드 네이티브cloud-native 방식은 TensorRT와 DeepSpeed와 같은 오픈 소스 도구를 활용해 모델 배포을 크게 단순화합니다. 아마존 세이지메이커에서 모델을 배포하는 과정은 서빙을 위한 설정 파일을 작성하고 단일 API를 사용해 서비스를 위한 엔드포인트endpoint를 생성하는 것만큼 간단합니다. 일반적으로 이러한 API 엔드포인트는 특정 프레임워크를 컨테이너화해 모델을 호스팅합니다.

아마존 세이지메이커는 2023년 11월에 거대 모델 추론(LMI) 딥러닝 컨테이너(DLC)의 0.25.0 버전을 발표했으며, 엔비디아의 TensorRT-LLM 라이브러리를 지원합니다. 이 통합은 세이지메이커에서 LLM을 최적화해 활용해 비용 효율성을 크게 키웠습니다. 보고에 따르면, LMI TensorRT-LLM DLC는 이전 버전과 비교했을 때 Llama 2 70B, Falcon 40B, CodeLlama 34B 모델에서 지연 시간을 33% 줄이고, 처리량을 60% 증가시켰습니다.

LLM을 단일 가속기나 단일 GPU 인스턴스에 맞추는 문제는 낮은 지연 추론low-latency inference과 확장성scalability을 달성하는 데 큰 허들이었습니다. 세이지메이커의 LMI DLC는 자원 활용을 극대화하고 성능을 높이도록 설계됐습니다. 최신 DLC는 추론 요청을 위한 연속 배칭continuous batching과 효율적인 집합 연산collective operation을 지원해 지연 시간을 개선합니다. 또한, 더 긴 시퀀스 길이를 처리할 수 있는 PagedAttention V2와 TensorRT-LLM 라이브러리 업데이트가

GPU 성능을 최적화합니다. LMI DLC는 최소한의 코딩만 필요하며, 모델 식별자(ID)와 몇 가지 선택만으로 TensorRT-LLM과의 컴파일이 가능합니다. 모델 최적화 및 리포지터리 생성은 DLC 내에서 자동화됩니다. 또한, 최신 DLC에는 GPTQ, AWQ, SmoothQuant와 같은 고급 양자화 기술이 통합되어 있습니다. 이러한 세이지메이커의 LMI DLC를 통해 사용자는 생성형 AI 애플리케이션의 배포를 가속화하고, LLM을 선호하는 하드웨어에 맞게 파인튜닝해 최고의 가격 대비 성능을 보장할 수 있습니다.

다른 클라우드 서비스인 애저와 GCP도 LLM으로 자체 API 엔드포인트를 배포할 수 있는 유사한 기능을 제공합니다. 애저는 오픈AI를 사용해 자체 엔드포인트를 배포할 때, 오픈AI 기본 모델이나 사용자가 선택한 모델로 작업할 수 있습니다. 그러나 이 방식은 모델 배포에 사용되는 스택이나 서빙 파라미터에 대한 세부적인 제어를 제공하지 않습니다. 애저의 홈페이지에서 오픈AI를 통해 LLM을 배포하는 방법(https://bit.ly/40UHY71)과 애저 ML 플랫폼에서 대표적인 모델을 선택해 배포하는 방법(https://bit.ly/3Cn68Pb, https://bit.ly/4hvIWx0)을 확인하세요.

서빙 스택 선택에 대한 심층 분석

대부분의 LLM 추론 컨테이너는 DeepSpeed와 TensorRT와 같은 인기 있는 오픈 소스 라이브러리를 사용해 빠른 처리량과 낮은 지연 추론을 제공합니다. 앞서 언급했듯이, 세이지메이커와 같은 서비스는 단순한 서빙 설정 파일을 사용해 이러한 모델을 엔드포인트에 배포하는 작업을 단순화합니다. 그런데 이러한 파일은 어떻게 생겼을까요? 샘플 서빙 설정을 위한 서빙 속성 파일serving properties file을 살펴보겠습니다.

만약 허깅페이스에서 Llama2 7B 모델을 배포하고자 한다고 가정해 봅시다(https://huggingface.co/TheBloke/Llama-2-13B-fp16). 가장 기본적인 서빙 속성 파일은 다음과 같을 것입니다.

```
engine = python
option.entryPoint = djl_python.huggingface
option.model_id = TheBloke/Llama-2-13B-fp16
option.dtype=fp16
```

이 간단한 네 줄의 서빙 속성 파일은 이전 Llama2 모델을 파이썬 엔진(나중에 설명할 MPI 엔진 대신)을 사용해 배포하도록 설정하는 것을 의미합니다. 실제로 모델을 배포하는 작업은 아직 이루어지지 않았으며, 여전히 서빙 구성을 정의하는 단계입니다. 많은 LLM 사례에서 기본 모델 로딩 타임아웃(모델이 로드되기 전에 서빙 스택이 기다리는 시간)이 너무 짧습니다. 타임아웃 라인을 추가하겠습니다.

```
engine = python
option.entryPoint = djl_python.huggingface
option.model_loading_timeout = 900
option.model_id = TheBloke/Llama-2-13B-fp16
```

타임아웃을 설정했습니다! 이제 모델 서빙 스택은 Llama 2 모델을 로드하는 데 900초를 기다리도록 설정됐습니다.

이 설정은 단일 GPU가 있는 인스턴스에서 작동합니다. 만약 모델이 하나의 GPU에 적합하다면, AWS의 G5.4x 또는 G5.8x 인스턴스와 같은 단일 GPU 인스턴스를 고려하는 것이 좋을 수 있습니다. 모델이 하나의 GPU에 완전히 로드하더라도, KV 캐시 그리고 들어오는 텍스트 배치들 사이의 자원 배분을 균형 있게 조정하는 것이 중요합니다. 만약 모델을 여러 GPU가 있는 단일 인스턴스에 맞추기 위해 모델을 분할해야 할 경우(모델 병렬화), 여기에서 보여주듯이 텐서 병렬화를 사용할 수 있습니다.

```
engine = python
option.entryPoint = djl_python.huggingface
option.tensor_parallel_degree = 2
option.model_loading_timeout = 900
option.model_id = TheBloke/Llama-2-13B-fp16
```

서빙 속성 파일에서 텐서 병렬화 정도degree를 변경하는 것은 모델 지연 시간latency에 큰 영향을 미칩니다. 특히 이 설정에서는 모델이 호출자에게 텍스트 출력을 스트리밍하지 않습니다. 입력 토큰에 따라 전체 텍스트가 생성된 후에야 출력 토큰을 포함한 페이로드payload가 호출자에게 반환됩니다. 출력 토큰의 수가 많을 것으로 예상되는 경우, 당연히 응답 시간이 훨씬 더 오래 걸릴 것으로 예상할 수 있습니다. 다음으로, 배칭batching에 대해 살펴보겠습니다.

배칭

지금까지 세 가지 배칭 기법을 다뤘습니다.

- **동적 배칭**dynamic batching
- **연속 배칭**continuous batching
- PagedAttention 배칭

어떤 배칭을 사용할지 선택하는 것은 배치 크기, 선택한 모델, 그리고 벤치마크에 따라 다릅니다. 이 선택으로 서빙 속성 파일의 다른 선택에도 영향을 받기 때문에, 이를 자동화하는 방법과 함께 벤치마크를 더 깊이 다룰 것입니다. 배칭 기법뿐만 아니라 모든 기법에 대해 올바른 파라미터를 선택하기 전에, 동적 배칭에 대한 서빙 파라미터 파일이 어떻게 생겼는지 먼저 살펴보겠습니다. 동적 배칭은 지정된 시간 내에 수신된 요청을 모아 하나의 배치로 묶어 추론 결과를 보냅니다. LLM이 추론을 처리하면 배칭 결과가 호출자에게 다시 전송됩니다. 이를 구현하려면, 다음과 같이 원하는 `batch_size`와 `max_batch_delay`를 추가하면 됩니다.

```
engine = python
option.entryPoint = djl_python.huggingface
option.tensor_parallel_degree = 2
batch_size = 64
max_batch_delay = 1000
option.model_loading_timeout = 900
option.model_id = TheBloke/Llama-2-13B-fp16
```

연속 배칭에서는 정적 배칭이 아닌 반복 수준에서 배치 크기를 동적으로 설정하는 방식인 반복 수준 스케줄링iteration-level scheduling을 사용합니다. 즉, 배치 내의 한 시퀀스가 완료되면 즉시 새로운 시퀀스로 교체됩니다. 이 방식은 전체 배치가 완료될 때까지 GPU가 더 높은 용량으로 작업을 계속합니다. 동적 배칭을 사용하려면 엔진을 MPI로 변경하고, 롤링 배치rolling batch를 위해 몇 가지 다른 파라미터를 설정하면 됩니다.

```
engine = MPI
option.entryPoint = djl_python.huggingface
option.rolling_batch = auto
option.max_rolling_batch_size = 64
option.paged_attention = false
option.max_rolling_batch_prefill_tokens = 16080
```

```
option.tensor_parallel_degree = 2
option.model_loading_timeout = 900
option.model_id = TheBloke/Llama-2-13B-fp16
```

보시다시피, `paged_attention`을 명시적으로 `false`로 설정했습니다. 이를 `true`로 설정하고 연속 배칭과 함께 사용하는 것도 또 다른 방법입니다.

```
engine = MPI
option.entryPoint = djl_python.huggingface
option.rolling_batch = auto
option.max_rolling_batch_size = 64
option.paged_attention = true
option.max_rolling_batch_prefill_tokens = 16080
option.tensor_parallel_degree = 2
option.model_loading_timeout = 900
option.model_id = TheBloke/Llama-2-13B-fp16
```

이 예시에서 다른 모든 옵션은 동일하게 유지하면서 세 가지 다른 배칭 기법을 탐구했습니다. 보시다시피, 여러 엔진과 서빙 파라미터를 조합한 수동 구성의 다양한 조합이 가능합니다. 그렇다면 설정할 수 있는 다른 옵션은 무엇이 있을까요?

DLC 서빙의 옵션

전체 서빙 파라미터 세트는 거대 모델 추론(LMI) 컨테이너 설명서(https://bit.ly/4jvkRYV)에서 확인할 수 있습니다. 여기에는 아마존 세이지메이커의 트윈 모델 추론에 대한 구성 옵션의 설명, 옵션 간의 상호 의존성, 예시 값이 포함되어 있습니다.

- `engine`: MPI와 같은 분산 프로세스를 위한 런타임 엔진을 선택합니다. 이는 TRTLLM, LMI-Dist, DeepSpeed와 같은 거대 모델 추론(LMI)을 지원하는 프레임워크에 매우 중요합니다.
- `option.tensor_parallel_degree`: 모델 샤딩sharding에 사용할 GPU의 개수를 설정합니다. 최댓값은 인스턴스 내에서 모든 GPU를 활용합니다.
- `option.rolling_batch`: 다른 시간에 수신된 요청을 하나의 배치로 결합하는 기능을 활성화하며, TensorRT 컨테이너의 기본 설정은 최댓값입니다.
- `option.max_rolling_batch_size`: 동시에 처리할 수 있는 요청 수를 제한해 GPU 메모리 과부하를 방지합니다. 초과된 요청은 대기열에 저장됩니다.

- option.trust_remote_code: true로 설정하면 모델에서 커스텀 코드를 실행할 수 있습니다.
- option.revision 및 option.entryPoint: 모델 로딩을 위한 버전 또는 핸들러를 지정하며, 다양한 DLC를 위한 사전 빌드된 핸들러가 제공됩니다.
- option.parallel_loading 및 option.model_loading_timeout: 각각 모델의 병렬 로딩과 타임아웃 전에 모델 로딩에 걸리는 시간제한을 제어합니다.
- job_queue_size 및 option.output_formatter: 작업 대기 열 크기와 출력 형식을 정의하며, 요청 관리 방식과 결과 형식을 지정해 줍니다.
- batch_size 및 option.max_batch_delay: 한 번에 처리되는 요청 수와 배치를 형성하는 최대 대기 시간을 결정하며, 이는 앞서 설명한 동적 배칭 시나리오에서 다뤘습니다.
- option.max_idle_time: 작업 스레드가 축소되기 전에 대기 시간을 설정해 자원 활용에 영향을 미칩니다.
- option.device_map 및 option.low_cpu_mem_usage: 모델을 GPU에 분산시키는 방식과 모델 로딩 중 CPU 메모리 사용량을 줄이는 옵션을 설정합니다.
- option.quantize 및 option.task: 모델 양자화와 허깅페이스 파이프라인에서 사용할 작업을 설정합니다. 일반적으로 작업은 텍스트 생성으로 설정되며, 양자화는 AWQ, GPTQ, SmoothQuant과 같은 프레임워크를 사용해 배포 전 별도의 단계로 수행됩니다.
- option.disable_flash_attn: flash_attention 사용을 켜거나 끕니다.
- option.max_sparsity 및 option.max_splits: 추론 호출 시 희소성 임곗값과 배치 분할을 제어합니다.
- option.max_tokens 및 option.quantize: DeepSpeed가 처리하는 총 토큰 수와 양자화 방법을 정의하며, SmoothQuant은 더 나은 품질을 위해 사용됩니다.
- option.checkpoint 및 option.enable_cuda_graph: DeepSpeed 체크포인트 파일을 지정하고 CUDA 그래프 캡처를 활성화합니다.
- option.max_input_len 및 option.max_output_len: 입력 및 출력에 대한 최대 토큰 크기를 설정하며, 이는 JIT 컴파일(just-in-time compilation)에 필수적입니다.
- option.enable_trt_overlap: 배치 실행을 중첩시키는 옵션으로 요청 수에 따라 성능에 영향을 미칠 수 있습니다.
- option.quantize, option.smoothquant_alpha 및 관련 하위 옵션: Llama 모델에서 양자화를 지원하며, JIT 컴파일 모드(just-in-time compilation)에서 토큰 및 채널에 대한 사용자 정의 스케일링 요소를 제공합니다.

이러한 각 파라미터는 추론 프로세스를 세밀하게 조정하고, 계산 자원을 균형 있게 배분하며, 다양한 배포 시나리오에서 LLM을 효율적으로 처리하는 데 중요한 역할을 합니다. 이러한 옵션 간의 의존성과 관련된 모든 파라미터를 고려하면, 특정 LLM 애플리케이션에 적합한 서빙 구성을 찾아내는 것은 상당한 시간 소모적인 작업이 될 수 있습니다.

서빙 파라미터 선택을 위한 높은 수준의 가이드

AWS는 DLC 서빙을 시작하는 방법(https://go.aws/4hANPVM)을 블로그에 소개했습니다. [그림 5-14]에서는 설정을 위한 의사결정 과정을 설명합니다. 먼저 배포하려는 모델을 선택합니다. 해당 모델이 Falcon, Llama 2, 또는 Code Llama와 같은 대표적인 모델과 관련이 있는지 고려합니다. 만약 애플리케이션이 1,024를 초과하는 토큰 길이의 출력을 요구한다면, DeepSpeed 컨테이너 기반의 LMI-Dist를 사용하도록 환경을 구성해야 합니다. 이 설정에서는 엔진을 MPI로 설정하고, `tensor_parallel_degree`를 최댓값으로 지정하며, `rolling_batch`를 LMI-Dist에 맞게 활성화해야 합니다. 반면, 출력 토큰 길이 요구 사항이 1,024 미만일 경우, TensorRT-LLM(TRT-LLM 컨테이너)을 선택하는 것이 좋습니다. 이 경우에도 엔진은 MPI로 설정하고, `model_id`를 제공해야 합니다. `model_id`는 허깅페이스 모델 식별자이거나 S3 스토리지에 저장된 모델 아티팩트 위치일 수 있습니다. T5, MPT, GPT-NeoX, StarCoder, Baichuan, Mistral과 같은 모델을 배포하려면 DeepSpeed 컨테이너에서 vLLM 설정을 사용하는 것이 적합합니다. 이 시나리오에서는 엔진을 파이썬으로 설정하고, `tensor_parallel_degree`를 최댓값으로 지정하며, `model_id`를 제공하고, `rolling_batch`를 vLLM으로 설정합니다. 각 경로는 `serving.properties` 파일에서 합쳐지며, 이 파일에서 효율적인 모델 서빙을 위한 기타 설정을 상세히 작성해야 합니다.

이 가이드를 사용하는 것도 좋지만 최적화 기법을 사용해 관련된 다른 파라미터를 자동으로 탐색할 수도 있습니다. 모델 학습에서는 하이퍼파라미터 최적화(HPO)를 사용해 최적의 모델 파라미터를 찾는 것이 일반적입니다. 마찬가지로, 추론 단계에서도 다양한 구성을 탐색해 가장 효율적인 설정을 찾기 위해 최적화 알고리즘을 적용할 수 있습니다. 다음으로, 이러한 방법을 살펴보겠습니다.

5.2.9 자동으로 최적의 추론 구성 찾기

모델 추론을 위한 구성 설정을 수동으로 조정하는 것은 번거롭고 오류가 발생하기 쉬운 작업입니다. 이러한 설정을 체계적으로 탐색하고 최적화하는 자동화 방법이 있습니다. 다음에 제공된 서빙 속성 파일은 모델 추론 엔진과 파라미터에 대한 다양한 구성을 나타냅니다. 이들은 엔진 유형(MPI 또는 DeepSpeed), 모델 로딩을 위한 엔트리 포인트, 배치 크기, 양자화 사용 여부, 텐서 병렬 처리의 정도^{degree}와 같은 파라미터에 따라 달라집니다.

```
## Option 1
engine = MPI
option.entryPoint = djl_python.huggingface
option.rolling_batch = auto
option.max_rolling_batch_size = 64
option.paged_attention = false
option.max_rolling_batch_prefill_tokens = 16080
option.tensor_parallel_degree = 2
option.model_loading_timeout = 900

## Option 2
engine=DeepSpeed
option.model_id=TheBloke/Llama-2-13B-fp16
option.tensor_parallel_degree=4
option.dtype=fp16

## Option 3
engine=DeepSpeed
option.model_id=TheBloke/Llama-2-13B-fp16
option.tensor_parallel_degree=4
option.dtype=fp16
option.quantize=smoothquant

## Option 4
engine=MPI
option.model_id=mistralai/Mistral-7B-Instruct-v0.1
option.tensor_parallel_degree=4
option.max_rolling_batch_size=128
option.rolling_batch=trtllm
```

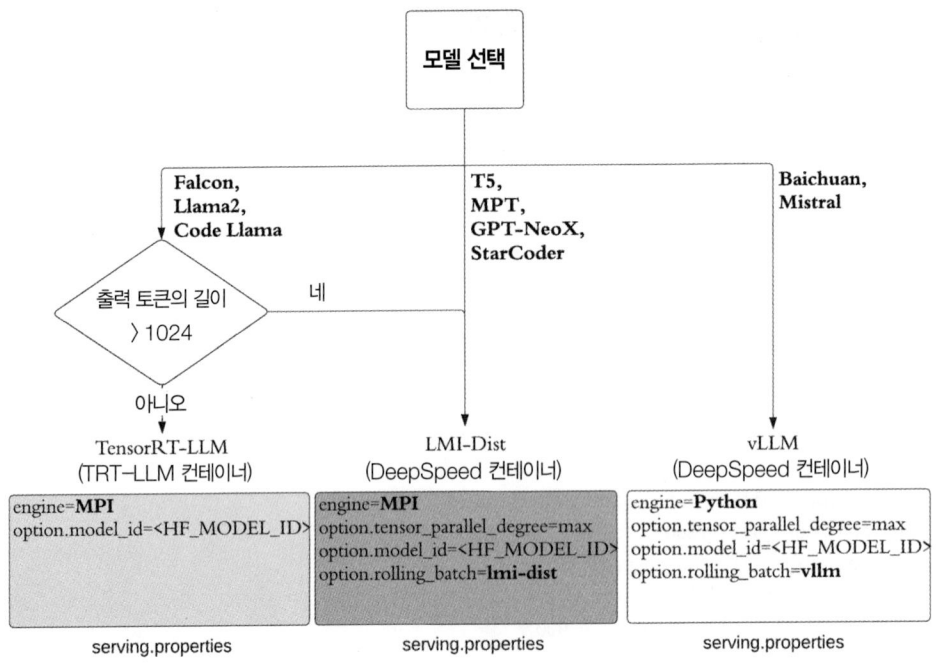

그림 5-14 서빙 속성 파일에서 파라미터 선택을 위한 상세 가이드

이러한 설정을 반복적으로 탐색하는 과정을 자동화하려면 각 옵션을 정의된 범위 내에서 조정할 수 있는 검색 공간을 설정해야 합니다. Hyperopt에서 제공하는 것과 같은 하이퍼파라미터 최적화 알고리즘은 경우의 수를 탐색하면서 각 조합의 성능 영향을 평가하고 최적의 설정에 수렴할 수 있게 하는 것입니다. 이 자동화된 접근 방식은 시간 절약과 인간 오류를 줄여줄 뿐만 아니라, 수동 실험으로는 즉시 발견하기 어려운 더 효율적인 구성을 찾아낼 가능성도 있습니다.

이 방법은 `max_rolling_batch_size`, `max_input_len`, `rolling_batch` 및 기타 파라미터를 동적으로 조정해 처리량과 대기 시간 간의 균형을 맞추고, 궁극적으로 배포된 모델의 특정 요구 사항에 맞춘 최적의 성능을 달성합니다.

일반 템플릿 생성

템플릿을 이용해 서빙 속성 파일을 생성하는 것부터 시작해 보겠습니다. Jinja는 파이썬 프로그래밍 언어를 위한 템플릿 엔진입니다. 이를 통해 설정 파일, HTML 또는 다른 텍스트 기반 형식과 같은 콘텐츠를 동적으로 생성할 수 있습니다. Jinja 템플릿에서는 {{ ... }}로 둘러싸인 자리 표시자placeholder가 템플릿이 렌더링될 때 실젯값으로 대체됩니다.

제공된 템플릿은 조건문을 사용해 다양한 서빙의 존재 여부를 확인합니다. engine이나 dtype 같은 변수가 정의되어 있다면(즉, 템플릿에 값이 전달됐다면), 해당 변수의 값이 포함된 라인이 출력 파일에 기록됩니다. 이 접근 방식은 매우 유연해, 속성값이 제공된 라인만 작업하고, 그렇지 않으면 수동으로 제거하거나 주석 처리해야 할 불필요한 작업을 피할 수 있습니다.

```
%%writefile code/template
{% if engine %}engine={{ engine }}
{% endif -%}
{% if decoding_strategy %}option.decoding_strategy={{ decoding_strategy }}
{% endif -%}
{% if device_map %}option.device_map={{ device_map }}
{% endif -%}
{% if dtype %}option.dtype={{ dtype }}
{% endif -%}
{% if enable_cuda_graph %}option.enable_cuda_graph={{ enable_cuda_graph }}
{% endif -%}
{% if enable_streaming %}option.enable_streaming={{ enable_streaming }}
{% endif -%}
{% if load_in_4bit %}option.load_in_4bit={{ load_in_4bit }}
{% endif -%}
{% if load_in_8bit %}option.load_in_8bit={{ load_in_8bit }}
{% endif -%}
{% if low_cpu_mem_usage %}option.low_cpu_mem_usage={{ low_cpu_mem_usage }}
{% endif -%}
{% if max_rolling_batch_prefill_tokens %}option.max_rolling_batch_prefill_tokens={{ max_rolling_batch_prefill_tokens }}
{% endif -%}
{% if max_rolling_batch_size %}option.max_rolling_batch_size={{ max_rolling_batch_size }}
{% endif -%}
{% if max_tokens %}option.max_tokens={{ max_tokens }}
{% endif -%}
{% if model_id %}option.model_id={{ model_id }}
{% endif -%}
{% if paged_attention %}option.paged_attention={{ paged_attention }}
{% endif -%}
{% if quantize %}option.quantize={{ quantize }}
{% endif -%}
```

```
{% if return_tuple %}option.return_tuple={{ return_tuple }}
{% endif -%}
{% if rolling_batch %}option.rolling_batch={{ rolling_batch }}
{% endif -%}
{% if tensor_parallel_degree %}option.tensor_parallel_degree={{ tensor_parallel_degree }}
{% endif -%}
```

템플릿은 입력된 변수에 따라 다양한 출력을 생성할 수 있는 역할을 해, 수동 편집 없이도 다양한 상황에 맞춘 맞춤형 서빙 속성 파일을 생성하는 데 이상적인 도구입니다.

다음으로, 이 템플릿을 사용해 아래 함수를 통해 서빙 속성 파일을 작성합니다.

```python
from pathlib import Path
from jinja2 import Environment, FileSystemLoader

def write_jinja(options):
    # Jinja 환경과 템플릿을 로드합니다.
    jinja_env = Environment(loader=FileSystemLoader("code"))
    template = jinja_env.get_template("template")
    # Render the template with non-empty options
    rendered_content = template.render({k: v for k, v in options.items() if v})
    
    # 파일에 씁니다.
    with Path("code/serving.properties").open("w") as file:
        file.write(rendered_content)
    # 선택적으로, 이 함수는 파일의 내용을 읽어 각 줄 번호와 함께 표시
    with Path("code/serving.properties").open("r") as file:
        for line_number, line in enumerate(file, start=1):
            print(f"{line_number}\t{line}", end="")
```

파이썬의 `write_jinja` 함수는 Jinja 템플릿을 사용해 서빙 속성 파일을 자동으로 생성하는 과정을 담당합니다. 이 함수는 먼저 Jinja 환경을 설정하고, 템플릿이 저장된 `code` 디렉토리로 지정합니다. 그 후, 이 디렉토리에서 `template`라는 이름의 파일을 템플릿으로 로드합니다. 제공된 옵션을 활용해 비어 있는 값을 필터링하고 템플릿을 적절히 렌더링합니다. 결과적으로 생성된 구성 파일은 같은 `code` 디렉토리 내의 `serving.properties`라는 파일에 작성됩니다. 선택적으로, 이 함수는 파일의 내용을 읽어 각 줄 번호와 함께 표시해, 주피터 노트북 환경에서 최종 출력물을 명확히 확인할 수 있도록 코드를 추가했습니다. 이 접근 방식은 맞춤형 서빙 속성 파일을 간단하게 생성할 수 있게 해줍니다. 다음으로, Hyperopt 라이브러리에서 탐색할

'공간space'을 정의합니다.

HPO 공간 정의

하이퍼파라미터 최적화hyperparameter optimization(HPO)는 머신러닝에서 중요한 역할을 하며, 특히 모델을 파인튜닝해 최적의 성능을 달성하는 데 필요합니다. 이번에는 같은 도구와 개념을 사용해 추론 파라미터를 최적화할 것입니다. HPO에서 '검색 공간search space'이라는 개념은 이 과정에서 매우 중요하며, 특히 Hyperopt 라이브러리에서 구현된 방식이 그렇습니다. Hyperopt에서 검색 공간은 최적화하려는 각 하이퍼파라미터 값은 범위나 집합으로 정의됩니다.

Hyperopt는 이러한 공간을 정의하는 여러 가지 방법을 제공합니다. `hp.choice`를 사용해 이산적인 값을 지정하거나, `hp.uniform`을 사용해 연속적인 범위를 지정할 수 있습니다. 모델의 학습률learning rate을 최적화하려면, 다음과 같이 범위 공간을 정의할 수 있습니다.

```
from hyperopt import hp
space = {'learning_rate': hp.uniform('learning_rate', 0.0001, 0.1)}
```

이는 0.0001에서 0.1까지 균등하게 변화하는 단일 하이퍼파라미터를 가진 전형적인 검색 공간입니다. 그러나 검색 공간은 더 복잡할 수 있습니다. 하이퍼파라미터 간의 종속성을 모델링하도록 중첩된 파라미터를 계층 구조로 만들 수 있습니다. 즉, 하나의 파라미터 선택이 다른 파라미터의 범위나 값을 결정하는 데 영향을 줄 수 있습니다. 이러한 공간을 생성할 때 Hyperopt는 방대한 속성 및 구성을 효율적으로 탐색할 수 있는 프레임워크를 제공합니다. 이 접근 방식은 주어진 모델에 대한 최적의 파라미터 조합을 찾아 모델 정확도를 높이거나 과적합을 줄이거나 계산 효율성을 개선하는 데 매우 중요합니다. Hyperopt의 문서는 이러한 공간을 다양한 머신러닝 작업에 효과적으로 활용하는 방법에 대한 포괄적인 가이드와 예시를 제공합니다(https://bit.ly/3WB5J2z).

언어 모델의 추론 파라미터를 최적화하는 것을 고려해 봅시다. 파라미터의 종속성까지 고려한 간단한 계층적 공간은 다음과 같이 나타낼 수 있습니다.

```
from hyperopt import hp

space = {
```

```
        "engine": hp.choice(
            "engine",
            [
                {
                    "type": "DeepSpeed",
                    "tensor_parallel_degree": hp.choice(
                        "tensor_parallel_degree_deepspeed", [2, 4, 8]
                    ),
                },
                {
                    "type": "MPI",
                    "max_rolling_batch_size": hp.choice(
                        "max_rolling_batch_size_mpi", [32, 64, 128]
                    ),
                },
            ],
        )
    }
```

engine으로 DeepSpeed가 선택되면 공간은 `tensor_parallel_degree` 옵션을 설정합니다. 반면, MPI를 선택하면 `max_rolling_batch_size` 옵션을 제공합니다.

추론 하이퍼파라미터 최적화 문제에서는 검색 공간이 다음 코드에서 보이는 것처럼 더 정교하고 복잡할 수 있습니다. 각 engine 타입에 파라미터가 중첩되어 데이터 유형, CUDA 그래프 활용 여부, 양자화 방법과 같은 모델 추론의 다양한 사항을 최적화할 수 있는 포괄적인 구성을 제공합니다. 이러한 계층적 구조는 하이퍼파라미터 간의 상호 의존성에 따라 Hyperopt가 복잡한 파라미터 공간을 지능적으로 탐색하고, 그에 맞춰 검색 전략을 조정합니다.

```
from hyperopt import hp, fmin, tpe, Trials
import json
space = {
    "engine": hp.choice(
        "engine",
        [
            (
                "DeepSpeed",
                {
                    "option.dtype": hp.choice(
                        "option.dtype_deepspeed", ["fp16"]
                    ),
```

```
            "option.enable_cuda_graph": hp.choice(
                "option.enable_cuda_graph_deepspeed", [True, False]
            ),
            "option.rolling_batch": hp.choice(
                "option.rolling_batch_deepspeed",
                ["auto", "deepspeed", "trtllm"],
            ),
            "option.quantize": hp.choice(
                "option.quantize_deepspeed",
                [
                    "smoothquant",
                    "bitsandbytes",
                    "gptq",
                    "bitsandbytes4",
                    "bitsandbytes8",
                    "awq",
                ],
            ),
        },
    ),
    (
        "MPI",
        {
            "option.dtype": hp.choice("option.dtype_mpi", ["fp16"]),
            "option.enable_cuda_graph": False,
            "option.rolling_batch": hp.choice(
                "option.rolling_batch_mpi", ["auto", "scheduler"]
            ),
            "option.quantize": None,
        },
    ),
    (
        "FasterTransformer",
        {   # not supported for llama models
            "option.dtype": hp.choice(
                "option.dtype_ft", ["fp16", "bf16"]
            ),
            "option.enable_cuda_graph": False,
            "option.rolling_batch": hp.choice(
                "option.rolling_batch_ft", ["auto", "scheduler"]
            ),
            "option.quantize": None,
        },
    ),
```

```python
                (
                    "Python",
                    {
                        "option.dtype": hp.choice(
                            "option.dtype_py",
                            [
                                "fp16",
                            ],
                        ),
                        "option.enable_cuda_graph": False,
                        "option.rolling_batch": hp.choice(
                            "option.rolling_batch_py", ["auto", "scheduler"]
                        ),
                        "option.quantize": None,
                    },
                ),
            ],
        ),
        "option.decoding_strategy": hp.choice(
            "option.decoding_strategy", ["sample", "greedy", "contrastive"]
        ),
        "option.device_map": hp.choice(
            "option.device_map", ["balanced", "auto", "sequential"]
        ),
        "option.load_in_4bit": hp.choice("option.load_in_4bit", [True, False]),
        "option.load_in_8bit": hp.choice("option.load_in_8bit", [True, False]),
        "option.low_cpu_mem_usage": hp.choice(
            "option.low_cpu_mem_usage", [True, False]
        ),
        "option.max_rolling_batch_prefill_tokens": hp.choice(
            "option.max_rolling_batch_prefill_tokens",
            [256, 512, 1024, 2048, 4096, 8192],
        ),
        "option.max_rolling_batch_size": hp.choice(
            "option.max_rolling_batch_size", [2, 4, 8, 16, 32]
        ),
        "option.paged_attention": hp.choice(
            "option.paged_attention", [True, False]
        ),
        "option.return_tuple": hp.choice("option.return_tuple", [False]),
        "option.tensor_parallel_degree": hp.choice(
            "option.tensor_parallel_degree", [4]
        ),
        "option.max_tokens": hp.choice("option.max_tokens", [256]),
```

```
    "option.model_id": hp.choice(
        "option.model_id", ["TheBloke/Llama-2-13B-fp16"]
    ),
}
```

Hyperopt를 사용해 제공된 코드 블록처럼 HPO 공간을 정의합니다. 이 HPO 공간에서는 다음과 같은 일이 일어납니다.

엔진 타입(DeepSpeed, MPI, 파이썬)에 따라 다양한 구성이 탐색됩니다. 각 엔진 타입에는 `option.dtype`, `option.enable_cuda_graph`, `option.rolling_batch`와 같은 관련된 파라미터가 있습니다. `hp.choice` 함수는 각 파라미터에 대해 선택할 수 있는 값들의 목록을 지정합니다.

- DeepSpeed 엔진에서는 `option.dtype`이 fp16을 선택하도록 설정되고, `option.enable_cuda_graph`는 `True` 또는 `False`를 선택할 수 있으며, `option.rolling_batch`에는 `auto`, `deepspeed`, `trtllm`과 같은 여러 옵션이 있습니다.
- 이 공간에는 `option.decoding_strategy`, `option.device_map`, `option.low_cpu_mem_usage`와 같은 의존적이지 않은 하이퍼파라미터와 각 값의 범위가 지정됩니다.
- 중첩된 딕셔너리^{nested dictionary}와 같은 계층적 구조를 사용해, 이전 선택에 따라 하이퍼파라미터를 조건부로 선택할 수 있습니다(예: 다른 engine 하에서의 다른 설정).
- 이러한 HPO 공간을 정의해 Hyperopt는 방대한 하이퍼파라미터 조합을 체계적이고 효율적으로 탐색할 수 있으며, 각 구성을 평가해 정의된 지표(예: 정확도, 대기 시간 등)를 기준으로 최상의 성능을 제공하는 구성을 탐색할 수 있습니다. 이 접근 방식은 많은 변수와 상호 의존성이 존재하는 상황에서 복잡하고 시간이 많이 소요되는 하이퍼파라미터를 수동으로 조정하는 작업을 간소화합니다.

최적 구성을 위한 공간 탐색

최적의 구성을 탐색하려면 먼저 목적 함수^{objective function}를 정의해야 합니다. 이는 하이퍼파라미터 최적화 과정에서 핵심 역할을 합니다. 이번에는 목적 함수는 텍스트 생성에 대한 가장 효율적인 추론 구성을 결정하는 데 초점을 맞추며, 토큰 생성 속도를 최대화하는 데 중점을 둡니다. 이 과정에는 파라미터 처리, 모델 패키징, 엔드포인트 생성, 중요한 추론 성능 벤치마크까지 일련의 복잡한 과정을 적용합니다. 각 실험의 성공 여부는 초당 생성된 토큰 수로 측정되며, 이 핵심 평가 지표^{metric}는 최적화 알고리즘이 가장 효과적인 파라미터를 탐색하는 데 중요한 역할을 합니다. 이러한 데이터 기반의 접근 방식은 언어 모델의 성능을 높이는 최적의 구성을 체계적으로 탐색합니다. 다음은 목적 함수의 예시입니다.

```python
import random

def objective(params):
    # 기존 서비스 엔드포인트를 제거해 깨끗한 테스트 환경으로 설정
    delete_in_service_endpoints()
    try:
        # 파라미터 처리 단계
        print("Trial with parameters:\n")
        write_jinja(params)

        # 선택된 파라미터를 사용해 모델을 패키징
        print("Packaging model")
        model_name = create_sm_model(package_model(), inference_image_uri)
        print("Creating endpoint")
        endpoint_name, endpoint_config_name, sm_client = create_endpoint(
            model_name
        )

        # 테스트 단계
        print("Testing endpoint")
        total_tokens, total_seconds, total_tokens_per_second = 
            benchmark_generation_speed(endpoint_name, tokenizer_bnb)

        result = {"loss": -total_tokens_per_second, "status": "ok"}

        params = {key: str(val) for key, val in params.items()}
        log_experiment(params, total_tokens_per_second)

        print("Successful trial logged. Cleaning up")
        try:
            delete_in_service_endpoints()
            sm_client.delete_endpoint_config(
                EndpointConfigName=endpoint_config_name
            )
            sm_client.delete_model(ModelName=model_name)
        except Exception as e:
            print("Could not delete endpoint!\n", e)

    except Exception as e:
        print("Something went wrong with this trial:\n", e)
```

```
        result = {"loss": 10000, "status": "fail"}
    
    print("-----------")
    return result
```

목적 함수는 Hyperopt를 사용한 하이퍼파라미터 최적화에서 중요한 역할을 하며, 초당 생성된 토큰 수를 기준으로 텍스트 생성 속도를 최대화하는 언어 모델의 최적 구성을 찾는 것을 목표로 합니다. 이 함수는 여러 단계를 거쳐 작동합니다. 우선, 기존 서비스 엔드포인트를 제거해 깨끗한 테스트 환경으로 설정합니다. 파라미터 처리 단계에서는 테스트를 위한 서빙 속성 파일을 생성 및 테스트 구성 파라미터가 표시됩니다.

그다음으로, 함수는 선택된 파라미터를 사용해 모델을 패키징하고 아마존 세이지메이커 모델을 설정한 후, 추론을 위한 엔드포인트를 생성합니다. 프로세스의 핵심인 테스트 단계에서는 엔드포인트가 텍스트를 생성하는 효율성을 평가하며, 생성된 총 토큰 수와 이를 계산하는 데 소요된 시간을 측정해 초당 토큰 생성 속도를 계산합니다. 더 높은 속도는 더 효과적인 구성을 나타냅니다.

함수는 실험 결과(파라미터와 초당 토큰 생성 속도)를 기록하고, 엔드포인트 및 사용된 리소스를 제거하는 정리 작업을 수행합니다. 코드상에 오류 처리도 통합되어 있어, 테스트 중 문제가 발생할 경우 해당 오류를 기록하고 높은 '손실'값을 반환해 개별적인 테스트 실패에도 불구하고 최적화 과정이 계속되도록 보장합니다. 함수는 최종적으로 손실값(초당 토큰 수의 음수, Hyperopt가 함수를 가장 작은 값으로 최적화하기 때문)과 성공/실패 상태를 반환하면서 종료됩니다. 이제 모든 준비가 끝났으며 Hyperopt로 HPO 프로세스를 시작하는 것은 다음과 같이 간단합니다.

```
trials = Trials()
best = fmin(
    fn=objective,
    space=space,
    algo=tpe.suggest,
    max_evals=100,   # 평가 횟수를 조정할 수 있습니다.
    trials=trials,
)
```

위 코드는 **Trials** 객체의 초기화로 시작합니다. Hyperopt에서 이 객체는 최적화 과정 동안 목적 함수의 각 평가에 대한 세부 정보를 저장하는 역할을 합니다. 사용된 파라미터와 목적 함수에서 반환된 손실값을 추적하고, 통계 데이터를 수집해 최적화 과정을 분석할 수 있습니다.

이 설정의 핵심은 `fmin` 함수로, 이는 '함수 최솟값$^{function\ minimum}$'을 의미합니다. 이 함수의 주요 목표는 목적 함수를 최소화하는 하이퍼파라미터 구성을 찾는 것입니다. 이 경우, `fmin` 함수는 여러 인수와 함께 호출됩니다. `fn` 인수는 목적 함수를 지정하는데, 여기서는 이전에 정의한 `objective()` 함수로, 언어 모델 추론 성능을 최적화하도록 설계됐습니다. `space` 인수는 Hyperopt가 탐색할 하이퍼파라미터의 범위 또는 분포를 정의하는 하이퍼파라미터 공간을 지정합니다. 이 인수에 대해 앞서 설명했습니다.

이 설정에서 algo 인수는 TPE$^{tree-structured\ parzen\ estimator}$를 참조하는 `tpe.suggest`를 가리킵니다. TPE는 하이퍼파라미터를 최적화하는 알고리즘으로, 특히 차원이 높은 문제에서 효율적으로 작동합니다. 이 알고리즘은 실행하면서 발생한 과거 테스트 데이터를 기반으로 탐색^{exploration}과 이용^{exploitation} 사이의 균형^{balance}을 맞추면서 새로운 하이퍼파라미터를 선택하는 베이지안 접근 방식을 사용합니다. 이 균형 덕분에 알고리즘은 좋은 결과가 발생하는 데이터를 이용하면서 탐색을 통해 새로운 하이퍼파라미터 조합을 시도할 수 있습니다. TPE는 적은 수의 평가만으로도 공간을 효율적으로 탐색할 수 있습니다. 무작위 탐색(또는 더 나쁜 경우, 전수 탐색)을 사용하면 최종 추론 구성이 결정되기 전에 수천 번의 테스트할 수도 있습니다.

마지막으로, `fmin` 함수의 `max_evals` 인수는 100으로 설정되어 있으며, 이는 목적 함수가 평가될 최대 횟수를 정의합니다. 즉, Hyperopt는 최적의 조합을 찾기 위해 100개의 서로 다른 하이퍼파라미터 구성을 테스트합니다.

Hyperopt는 정의된 공간에서 다양한 하이퍼파라미터를 추출하여 반복적으로 목적 함수를 평가합니다. 또한, TPE 알고리즘을 활용하여 탐색을 효율적으로 수행하며, 궁극적으로 손실을 최소화하는 최적의 하이퍼파라미터를 찾아 모델 또는 시스템의 성능을 최적화합니다.

추론 HPO 결과

[그림 5-15]의 평행 좌표 그래프$^{parallel\ coordinates\ plot}$는 이전 예시에서 Hyperopt가 수행한 모든 실험의 결과를 시각화한 것입니다.

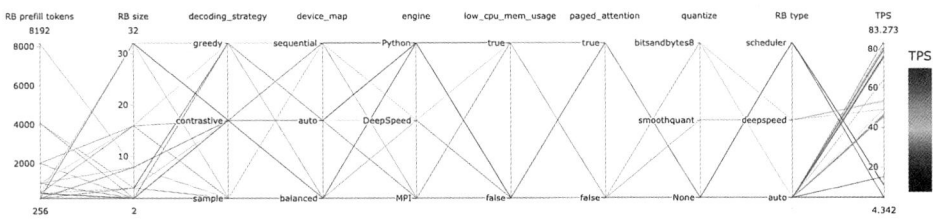

그림 5-15 예시를 기반으로 추론 성능에 대한 HPO 결과를 시각화한 평행 좌표 그래프

평행 좌표 그래프parallel coordinates plot에서 각 수직선은 하나의 하이퍼파라미터 또는 지표를 나타내며, 이 수직선을 가로지르는 각 선은 최적화 과정 중 테스트된 하나의 실험 또는 하이퍼파라미터 구성을 나타냅니다. 수직선상의 위치는 하이퍼파라미터의 값을 나타냅니다. 이 경우, 모델의 텍스트 생성 속도를 측정하는 초당 토큰 수(TPS)가 해당됩니다.

평행 좌표 그래프의 최적화 과정에서는 다양한 파라미터를 탐색해 언어 모델의 TPS를 최대화합니다. 고려 중인 파라미터에는 RB prefill tokens, RB size, RB type이 있으며, 여기서 RB는 rolling batch의 약자로, 처리량에 영향을 미칠 수 있는 다양한 전략을 알아봅니다. 생성 품질과 속도 간의 균형을 찾기 위해 그리디greedy나 샘플sample과 같은 디코딩 전략도 다양하게 조정됩니다. 하드웨어 구성은 `device_map`으로 표시되며, 백엔드 추론 엔진은 파이썬, DeepSpeed, 또는 MPI로 지정되어 실행 속도에 큰 영향을 미칠 수 있습니다. 이전 코드에 FasterTransformer를 사용했지만 이번 실습에서는 사용하지 않았습니다. 그 이유는 Llama 2 모델이 나온 시점에서 FasterTransformer 엔진과 호환되지 않기 때문입니다.

`low_cpu_mem_usage` 및 `paged_attention`과 같은 메모리 최적화 플래그와 bitsandbytes8 및 smoothquant와 같은 양자화 방법이 성능에 미치는 영향도 평가됩니다. 이러한 파라미터는 언어 모델이 가능한 한 빠르게 텍스트를 생성할 수 있는 구성을 찾기 위한 포괄적인 검색 공간을 나타냅니다.

그래프의 선은 TPS 성능을 나타내며, 다양한 하이퍼파라미터 조합을 탐색하는 과정의 결과를 보여줍니다. 선을 따라 가장 높은 TPS에 도달하는 파라미터를 알 수 있으며, 이 선은 파라미터 구성에서 발견된 가장 효율적인 모델 구성을 나타냅니다. 최대 TPS는 83에서 끝나는 선들로 표시되어, 특정 설정 하에서 매우 효율적인 텍스트 생성이 이루어졌음을 시사합니다. 반대로, 성능이 낮은 영역은 TPS 척도에서 4에 가까운 값으로 표시되며, 이는 덜 최적화된 파라미터를 나타냅니다. Llama 2 모델에 최종적으로 도출된 최적화된 구성(가장 TPS가 높은 구성)

은 MPI 엔진 사용, 256개의 `Rolling batch prefill tokens`, `contrastive decoding strategy`, `balanced device map`, 파라미터 `low_cpu_mem_usage`를 false로 설정, `paged_attention`을 true로 설정, 그리고 양자화 없음의 조합이었습니다. 이 파라미터 구성은 100번의 평가 후 도출됐으며, 그중 일부는 추론 테스트 실패가 발생했습니다. 일반적으로 더 많은 평가가 이루어질수록 설계 공간의 더 많은 탐색이 가능해져, 이 모델의 TPS를 더 개선할 수 있습니다.

5.3 추론 가속화 도구

최근 생성형 AI와 LLM의 발전은 특화된 추론 플랫폼 개발을 촉진했습니다. Nvidia는 LLM 배포를 비롯한 다양한 AI 애플리케이션에 최적화된 네 가지 플랫폼을 출시했습니다. 이러한 플랫폼은 엔비디아의 소프트웨어 기술과 NVIDIA Ada, Hopper, Grace Hopper 같은 프로세서processor와 결합됐으며 AI 워크로드workload에 특화된 NVIDIA L4 Tensor Core GPU와 NVIDIA H100 NVL GPU 같은 GPU를 지원합니다. 각 플랫폼은 AI 비디오, 이미지 생성, LLM 배포, 추천 시스템 추론recommender inference과 같은 특정 작업의 지원을 목표로 합니다. AI 비디오용 NVIDIA L4는 CPU보다 훨씬 더 높은 AI 기반 비디오 생성 성능을 제공할 수 있으며, NVIDIA H100 NVL은 LLM(예: 챗GPT)을 대규모로 배포하는 데 특히 적합합니다 (https://bit.ly/3PTwETi).

CPU 기반 가속화에서 누멘타는 인텔과의 협력을 통해 CPU에서 LLM을 실행하는 데 놀라운 성능 향상을 보여주었습니다. 누멘타는 맞춤형 언어 모델을 사용해 AMD Milan CPU에 비해 4세대 Intel Xeon 스케일러블 프로세서intel xeon scalable processor에서 처리량을 크게 높여 지연 시간을 줄일 수 있음을 입증했습니다. 인텔의 프로세서를 사용해 누멘타는 대규모 문서 처리에서 20배의 속도 향상을 달성했습니다. 이러한 발전은 NLP 애플리케이션에 매우 중요하며, LLM을 CPU에서 실행하는 것이 전통적으로 어려운 작업으로 여겨졌음에도 불구하고, 비용 효율적인 대안을 제공합니다.

뉴럴매직의 DeepSparse는 특히 CPU에 대한 추론 가속화 도구 중 중요한 역할을 하는 도구입니다. DeepSparse는 CPU 아키텍처에서 GPU 급 성능을 제공하는 추론 런타임을 제공합니다. 이 도구는 특히 CPU에서 LLM을 효율적으로 실행하는 문제를 해결하는 데 주목할 만한 성과를 보여줬습니다. CPU는 이러한 작업에서 GPU보다 성능이 뒤떨어지지만, DeepSparse는 모델의 희소성 기법sparsity techniques을 활용해 비활성 뉴런들inactive neurons을 최적화해 신경망의 계산 요구 사항을 크게 줄이면서 모델의 정확도에는 거의 영향을 미치지 않습니다. 이 접근 방식은 복잡한 오픈 소스 LLM을 더 저렴한 일반 하드웨어에서 실행할 수 있도록 해줍니다. DeepSparse에 대한 추가 정보는 뉴럴매직의 웹사이트(https://neuralmagic.com/deepsparse)에서 확인할 수 있습니다.

또 다른 소프트웨어로 고성능 딥러닝 추론을 위한 개발 키트인 NVIDIA TensorRT와 모델 배포를 돕는 오픈 소스 추론 서빙inference-serving 소프트웨어 NVIDIA Triton Inference Server를 포함된 NVIDIA AI Enterprise software suite가 있습니다. 이러한 도구로 다양한 플랫폼에서 효율적이고 확장 가능한 모델을 배포할 수 있습니다.

5.3.1 TensorRT 및 GPU 가속 도구

이번에는 엔비디아의 최근에 개발된 TensorRT-LLM과 NVIDIA NeMo 프레임워크와의 통합을 살펴보겠습니다. 엔비디아의 TensorRT-LLM은 NVIDIA GPU에서 LLM을 컴파일하고 최적화하도록 설계된 포괄적인 라이브러리입니다. 이 오픈 소스 라이브러리는 무료로 제공되며, 생성형 AI 애플리케이션을 구축, 커스터마이징 그리고 배포를 위한 종합 솔루션인 NVIDIA NeMo 프레임워크의 일부로 통합됐습니다. TensorRT-LLM의 중요성은 LLM의 방대한 크기와 복잡한 작업을 처리하는 데 있습니다. 적절한 최적화 없이 LLM은 실행 비용이 많이 들고 느리게 작동할 수 있습니다. TensorRT-LLM은 커널 결합kernel fusion, 양자화quantization, C++ 구현, KV 캐싱, 인플라이트 배칭in-flight batching, PagedAttention과 같은 다양한 최적화 기법을 통합해 이러한 문제를 해결합니다. 이러한 최적화는 직관적인 파이썬 API에 통합되어 있어 새로운 모델을 정의하고 구축하는 과정을 더욱 쉽게 만듭니다(https://bit.ly/4az0LqU).

TensorRT-LLM은 TensorRT의 딥러닝 컴파일러를 감싸고 FlashAttention 및 마스킹된 멀티헤드 어텐션(MHA)과 같은 고급 구현을 위해 최적화된 커널을 포함해 LLM 실행에 필수적입니다. 이 도구는 사전 및 사후 처리 단계pre- and post-processing step와 멀티 GPU/멀티 노드 통신multi-GPU/multinode communication도 포함해 GPU에서 LLM 추론을 위한 획기적인 성능을 제공합니다.

TensorRT-LLM의 주요 특징으로는 Llama, ChatGLM, Falcon, MPT, Baichuan, Starcoder와 같은 다양한 LLM 지원, 인플라이트 배칭in-flight batching, PagedAttention, 멀티 GPU/멀티 노드(MGMN) 추론, 그리고 NVIDIA의 최신 GPU 아키텍처 지원이 있습니다.

TensorRT-LLM은 NVIDIA Triton Inference Server와도 통합되어 LLM을 위한 상품화 준비가 완료된 배포 환경을 제공합니다. TensorRT-LLM을 위한 새로운 Triton Inference Server 백엔드는 빠른 추론 실행을 위해 TensorRT-LLM C++ 런타임을 활용하며, 인플라이트 배칭in-flight batching 및 PagedAttention과 같은 고급 기법을 통합합니다. TensorRT-LLM과 Triton Inference Server의 조합은 LLM을 위한 견고하고 확장 가능하며 효율적인 추론 솔루션을 제공하려는 엔비디아의 노력을 보여줍니다.

5.3.2 CPU 가속 도구

이번에는 LLM을 위한 CPU 기반 런타임의 발전을 살펴보며, 이러한 발전이 CPU에서 LLM을 효율적으로 실행할 수 있음을 확인하겠습니다.

이 분야의 주요 발전 중 하나는 누멘타와 인텔 간의 협력으로, Intel Xeon CPU Max Series 프로세서에서 LLM 추론 속도를 크게 가속화한 것입니다. 이 협력은 CPU에서 LLM을 실행하도록 지연 시간 및 처리량과 관련된 문제를 해결하는 데 중점을 두었습니다. 누멘타의 맞춤형 언어 모델은 인텔의 4세대 Xeon 스케일러블 프로세서scalable processor에서 뛰어난 성능을 입증했습니다. 이 맞춤형 언어 모델은 BERT 추론에서 AMD Milan CPU 구현에 비해 10ms 이하의 지연 시간과 100배의 처리량 속도를 달성했습니다. 또한, 대규모 문서 처리에서는 Intel Xeon CPU Max Series 프로세서에서 20배 더 빠르게 실행할 수 있어, 전통적으로 GPU에 의존했던 복잡한 NLP 작업을 CPU로 처리할 수 있는 가능성을 보여줍니다(https://bit.ly/4aCnHaC).

이 분야에서 또 다른 중요한 기여는 뉴럴매직의 DeepSparse 추론 런타임입니다. DeepSparse는 모델 희소성을 활용해 CPU에서 최대 7배 빠른 텍스트 생성을 제공합니다. 이 기술은 클라우드, 데이터 센터 또는 엣지edge에서 표준 CPU 하드웨어에서 희소 LLM을 배포하는 데 사용했습니다. DeepSparse는 LangChain 같은 도구와 함께 사용될 때, 개발자가 고가의 API나 GPU의 계산 성능에 의존하지 않고 CPU에서 LLM 애플리케이션을 구축하고 배포할 수 있는 기능을 제공합니다. 이러한 접근 방식은 LLM의 접근성을 크게 확장해 더 넓은 범위의 애플리케이션과 환경에서 사용 가능하게 만듭니다(https://bit.ly/4gemlnz).

이 도구를 사용해 CPU에서 LLM을 배포하는 과정은 하드웨어 호환성을 확인한 후, DeepSparse와 LangChain 같은 필수 패키지를 설치하는 것으로 시작됩니다. 이 간소화된 절차는 LLM을 다양한 애플리케이션에 더 쉽게 적용하고 통합할 수 있게 해, 기본적인 컴퓨터 환경을 가진 사람들도 고급 LLM을 활용하도록 합니다. CPU 추론 런타임의 발전은 AI 분야에서 큰 변화를 의미하며, LLM의 힘을 활용하고자 하는 개발자와 조직에게 더 유연하고 비용 효율적인 선택지를 제공합니다. 뉴럴매직의 문서(https://docs.neuralmagic.com)를 확인하면, SparseML을 사용해 프루닝pruning, 양자화quantization, 증류distillation 알고리즘을 통해 추론에 최적화된 희소 모델을 만들고, 이를 DeepSparse로 배포해 CPU 하드웨어에서 GPU 급 성능을 구현하는 방법을 확인할 수 있습니다. 일반적으로는 LLM 배포는 GPU 기반 배포가 지배적일 것으로 예상됩니다. CPU 기반 LLM 배포에서 흥미로운 발전이 있었지만, GPU 의존도는 여전히 클 것으로 예상됩니다.

5.4 모니터링과 옵저버빌리티

LLM은 성능을 모니터링하고, 생성형 AI 애플리케이션의 수명 주기 동안 안전성을 보장하는 데 큰 도전 과제를 제시합니다. 여기에는 추론 처리량, 안전성, 유해성, 성별 편향, 텍스트 품질, 의미적 유사성, 인간 선호도 일치와 같은 적절한 추적 지표를 식별하는 작업이 속합니다. 이 맥락에서 LLM 운영(LLMOps)의 역할은 매우 중요하며, LLM을 효율적으로 관리하고 운영화하는 데 필요한 특화된 프로세스를 구축해야 합니다.

LLM을 모니터링하는 것은 여러 가지 이유로 중요합니다. 이를 통해 모델의 신뢰성과 성능을 보장할 수 있으며, 시간이 지남에 따라 모델의 작동을 추적해 편향bias, 오류 또는 의도하지 않은 결과를 식별할 수 있습니다. 이러한 추적은 윤리적 기준ethical standard을 유지하는 데도 매우 중요합니다. 앞서 언급한 것처럼, 지속적인 모니터링은 정확성, 응답 시간, 감정 분석, 그리고 LLM의 응답과 관련된 맥락의 적절성 같은 여러 핵심 영역에 중점을 둡니다. 또한, 모델 성능을 이해하고 시간이 지남에 따라 이를 추적하는 것은 데이터 드리프트data drift 및 모델 드리프트model drift를 파악하는 데 중요합니다.

모니터링 vs. 옵저버빌리티

LLM에서 모니터링은 주로 데이터나 모델이 시간이 지남에 따라 어떻게 변화하는지를 관찰하는 것을 뜻합니다. 성능이나 정확성에서 문제가 발생했을 때 이를 식별하는 데 중점을 둡니다. 반면, 옵저버빌리티는 시스템 내에서 무슨 일이 일어나는지, 왜 발생하는지, 추적을 위해 어떤 도구를 활용해야 하는지, 그리고 발생한 문제를 어떻게 해결할지에 대한 이해하는 것입니다. 모델의 성능과 작동의 복잡성을 체계적으로 분석해 입력 메커니즘, 출력 결과, 내부 작동 방식을 모두 이해해야 합니다. LLM 모니터링에서 옵저버빌리티는 시스템을 능동적으로 디버깅하는 기술적 솔루션으로, 사전에 정의되지 않은 속성 및 패턴을 탐구해 생성된 출력의 정확성과 신뢰성을 유지하는 데 도움을 줍니다.

5.4.1 LLMOps와 모니터링

LLMOps는 LLM의 관리와 운영에 중점을 둔 MLOps의 특화된 하위 분야입니다. LLM의 효율적인 관리를 위해 필수적인 다양한 규범과 프로세스가 필요합니다. 데이터 과학자와 소프트웨어 엔지니어 간의 워크플로를 간소화하고, 반복적인 데이터 탐색을 지원하며, 모델의 성능과 관련된 테스트 결과를 추적하고, 프롬프트 엔지니어링을 용이하게 하고, 모델과 파이프라인을 관리하며, 제어권을 보장하고, 배포 및 모니터링해야 합니다. 앞으로 전형적인 LLMOps 라이프사이클의 주요 단계를 간단히 설명한 후, 모니터링에 중점을 둘 것입니다.

LLM의 LLMOps 라이프 사이클은 복잡한 과정으로, 개발 단계에서 시작해 이후 단계를 위한 기초를 마련합니다. [그림 5-16]은 전체 LLMOps 프로세스의 한 과정을 보여줍니다. LLMOps의 라이프 사이클과 워크플로를 순차적이며 의사결정 기반으로 정리합니다. 이 프로세스는 사용 사례 정의(1단계)로 시작하며, 이는 이후 단계를 결정합니다. 이어서 사용 사례의 요구 사항에 맞춘 데이터 수집(2단계)이 진행됩니다.

그다음으로는 프롬프트 엔지니어링을 통해 모델로부터 원하는 응답을 얻도록 상호작용 프롬프트를 설계합니다(3단계). 그다음으로는 LLM 애플리케이션 개발이 이루어지며(4단계), 다음 단계에서 프로세스는 분기됩니다. 여기서 사전 학습된 모델을 선택해 추가 학습 없이 진행할 수 있는 선택지(5a)와 새로운 데이터로 사전 학습 또는 파인튜닝을 거치는 선택지(5b) 중 하나를 선택할 수 있습니다.

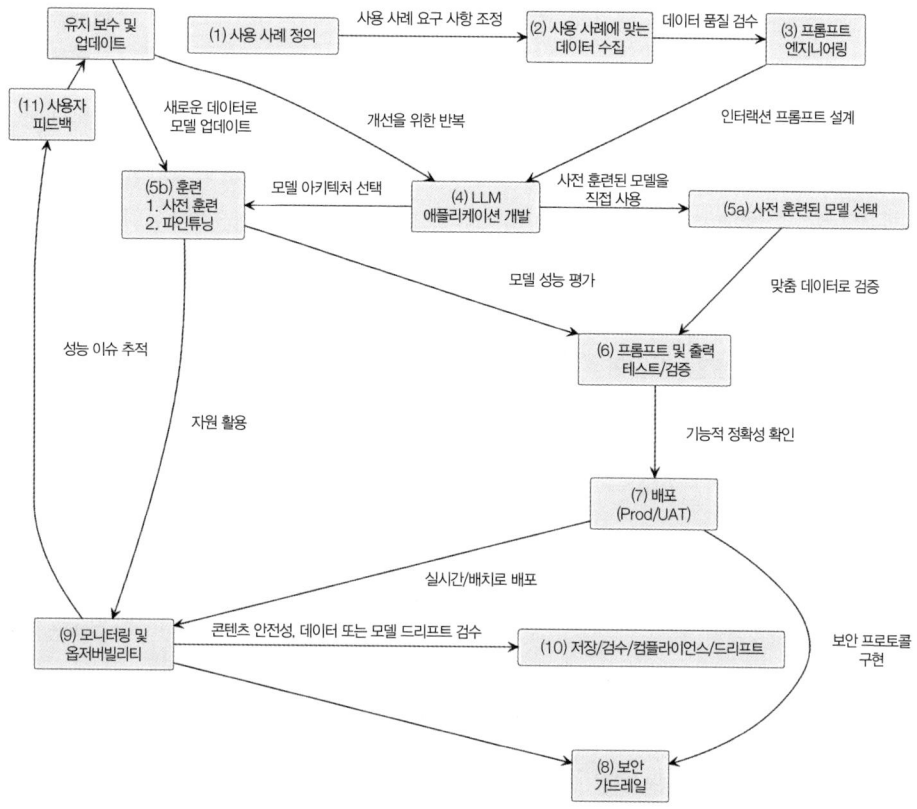

그림 5-16 LLMOps의 단계

모델 선택 또는 학습 단계 이후에는 프롬프트와 출력의 기능적 정확성을 보장하는 검증 및 테스트가 진행됩니다(6단계). 검증된 모델은 배포 단계로 넘어가며, 이는 운영 환경 또는 사용자 승인 테스트(UAT) 환경에 통합됩니다(7단계). 이 단계에서는 데이터 보호와 모델 무결성을 보장하는 보안 가드레일security guardrail이 적용됩니다(8단계). 배포가 완료되면, 모델의 성능, 사용 상황을 추적하고 콘텐츠 안전성을 보장하는 데 모니터링 및 옵저버빌리티가 중요한 역할을 합니다(9단계). 시스템의 출력과 상호작용 기록은 컴플라이언스compliance와 추가 분석을 위해 저장되고 감사됩니다(10단계).

피드백 루프는 이 라이프 사이클에서 필수적이며, 사용자 피드백이 지속적인 개선을 이끕니다(11단계). 이 피드백은 유지관리 단계에 반영되어 업데이트와 개선이 이루어지며, 때에 따라 추가 학습이나 추가 개발로 이어질 수 있습니다. 이 순환적인 과정은 LLM의 적응과 진화를 거듭하며, 모델이 효과적이고 안전하게 유지되고, 사용자 요구와 윤리적 기준에 부합하도록 합니다.

9단계인 모니터링과 옵저버빌리티는 곧 자세히 살펴보겠습니다. LLM 모델이 애플리케이션에 배포되고 통합된 후, 모니터링은 이 모델이 의도한 대로 작동하고 사용자에게 지속적인 가치를 제공하는지 확인합니다. 이를 위해 데이터 드리프트data drift, 모델 성능, 정확성, 토큰 사용량, 인프라 성능 등을 모니터링합니다. 운영 환경에서의 모델 모니터링은 모델 성능 저하나 편향과 같은 문제를 감지하고 해결해 일관된 성능을 보장하는 데 매우 중요합니다. 이를 통해 이상 현상anomaly을 조기에 식별할 수 있어 시스템의 전체적인 품질을 유지하고 컴플라이언스를 준수할 수 있습니다. 지속적인 모니터링은 최적화할 수 있는 영역을 파악해 성능이 더 우수하고 신뢰할 수 있는 모델로 개선하는 데 기여합니다.

LLM에서 모니터링이 중요한 이유는 무엇일까요?

모니터링([그림 5-16]의 9단계)은 특히 사전 학습된 모델(5a단계)을 주로 사용하는 생성형 AI 애플리케이션에서 중요한 단계 중 하나입니다. 모니터링이 중요한 이유는 다음과 같습니다.

- **운영 환경production에서의 성능 보장**: 사전 학습된 모델은 강력한 출발점을 제공하지만, 실제 애플리케이션에서의 작동은 크게 다를 수 있습니다. 먼저, 맞춤형 비즈니스 데이터로 이러한 모델을 검증한 후(6단계), 프로덕션 환경에서 모니터링(9단계)을 통해 다양한 예측할 수 없는 사용자 입력과 상호작용할 때 모델이 의도한 대로 작동하는지 확인하는 것이 필수적입니다. 이를 통해 예상된 모델 성능과 실제 성능 간의 차이를 발견하고 해결할 수 있습니다.

- **변화하는 데이터 및 사용 사례에 대한 적응**: 생성형 AI 애플리케이션은 동적인 특성을 지니며, 종종 변화하는 사용자 요구와 데이터 패턴을 처리합니다. 모니터링(9단계)은 데이터 트렌드 변화(데이터 드리프트)나 시간이 지남에 따라 모델의 성능 저하(모델 드리프트)를 감지하는 데 도움이 됩니다(10단계). 이러한 사항을 면밀히 관찰해 LLM이 새로운 요구 사항이나 사용 패턴 변화에 신속하게 적응하도록 유지하고, 효과적이고 규정을 준수하는 모델로 운영할 수 있습니다.

- **편향 감지 및 윤리적 준수**: LLM은 모든 AI 모델과 마찬가지로, 학습 데이터에 포함된 편향에 취약할 수 있습니다. 운영 환경에서 모니터링은 이러한 편향을 감지하고 완화하는 데 중요한 역할을 합니다. 이를 통해 모델의 출력이 공정하고 편향되지 않으며, 윤리적 기준을 준수하는지 확인할 수 있습니다. 이는 특히 의사결정에 영향을 미치거나 다양한 사용자 그룹과 상호작용하는 애플리케이션에서 매우 중요합니다.

- **향상된 사용자 경험 및 신뢰**: 지속적인 모니터링은 사용자 경험에 부정적인 영향을 미칠 수 있는 문제를 신속하게 식별하고 해결하는 데 도움이 됩니다. 사용자 피드백(11단계)을 바탕으로 모델 출력이 관련성 있고, 일관되며, 상황에 적합한지 확인해 애플리케이션에 대한 사용자 신뢰를 유지하고 강화하는 데 기여합니다. 이는 또한 모델의 재학습이나 파인튜닝 작업의 방향성을 결정하는 역할을 합니다.
- **효율적인 자원 활용**: 모니터링은 학습 및 배포 과정에서 모델의 계산 효율성과 자원 활용도를 관리하는 것도 포함됩니다(5b단계에서 9단계로 이어지는 화살표). LLM을 배포하는 애플리케이션에서는 비용 효율성과 운영 효율성을 유지하는 데에는 자원 사용 최적화가 매우 중요합니다. 모니터링을 통해 병목 현상이나 과도한 자원 사용을 감지해 적시에 최적화를 진행할 수 있습니다.
- **지속적인 개선 촉진**: PEFT와 같은 방법론으로 모델을 지속적으로 개선하려면 모니터링은 핵심적인 요소입니다. 모니터링을 통해 파인튜닝과 프롬프트 엔지니어링이 실제 환경에서 얼마나 효과적으로 성능을 발휘하는지에 대한 정보를 얻을 수 있으며, 이를 바탕으로 추가적인 개선과 조정이 이루어집니다. 이러한 과정은 MLFlow나 W&B와 같은 실험 도구를 사용해, 맞춤형 대시보드를 통해 비즈니스 환경에 맞춰 지표 변화를 모니터링합니다.

모니터링과 보안 가드레일 업데이트

보안 가드레일security guardrail과 모니터링 간의 상호작용은 견고하고 안전한 생성형 AI 시스템을 유지하는 데 필수적입니다. 보안 가드레일은 LLM을 보호하며, 비인가 접근과 잠재적인 악용을 방지하는 방어선 역할을 합니다. 이러한 가이드레일은 모델 내에서 허용되는 작업을 결정하는 기본적인 정책과 기술적 제한constraints을 제공합니다.

보안 가드레일과 모니터링의 시너지는 컴플라이언스 준수와 포괄적인 감시 시스템의 구축으로 확장됩니다. LLM과의 상호작용이 세밀하게 기록되면서, 모니터링은 컴플라이언스 준수와 사고 분석을 위해 책임 있는 사용 기록을 확보하는 데 기여합니다. 사용자의 악용 시도나 탈옥 시도jailbreak는 생성형 AI 애플리케이션 개발의 지속적인 개선 단계에서 매우 중요한 요소로 다뤄집니다.

모니터링 결과와 보안 프로토콜 간의 피드백 루프는 보안 가드레일의 동적인 개선을 가능하게 합니다(그림 5-16). 모니터링을 통해 기존 가드레일이 충분히 대응하지 못하는 취약점이나 새로운 위협이 발견되면, 가드레일을 강화할 수 있습니다. 이를 통해 지속적으로 애플리케이션과 사용자를 보호할 수 있습니다. 보안 사건이 발생했을 경우, 사전 예방적인 보안 가드레일과 사람 또는 자동화 시스템이 결합된 실시간 모니터링을 통해 신속하고 정보를 바탕으로 하는 대응이 가능해져, 잠재적인 피해를 최소화하고 복구를 가속화할 수 있습니다.

보안 가드레일을 구현하는 한 가지 예는 더 나은 프롬프트를 사용하는 것입니다. 'Guardrails' 오픈 소스 라이브러리(https://github.com/guardrails-ai/guardrails)는 LLM의 출력에 구조화된 보안 가드레일을 추가해 성능을 높이는 프레임워크를 제공합니다. 이 파이썬 패키지는 사용자가 LLM 출력에 대해 구조, 타입, 품질 보증을 지정할 수 있게 해줍니다. 생성된 텍스트의 편향 확인, 코드의 버그 감지 등 의미론적 검증을 진행해 실패 시 교정 조치를 취할 수 있는 메커니즘도 제공합니다. 이를 통해 LLM의 출력이 미리 정의된 사양과 품질 기준을 충족하도록 보장합니다. 이 도구는 특히 더 나은 프롬프트를 구현하고, LLM의 출력이 안전하고 구조화되어 있으며 높은 품질을 유지하도록 해 책임 있는 AI를 실천하려는 개발자에게 유용합니다.

아마존 베드락 가드레일(https://aws.amazon.com/bedrock/guardrails)는 클라우드 환경에서 LLM의 보안을 통합적으로 관리하는 대표적인 사례입니다. Bedrock 가드레일은 아마존 베드락의 완전 관리형 기능으로, 특정 사용 사례와 책임 있는 AI 정책에 맞춘 맞춤형 보호 장치를 제공합니다. 이러한 가드레일은 LLM의 고유한 운영적 특성에 맞춰 조정되며, 전체 모니터링 시스템을 보완하는 맞춤형 보안 프레임워크를 제공합니다.

요약하자면, 실제 운영 환경에서의 모니터링은 LLM의 지속적으로 성능과 윤리적 준수를 보장하기 때문에 매우 중요합니다. 이는 배포 후에도 이러한 고급 모델이 정확성, 효율성, 그리고 변화하는 데이터, 사용자 기대, 윤리적 기준에 맞춰 작동하도록 하는 지속적인 개선 과정입니다. LLMOps는 모델 성능과 안전성뿐만 아니라 인프라 모니터링도 중요합니다. 모델과 운영적 관점에서 운영 환경에서의 모델 성능을 추적해야 합니다. 애저 머신러닝, 아마존 세이지메이커, 베드락과 같은 도구는 모델, 성능 지표, 파라미터, 학습 세부 정보 및 기타 정보를 기록하고 테스트 결과를 추적하는 데 도움을 줍니다. 주요 클라우드 제공 업체는 이러한 정보를 자동으로 기록하고 다양한 장소에 저장합니다. 애저는 앱 인사이트에서 이 정보를 저장하고, 모니터 내의 로그 애널리틱스를 통해 접근할 수 있습니다. AWS에서는 세이지메이커의 여러 콘솔 페이지들console pages, 세이지메이커 스튜디오, 그리고 아마존 베드락에서 이 정보를 저장합니다.

LLM은 사전 학습된 상태로 제공되므로 심층적인 모델 추론 로그가 필요하지 않을 수 있지만, LLMOps는 하이퍼파라미터, 실행 시간, 프롬프트 간 응답, 추론 지연 시간 등을 효과적으로 추적할 수 있습니다. 전반적으로 LLMOps는 모니터링과 옵저버빌리티를 필수적인 요소로 시스템에 통합해 LLM이 효율적으로 관리뿐만 아니라 지속적인 개선, 윤리 및 성능 기준에 맞춰 조정되도록 합니다. 이 단계는 다양한 실제 애플리케이션에서 LLM을 성공적으로 배포하고 운영하는 데 매우 중요합니다.

5.5 요약

이 장에서는 먼저 LLM의 다양한 요소가 GPU 자원 활용에 어떻게 기여하는지, 특히 KV 캐시와 배치 최적화에 초점을 맞추어 기본 개념을 설명했습니다. PagedAttention과 S3 같은 최신 기술을 다루었으며, 추론 가속화를 위한 툴킷과 SDK도 논의했습니다. 마지막으로, LLMOps에서 모니터링의 중요성을 강조했으며, 모니터링과 옵저버빌리티가 생성형 AI 애플리케이션의 성능과 안전성 개선에 핵심적인 역할을 한다는 점을 다루었습니다.

CHAPTER **6**

성공적인 생성형 AI 도입의 열쇠

생성형 AI 분야는 빠르게 진화하며, 새로운 기술과 접근 방식이 끊임없이 등장하고 있습니다. 발전하는 기술을 지속적으로 파악하고 이를 성능과 비용의 균형을 맞추고 어떻게 활용할 수 있는지 이해하면 생성형 AI의 잠재력을 지속 가능하고 경제적으로 활용할 수 있습니다. 지금까지 살펴본 내용을 돌아보고 AI 관련 트렌드를 알아봅니다.

6.1 성능과 비용의 균형

생성형 AI의 진화와 발전 속에서 성능과 비용의 균형도 중요해졌습니다. 이 균형은 단순한 기술적 문제뿐만 아니라 모든 기업과 조직에게 전략적 문제로 작용하며, 다양한 산업에서 생성형 AI 솔루션의 배포와 운영에 있어서 큰 영향을 미칩니다.

이 책 전반에서 성능과 비용의 균형을 최적화하는 다양한 전략과 방법론을 탐구했습니다. 2장에서 다룬 파인튜닝 기법은 모델의 맞춤화를 통해 계산 자원을 더 효율적으로 사용할 수 있다는 점을 부각했습니다. 모델을 특정 작업이나 도메인에 맞춤화해, 비용을 비례적으로 증가시키지 않고도 더 나은 성능을 달성할 수 있습니다. 이는 저차원 행렬 분해 low-rank approximation 와 PEFT parameter-efficient fine-tuning 같은 접근법은 모델 학습과 배포에서 더 경제적인 면을 제공합니다.

3장에서는 이러한 논의를 추론 inference 기법의 영역으로 확장했습니다. 이 장에서는 프롬프트 엔지니어링과 벡터 스토어를 활용한 캐싱과 같은 기술이 LLM의 효율성을 크게 키울 수 있다는 점을 살펴보았습니다. 프롬프트를 신중하게 설계하고 벡터 데이터를 효율적으로 저장하고 검색해 계산 부담을 줄이고, 결과적으로 비용을 최적화할 수 있습니다. 또한, 텍스트 요약 및 배칭 프롬프트의 사용은 대량의 데이터를 더 경제적으로 처리할 수 있습니다.

4장에서는 비용 효율적인 모델 선택이라는 주제를 다루었으며, 여기서 큰 자원이 필요한 거대 모델보다 컴팩트 compact 하고 민첩한 모델의 장점을 탐구했습니다. 이러한 모델 선택은 경우에 따라 성능이나 범용성에서 타협이 필요할 수 있지만, 자원이 제한된 환경에서는 비용을 관리하는 데 중요한 요소가 될 수 있습니다.

5장은 인프라와 배포 전략에 중점을 두었습니다. 여기서는 하드웨어 활용과 배치 크기 조정이 생성형 AI 애플리케이션의 비용 효율성을 최적화하는 데 중요한 역할을 한다는 점을 강조했습니다. 하드웨어의 성능을 생성형 AI 작업의 특정 요구 사항에 맞춰, 비용과 성능 간의 더 균형 잡힌 해결책을 달성할 수 있습니다.

생성형 AI 애플리케이션에서 성능과 비용 간의 트레이드오프 trade-off 는 단순히 하나를 선택하는 문제가 아니었습니다. 오히려, 각 애플리케이션의 특정 요구 사항과 제약을 이해하고, 그에 맞게 정보에 기반을 둔 결정을 내리는 것이 중요합니다. 적합한 모델을 선택하든, 특정 작업에 맞게 파인튜닝을 하든, 또는 가장 효율적인 방식으로 배포하든, 각 단계에서의 의사결정이 모두 합쳐져 AI 솔루션의 비용을 결정하게 됩니다.

앞으로 나아가면서 이러한 전략을 지속적으로 탐구하고 개선하는 것이 중요합니다. 생성형 AI 분야는 빠르게 진화하며, 새로운 기술과 접근 방식이 끊임없이 등장하고 있습니다. 발전하는 기술을 지속적으로 파악하고 이를 성능과 비용의 균형을 맞추고 어떻게 활용할 수 있는지 이해하는 것이 생성형 AI의 잠재력을 지속 가능하고 경제적으로 활용하는 열쇠가 될 것입니다.

6.1.1 트레이드오프 분석

LLM의 영역에서 성능과 비용 간의 균형을 맞추는 것은 입체적이고 다양한 관점이 필요한 과제로 애플리케이션의 요구 사항과 자원 제약과 밀접하게 연결되어 있습니다. 이 책의 1장에서 5장까지는 이러한 역학적 구조를 이해할 기초를 제공했으며, 이 절에서는 이러한 트레이드오프의 복잡함을 이야기하겠습니다.

LLM에서 비용 최적화의 핵심은 모델 선택과 맞춤화에 있습니다. 4장에서 논의한 바와 같이, 더 크고 포괄적인comprehensive 모델과 더 작고 효율적인 모델을 선택하는 것은 성능의 이점과 계산 및 배포 비용을 저울질하는 과정입니다. GPT-4와 같은 모델은 뛰어난 텍스트 생성 능력을 제공하지만, 더 작은 모델이나 자체 호스팅 모델에 비해 상당히 높은 비용이 발생합니다. 이러한 선택은 주로 작업의 특정 요구 사항과 정확성, 복잡성, 재정적 예산 간의 균형에 따라 달려 있습니다.

또 다른 중요한 영역은 2장과 3장에서 논의된 바와 같이 모델을 특정 작업에 적응adaptation 시키는 것입니다. 적응을 위해서는 프롬프트 엔지니어링, 파인튜닝, 지식 증류와 같은 기법이 중요한 역할을 합니다. 프롬프트 엔지니어링은 모델의 응답을 효과적으로 유도해 광범위한 재학습 없이도 성능을 키울 수 있습니다. 반면, 파인튜닝은 모델을 작업에 맞춤화하는 과정이지만, 전문적인 학습 데이터와 계산 자원이 필요하기 때문에 추가적인 비용이 발생할 수 있습니다. 모델을 특정 도메인이나 작업에 맞춤화하면 해당 영역에서 성능을 크게 키울 수 있지만, 재앙적인 망각catastrophic forgetting으로 인해 모델의 범용적인 적용 가능성은 줄어들 수 있습니다. 이와 같은 특화된 성능과 범용성 간의 트레이드오프는 모델 선택에서 중요한 고려 사항이며, 특히 유연성이 중시되는 비즈니스와 애플리케이션에서 더욱 중요합니다. 지식 증류knowledge distillation는 이러한 유연성을 제공하며, 모델의 크기와 계산 요구 사항을 줄이면서도 상당 부분의 성능을 유지할 수 있는 방법을 제시합니다.

파인튜닝은 모델 성능을 높일 수 있지만, 계산 비용과 다양한 데이터셋이 필요할 수 있으며, 이러한 데이터셋을 수집하고 처리하는 데는 많은 비용이 듭니다. 5장에서 논의한 바와 같이, 거대 언어 모델을 훈련할 고품질 데이터셋을 구축하려면 여러 자원을 활용하는 다양한 접근 방식이 필요합니다. 이 과정에는 데이터셋 설계와 관리를 위한 데이터 전문가, 콘텐츠의 관련성과 다양성을 보장할 수 있는 도메인 전문가, 그리고 저작권 및 프라이버시를 준수할 법률 전문가와 같이 전문적인 인력이 필요로 합니다. 중요한 요소 중 하나는 데이터에 레이블을 지정하는 작업을 수행하는 숙련된 레이블러들의 참여입니다. 이는 지도 학습 모델에 필수적인 작업으로 큰 자원 소모가 요구되며, 특히 특정 분야의 전문 지식이 필요한 경우가 많습니다. 이러한 레이블링 과정은 모델이 정확하고 맥락적으로 적절하게 작동하도록 학습시키는 핵심입니다. 또한, 데이터셋의 지속적인 모니터링과 업데이트는 모델 출력이 변화하는 언어 사용 및 사회적 규범에 맞게 조정되도록 정기적인 사용자 및 테스터들의 피드백을 필요로 합니다. 모델의 적합성relevance과 유효성effectiveness을 유지하려면 반복적인 작업과 지속적인 주의가 필요합니다. 아울러, 방대한 양의 데이터를 효율적으로 처리하고 저장할 수 있는 기술적 인프라에 대한 상당한 투자도 필요합니다. 전반적으로 이러한 데이터셋의 생성과 유지 관리는 단순한 기술적 도전뿐만 아니라 상당한 인적, 재정적 노력이 필요한 과제입니다.

이러한 선택지에 따르는 경제적 영향은 매우 광범위합니다. 모델 맞춤화는 모델 운영 비용, 응답 품질, 특정 사용 사례(예: 고객 서비스)에서의 모델 출력의 실용성과 같은 요소를 고려할 때 전체 비용과 성능에 영향을 미칩니다. 모델이 커질수록 일반적으로 더 많은 작업에서 더 성능이 좋아지고 정확해지지만, 동시에 계산 자원과 에너지에서 비용이 기하급수적으로 증가합니다. 이러한 확장scaling에 따른 이점과 관련 비용을 균형 있게 맞추는 것은 서비스의 지속 가능성과 예산에 있어 중요한 고려 사항입니다.

또한, LLM을 배포하는 비용은 단순히 계산 자원에만 국한되지 않습니다. 입력과 출력 처리 비용, 그리고 5장에서 언급한 대로 학습과 파이프라인 구축 및 유지 관리를 위한 자원 비용도 포함됩니다. 이러한 비용은 생성형 AI 애플리케이션의 복잡성에 따라 크게 달라질 수 있습니다. 모델 학습과 맞춤화에 대한 초기 투자는 상당할 수 있지만, 모델 추론과 유지 관리에 대한 지속적인 비용도 고려해야만 합니다. 초기 비용과 장기적인 운영 비용 간의 균형은 특히 LLM을 실제 운영 환경에 통합하려는 기업에게 중요한 요소입니다.

결론적으로, LLM에서 성능과 비용 간의 균형을 맞추는 것은 모델의 크기와 복잡성, 맞춤화 기법, 그리고 수행할 작업의 특성 등 다양한 요소를 신중하게 고려해야 하는 복잡한 과정입니다.

의사결정 과정에서는 원하는 성능과 사용할 수 있는 재정 및 계산 자원 간의 트레이드오프가 자주 발생하며, 이는 모델 선택과 최적화를 위한 전략적 접근의 중요성을 시사합니다.

6.1.2 환경적 영향

LLM을 학습하고 호스팅하는 데 따른 환경적 영향environmental impact은 상당하며, 지속 가능성과 ESG(환경·사회·거버넌스) 경영을 고려하는 기업들 사이에서 점점 더 중요한 문제로 떠오르고 있습니다. LLM의 주요 환경적 영향은 학습과 추론에서 발생하는 막대한 에너지 소비와 이에 따른 탄소 배출에 있습니다.

LLM을 학습하는 것은 에너지를 많이 소모하는 과정입니다. 매사추세츠 대학교 애머스트The university of massachusetts amherst의 한 연구에 따르면, LLM을 학습하는 데 발생하는 탄소 배출량은 626,000파운드 이상으로, 이는 자동차 다섯 대의 평생 배출량에 해당합니다.[1] 오픈AI의 GPT-3는 1750억 개의 파라미터를 학습하며 수백만 달러의 전력을 소모했습니다. 이러한 수준의 에너지 소비는 주로 대규모 데이터셋을 처리하는 데 필요한 계산 자원과 모델 학습에 필수적인 GPU 및 CPU의 광범위한 사용 때문입니다. 또한, 이러한 계산 과정에서 발생하는 열을 냉각할 추가 에너지가 필요하며, 종종 수자원을 사용하는 냉각 방법을 통해 이루어지는데, 이는 지역 생태계에 부정적인 영향을 미칠 수 있습니다.

직접적인 에너지 소비와 탄소 배출 외에도 전자 폐기물e-waste에 대한 우려도 있습니다. 모델의 학습과 추론에 필요한 하드웨어(GPU, 가속기, 메모리 칩 등)는 수명이 한정됩니다. 기술이 발전함에 따라 기존의 부품이 더 이상 사용되지 않게 되면서 전자 폐기물 문제는 더욱 악화되는 상황입니다.

AI 발전에 따른 환경적 영향을 조정하도록 여러 가지 조치를 취할 수 있습니다. 여기에는 에너지 효율적인 알고리즘과 하드웨어 개발, 데이터 센터의 재생 에너지로의 전환, 모델 압축 기법 적용, 그리고 책임 있는 AI 개발 및 배포가 필요합니다. 데이터 센터를 재생 에너지원으로 전환하거나 재생 에너지 인증서도 탄소 배출을 상쇄하는 데 도움이 될 수 있습니다.

---

[1] Strubell et al. (2019). Energy and policy considerations for deep learning in NLP. arXiv.org. https://arxiv.org/abs/1906.02243

3장에서 언급된 바와 같이, AI 모델과 학습 작업의 규모를 줄이는 것도 현실적인 접근 방식입니다. 적절한 방법을 사용해 더 작은 모델이 더 큰 모델보다 성능이 뛰어나다면, 선택지는 명확합니다. 작은 모델은 학습 비용이 낮고 환경에 미치는 영향도 적으며, 특히 특정 도메인이나 작업을 위해 학습된 경우 많은 상황에서 큰 모델과 거의 동일한 성능을 발휘할 수 있습니다. 또한, 원샷one-shot 또는 퓨샷few-shot 프롬프트와 같은 기술은 모델의 라이프 사이클life cycle 동안 학습 비용을 전혀 발생시키지 않게 할 수도 있습니다.

LLM의 도입이 증가함에 따라, 조직과 회사는 잠재적인 환경적 영향을 인식하고 해결하는 것이 필수적입니다. 유엔 환경 계획(UNEP)과 AI 정책 관측소AI Policy Observatory와 같은 대규모 기관뿐만 아니라, 마이크로소프트, 구글, 앤트로픽, 아마존, 오픈AI와 같은 주요 기업들도 기본 모델 학습과 대규모 추론이 환경에 미치는 영향을 인식하고 이를 면밀히 모니터링하고 있습니다. 에너지 효율적인 기술을 추구하고, 재생 에너지원을 도입하며, 모델 압축 기법을 적용하고, 책임 있는 AI 개발을 촉진해 AI 커뮤니티는 혁신과 지속성 간의 균형을 맞출 수 있습니다. 이러한 형태의 AI 발전은 환경적 비용environmental cost을 감소하게 만듭니다.

6.1.3 생성형 AI 팀 구축의 중요성

빠르게 변화하는 인공지능 환경에서 생성형 AI는 기업의 핵심 기술로 자리 잡았습니다. 81%의 대기업이 최소 10명 이상의 인원으로 구성된 전담 생성형 AI 팀을 구축한 것은 이러한 기술이 현재의 비즈니스 전략에서 중요하다는 사실을 보여줍니다. 연 매출 5천만 달러 이상을 기록하는 기업의 경영진 672명을 대상으로 한 연구(https://bit.ly/4jvmw0B)는 생성형 AI가 암호화폐, Web3, 메타버스와 같은 일시적인 트렌드가 아닌 비즈니스 세계에 상당한 영향을 미치는 주요 기술로 자리매김했다고 말합니다.

생성형 AI의 서비스에 통합하려는 움직임은 연 매출 5천만~2억 달러 규모의 중소기업들 사이에서 두드러집니다. 이들 중소기업의 경영진 중 57%가 생성형 AI 기술을 적극적으로 활용한다고 보고됐으며, 이는 AI의 역량을 적극적으로 활용하려는 실무적 움직임으로 보입니다. 반면, 대기업은 생성형 AI 도입에 대해 더 신중한 입장을 보이며, 주로 생성형 AI 출력의 정확성과 신뢰성을 우려합니다. 이러한 주저함은 대기업이 첨단 기술을 도입할 때 직면하는 신뢰와 검증 문제에 대한 딜레마를 반영합니다.

생성형 AI에 대한 재정적 투자는 증가할 것으로 예상되며, 올해 안에 이러한 투자는 25% 증가할 것이라는 전망이 있습니다. 경영진 사이에서는 생성형 AI가 미래 비즈니스에서 중요한 역할을 할 것이라는 낙관적인 분위기가 지배적이며, 75%가 긍정적인 전망을 보였습니다. 생성형 AI를 정기적으로 사용하는 비율은 58%에 달합니다. 설문에 응답한 리더들 중 절반 이상이 생성형 AI가 업무의 질을 높일 것이라고 믿으며, 36%는 특정 작업에서 회사의 일부 업무를 대체할 가능성이 있음을 인정하며, 인간의 역량과 인공지능 간의 상호작용에 대한 복잡한 관점을 드러냈습니다.

생성형 AI와 AI 모델링 분야는 팀 구축에 있어 독특한 도전 과제를 제시하며, 이는 전통적인 엔지니어링 또는 DevOps 팀과는 상당히 다릅니다. 생성형 AI 기술의 복잡성과 빠른 진화에는 효과적으로 대응할 팀이 필요합니다. 빠르게 진화하는 생성형 AI의 특성상, 팀은 민첩하고 적응력이 있어야 합니다. 빠른 프로토타이핑, 지속적인 연구 및 개발, 유연한 프로젝트 관리 방식 등이 필요합니다. 팀은 새로운 정보나 기술 환경의 변화에 신속하게 대응할 준비가 되어 있어야 하며, 따라서 민첩성은 생성형 AI 팀 내에서 중요한 요소가 됩니다.

생성형 AI 프로젝트는 고도로 전문화된 기술과 혁신적인 사고의 결합을 요구합니다. 전통적인 소프트웨어 개발과 달리, 생성형 AI는 코딩과 시스템 아키텍처뿐만 아니라 기계 학습, 데이터 과학, AI 윤리에 대한 깊은 이해를 필요로 합니다. 이러한 분야에서의 전문성은 생성형 AI 프로젝트에서의 채용, 교육, 팀 구조를 결정짓는 중요한 요소입니다. 생성형 AI 팀 구축의 핵심 차별점은 안정적인 연구, 실험, 그리고 혁신을 중시하는 문화를 조성하는 것입니다. 이는 팀 구성원이 자유롭게 새로운 아이디어를 테스트하고, 실패를 통해 배우며, 지식을 공유할 수 있는 환경을 만드는 것을 의미합니다. 이러한 문화는 창의적인 문제 해결을 장려하고, 생성형 AI 기술의 독특한 응용을 발견하는 데 기여합니다. 이를 가능하게 하는 것은 생성형 AI에 대한 비즈니스적 맥락을 잘 이해하는 팀 내 리더십입니다.

생성형 AI 팀의 리더십은 전통적인 관리 관행을 넘어서야 합니다. 전략적 방향을 설정하는 것뿐만 아니라, 팀 구성원이 지속적으로 학습하고 유연성을 갖출 수 있도록 하는 문화를 만드는 역할을 해야 합니다. 리더는 최신 기술 발전에 반응하며 이해가 빨라야 하며, 이를 통해 팀을 효과적으로 이끌고 생성형 AI 기술이 비즈니스와 사회에 미치는 넓은 영향력을 잘 이해할 수 있어야 합니다.

6.1.4 이상적인 생성형 AI 팀 구조

생성형 AI 프로젝트를 위한 팀을 구성하려면 신중한 고려와 전략적인 계획이 필요합니다. 생성형 AI는 첨단 기술과 실용적인 응용을 결합한 역동성으로 다양한 문제를 해결할 다재다능하고 균형 잡힌 팀이 필요합니다.

생성형 AI 팀의 구성은 프로젝트 성공에 큰 영향을 미칠 수 있습니다. 잘 설계된 팀은 기술적 역량과 기술이 비즈니스 또는 사회적 맥락에 어떻게 맞아떨어지는지를 이해하는 능력 사이의 균형을 가집니다. 리더는 지나치게 기술 중심이거나 관리 중심인 팀 구성을 피해야 합니다. 지나치게 기술 중심적인 팀은 기술의 한계를 뛰어넘는 혁신을 이룰 수 있지만, 비즈니스 목표에 맞추기 어렵거나 중요한 윤리적 고려 사항을 간과할 수 있습니다. 반면, 관리 중심적인 팀은 프로젝트를 비즈니스 목표와 잘 맞출 수 있지만, 복잡한 기술적 문제를 해결하거나 혁신을 이끌어내는 데 필요한 기술적 깊이가 부족할 수 있습니다.

생성형 AI 프로젝트에서 흔히 발생하는 위험은 윤리ethics, 안전safety, 비용 관리cost management와 같은 중요성을 간과하는 것입니다. 기술 혁신에 대한 열정 속에서 간과할 수 있지만, AI 기술의 책임감 있고 지속 가능한 개발을 위해 매우 중요한 부분입니다. 윤리적 고려는 생성형 AI 애플리케이션이 의도치 않게 편향을 발생시키거나 프라이버시 규범을 위반하지 않도록 하는 것이 필수적입니다.

마찬가지로, 안전한 AI는 모델의 의도치 않은 결과를 방지하는 데 필수적입니다. 그리고 비용 관리는 프로젝트가 지속 가능하고 가치를 제공하는 데 매우 중요합니다.

이러한 고려 사항을 감안할 때, 생성형 AI 팀을 설계하는 데는 기술적 역량과 전략적 감독, 윤리적 고려 사이의 균형을 맞추는 신중한 접근이 필요합니다. 다음은 이러한 다양한 역할을 고려해 10명으로 구성된 생성형 AI 팀을 조직하는 예시입니다.

- **기술 전문성**: LLM 엔지니어와 AI/ML 배포 엔지니어와 같은 역할로, AI 모델의 개발과 구현에 중점을 둡니다.
- **창의적 및 전략적 기여**: 프롬프트 엔지니어와 AI 인터랙션 디자이너interaction designer는 AI가 사용자와 상호작용하는 방식과 프로젝트 목표에 맞는 AI의 응답 표현에 중요한 역할을 합니다.
- **도메인 및 제품 관리**: AI 제품 관리자와 도메인 전문가는 생성형 AI 애플리케이션이 특정 산업이나 분야에 적합하고 가치가 있는지 보장합니다.
- **운영 및 데이터 관리**: 데이터 거버넌스 전문가와 LLMOps 엔지니어는 생성형 AI 시스템을 효과적이고

윤리적으로 운영하는 실무에 집중합니다.

- **연구 및 평가**: 연구 과학자와 데이터 과학자는 생성형 AI 모델의 효과를 평가하고, 연구를 통해 혁신을 이끌어냅니다.

약 10명으로 구성된 이상적인 생성형 AI 초기 팀을 시작할 수 있는 인원을 확보했다고 가정해 보겠습니다. 아래 [표 6-1]은 이러한 구성원들의 역할을 개략적으로 설명합니다.

표 6-1 생성형 AI 초기 팀 구성

역할(사람 수)	구체적인 역할	역할 설명
프로젝트 매니저 (1)	생성형 AI 프로젝트 리더	프로젝트 진행을 감독하고, 일정 관리를 하며, 팀원들을 조율하고, 비즈니스 목표와 프로젝트 간의 간극을 관리합니다.
머신러닝 엔지니어 (2)	역할 1: LLM 엔지니어	LLM을 전문으로 하며, 특정 애플리케이션에 맞게 수정하고 파인튜닝합니다.
	역할 2: AI/ML 모델 배포 엔지니어	AI/ML 모델을 실제 환경에 배포하는 데 중점을 두며, 확장과 성능 최적화를 합니다.
프롬프트 엔지니어 (2)	역할 1: NLP 전문가	생성형 AI 모델과의 효율적인 상호 작용을 위해 프롬프트를 개발하고 개선합니다.
	역할 2: AI 인터랙션 디자이너	생성형 AI 모델과의 사용자 경험을 최적화하도록 상호 작용 흐름과 프롬프트 구조를 설계합니다.
프로덕트 매니저 / 도메인 전문가 (2)	역할 1: AI 프로덕트 매니저	생성형 AI를 활용한 제품 개발을 감독하며, 제품-시장 적합성과 사용자 요구 사항을 관리 감독합니다.
	역할 2: 도메인 전문가 (특정 산업)	생성형 AI 애플리케이션에 대한 특정 산업에 대한 도메인 지식을 제공합니다.
데이터 전문가 (1)	데이터 거버넌스 전문가	데이터 접근, 보안, 컴플라이언스를 관리하며, 생성형 AI에 필요한 데이터의 윤리적 출처와 적절성을 보장합니다.
테크니컬 전문가 (1)	LLMOps 전문가	생성형 AI 모델의 운영을 관리하며, 성능 모니터링과 유지 관리를 담당합니다
과학자 (2)	역할 1: 연구 과학자 (생성형 AI)	생성형 AI 기술을 연구하고 새로운 방법론을 탐구합니다.
	역할 2: 데이터 과학자 (모델 평가)	생성형 AI 모델의 성능을 다양한 지표로 평가해 통계적 방법을 사용하여 분석합니다.

이 구조는 기술 개발, 창의적 디자인, 전략적 비즈니스 관리, 윤리적 고려와 행동, 그리고 운영 효율성 간의 균형을 맞추어 생성형 AI 프로젝트를 위한 포괄적인 접근을 보장하는 것을 목표로 합니다. 세계 곳곳에 원격으로 분산된 팀이 기본 모델 foundation model 학습과 대규모 추론 작업

을 진행함에 따라 이들 팀들 및 팀원들 간의 협업의 중요성을 과소평가할 수 없습니다. 오늘날 허깅페이스와 같은 기업은 주로 팀 또는 팀원이 원격으로 작업하며, 고객 관리, 마케팅, 영업과 관련된 추가 역할을 수행합니다. 또한, 기본 모델의 출력에 대한 피드백을 제공하는 인간 평가자 그룹의 영향력도 중요합니다. 이러한 피드백 데이터는 LLM을 파인튜닝하고 정렬하는 데 사용되며, LLMOps 라이프 사이클에서 중요한 단계입니다. 또한 해당 분야의 전문 지식을 갖춘 팀과 협력하는 것이 이상적입니다.

6.1.5 생성형 AI 팀 유지 비용 고려 사항

생성형 AI 팀을 유지하는 데 따르는 비용 관리는 리더가 신중하게 다뤄야 할 중요한 요소입니다. 재정적 영향은 단순히 급여에만 국한되지 않으며, 교육, 기술 인프라, 연구 개발, 그리고 윤리적 또는 안전상의 문제로 인한 잠재적 비용을 포함합니다. 팀 내에서 기술 균형을 이루는 것은 시장 출시 시간을 단축하고 자원의 낭비를 방지해 생성형 AI 프로젝트의 비용 효율성에 영향을 미칩니다. 생성형 AI 팀을 유지하고 확장하면서 높은 속도와 품질을 지속적으로 제공하도록 고려해야 할 다섯 가지 주요 사항은 다음과 같습니다.

- **기술 다양성과 효율성**: 기술 전문성과 전략적, 운영적 기술을 결합한 팀은 프로젝트 완성에 필요한 시간과 자원을 줄여 더 효율적으로 작업할 수 있습니다. 생성형 AI 애플리케이션의 기술과 사용자를 모두 이해하는 프롬프트 엔지니어가 있다면 개발 과정을 가속화하고 반복 작업을 줄일 수 있습니다.
- **최적화된 프로젝트 관리**: 숙련된 프로젝트 관리자는 프로젝트가 개발 범위와 예산 내에서 완료되도록 하며, 자원과 일정을 효과적으로 관리합니다. 이 역할은 프로젝트가 계획을 초과하지 않도록 하는 데 중요하며, 초과 비용을 크게 줄일 수 있습니다.
- **전략적 자원 배분**: 경험이 풍부한 인력과 새로운 인재를 적절히 조합하면 비용 효율적으로 팀을 구성할 수 있습니다. 숙련된 전문가는 전문성과 효율성을 제공하고, 주니어 구성원은 신선한 관점을 제시해 종종 더 저렴한 비용으로 특정 프로젝트 요구 사항에 맞게 구성될 수 있습니다.
- **위험 완화**: 윤리, 안전, 데이터 거버넌스에 집중하는 인원을 투입하면 비용이 많이 드는 실수나 간과하며 놓치는 부분을 방지할 수 있습니다. 윤리적 위반이나 안전 문제는 평판 손상, 법적 문제, 재정적 제재를 초래할 수 있으며, 이는 상당한 비용적 영향을 미칩니다.
- **지속적인 학습과 적응력**: 팀 내에서 지속적인 학습과 적응 문화를 장려하면 팀원이 최신의 생성형 AI 기술을 따라갈 수 있습니다. 이를 통해 외부 자문이나 교육에 대한 필요성을 줄여, 비용 효율적인 프로젝트 실행을 도울 수 있습니다.

생성형 AI 팀의 기술 세트를 균형 있게 유지하는 것은 비용을 효율적으로 프로젝트 수행을 위해 매우 중요합니다. 과도한 자원 낭비 없이 적시에 프로젝트를 완료할 수 있는 균형 잡힌 생성형 AI 팀은 여러 분야에 걸쳐 전략적으로 구성된 전문성을 필요로 합니다.

- **기술과 창의성의 균형**: 팀에 ML 엔지니어나 데이터 과학자와 같은 기술 전문가와 프롬프트 엔지니어나 인터랙션 디자이너 같은 창의적 역할을 균형 있게 부여하면, 생성형 AI 프로젝트의 개발과 사용자 경험 측면을 효율적으로 처리할 수 있습니다. 이러한 균형은 프로젝트 후반부에 발생할 수 있는 재설계나 기술 조정의 필요성을 줄여 비용 절감을 도울 수 있습니다.

- **비즈니스 통찰력과 운영 효율성**: AI 제품 관리자나 LLMOps 엔지니어처럼 비즈니스 및 운영 통찰력을 지닌 팀원을 추가하면, 프로젝트가 초기부터 비즈니스 목표와 운영상의 제약에 맞게 진행될 수 있습니다. 이러한 역할 부여는 가치가 높은 기능과 특성을 우선시하게 해, 영향력이 적은 기능 개발에 대한 비용 및 시간 낭비를 줄일 수 있습니다.

- **장기적 가치에 집중**: 연구 과학자와 데이터 거버넌스 전문가와 같은 역할은 서비스 지속 가능성과 프로젝트의 미래를 대비하는 데 기여합니다. 이러한 접근은 단기적인 비용 절감이 기술 부채나 윤리적 실수로 인해 장기적으로 더 큰 비용을 초래하는 것을 방지합니다.

- **다양한 팀들 간 협업 활용**: 팀 내에서 다양한 팀들 간 협업cross-functional collaboration을 장려하면, 기존 자원과 기술을 최대한 활용하는 혁신적인 해결책을 도출할 수 있습니다. 이러한 시너지는 추가 인력 채용이나 외부 컨설턴트에 대한 필요성을 줄여줍니다.

- **모니터링과 적응**: 필요에 따라 유연하게 적응adaptation 할 수 있는 것과 함께, 예산과 일정에 맞춘 프로젝트 진행 상황을 정기적으로 모니터링하면 자원의 효율적 활용을 보장하고 비용 초과를 최소화할 수 있습니다.

요약하자면, 생성형 AI 팀을 유지하면서 비용을 효과적으로 관리하는 핵심은 다양한 기술 세트를 갖춘 균형 잡힌 팀을 구성하는 데 있습니다. 이러한 다양성은 프로젝트의 효율적인 진행을 가능하게 하고, 비용이 많이 드는 작업 지연이나 재작업의 위험을 최소화하며, 프로젝트가 비즈니스 목표에 부합하도록 가치를 제공합니다. 또한, 윤리적이고 안전한 AI 실천에 집중하는 것은 단순한 도덕적 의무일 뿐만 아니라 미래의 재정적 및 평판 상의 문제로 발생하는 비용을 방지하는 전략적 선택이기도 합니다. 다양한 기술과 관점을 아우르는 팀을 전략적으로 구성해 리더는 생성형 AI 프로젝트의 복잡한 환경을 헤쳐 나가면서, 합리적인 예산과 일정 내에서 혁신적인 솔루션을 제공할 수 있습니다.

6.1.6 생성형 AI 팀 구성

생성형 AI 팀의 채용 과정은 전통적인 채용 방식을 넘어서는 전략적 작업입니다. 생성형 AI 프로젝트에 필요한 기술적 역량뿐만 아니라 혁신적인 사고와 적응력을 갖춘 인재를 찾기 위해서는 세심한 접근이 필요합니다. 여기서 다시 생성형 AI가 중요한 역할을 할 수 있습니다. 생성형 AI는 매력적인 직무 설명을 작성하는 데 도움을 줄 수 있으며, 이는 채용의 중요한 요소 중 하나입니다. 생성형 AI는 검색 엔진에 최적화된 포괄적인 구인 공고를 생성할 뿐만 아니라, 잠재적인 후보자에게 호소력 있는 공고를 만들어 더 적합한 지원자를 유도해 전환율을 높일 수 있습니다. 더 중요한 것은, 생성형 AI가 자동화를 통해 사전 심사에 도움을 주어, 심사 과정의 효율성과 효과를 크게 높일 수 있으며, 직무 요구 사항과 일치하는 철저한 초기 평가를 보장한다는 점입니다.

생성형 AI 팀을 위한 교육은 빠르게 변화하는 환경에 맞춰 역동적이고 지속적으로 이루어져야 합니다. 자격 기반이 아닌 기술 기반으로의 채용 및 개발 접근 방식으로의 전환은 생성형 AI에 의해 촉발된 중요한 변화입니다. 이 방법은 후보자의 공식적인 자격보다는 실제 기술과 역량에 중점을 두어 더 폭넓은 인재 풀을 확보하고, 더 포괄적인 채용 과정을 촉진합니다.

생성형 AI를 사용하며 HR이 보다 전략적으로 변하면서 팀 구성과 교육 방식에도 변화가 일어납니다. 생성형 AI는 셀프서비스self-service와 생산성 향상을 크게 촉진해 직원이 자신의 요구 사항을 더 효율적으로 해결할 수 있습니다. 이러한 HR을 위한 서비스 모델의 변화는 HR 전문가가 직원과 더 깊이 소통하고, 전략적인 인재 채용 계획과 심도 있는 직원 참여에 집중하도록 해줍니다. 데이터 기반의 인재 생태계를 조성하는 과정에서 HR은 생성형 AI를 활용해 정형화되지 않은 데이터를 결합해 의미 있는 인재 채용 결정을 내리고, 비즈니스와 연결된 기술 기반의 인재 관리 생태계를 구축할 수 있습니다.

마지막으로, 생성형 AI가 새로운 수준의 생산성을 제공하는 동시에, 민감한 인사 정보를 다룰 때 윤리적 고려 사항도 제기합니다. HR 팀은 법무 및 비즈니스 리더들과 긴밀히 협력해 책임 있는 AI를 구현해야 하며, AI 시스템에서 나타나는 편향을 식별하고 해결되도록 해야 합니다. 예를 들어, 성별이나 인종과 같은 인구 통계학적 정보가 AI 시스템에서 후보자를 다음 단계로 선택하는 확률에 미치는 영향을 각각의 HR 시스템별로 분석하고 수정해야 합니다. 또한, LLM 모델의 추론 결과를 재검토하는 인간 평가자를 투입하는 것도 좋은 방법입니다. 이를 위해서는 인간의 역할을 중요하며, 비즈니스 결정이 합리적이고 공정하게 잘 문서화되도록 보장하는 역동적인 기술 및 규제 환경이 필요합니다.

6.2 생성형 AI 애플리케이션의 미래 트렌드

생성형 AI는 더 이상 단순한 유행이나 신기술이 아니라 우리 삶과 다양한 산업에 깊이 파고들며 운영 체제^{operating system}와 같은 역할을 합니다. 이 절에서는 생성형 AI가 창의적 산업, 비즈니스 운영, 의료 등에서 중요한 역할을 하는 세 가지 획기적인 발전과 그 트렌드에 대해 살펴봅니다. 결론적으로, 최근의 몇 가지 트렌드^{trend}를 검토해 보겠습니다.

- 트렌드 1: 전문가 혼합^{mixture of experts} 모델
- 트렌드 2: 멀티모달^{multimodal} 모델
- 트렌드 3: 에이전트^{agent}

6.2.1 트렌드 1: 전문가 혼합 모델

전문가 혼합^{mixture of Experts}(MoE) 모델은 여러 개의 단순한 신경망, 즉 '전문가'를 결합해 특수한 게이팅 모듈을 사용하는 신경망 아키텍처입니다. 핵심 개념은 입력 공간의 서로 다른 영역이 서로 다른 처리 방식을 요구할 수 있다는 점에 있으며, 이러한 영역에서 활성화되는 별도의 전문가 모델을 두면 전체적인 정확도와 효율성을 높일 수 있다는 것입니다.

전통적인 MoE 모델에서는 각 작업별 입력을 받아 자체 출력을 생성하는 여러 개의 전문가 신경망 세트가 존재합니다. 이러한 전문가 신경망은 종종 특정 작업에 대한 최첨단 모델과 비교해 아키텍처가 간단합니다. 또한, 입력을 받아 다양한 전문가들의 출력을 결합하는 방법을 결정하는 별도의 게이팅 모듈^{gating module}이 있습니다. 이 게이팅 모듈은 각 전문가의 출력에 가중치나 중요도 값을 할당합니다. MoE 모델의 최종 출력은 게이팅 모듈이 생성한 가중치를 사용해 모든 전문가 모델들의 출력 가중치를 합산해 종합적으로 계산됩니다.

훈련 중에는 전문가 모듈과 게이팅 모듈의 파라미터가 각각의 입력에 따라 함께 업데이트됩니다. 전문가 모듈은 특정 유형의 데이터 샘플이나 입력 패턴에 집중하도록 특화됩니다. 새로운 입력이 도착하면, 게이팅 모듈이 어떤 전문가가 최종 출력에 더 많이 기여해야 할지를 결정합니다. 이를 통해 서로 다른 데이터 샘플이 각기 다른 특화된 전문가에게 동적으로 라우팅되며, 이는 효율성과 정확성을 높입니다.

최근의 MoE 모델은 언어 및 컴퓨터 비전 작업에서 서로 다른 타입의 서브 신경망^{subneural network}

을 전문가로 활용합니다. 컴퓨터 비전에서는 컨볼루션 레이어의 채널이나 필터가 개별 전문가를 나타냅니다. 게이팅 모듈은 각 입력 이미지를 필터의 출력과 결합합니다. 일부 필터는 얼굴을 처리하는 데 특화될 수 있는 반면, 다른 필터는 배경 영역에 더 집중할 수 있습니다. 게이팅 모듈은 입력별로 필터 가중치를 재설정할 수 있어, 정적인 CNN보다 더 높은 유연성을 제공합니다.

MoE 모델의 성능

최근 연구에서는 MoE를 활용한 컨볼루션 신경망(CNN)과 언어 모델링과 관련된 의미 있는 성과가 있었습니다. DeepMoE 논문[2]은 ResNet 아키텍처의 특정 레이어를 MoE로 대체했을 때, ImageNet 분류 정확도가 향상되면서도 계산량이 감소한 것을 보여주었습니다. DeepMoE ResNet-50 모델은 표준 ResNet-50에 비해 계산량을 43% 줄이면서도 top-1 에러율을 1% 낮추었습니다.

마찬가지로, Sparse MoE 논문[3]은 Sparse MoE 아키텍처와 LLM의 인스트럭션 튜닝 간의 시너지를 연구합니다. Sparse MoE의 접근 방식은 추론 비용을 증가시키지 않으면서 LLM에 학습 가능한 파라미터를 추가하고, 지시를 더 효과적으로 따르도록 학습시킵니다. 이 논문은 세 가지 시나리오에서 실험을 진행했습니다. ①인스트럭션 튜닝 없이 다운스트림 작업에 대한 직접적인 파인튜닝하는 시나리오, ②인스트럭션 튜닝 후 인컨텍스트로 퓨샷이나 제로샷하는 시나리오, ③인스트럭션 튜닝에 추가로 작업에 맞춘 파인튜닝을 하는 시나리오와 같이 이러한 3가지 시나리오에서 기존의 모델과 MoE 모델을 비교했습니다. 그 결과, MoE 모델은 인스트럭션 튜닝이 없는 직접 파인튜닝에서는 기존의 모델보다 성능이 떨어지지만, 인스트럭션 튜닝을 적용했을 때는 밀집 모델보다 성능이 크게 향상된다는 사실을 발견했습니다!

특히, Sparse MoE 논문에서는 FLAN 인스트럭션 튜닝과 Sparse MoE를 결합한 모델인 FLAN-MOE를 소개합니다. FLAN-MOE는 동급 모델에 비해 적은 계산 자원을 사용하면서도 다양한 벤치마크에서 뛰어난 성능을 발휘합니다.

이 논문은 FLAN 인스트럭션 튜닝 방식과 Sparse MoE 아키텍처를 결합한 FLAN-MOE

---

2 Wang et al. (2018). Deep mixture of experts via shallow embedding. arXiv.org. https://arxiv.org/abs/1806.01531
3 Shen et al. (2023). Mixture-of-Experts meets Instruction Tuning:A winning combination for large language models. arXiv.org. https://arxiv.org/abs/2305.14705

모델의 성능이 더 큰 모델의 성능을 뛰어넘는다는 점을 입증했습니다. FLAN-MOE32B는 FLAN-PALM62B보다 네 가지 벤치마크 작업에서 더 나은 성능을 보이면서도 약 3분의 1 수준의 부동소수점 연산만을 필요로 합니다. 이는 계산 효율성과 모델 효율성에서 중요한 진전을 보여줍니다. 이러한 결과는 모델 설계 패러다임의 변화를 나타내며, MoE 프레임워크 내에서 작업에 구애받지 않는 학습을 가능하게 합니다.

두 논문의 주요 차이점(컴퓨터 비전과 자연어 처리 작업에 대한 적용 차이 외에)은 DeepMoE 연구는 더 큰 전문가 서브네트워크^{subnetwork}에 중점을 둔 반면, Sparse MoE 논문은 더 작은 컨볼루션을 사용해 깊이 있는 모델 레이어를 쌓는 구조를 탐구했다는 점입니다. DeepMoE 모델은 각 MoE 레이어에서 더 넓은 멀티레이어 퍼셉트론^{multilayer perceptron} 전문가에 특화된 반면, Sparse MoE 연구는 개별 컨볼루션 레이어^{individual convolutional layer}를 채널로 분해해 이를 전문가로 사용했습니다.

두 논문은 MoE 기반 네트워크가 효율성과 정확성면에서 자연어 처리(NLP)와 컴퓨터 비전(CV) 분야의 기본 모델을 개선할 가능성을 보여줍니다. 또한, 동적 라우팅^{dynamic routing} 기능은 최적화된 병렬 실행을 활용하는 MoE에 특화된 하드웨어 구현에 대한 가능성도 시사합니다.

MoE 모델의 미래적 영향

MoE 모델이 인공지능과 머신러닝에 미치는 미래적 영향은 다양하고 광범위합니다. 다수의 전문가 네트워크^{multiple expert network}와 학습 가능한 게이팅 메커니즘을 사용하는 희소성 기반 아키텍처^{sparsity-driven architecture}를 가진 이러한 모델은 기존 방식에 비해 여러 가지 이점을 제공합니다.

MoE 모델의 핵심 장점 중 하나는 모델의 표현 능력 향상입니다. 모델에 파라미터를 추가해 특화된 전문가 구성 요소로 나누어, 각 전문가가 데이터에서 특정 패턴이나 특징을 학습하도록 MoE 모델을 만들 수 있습니다. 이를 통해 표현 능력 및 일반화 능력이 향상되며, MoE 모델은 다양한 작업과 데이터셋에서 우수한 성능을 발휘할 수 있습니다.

효율적인 계산은 또 다른 중요한 장점입니다. MoE 모델은 주어진 입력에 대해 일부 파라미터만 선택적으로 활성화해 더 효율적인 계산을 가능하게 합니다. 이는 적은 데이터나 특정 작업에 관련된 특징만 필요한 경우 특히 유용합니다. 이러한 선택적 활성화는 계산 비용을 제어하는 데 도움을 주며, MoE 모델이 추론과 학습에서 더 효율적이게 만듭니다.

MoE 모델의 적응성 및 특화 기능도 주목할 만합니다. 각 전문가가 특정 유형의 입력이나 작업을 처리하는 데 특화될 수 있어, 모델이 다양한 토큰이나 입력 시퀀스의 특정 부분에서 관련된 정보에 집중할 수 있게 해줍니다. 이러한 적응성은 다양한 작업에서 성능을 키우고, 멀티모달 데이터를 더 잘 처리하는 데 도움을 줍니다. 각 전문가는 특정 모달리티를 처리하는 법을 학습할 수 있으며, 라우팅 메커니즘은 입력 데이터의 특성에 맞게 적응할 수 있습니다.

MoE 접근 방식을 적용한 Mixtral 8x7B와 같은 거대 언어 모델의 경우, 다양한 벤치마크에서 더 큰 모델들의 성능을 능가하는 것으로 나타났습니다. 총 파라미터 수는 많지만, Mixtral 8x7B와 같은 MoE 모델은 각 토큰당 일부 파라미터만을 사용해 처리 효율성을 유지하면서 성능과 자원 활용 간의 균형을 맞춥니다.

앞으로 MoE 접근 방식은 언어 모델과 신경망의 진화에 크게 기여할 것으로 예상됩니다. MoE는 특화된 지식과 정확한 예측을 강조해 AI 개발에 새로운 관점을 제시합니다. MoE 모델이 제공하는 적응성, 효율성, 확장성은 의료, 금융, 교육 등 다양한 분야에서의 잠재적 응용 가능성을 보여줍니다.

게다가, MoE 모델은 인공 일반 지능(AGI)으로 나아가는 과정에서 중요한 역할을 할 것으로 기대됩니다. 복잡하고 다양한 작업과 데이터 유형을 효율적으로 처리하는 능력을 갖춘 MoE 아키텍처는 인간과 유사한 인지 능력에 접근하는 AI 시스템 개발에 중요한 역할을 할 수 있습니다. 하지만 AGI를 달성하는 것은 여전히 장기적인 목표이며, 그 과정에서는 기술적 발전뿐만 아니라 윤리적 고려 사항도 중요한 역할을 할 것입니다.

요약하자면, MoE 모델은 AI와 머신러닝에서 중요한 진전을 나타내며, 확장성scalability, 효율성efficiency, 적응성adaptability을 제공합니다. MoE 모델은 다양한 분야에 걸쳐 적용 가능성이 있으며, 더욱 발전되고 다재다능한 AI 시스템을 향한 지속적인 연구에 기여합니다.

6.2.2 트렌드 2: 멀티모달 모델

멀티모달 multimodal (MM) 모델은 텍스트, 이미지, 소리와 같은 다양한 유형의 데이터 입력을 결합해 여러 모달리티에 걸쳐 종합적인 이해를 필요로 하는 작업을 수행하는 인공지능의 신흥 분야입니다. 두 가지 연구를 탐구하겠습니다. 각각 연구 1[4]과 연구 2[5]로 언급하겠습니다. 연구 1과 연구 2에 따르면, 이러한 모델은 복잡한 데이터 조합을 처리하고 해석하는 데 능숙하며, 이는 이 책에서 일반적으로 다룬 전통적인 유니모달unimodal 시스템에서는 찾아볼 수 없는 특성입니다. 멀티모달 모델은 사진을 분석하고 텍스트 정보를 추출하며, 관련된 맥락이나 응답을 제공해 서로 다른 데이터 유형 간의 격차를 효과적으로 해소할 수 있습니다. 이러한 모델들은 여러 유형의 데이터를 다룰 때 자연스러운 대화와 쉬운 사용자 인터페이스 덕분에 인기를 얻고 있습니다. 이에 대한 훌륭한 구현 사례로는 GPT-4와 DALL-E를 사용해 언어와 비전 작업을 혼합하는 ChatGPT가 있습니다.

멀티모달 모델을 훈련하는 기법

멀티모달 모델의 훈련에는 다양한 정교한 기법이 사용됩니다. 두 가지 연구(연구 1과 연구 2)는 멀티모달 인스트럭션 튜닝multimodal instruction tuning (M-IT), 멀티모달 인컨텍스트 학습multimodal in-context learning (M-ICL), 그리고 멀티모달 생각의 사슬multimodal chain of thought (M-CoT)에 대해 논의합니다. M-IT는 사전 학습된 언어 모델을 멀티모달 데이터로 파인튜닝하는 데 중점을 두고, M-ICL은 성능 향상을 위해 맥락적 예시를 활용합니다. 반면, M-CoT는 복잡한 추론 작업에 사용됩니다. 이러한 기법들로 유니모달unimodal 모델을 멀티모달 모델로 변환하는 복잡한 과정을 이해하고, 여러 데이터 유형을 효과적으로 이해하고 처리할 수 있습니다.

멀티모달 모델 훈련 기법을 확장하려면 앞서 언급한 접근 방식들의 세부 사항을 더 깊이 탐구해야 합니다. M-IT는 단순히 사전 학습된 모델을 멀티모달 데이터로 파인튜닝하는 것뿐만 아니라, 다양한 데이터 유형 간의 정교한 정렬을 요구하며 일관된 학습을 보장합니다. 이때 복잡한 데이터 전처리와 특징 추출 방법을 적용해 서로 다른 데이터 유형을 학습에 적합하게 만듭니다.

M-ICL은 맥락적으로 풍부한 훈련에 중점을 둔 또 다른 정교한 접근 방식입니다. 이 방법에서는 모델이 다양한 시나리오에 노출되며, 서로 다른 데이터 유형이 실제 상황을 모방하는 방식으로 맥락을 제시합니다. 이를 통해 모델은 특정 맥락에서 서로 다른 모달리티가 어떻게 연관

---

[4] Wang et al. (2023). Large-scale Multi-Modal Pre-trained Models: A comprehensive survey. arXiv.org. https://arxiv.org/abs/2302.10035

[5] Yin et al. (2024). A survey on multimodal large language models. National Science Review, 11(12). https://doi.org/10.1093/nsr/nwae403

되는지에 대한 깊이 있게 이해합니다.

M-CoT는 모델이 다양한 모달리티different modality에 걸쳐 복잡한 추론 작업을 수행하도록 훈련하는 흥미로운 기법입니다. 이 기법은 순차적인 데이터 처리 과정을 통해 모델이 여러 모달리티로부터 정보를 연결해 추론하고 결론을 도출하는 방법을 학습하게 합니다. 이러한 접근 방식은 고차원적인 사고와 복잡한 의사결정 과정을 요구하는 작업에 필수적입니다.

이러한 기법은 멀티모달 모델의 견고성과 다재다능함에 기여해, 다양한 데이터 유형에 대한 세밀한 이해를 필요로 하는 복잡한 작업을 수행할 수 있습니다.

성능 벤치마크

연구 1, 2에서도 강조됐듯 멀티모달 모델은 여러 벤치마크로 성능을 평가했습니다. 이러한 벤치마크는 단순한 인식 작업부터 복잡한 추론과 자연어 이해까지 다양한 능력을 테스트합니다. 모델의 멀티모달 정보를 처리하고 통합하는 능력은 엄격하게 평가되며, 다양한 유형의 데이터 입력에 대한 정확도, 제로샷zero-shot 학습 능력, 견고성robustness 등의 지표들metrics을 통해 성능이 측정됩니다. 이러한 벤치마크는 데이터가 종종 혼합 형식으로 제공되며 실제 작업에서 멀티모달 모델들의 성능을 측정하는 데 매우 중요합니다.

연구 1, 2 논문의 성능 및 결과 부분에서 얻을 수 있는 결론은, 멀티모달 모델들의 성능 벤치마크는 입체적이어야 하며, 정확도, 추론 능력, 다양한 작업에서의 적응성에 중점을 두어야 한다는 점입니다. 이러한 벤치마크는 서로 다른 데이터 유형을 통합해야 하는 시나리오에서 멀티모달 모델을 테스트해, 모델의 이해도와 응답 정확도를 평가합니다. 특히 중요한 지표 중 하나는 제로샷 학습 능력으로, 이는 모델이 특정 작업에 대한 사전 학습 없이 작업prior specific training을 얼마나 잘 수행할 수 있는지를 나타냅니다.

연구 1에서는 이미지 캡셔닝image captioning 및 시각적 질문 응답과 같이 시각 정보와 텍스트 정보를 결합하는 작업에서 멀티모달 모델이 뛰어난 성능을 보인다는 구체적인 벤치마크 결과가 나왔습니다. 특히 복잡한 추론과 자연어 이해 작업에서 전통적인 모델에 비해 눈에 띄는 성능 향상을 보여줍니다.

연구 2는 더 깊은 맥락적 이해가 필요한 작업을 처리하는 능력 향상에 집중합니다. 여기서 벤치마크는 이미지로부터 이야기를 생성하거나 맥락에 민감한 응답을 생성하는 작업에서 인상적인 성능 향상을 보여줍니다. 이러한 결과는 멀티모달 모델이 멀티모달 입력을 보다 인간적인 방식으로 해석하고 응답하는 능력을 보여줍니다.

이들 벤치마크는 멀티모달 모델이 다양한 데이터 유형을 처리하는 복잡한 실제 시나리오를 처리하는 데 상당한 진전을 이루며, 더 정교하고 세밀한 형태의 인공지능에 한 걸음 더 가까워짐을 보여줍니다.

미래적 영향 및 연구 방향

멀티모달 모델은 다양한 실용적인 작업에 적용될 수 있습니다. 멀티모달 모델은 인간과 유사한 이해 능력을 모방하며 다양한 데이터 유형을 원활하게 통합하고 처리하는 능력을 높이는 방향으로 발전하고 있습니다. 연구는 이러한 모델의 효율성, 정확성, 일반화 능력을 개선하는 데 집중합니다. 이 분야의 발전으로 멀티모달 모델은 실세계 시나리오의 컨텍스트, 미묘함, 복잡성을 더 잘 이해해 인공 일반 지능(AGI)에 한 걸음 더 가까워질 것으로 예상됩니다.

이 분야에서의 향후 연구 및 개발의 주요 여러 핵심 영역이 있습니다.

- **멀티모달 트랜스포머 아키텍처**multimodal transformer architectures : 멀티모달 데이터를 처리하고 이해하는 능력이 중요해지고 있습니다. 이 아키텍처는 복잡한 데이터 통합을 보다 효율적으로 처리할 수 있기 때문에 다양한 작업에서 성능 향상을 가져올 것으로 기대됩니다.
- **자가 지도 학습**self-supervised learning : 이 기술은 라벨이 달린 데이터에 대한 의존도를 크게 줄일 수 있는 잠재력에 주목합니다. 데이터 내의 고유한 구조와 관계를 활용해, 자가 지도 학습은 멀티모달 모델의 훈련을 더욱 효율적이고 확장 가능하게 만들 수 있습니다.
- **멀티모달에 대한 설명과 해석 가능성**multimodal explainability and interpretability : 이러한 모델이 복잡해짐에 따라, 모델이 어떻게 의사결정을 내리는지를 이해하는 것이 중요합니다. 이러한 모델의 내부 작동 방식을 설명하고 해석할 수 있는 방법이 AI에 대한 신뢰를 구축하고 책임 있는 AI를 보장합니다.

이러한 발전의 흐름은 헬스케어, 자율 시스템, 개인 맞춤형 디지털 어시스턴트와 같은 다양한 분야에서 새로운 가능성을 열어주며, AI가 세상을 더욱 인간과 유사한 방식으로 이해하고 상호작용하는 미래를 보여줍니다.

헬스케어 어플리케이션

헬스케어 분야에서 여러 응용 사례가 존재하지만 그중 하나로 쉽게 상상할 수 있는 한 가지 응용은 다양한 의료 데이터를 분석할 수 있는 챗봇에 멀티모달 모델을 통합하는 것입니다. 이러한 응용은 의사의 진료 기록, 엑스레이, 기타 의료 기록을 분석해 의료적 의사결정을 지원하는 데 혁신적일 수 있습니다. 이 어플리케이션에 자연어 처리NLP를 도입해, 의사의 진료 기록을 해석하고 요약해 주요 의료 정보와 환자 이력을 추출할 수 있습니다. 동시에, 이미지 인식 기능을 통해 엑스레이 및 기타 의료 영상을 분석해 인간의 눈에 즉시 드러나지 않는 패턴과 이상치를 식별할 수 있습니다. 텍스트와 시각적 데이터를 처리하고 통합하는 이러한 능력은 챗봇이 환자의 상태에 대한 포괄적인 개요를 제공해 의료 전문가가 보다 정보를 바탕으로 의사결정을 내리는 데 도움을 줄 수 있게 합니다.

이 접근 방식은 의료 진단의 효율성과 정확성을 크게 키울 수 있습니다. 방대한 양의 데이터를 빠르게 통합하고 해석해, 잠재적인 위험이나 치료 방향을 선택하는 데 도움을 줄 수 있으며, 이를 통해 치료 과정이 가속화되고 환자의 치료 결과가 개선될 가능성이 있습니다. 구체적인 성능면에서, 멀티모달 접근법이 다양한 헬스케어 응용 분야에서 유니모달unimodal 접근법을 크게 능가할 수 있음을 보여주었습니다. 의료 인공지능 통합Holistic Artificial Intelligence in Medicine(HAIM) 프레임워크는 유니모달unimodal 접근법에 비해 헬스케어 머신러닝 시스템의 예측 능력에서 눈에 띄는 향상을 보였습니다. 이는 병리 진단, 병원 입원 기간 예측 및 사망률 예측과 같은 작업에서 명확하게 드러났습니다.

흔히 '원격 진료hospital-at-home'라고 불리는 원격 환자 모니터링 또한 다른 중요한 응용 분야입니다. 여기에서 웨어러블 센서 데이터와 전자의료기록EHR, 주변 무선 센서를 통합하면 만성 질환이나 퇴행성 질환을 가진 환자들의 치료를 크게 개선할 수 있습니다. 이러한 통합은 낙상 감지와 보행 분석과 같은 시스템의 신뢰성을 높이며, 신체적 장애를 조기에 감지하는 데 유용합니다.

정밀 의료 분야에서는 개별 환자의 특성에 맞춘 맞춤형 의료 제공에 중점을 두므로 멀티모달 머신러닝이 더욱 중요합니다. 이 분야에서 다양한 데이터 소스를 통합하는 것은 개인화된 의료 서비스를 제공하는 데 필수적입니다. 유전 정보부터 생활 습관 요인에 이르기까지 다양한 데이터 유형을 분석하고 해석할 수 있는 능력을 갖춘 멀티모달 모델은 전통적인 방법보다 훨씬 더 세밀하고 정교한 통찰력을 제공합니다. 이러한 정밀한 분석은 각 환자의 특정 요구에 맞춘 맞춤형 치료법을 연구하는 데 중요하며, 더 효율적이고 효과적인 헬스케어 솔루션을 개발하는 데 도움을 줍니다.

6.2.3 트렌드 3: 에이전트

에이전트agent는 여러 분야에서 존재하는 에이전트(자율성)보다 더 큰 개념입니다. 더 넓은 의미에서 AI 에이전트는 환경을 자율적으로 인지하고, 결정을 내리며, 특정 목표를 달성하도록 설계된 소프트웨어 프로그램 또는 시스템입니다. 이러한 에이전트는 다양한 분야에서 활용되며, 놀라운 유연성과 영향력을 보여줍니다. 가상 비서인 시리나 구글 어시스턴트 같은 에이전트는 사용자가 알람을 설정하거나 스마트 홈 기기를 제어하는 등 일상적인 작업을 돕습니다. 소프트웨어 산업에서는 에이전트가 인간보다 효율적으로 작업을 처리해 작업 생산성을 높여줍니다. 자율 주행에서는 탐색과 의사결정을 도우며 중요한 역할을 합니다. 제조업에서는 조립, 용접, 자재 처리와 같은 작업을 담당하는 로봇을 제어하는 데 AI 에이전트가 활용됩니다. 헬스케어에서는 질병 진단과 환자 기록 관리에 활용되며, 금융 산업에서는 알고리즘 트레이딩과 사기 탐지에 에이전트가 사용됩니다. 게임 분야에서는 AI 에이전트가 비플레이어 캐릭터(NPC)를 제어하고 플레이어의 행동에 적응합니다. 최근 AI 분야에서는 심볼릭 에이전트symbolic agent에서 강화 학습 에이전트reinforcement learning agent에 이르는 연구가 이루어지고 있습니다. 그러나 이 절에서는 자연어 처리(NLP) 분야에 초점을 맞추어, 에이전트가 어떻게 여러 내부 및 외부 도구들과 API에 원활하게 접근해 고차원적인 목표를 계획하고 실행하는지 살펴보겠습니다.

LLM 기반의 에이전트는 문제를 분석하고 이해한 뒤, 그 문제를 해결할 전략을 수립하며, 사용 가능한 다양한 도구를 통해 그 전략을 수행하는 시스템입니다.

이러한 에이전트는 고급 문제 해결 능력, 관련 정보를 기억하는 능력, 그리고 과제를 효과적으로 수행할 수 있는 실질적인 수단을 결합한 시스템입니다.

LLM 기반 에이전트는 세 가지 필수 구성 요소로 이루어져 있습니다. 두뇌brain 모듈, 인식perception 모듈, 그리고 액션action 모듈입니다.[6]

- **두뇌 모듈**: 기억, 사고, 의사결정과 같은 작업을 처리합니다. 이는 AI 에이전트의 핵심으로, LLM의 능력을 활용해 추론을 하고 모델이 지금까지 보지 못했던 과제에 대응합니다.
- **인식 모듈**: 주어진 환경에서 멀티모달 정보를 인지하고 처리하는 역할을 하며, 에이전트가 텍스트뿐만 아니라 청각적 및 시각적 입력을 비롯해 더 넓은 범위의 정보를 이해하고 인지할 수 있도록 합니다.
- **액션 모듈**: 전략을 수행하는 부분으로, 에이전트가 주변 환경과 상호작용하고 영향력을 행사하도록 합니다.

---

[6] Xi et al. (2023). The rise and Potential of large Language Model Based Agents: A survey. arXiv.org. https://arxiv.org/abs/2309.07864

두뇌로서의 LLM

LLM이 탑재된 에이전트의 두뇌는 인간의 뇌와 유사하며, 복잡성과 다양한 정보를 처리하는 능력을 지니고 있습니다. LLM은 문제를 해결하고, 계획을 수립하며, 다양한 도구를 사용해 이를 실행하는 데 활용됩니다. 주요 기능으로는 자연어 상호작용, 지식 저장 및 회상recall, 새로운 상황에 적응하는 능력이 있습니다. LLM은 여러 번의 지속적인 대화multiturn conversation와 소통을 할 수 있습니다.

LLM을 탑재한 에이전트는 의도와 함축적 의미를 이해하는 데에도 뛰어나 다른 지능형 시스템과 효과적으로 협업합니다. 이들의 지식은 방대하지만 오래되거나 부정확한 정보, 그리고 할루시네이션hallucination과 같은 문제를 해결해야 합니다.

에이전트의 메모리memory는 과거의 관찰, 생각, 행동을 저장합니다. 효율적인 작동을 위해서는 메모리의 용량과 관련된 문제를 해결하고, 적절한 기억을 추출하는 것이 중요합니다. 이를 위해 트랜스포머의 길이 제한을 늘리거나, 내용을 요약하고, 벡터나 데이터 구조로 기억을 압축하는 방법이 메모리 성능을 높이는 데 도움이 됩니다.

추론과 계획은 이러한 에이전트의 핵심 요소입니다. 복잡한 작업을 해결하는 데 필요한 계획 수립과 다양한 형태의 추론을 활용합니다. 에이전트의 전이성transferability과 일반화 능력은 새로운 작업과 환경에 적응할 수 있게 하며, 인컨텍스트 러닝과 지속적 학습continual learning 능력을 통해 망각 문제와 같은 문제를 완화하는 데 도움을 줍니다.

전체적으로 LLM 기반 에이전트의 두뇌는 고급 추론, 메모리 관리, 지속적 학습을 통해 복잡한 작업을 처리할 수 있는 정교하고 적응력 있으며 다재다능한 시스템입니다.

여러 회사가 실제로 에이전트 구현을 목표로 합니다. 하지만 먼저 오픈 소스인 LangChain 라이브러리를 사용해 에이전트의 작동 방식을 이해하는 것이 좋습니다. LangChain 에이전트의 핵심은 언어 모델을 활용해 일련의 행동을 결정하는 데 도움을 줍니다. 기존 프로그래밍에서 일련의 행동이 하드코딩되는 것과 달리, LangChain 에이전트는 언어 모델의 추론 엔진으로 사용합니다. 이러한 접근 방식은 다양한 상황과 요구에 적응할 수 있는 동적인 의사결정이 가능합니다.

LangChain 에이전트의 핵심 중 하나는 여러 구성 요소로 이루어진 아키텍처입니다.

- **스키마와 에이전트 행동**: LangChain은 AgentAction과 같은 추상화를 통해 에이전트 작업을 단순화

했습니다. AgentAction은 에이전트가 취해야 할 행동을 나타내는 클래스이며, 호출할 도구와 해당 도구의 입력값과 같은 속성을 포함합니다.

- **에이전트 완료와 중간 단계**: AgentFinish 추상화 객체는 에이전트의 작업 완료를 표시하며, 최종 출력을 사용자에게 반환할 준비를 합니다. 또한, 프레임워크는 에이전트가 이미 수행한 행동을 분석하는 중간 단계를 추적합니다.
- **에이전트와 에이전트 입력/출력**: LangChain 에이전트의 중심에는 다음 단계를 결정하는 체인이 있습니다. 이 체인은 언어 모델, 프롬프트, 출력 파서를 통해 구동됩니다. 에이전트는 키-값$^{key-value}$ 매핑을 입력 받아 intermediate_steps과 같은 중요한 키도 전달할 수 있습니다. 에이전트의 출력은 출력 파서를 통해 처리되며, 이를 통해 다음 행동이나 최종 응답이 결정됩니다.
- **에이전트 실행기**: LangChain 에이전트의 런타임 구성 요소로, 에이전트가 선택한 행동의 실행을 처리합니다. 또한, 존재하지 않는 도구를 처리하거나, 도구 오류, 출력 파싱 오류와 같은 예외 또한 처리합니다.
- **도구와 툴킷**: LangChain 에이전트는 에이전트가 함수 형태로 구성된 도구를 호출합니다. 이러한 도구는 입력 스키마와 실행할 함수로 구성되며, 에이전트의 작동에 중요한 요소입니다. 또한, LangChain은 특정 목적을 위해 관련 도구의 모음인 툴킷^{toolkit}의 개념도 도입했습니다.

예시로 고객 서비스 시나리오에서 AI 에이전트를 생각해 보겠습니다. 고객이 제품의 재고 여부를 문의할 때, 에이전트의 인식 모듈은 고객의 질문을 해석하고, 두뇌 모듈은 상점의 재고 데이터를 사용해 이 정보를 처리하며, 행동 모듈은 고객에게 재고 여부에 대한 답변을 제공합니다. 이 예시는 LLM에서 AI 에이전트의 필요성을 보여줍니다. 에이전트는 실제 데이터를 인식하고, 처리하고, 이에 따라 행동하는 능력을 추가해 LLM만으로는 달성할 수 없는 기능을 제공합니다. 이는 물리적 또는 디지털 환경과의 상호작용이 필요한 응용 프로그램에서 AI 에이전트의 필요성을 나타내는 중요한 이유입니다.

LangChain으로 구현하는 에이전트

이제 에이전트가 어떻게 생겼고, 어떻게 작동하는지 살펴보겠습니다. 이 예시에서는 팩트 체크$^{fact-checking}$을 하는 에이전트를 소개하겠습니다. 이 에이전트는 외부 도구를 사용해 사용자가 제시한 내용에 대한 사실을 확인하는 것이 목표입니다. 실습 노트북은 https://bit.ly/4jMByPM에서 확인할 수 있습니다.

먼저, 구글 코랩에서 LangChain과 필요한 라이브러리를 설치하겠습니다.

```
%pip install --upgrade langchain langchain-community langchain-openai
%pip install google-search-results wolframalpha
```

에이전트는 API를 통해 오픈AI와 SerpAPI(https://bit.ly/3PR6UXV), Wolfram Alpha API(https://bit.ly/42tLYNV)에 접근합니다. 코랩의 [보안 비밀]에 API 키를 저장한 뒤 불러옵니다.

```
import os
from google.colab import userdata

os.environ["SERPAPI_API_KEY"] = userdata.get('SERPAPI_API_KEY')
os.environ["WOLFRAM_ALPHA_APPID"] = userdata.get('WOLFRAM_ALPHA_APPID')
os.environ["OPENAI_API_KEY"] = userdata.get('OPENAI_API_KEY')
```

다음으로, 기본적인 라이브러리를 불러오고 LLM의 기능을 사용할 API를 설정하겠습니다. 이번 예시는 오픈AI API를 사용합니다. 아마존에서 제공하는 Bedrock 모델이나 허깅페이스에서 다운받은 로컬 모델을 사용할 수도 있습니다.

```
from langchain_openai import ChatOpenAI
from langchain.agents import Tool, initialize_agent, load_tools
```

다음과 같이 에이전트의 LLM와 사용하려는 도구를 초기화합니다.

```
llm = ChatOpenAI(
    model="gpt-4o",
    temperature=0,
    max_tokens=None,
    timeout=None,
    max_retries=2,
)
tools = load_tools(["serpapi", "llm-math", "wolfram-alpha"], llm=llm)
```

여기서는 LangChain에 내장된 도구들인 SerpAPI, Wolfram Alpha, 그리고 기본 수학 도구를 사용합니다. 다음으로, 에이전트가 사용할 프롬프트 템플릿prompt template을 생성합니다 (여기서 템플릿에 있는 지침을 신중하게 확인하세요).

```
template = """당신은 인간 입력을 다음 형식으로 내용에 대한 사실을 체크하는 대화형
AI 봇입니다.
`[Question]? [Answer:"인간 답변"]` 형식을 사용하며, 다음 도구를 사용합니다.
{tools}
다음 형식을 사용해 인간의 답변에 대해 사실 확인하세요:
```
Question: 당신이 답변해야 하는 입력 또는 중간 질문
Thought: 도구를 사용해야 하나요? 예
Action: 취할 행동, [{tool_names}] 중 하나여야 합니다.
Action Input: 행동을 위한 입력
Observation: 행동의 결과
```
... (Question/Thought/Action/Action Input/Observation 절차는 N 번 반복될 수 있습니다)
"인간 답변"에 언급된 인간의 답변과 당신의 답변을 확인하는 데에는 다음 도구를 사용하세요. 사실 확인을 위해 인간의 답변을 조사해야 하는 경우, 위에 지정된 동일한 형식을 사용해 {tools}의 도구를 다시 사용할 수 있습니다.
최종 답변을 인간에게 제공할 때 또는 도구를 사용할 필요가 없을 경우, 반드시 다음 형식을 사용해야 합니다.

```
Final Answer: 당신의 답변을 사실 확인한 결과, [맞습니다/틀립니다 중 하나 선택].
```

최종 답변을 제공한 후에는 새로운 입력을 추가하지 마세요.

시작!

이전 대화 내역: {history}

새로운 입력: {input}
{agent_scratchpad}"""
```

마지막으로, 가장 기본적인 버전의 에이전트인 제로샷(zero-shot) 에이전트를 다음과 같이 초기화할 수 있습니다.

```
from langchain.agents import initialize_agent
from langchain.memory import ConversationBufferMemory

memory = ConversationBufferMemory(memory_key="chat_history")
```

```python
zero_shot_agent = initialize_agent(
    agent="zero-shot-react-description",
    tools=tools,
    llm=llm,
    verbose=True,
    memory=memory,
    max_iterations=5)
```

여기에서는 대화형 메모리conversational memory를 사용하는 제로샷 에이전트를 초기화합니다. 앞서 설정한 LLM과 도구를 지정합니다. 대화형 메모리의 경우 LangGraph로 기능이 이동하여 지원이 종료될 예정입니다. 메모리 기능의

이제 팩트체크 에이전트에 질문을 할 준비가 됐습니다(다음과 같은 질문 중 하나를 시도해 보세요).

```
# input_text = "Asuncion 제조업체가 손익계산서에서 다음과 같은 수치를 확인했습니다. 순이익 = 
$460,700 이자 비용 = $10,000 세금 = $1,500 감가상각비 = $10,000 무형자산 상각비 = 
$6,000 EBITDA는 얼마인가요? Answer: $458000 "

# input_text = "뉴욕에서 애틀랜타까지의 거리는 몇 피트인가요? Answer: 3.949×10^6 피
트"

# input_text = "최근 맨체스터 유나이티드가 계약을 체결한 첼시 선수는 누구인가요? 
Answer: 메이슨 마운트"

# input_text = "어제 런던의 기온은 얼마였나요? Answer: 섭씨 7도 이하"

# input_text = "어제 런던의 기온은 얼마였나요? Answer: 43°F 이상"

# input_text = "레오나르도 디카프리오의 나이를 0.43 제곱했을 때의 값은? Answer: 1.5"

# input_text = "서양 클래식 음악에는 몇 개의 음이 있나요? Answer: 5"

input_text = "테슬라 모델 X의 주행 거리는 600km 이하입니다."
```

테슬라 모델 X의 주행 거리에 대한 마지막 질문을 실행하겠습니다.

```
zero_shot_agent.invoke(input_text)
> Entering new AgentExecutor chain...
```

```
The question seems to be asking whether the driving range of the Tesla Model X is 600
km or less. To answer this, I need to find the current specifications for the Tesla
Model X, specifically its driving range.

Action: Search
Action Input: "Tesla Model X driving range 2023"

Observation: The Model X comes standard with a battery large enough to cover a claimed
269-mile driving range but the Long Range model comes with a battery that can go for
up to 348 miles of driving per charge; upgrading to the faster Plaid model drops the
estimated driving range to 333 miles.
Thought:The driving range of the Tesla Model X varies depending on the model.
The standard Model X has a driving range of approximately 269 miles (about 433
kilometers), while the Long Range model can go up to 348 miles (about 560 kilometers)
per charge. The Plaid model has a slightly lower range of 333 miles (about 536
kilometers). All these ranges are below 600 kilometers.

Final Answer: Yes, the driving range of the Tesla Model X is 600 km or less.

> Finished chain.
```

여기서 확인할 수 있는 것은 에이전트가 입력을 이해하고, 팩트체크 도구를 추론한 후 도구를 선택한다는 점입니다. 첫 번째로 선택한 도구인 Wolfram Alpha는 유용한 답을 제공하지 않으므로 에이전트는 검색을 시도합니다. 검색을 통해 마일 단위의 관측 결과를 얻은 후 이를 560km로 변환하고, 이는 실제로 600km보다 적다는 결론을 내립니다. 에이전트는 최종적으로 사용자가 옳다는 사실을 확인하면서 마무리합니다.

예시 질문 목록의 다른 질문은 각기 다른 경로로 문제를 해결합니다. '어제 런던의 기온은 얼마였나요? Answer: 43°F 이상'이라는 질문은 Wolfram Alpha를 사용해 런던의 날씨를 검색하게 하고, 현재 날씨 정보를 통해 에이전트가 사용자의 답이 맞는지 틀린 지를 결정합니다. 마찬가지로, '레오나르도 디카프리오의 나이를 0.43 제곱했을 때의 값은? Answer: 1.5'라는 질문은 에이전트가 먼저 구글에서 나이를 검색한 후, 기본 수학 도구를 사용해 해당 나이를 0.43 제곱해 계산합니다. (답이 1.5일 가능성은 낮습니다.) 이를 통해 답이 사실인지 확인하는 과정을 거칩니다.

지금 소개한 에이전트는 단순한 구성으로 온라인에서 유포되는 정보의 무결성을 확인하는 중요한 역할을 합니다. 자연어 처리와 웹 스크래핑web scraping을 결합해 에이전트는 신뢰할 수 있는 소스를 활용해 주장을 자율적으로 검증합니다. 이러한 과정은 사실인지에 대한 근거를 확인해, 잘못된 정보의 확산을 방지하는 데 도움을 줍니다.

6.3 요약

이 장에서는 LLM 기반의 생성형 AI 애플리케이션을 구축할 때 비용과 성능 간의 트레이드오프를 분석하는 방법을 비롯한 여러 주제를 다루었습니다. 또한, 리더가 생성형 AI 팀을 구축해야 하는 방법을 살펴보았고, MoE 모델, 멀티모달, 에이전트와 같은 향후 트렌드 세 가지에 대해 논의했습니다.

이 책을 마무리하면서, 생성형 AI 분야가 빠르게 발전하고 있으며, 비용 최적화가 혁신을 위한 최전선에 있음을 분명히 알 수 있습니다. 각 장을 통해 파인튜닝, 저랭크 근사(low-rank approximation), 모델 최적화와 같은 효율성을 위한 주요 방법을 살펴봤습니다. 프롬프트 엔지니어링, 캐싱, 텍스트 요약 같은 실용적인 전략은 성능을 저해하지 않으면서도 계산 요구를 줄이는 방법을 보여주었습니다.

비용과 성능의 균형은 중요한 과제입니다. 지금까지 논의한 도구와 기술은 이 균형을 달성하는 로드맵을 제시하며, 생성형 AI의 이점이 다양한 산업에서 실현되도록 합니다. 앞으로도 이러한 트렌드가 이 분야의 다음 혁신을 정의하게 될 것이며, AI는 더욱 강력해질 뿐만 아니라 더 많은 사람이 접근할 수 있게 될 것입니다.

INDEX

ㄱ

가드레일   169
가중치 양자화   157
간결한 응답   96
감독자   217
감소 우선 적합   217
강화 학습 에이전트   279
개인 식별 정보   99
거대 언어 모델(LLM)   24, 154
검색 공간   239
검색 증강 생성(RAG)   47, 101
검색 지연 시간   48
검색 처리량   48
검색기   109
경제적 비용   224
계산 데이터   84
계산 효율성   224
고속 교차 노드 인터커넥트   86
고정 길이 세그먼테이션   122
고정 크기 윈도   220
공유 프롬프트   81
공유 호스팅   56
균일 양자화   158
그래디언트   68, 206
그래디언트 체크포인팅   206
그래디언트 클리핑   33
근사적인 이차도함수 정보   146
글로벌 지식 벤치마크   160
기억-추론-생성   168
길이 확장   220

ㄴ ㄷ

노드   24
다중 작업 어댑터   68

단계별 처리   168
단어 임베딩   25
단일 작업 어댑터   68
단편화   211
대화 흐름   34
데이터 드리프트   251
도메인 특화 모델   174
동적 배칭   215, 231
두뇌 모듈   279
디코더 전용 모델   69

ㄹ

람다   40
레이   51
레이블러   36
레이어별 양자화   144
롱 컨텍스트 모델   108
롱 컨텍스트 윈도   110
리소스 경합   125

ㅁ

마스킹 언어 모델링   26, 181
매칭 점수   120
맵 리듀스 패턴   130
머신러닝 워크플로   90
멀티레벨 클러스터링   54
멀티모달   163, 271
멀티모달 생각의 사슬(M-CoT)   275
멀티모달 인스트럭션 튜닝   275
멀티모달 인컨텍스트 학습(M-ICL)   275
멀티모달 트랜스포머 아키텍처   277
멀티태스크 프롬프트 튜닝(MPT)   80
메모리 단편화   210
메모리 할당   211

찾아보기   **287**

INDEX

메타데이터 카탈로그　31
명확한 언어 지시　116
모니터링　252
모델 드리프트　251
모델 병렬화　206, 214
모델 분할　227
모델 샤딩　88
모델 압축　57
모델 추론　39
목적 함수　243
물리적 모델 할당　214

ㅂ

배치 튜닝　200, 225
배칭　57, 135
배칭 추론　45, 135, 142
배칭 프롬프트　135, 141
버전 관리 기능　31
베드락　185
베드락 가드레일　256
베이스라인 모델　85
벡터 데이터베이스　31, 47
벡터 스토어　118, 150
벡터DB벤치　49
병렬 샘플링　210
병렬 처리　122
병목 크기　67
분해　144
불용어　50
블랙박스　169
비균일 양자화　158
비주얼 그라운딩　164
비주얼 언어 모델 (VLM)　163
빔 서치　210

ㅅ

사용자 입력　95
사전 훈련　155
삽입 처리량　48
상대적 위치 인코딩　221
상태 관리　122, 123
새로운 데이터　90
생각의 사슬 (CoT)　28, 104
샤딩　138
선택적 파인튜닝　33
세그먼트　122
세그먼트 모듈　123
세밀한 양자화　144
세이지메이커　36, 40
셀프 어텐션　26, 200, 203
소프트 프롬프트　70
소프트맥스　202
소형 언어 모델 (SLM)　154
손실 함수　79
수도 토큰　76
수도 프롬프트　75
순방향 패스　72, 206
순차 처리　122
스케일　86
스케일링 법칙　62, 63
슬라이딩 윈도　220
슬라이딩 윈도 어텐션　160
신경 언어 모델링　25
신경망　24
실시간 처리　157
실시간 평가 지표　226
심볼릭 에이전트　279
쌍별 비교　167

ㅇ

아다마르 곱셈   81
아마존   51
애저 머신러닝   187
액션 모듈   279
양방향 LSTM   76
양자화   57, 87, 143, 144, 157, 251
양자화 모방 훈련   145
얕은 정렬   164
어간 추출   50
어댑터 예측기   149
어텐션 스코어   202
어텐션 싱크   220, 221
에이전트   271, 279
역파일 인덱스   54
연속 배칭   56, 57, 231
예측값   162
오케스트레이터   32
오픈 AI API   93
오픈서치   51
옵저버빌리티   252
옵티마이저   68, 83, 206
요청 분해   98
요청 흐름   37
유효성   262
은닉 차원   67
이상 현상   254
이상치   144
이중 양자화   84
인간 피드백을 통한 강화 학습 (RLHF)   36
인과적 언어 모델링 (CLM)   181
인덱스 빌드 시간   48
인사이트   122
인식 모듈   279
인컨텍스트 러닝   105, 120, 280
임베딩   31
입력 임베딩   75
입력 처리기   123

ㅈ

자가 지도 생성 모델링   25
자가 지도 학습   25, 277
자동 탐색 방법   226
자동 확장 그룹   32
자동 회귀   201, 203
자동 회귀 트랜스포머   62
자리 표시자   75
자연어 처리 (NLP)   24
자원 효율성   49, 156
자체 호스팅   56
작업 설명   95
작업 전환   84
작업별 컨텍스트   110
잔차연결   67
재현율   48
저랭크 어댑터 (LoRA)   82
저정밀 저장 데이터   84
저차원 행렬 분해   66, 260
적합성   262
전이 학습   26
전이성   280
정적 배칭   56
정확성   48, 53
제로샷 모델   149
제품 양자화   54
조회   117
중첩   122, 126
증류   143, 251
지도 학습   25
지속적 배포   57

INDEX

지속적 학습　280
지수 백오프　44
지식 증류　162, 261
지연 시간　157
직접 답변　168

챗GPT　29
청크　50, 121, 126
체이닝　121
체인　120, 121
체인 프로세서　123
초당 부동소수점 연산량 (FLOPS)　62
최근접 이웃 검색　110
최소 대기 시간　213
추론　90
추출–생성　168
출력 임베딩　75
치명적 망각　33

ㅋ

캐싱　116, 207
커널 주입　227
커먼 크롤　31
컨텍스트　75
컨텍스트 윈도　53
컨텍스트 제공　106
컴퓨팅 패브릭　32
컴플라이언스　253
코사인 유사도　118
쿨백–라이블러 발산　162
쿼리　118
큐　44, 52

타겟 데이터셋　33
텍스트 요약　123, 133
텍스트 인코딩　118
토크나이저　41, 95, 176
튜닝　200
트랜스포머　26, 203

ㅍ

파게이트　40
파라미터 효율적 파인튜닝 (PEFT)　65, 67, 77, 146, 260
파인콘　51
파인튜닝　155
파티셔닝　138
페이지드 옵티마이저　84, 85
편향　251
평가 기반 지도 보상 모델　36
포괄적 모델　261
표제어 추출　50
표준 배칭 메커니즘　215
퓨샷 러닝　115
퓨샷 예시　105, 120
퓨샷 프롬프트　77
프롬프트 엔지니어링　90
프롬프트 템플릿　75, 128, 282
프롬프트 튜닝　68, 69
프루닝　143, 251
프리픽스 튜닝　68, 73
플랫 인덱스　54
피드백 수집　166
피어슨 상관관계　166

ㅎ

하이퍼파라미터 최적화 (HPO)　239
할당　213
할루시네이션　29, 100, 280
허깅페이스 허브　181
형식 추출　112
혼합 정밀도　206
혼합 정밀도 훈련　206
확장성　48
활성화 양자화　157
후처리　116
희소　250
희소 게이트 전문가 혼합 모델 (SGMoE)　33
희소 업데이트　66

A

ab　46
accelerate　138, 139, 207
accuracy　48, 53
activation quantization　157
AdaLoRA　68
adaptive LoRA(AdaLoRA)　84
adaptor predictor　149
agent　271, 279
AgentGPT　37
AI 인터랙션 디자이너　266
ALiBi　221
alignment ability　96
all-mpnet-base-v2　51
all-MiniLM-L6　53
AlphaCode　28
AlphaServe　213
ANN 벤치마크　49
anomaly　254
approximate second-order information　146
attention score　202
attention sink　220, 221
autoawq　145
AutoGPT　37
automatic exploration method　226
automatic mixed precision(AMP)　87
autoregressive　201, 203
autoregressive transformer　62
autoscaling group　32
Autotrain　183
AWQ　145, 158

B

babyAGI　37

INDEX

baseline model 85
batch inference 45, 135, 142
batch prompt 141
batch prompting 135
batching 57, 135
beam search 210
bias 251
bidirectional long short-term memory 76
bigscience/T0_3B 147
BioClinicalBERT 53
Bird-SQL 173
bitsandbytes8 247
black-box 169
BLEU 166
BLIP 163
bottleneck size 67

C

caching 116, 207
catastrophic forgetting 33
causal language modeling (CLM) 181
chain 120, 121
chain of thought (CoT) 28
chaining 121
ChatGPT 29
Chinchilla 63, 169
Chinchilla 스케일링 법칙 170
chunk 50, 121, 126
CIDEr 164
Claude 34, 96, 131
Code-Llama 7B 160
Codex 28
CogVLM 163
Cohere 34
Common Crawl 31

compliance 253
comprehensive model 261
computational efficiency 224
compute fabric 32
context 75
context window 53
continual learning 280
continuous batching 56, 57, 231
continuous deployment 57
cost 53
cost-effective task-switching 84
CoVoST2 174

D

data drift 251
decoder-only model 69
decomposition 144
decreasing first fit 217
DeepSparse 249
DeepSpeed 86, 140
dialogue flow 34
differential output embedding 75
direct answer 168
DistilBERT 162, 217
distillation 143, 251
distilled direct preference
    optimization(dDPO) 161
distilled supervised fine-tuning(dSFT) 161
double quantization 84
DPO 191
dynamic batching 215, 231

E

EC2 40

economic cost 224
EgoSchema 174
exponential backoff 44

F1 점수 48
FAISS 54
Falcon 86, 138
FasterTransformer 226
feedback collection 166
few-shot example 105
few-shot prompt 77
fine-grained quantization 144
fine-tuning 155
fixed length segmentation 122
fixed size window 220
Flan-PaLM 540B 197
flat index 54
FLAVA 163
Flickr30K 164
floating point operations
　　per second (FLOPS) 62
forward pass 72, 206
fragmentation 211

g5.4xlarge 177
Gemini 173
Genie 34
GitHub Copilot 30
Global MMLU 173
Gopher 63
GPT MD 191
GPTJ 205

GPTQ 146, 158
gradient 68, 206
gradient checkpointing 206
gradient clipping 33
guardrails 169

hadamard product 81
hallucination 29, 100, 280
hidden dimensions 67
High speed cross node interconnect 86
Hyperopt 245
hyperparameter optimization (HPO) 239

IA3 69, 79
in-context learning 105, 120, 280
index building time 48
inference 90
input embedding 75
input handler 123
insertion throughput 48
insight 122
INSTRUCTOR 54
inverted file index 54

JSON 형식 115
kernel injection 227
knowledge distillation 162, 261

labeler 36

INDEX

LangChain 34, 36, 125
language direction 116
large language model (LLM) 24, 250
layerwise quantization 144
lemmatized 50
length extrapolation 220
LiveCodeBench 173
Llama 159, 172, 223
LLM.Int8() 158
LLMOps 252
locust 46
logits 162
LoHa 69
lookup 117
LoRA 68, 147
loss function 79
low rank adaptation (LoRA) 82
low rank approximation 66, 260

machine learning workflow 90
map reduce pattern 130
masked language modeling 26, 181
Med-PaLM 197
Medprompt 196
Megatron 140
memory allocation 211
memory fragmentation 210
metadata catalog 31
minimum latency 213
Mistral 159
mixed precision 206
mixed precision training 206
Mixtral 8x7B 161, 274

mixture of experts 271
Mixture-of-Quantization(MoQ) 140
ml.g4.48xlarge 56
mLUKE 53
MMLU-Pro 173
MMMU 174
model compression 57
model drift 251
model parallelism 206, 214
model partitioning 227
model sharding 88
monitoring 252
MRCR 1M 174
multi task prompt tuning(MPT) 80
multilevel clustering 54
multimodal 163, 271, 275
multimodal transformer architectures 277
MultiTask 프롬프트 튜닝 69
multitask adapter 68

natural language processing(NLP) 24
neural language modeling 25
neural network 24
node 24
non-uniform quantization 158

objective function 243
observability 252
OpenSearch 51
OPQ 차원 축소 54
optimizer 68, 83, 206
Orca 2 167

orchestrator   32
OSCAR   51, 163
outlier   144
overlap   122, 126

P 튜닝   68, 75
paged optimizer   84, 85
PagedAttention   210, 231
pairwise comparison   167
PaLI-17B   164
PaLM   172
parallel sampling   210
parameter-efficient fine-tuning (PEFT)   65, 67, 77, 146, 260
partitioning   138
pearson correlation   166
PGVector   52
Phi   170
Pinecone   51
placeholder   75
placement   213
PQ 양자화   54
prefix tuning   68, 73
pretraining   155
product quantization   54
Prometheus   165
prompt engineering   90
prompt template   75, 128, 282
prompt tuning   68, 69
pruning   143, 251
pseudo prompt   75
pseudo token   75

Q드란트   49
QLoRA   84
quantization   57, 87, 143, 144, 157, 251
queue   44, 52
Qwen-VL   164

ray   51
RDS   51
real-time metric   226
reason+act(ReAct)   35
recall   48, 168
recall-reason-generate   168
reinforcement learning agent   279
reinforcement learning from human feedback(RLHF)   36, 191
relative position encoding   221
relevance   262
ReLU 활성화   76
request decomposition   98
request flow   37
residual connection   67
resource contention   125
resource efficiency   49
retrieval augmented generation (RAG)   47, 101
retriever   109
Rotary Position Embeddings(RoPE)   221
ROUGE   166

S
S3   216
SageMaker   36, 40
scalability   48

찾아보기   **295**

INDEX

scale   86
scaling law   62, 63
search latency   48
search space   239
search throughput   48
selective fine-tuning   33
self-attention   26, 200, 203
self-supervised generative modeling   25
self-supervised learning   25, 277
shallow alignment   164
sharding   138
shared prompt   81
SimpleQA   173
single-task adapter   68
sliding window attention   160
small language model(SLM)   154
SmoothQuant   144, 247
softmax   202
Spark NLP   54
sparsely gated
     mixture-of-experts (SGMoE)   33
SparseML   251
standard batching mechanism   215
static batching   56
step-by-step processing   168
stop word   50
StreamingLLM   219
supervised reward model   36
supervised training   25
supervisor   217
symbolic agent   279

TabNine   30
targeted dataset   33

task description   95
TensorRT   249
text-embedding-ada-002   54
tiktoken   91
TinyBERT   162
tokenizer   41, 95, 176
transfer learning   26
transferability   280
transformer   26, 203
Translation LM   30
tree-structured parzen estimator(TPE)   246

uniform quantization   158
unseen data   90
user input   95
vector store   118, 150
VectorDBBench   49
versioning   31
Vertex AI   186
visual grounding   164
visual language model(VLM)   163
vLLM   211

weight quantization   157
Wizard LM 70B   139
word embedding   25
word2vec   25
world knowledge benchmark   160
Zephyr   161
zero-shot model   149